全国高等院校物流专业创新应用型人才培养立体化系列教材

货物学

周艳 王波 白燕 主编／鲁广斌 刘蓉 副主编

清华大学出版社

北京

内 容 简 介

本书主要内容有：货物的分类、质量、包装的基本知识；货物的物理、化学、生物、机械性质，以及其他与运输、仓储、装卸相关的特性；普通货物、特殊货物、危险品、散装货物、集装箱货物的运输、装卸、保管的相关要求；集装箱货物的分类、适箱情况分析、装箱方法及防汗湿要求。

本书共 9 章，分为货物的分类和代码、货物质量、货物包装、普通货物、集装箱货物、散装液体货物、散装固体货物、特殊货物、危险货物。

本书适合作为应用型本科院校交通运输、物流管理、物流工程等相关专业的教学用书，也可作为各物流公司、港航企业、运输仓储企业相关人员的培训教材和业务参考书。

图书在版编目 CIP 数据

货物学/周艳，王波，白燕主编. --北京：清华大学出版社，2015(2019.2 重印)

全国高等院校物流专业创新应用型人才培养立体化系列教材

ISBN 978-7-302-38982-8

Ⅰ. ①货…　Ⅱ. ①周…　②王…　③白…　Ⅲ. ①物流－货物运输－高等职业教育－教材

Ⅳ. ①F252

中国版本图书馆 CIP 数据核字(2015)第 005722 号

责任编辑：左卫霞　　王宏琴
封面设计：常雪影
责任校对：袁　芳
责任印制：刘祎森

出版发行：清华大学出版社
　　　　网　　　址：http://www.tup.com.cn，http://www.wqbook.com
　　　　地　　　址：北京清华大学学研大厦 A 座　　　　邮　　编：100084
　　　　社 总 机：010-62770175　　　　　　　　　　邮　　购：010-62786544
　　　　投稿与读者服务：010-62776969，c-service@tup.tsinghua.edu.cn
　　　　质量反馈：010-62772015，zhiliang@tup.tsinghua.edu.cn
　　　　课件下载：http://www.tup.com.cn，010-62795764

印 装 者：清华大学印刷厂
经　　销：全国新华书店
开　　本：185mm×260mm　　　　印　张：17.5　　　　字　数：420 千字
版　　次：2015 年 2 月第 1 版　　　　　　　　　　　印　次：2019 年 2 月第 5 次印刷
定　　价：44.00 元

产品编号：062792-02

　　培养精通货物运输、装卸、积载、仓储、理货的应用型人才是当前国际物流和对外贸易快速发展的迫切需求。本书针对应用型本科人才培养的目标,在强化学生的基础知识和基本技能之上,注重学生综合分析能力和创新能力的培养。突出实践性和可操作性,旨在培养具备较强应用能力和创新能力的高素质应用型人才。

　　本书主要内容有:货物的分类、质量、包装的基本知识;货物的物理、化学、生物、机械性质,以及其他与运输、仓储、装卸相关的特性;普通货物、特殊货物、危险品、散装货物、集装箱货物的运输、装卸、保管的相关要求;集装箱货物的分类、适箱情况分析、装箱方法及防汗湿要求。通过本书内容的学习,使学生掌握如何在保证货物质量完好、数量完整的前提下,综合运用运输、装卸、仓储的条件,在运输、装卸、保管过程中正确处理各类不同货物,制订出科学合理的货物运输方案。

　　本书的特色:①增加了案例、实训、课外阅读、前沿理论与技术的内容和比例;②结合集装箱运输在各种海运方式中比重不断上升的现状,适当减少了杂货运输的知识,同时比较详细地介绍了集装箱货物运输的知识。

　　本书分为 9 章,由多位老师参与编写而成。周艳编写了第 1 章、第 3 章、第 9 章;刘蓉编写了第 2 章和第 4 章;鲁广斌编写了第 5 章;白燕编写了第 6 章和第 7 章;王波编写了第 8 章。在编写过程中,我们参阅、借鉴、引用了大量货物学及集装箱运输业务等方面的书刊资料和网络资源,在此一并致谢。

　　本书内容系统、全面,结构合理,具有科学性、实用性、操作性、专业性强等特点,既适合作为应用型本科院校交通运输、物流管理、物流工程等相关专业的教学用书,也可作为各物流公司、港航企业、运输仓储企业相关人员的培训教材和业务参考书。

　　本书在编写过程中难免有不妥之处,敬请有关专家、学者及广大读者批评、指正。

编　者

2014 年 11 月

CONTENTS

目 录

货物的分类和代码

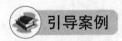 引导案例

超级市场的商品分类

一般来讲,超市的商品划分成大分类、中分类、小分类和单品四个层次。

(1) 大分类是超市最粗线条的分类。

通常按商品的特性划分,如水产品、畜产品、果蔬、日配加工食品、一般食品、日用杂品、家用电器等。大分类的划分最好不要超过10种,这样比较容易管理。

(2) 中分类是大分类中细分出来的类别,分类标准有三种。

① 按照商品功能与用途划分。在日配品这个大分类下,就可以分出牛奶、豆制品、冷冻食品等中分类。

② 按照制造方法划分,如在畜产品这个大分类下,可以细分出熟肉制品作为中分类,包括香肠、火腿、熏肉、腊肉等。

③ 按照商品的产地划分,如在家用电器这个大分类下,可以分成进口家电与国产家电的中分类。

(3) 小分类是中分类中进一步细分出来的类别,主要分类的标准如下。

① 按照功能用途划分,如在畜产品大分类中,猪肉中分类下,可进一步细分出排骨、里脊肉、肉馅、棒骨等小分类。

② 按照规格包装划分,如在一般食品大分类中,饮料中分类下,可以进一步细分出瓶装饮料、听装饮料、盒装饮料等小分类。

③ 按照商品的成分划分,如在日用百货大分类中,水杯中分类下,可以进一步细分出不锈钢水杯、瓷水杯、塑料水杯、玻璃水杯等小分类。

④ 按照商品口味划分,如在糖果饼干大分类中,饼干中分类下,可以进一步细分出咸味饼干、甜味饼干、果味饼干等小分类。

(4) 单品是商品分类中不能进一步细分的、完整独立的商品品项。如广州宝洁有限公司生产的“400 毫升飘柔洗发水”、“200 毫升沙宣洗发水”、“750 毫升潘婷洗发水”就是三个不同单品。

案例解析:对品种繁多的商品进行分类,是超市企业科学化、规范化管理和经营的需要,它有助于将商品分门别类进行采购、配送、销售、库存、核算,并提高管理效率和经济效

益。超市采用的分类方法为线分类法,并采用了多种分类标志对货物进行分类。

本案例涉及的主要知识点:货物分类的概念、货物分类标志。

(资料来源:http://www.docin.com/p-634008369.html)

➡ **学习导航**

通过学习,使学生能够掌握货物的概念、货物分类的概念,掌握水路运输中货物的分类;同时,在认识货物条码的基础上,掌握其分类和结构。

▷ **教学建议**

本章的备课要点:货物的概念、货物分类的概念;水运中常用的货物分类(主要按照货物的形态和性质进行分类);商品目录及商品编码的方法;条形码基础知识等。教学以理论为主,实训为辅,采用多媒体教学,穿插案例讲解。建议授课学时为 4 学时。

1.1　货物(商品)的分类

1.1.1　货物的概念

现代物流以物的动态流转过程为主要研究对象,物流之"物",在我国国家标准《物流术语》中称为物品(Article)。物品在不同领域中有着不同的名称,在工厂制造企业,我们称它为产品(Product);在商业领域,我们称它为商品(Commodity);当物品进入物流系统,由运输部门进行承运时,我们将它称为货物(Cargo 或 Goods)。

凡是经由运输部门承运的一切原料、材料、工农业产品、商品以及其他产品,都称为货物。

应当强调:物流中的"物"通常是指一切可以进行物理性位置移动并由物流企业转移的物质资料,如物品、物资、物料等。不能发生物理性移动的物质资料(如道路、桥梁、车站、码头、厂房等)不是物流中的"物",也不是物流的研究对象。

1.1.2　货物(商品)分类的概念

为了一定目的,满足某种需要选择恰当的分类标志,将货物划分为不同的大类、类别、组别、品目,乃至品种、规格、花色。这种科学地、系统地将货物逐次划分为不同类、组的过程,称为货物分类,如表 1-1 所示。

表 1-1　货物(商品)分类的类目及应用实例

商品类目名称	应用实例	商品类目名称	应用实例
商品门类	消费品	商品品类	肥皂
商品大类	日用工业品	商品品种	洗衣皂
商品中类	家用化学品	商品细类	立白透明皂
商品小类	洗涤用品		

1.1.3　货物(商品)分类的重要意义

运输中的货物,因其种类繁多、形态和性质各异,对运输、装卸及保管的要求也各不相同,有必要对货物进行科学的分类,从而在工作中尽可能使货物的运输条件适应货物,保证货物运输安全和提高运输效率。划分货物类别时应适应有关部门工作和研究的需要,有利于对货物的管理和提高工作效率。科学的分类方法应适应社会科学技术的不断发展并具有一定的稳定性。货物的质量分析,使用性能的检验、鉴定等重要问题的研究,都是在对货物科学分类的基础上进行的。而这些问题的研究成果,又给货物分类提供了科学的依据。

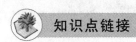 **知识点链接**

商品(货物)分类标志

商品(货物)分类标志是表明商品特征,用以识别商品(货物)不同类别的记号。商品(货物)分类标志主要有商品的用途(如商品分为生产资料和生活资料)、原料(如皮鞋分为猪皮鞋、牛皮鞋、羊皮鞋)、加工方法(如酒分为蒸馏酒、发酵酒、配制酒)、化学成分(如化工品的划分)等最基本的属性和特征。在水运中经常采用的货物标志是基于货物的形态和性质。

1.2 水运中常用的货物分类

水路货物运输中目前常见的货物分类方法主要有五种。

1.2.1 按照货物的形态分类

1. 散装货物

散装货物简称散货,以重量承运,是无标志、无包装、不易计算件数的货物,以散装方式进行运输。一般批量较大,种类较少。散货按其形态可分为以下两种。

(1) 散装固体货(Bulk Cargo),如矿石、化肥、煤炭等。

(2) 散装液体货(Liquid Bulk Cargo),如原油、动植物油、液化气、散装化学品等。

2. 件装货物

件装货物以件数和重量承运,一般批量较小、票数较多,称为件杂货或杂货,其标志、包装形式不一,性质各异,件装货物又可进一步分为以下两种。

(1) 包装货物(Packed Cargo),是指装入某种材料制成的容器或捆扎的货物,如袋装货物、桶装货物、捆装货物等。

(2) 裸装货物(Unpacked Cargo),是指在运输中不加包装(或简易捆束),而在形态上却自成件数的货物,如汽车、铝锭、电线杆等。

3. 成组装货物

成组装货物(Unitized Cargo)是指用托盘、网络、集装袋和集装箱等将件杂货或散货组成一个大单元进行运输的货物。具体如下。

(1) 托盘货物,是指将若干包件货物集合放在一个货盘上,用塑料薄膜等材料连同货盘一起形成一个装运单元进行运输的货物。

(2) 网络货物,是指使用棕绳或尼龙绳、钢丝绳等编制的网络所承装的货物。以一网络为运输单元。货类有散装货、件装货等。如生铁、大米等。

(3) 集装袋货物,是指装入可折叠的涂胶布、树脂加工布等软材料所制成的大型袋子货物。集装袋货类广泛,尤其适于粉粒状货物。如矿砂、水泥、纯碱等。

(4) 集装箱货物。装入集装箱内进行运输的货物。集装箱货类有:散装货、件装货。按货物性质和形态,可选用通用集装箱或特种集装箱装运。按装运方式可采用整箱货和拼箱货装运。

1.2.2　按照货物的性质分类

按货物的性质,一般将货物分为普通货物(General Cargo)和特殊货物(Special Cargo)两大类。

1. 普通货物

普通货物是指除危险货物、鲜活货物以及其他因本身性质,而在装卸和积载方面有特殊要求的特殊货物外的一般货物的统称。普通货物包括以下几种。

(1) 清洁货物,是指清洁、干燥的货物,也可叫精细货物。如在运输保管中不能混入杂质或被玷污的棉纺织品;供人们食用的食品中的糖果、粮食、茶叶;不能受压、易损坏的易碎品中的陶瓷器、玻璃制品等;另外,还有各种日用工业品等。

(2) 液体货物,是指盛装于桶、瓶、坛内的流质或半流质货物,它们在运输过程中,容易破损、滴漏。如油类、酒类、药品、普通饮料等。

(3) 粗劣货物,是指油污、水湿、扬尘和散发异味等特性的货物。如能散发气味的气味货物中的生皮、骨粉、鱼粉、烟叶、大蒜;易扬尘并使其他货物受污染的扬尘污染性货物中的水泥、炭黑、颜料等。

2. 特殊货物

特殊货物也称特种货物,是指货物的本身性质、体积、重量和价值等方面具有特别之处,在积载和装卸保管中需要采取特殊设备和措施的各类货物。包括以下几种。

(1) 危险货物,是指具有燃烧、爆炸、腐蚀、毒害和放射射线等性质,在运输过程中能引起人身伤亡、财产毁损的货物。如黄磷、硝酸、氰化钠等。

(2) 贵重货物,是指本身价值很高的货物。如金银、玉器、首饰、历史文物、名贵药材、高级仪器和电器等。

(3) 笨重长大货物,是指单件重量、长度超过一定限量的货物。如机车头、成套设备、钢轨等。

(4) 易腐性冷藏货物,是指在常温条件下容易腐败变质,需要使用冷藏船、舱、箱在指定的低温条件下运输的货物。如新鲜的肉、鱼、蛋、乳、果、菜等。

(5) 有生动植物货物,又称活货,是指在运输过程中,仍需不断照料,维持其生命和生长机能,不使其发生枯萎、患病或死亡的动植物货物。如牛、马、猪、羊等家畜以及其他兽类、鸟类、家禽、鱼类等活的动物及树木等植物。

(6) 涉外货物,是指外交用品,如外国驻华使馆、团体和个人的物品,以及国际礼品、展览品等物资的统称。

(7) 拖带运输货物,是指不便于装载在船舶上运输,较适宜于经编扎后在水上拖带运输的货物,如竹排、木排、浮物、船坞等。

1.2.3　按货物装载场所分类

(1) 舱内货物,是指装入船舱内进行运输的货物。如茶叶、食糖、棉布等。

（2）舱底货物，又称压载货物，是指装在船舱底进行运输的货物。一般是比重较大或有污染性且都不怕压的货物。如钢材、桐油、矿石等。

（3）衬垫货物，是指耐压，可以用作衬垫的货物。如旧轮胎、板条、旧麻袋等。

（4）填空货物，是指体积小、不怕挤压，可用作填补舱内空档的货物。如藤、成捆木柴、耐火砖等。

（5）舱面货物，又称甲板货物，是指装载在船舶没有遮蔽的甲板上的货物。一般是具有不怕湿、不怕晒、不怕冻等特性，经货主同意或不适宜装在船舱内的货物。如原木、汽车、有生动植物等。

1.2.4　按货物载运状况分类

（1）直达货物，是指从起运港直达某一目的港口的货物。

（2）挂港货物，是指船舶中途靠港时卸下的货物。

（3）选港货物，是指装船前制定两个或两个以上的卸货港、货主在一定时限前确定在其中某个港口卸下的货物。

（4）转船货物，是指船舶到中途港卸下后，再由其他船舶运往目的港的货物。

（5）联运货物，是指按照统一的规章或协议，使用同一份运输票据，中途换装他种运输工具，继续运输至目的地的货物。

（6）集装箱货物，是指装入集装箱内进行运输的货物。

（7）零星货物，又称零担货物，是指批量较小的货物。一张货物运单的托运量不满 30t。通常班轮运输的货物，多属零星货物。

（8）大宗货物，又称整批货物，是指在运量构成中占有较大百分比的货物。一般一张货物运单的托运量较大，通常整船装运。如粮谷、木材、煤炭、矿石等。

1.2.5　按自然属性分类

按自然属性分类是运输部门为制定运价和进行货运统计，而对货物加以专门的分类。例如，在国家统计中将货物按重工业物资、轻工业物资、农业物资和其他物资等分成 24 类；水运统计中将货物分成 14 类。

1.3　商品（货物）目录和货物编码

1.3.1　商品（货物）目录

商品（货物）目录又称货物（商品）分类目录，是指国家或有关部门根据商品分类系统对所经营管理货物编制的总明细分类集（商品总明细目录）。是在货物逐级分类的基础上，用表格、符号、文字全面记录货物分类系统和排列顺序的书本式工具。

货物目录是货物分类的具体表现，是货物分类工作的有机组成部分。只有根据货物科学分类编制的货物目录，才能使各类货物脉络清楚，有利于货物经营管理的科学化和现代化。

各类货物的生产、经营、管理单位都有自己的货物目录。货物目录也是企业间进行货物交换的重要手段。同时，为了充分发挥商品目录在商品流通中的作用，还应随着货物生产的发展和商品经营的变化适时地对货物目录进行修订。目前货物分类体系可概括为基本分类体系、国家标准分类体系、应用分类体系这三大体系。

1.3.2　国内外主要商品分类体系和商品目录

1. 国家标准商品分类体系

国家标准分类体系是为适应我国市场经济的需要，以国家标准形式对商品进行科学、系统的分类编码所建立的商品分类体系，即国家标准 GB/T 7635.1—2002《全国主要产品分类与代码》。该标准把全国生产的所有工农业产品、商品、物资，划分为 99 大类、1000 多个中类、7000 多个小类，共计 36 万多个品种。本分类体系的划分如下。

0 大部类产品分类代码表

 0-1　种植业产品

 0-2　活的动物和动物产品

 0-3　森林产品和森林采伐产品

 0-4　鱼和其他渔业产品

 0-6　中药

1 大部类产品分类代码表

 1-1　无烟煤、烟煤和褐煤等煤；泥炭

 1-2　原油和天然气等

 1-3　铀和钍矿

 1-4　金属矿

 1-5　石、砂和黏土等非金属矿及其采选品

 1-6　其他矿物

 1-7　电力、城市燃气、蒸汽和热水

 1-8　水

2 大部类产品分类代码表

 2-1　肉、水产品、水果、蔬菜，油脂等类加工品

 2-2　乳产品

 2-3　谷物碾磨加工品、淀粉和淀粉制品；豆制品；其他食品和食品添加剂；加工饲料和饲料添加剂

 2-4　饮料

 2-5　烟草制品

 2-6　纱、线和丝；机织物和簇绒织物等

 2-7　服装以外的机织、短纤维机织物

 2-8　针织或钩编的织物（货品）；服装及衣着附件

 2-9　天然皮革、再生革和皮革制品及非皮革材料的同类制品；鞋

3 大部类产品分类代码表

 3-1　木（材）和木制品、软木制品；稻草、麦秆和缏条材料制品

 3-2　纸浆、纸和纸制品；印刷品和相关物品

 3-3　炼焦产品；炼油产品；核燃料

 3-4　基础化学品

 3-5　其他化学品；化学纤维

8-5　支持性服务

8-6　在收费或合同基础上的生产服务

8-7　保养和修理服务

9 大部类产品分类代码表

9-1　公共管理和整个社区有关的其他服务;强制性社会保障服务

9-2　教育服务

9-3　卫生保健和社会福利

9-4　污水和垃圾处置、公共卫生及其他环境保护服务

9-5　成员组织的服务

9-6　娱乐、文化和体育服务

9-7　其他服务

9-8　家庭服务

9-9　国外组织和机构提供的服务

2.《商业行业商品分类与代码》

我国商业部编制的《商业行业商品分类与代码》,将商业行业经营的商品划分为 61 个大类,约 400 个中类,还有若干小类和品种。按照我国国民经济分类中的商业行业的顺序(即吃、穿、用、燃料、农业原料、农业生产资料、废旧物资、物资等)进行大类排列。具体划分如下。

(1) 粮食

(2) 植物油脂、油料

(3) 食用家畜、畜肉及其制品

(4) 食用禽肉、蛋及其制品

(5) 水产品

(6) 糖及糖果

(7) 糕点、罐头

(8) 烟

(9) 饮料

(10) 干鲜果品

(11) 干鲜菜及调味品

(12) 纺织品

(13) 针织品

(14) 服装

(15) 鞋帽

(16) 日用化工品

(17) 保温瓶、杯及日用玻璃制品

(18) 日用搪瓷制品及金属制品

(19) 钟表及眼镜

(20) 日用塑料及人造革制品

(21) 儿童玩具

（22）日用百货

（23）日用杂品

（24）家具

（25）机制纸及纸制品

（26）文教办公用品

（27）照相器材

（28）体育及文娱用品

（29）印刷品

（30）建筑用金属制品及卫生器材

（31）五金工具

（32）机械配件

（33）五金杂品

（34）交通器材

（35）电工器材

（36）电信器材及电子元器件

（37）电子音像器材及家用电器

（38）化工原料

（39）染料、涂料、颜料

（40）煤炭及石油制品

（41）西药

（42）医疗器械

（43）化学试剂

（44）中药材

（45）中成药

（46）棉、麻、烟料

（47）土产品

（48）畜产品

（49）化学肥料

（50）化学农药

（51）饲料

（52）其他农业生产资料

（53）工艺美术及古玩珍藏品（一）

（54）工艺美术及古玩珍藏品（二）

（55）工艺美术及古玩珍藏品（三）

（56）工艺美术及古玩珍藏品（四）

（57）废旧物资

（58）机电产品

（59）原材料

（60）辅助材料

（61）其他商品

1.3.3　货物（商品）编码的种类和方法

商品编码也称商品代码，是赋予某种商品的代表符号。这种对每类商品规定统一的符号系列也就称为"商品编码化"。其符号可以由数字、字母和特殊标记组成。

商品编码往往是商品目录的组成部分，也是商品分类的有机组成部分。由此，商品编码与商品分类密切相关，在实践中也被称为商品分类代码；商品分类和商品编码共同构成了商品目录的完整内容。所以商品目录也称商品分类与编码集。

商品编码按其所用的符号类型分为数字代码、字母代码、字母数字混合代码和条形码四种。其中，应用最普遍的是数字代码和条形码。

1. 数字型代码

数字型代码是用一个或若干个阿拉伯数字表示分类对象的代码。其特点是结构简单，使用方便，易于推广，而且便于计算机处理，是国际上普遍采用的一种代码。数字型代码通常采用顺序编码法、层次编码法、平行编码法、混合编码法四种编制方法。

（1）顺序编码法就是按照商品（货物）的排列顺序，给予一定数量的码位，并将码位按顺序依次排列的方法。适合于品种少的商品（货物）的分类。

（2）层次编码法是使代码的层次与分类层级相一致的编制方法，是按商品类目在分类体系中的层级顺序，依次赋予与各层级对应的数字代码。层次编码法主要用于线分类（层级分类）体系。

层次编码法的优点是代码较简单，信息容量大，逻辑性较强，能明确地反映出分类编码对象的属性或特征及其相互关系，便于计算机汇总数据；缺点是结构弹性较差，需要预留出相当数量的备用号而使代码延长。因此，层次编码法最适用于编码对象变化不大的情况。

（3）平行编码法是对每一个分类面确定一定数量的码位，代码标志各组数列之间是并列平行的关系。平行编码法多用于面分类（平行分类）体系。

平行编码法的优点是代码结构有较好的弹性；可以比较简单地增加分类面的数目，必要时还可更换个别的类面；缺点是代码过长，不便于计算机管理。

（4）混合编码法是层次编码法和平行编码法的合成，即把分类对象的各种属性或特征分列出来后，其中某些属性或特征用层次编码法表示，其余的属性或特征用平行编码法表示。它吸取了两者的优点，更容易使用。

2. 条形码

条形码（条码）是由宽度不同、反射率不同的条和空，按照一定的编码规则（码制）编制而成的，用以表达一组数字或字母符号信息的图形标识符，即条形码是一组粗细不同、按照一定的规则安排间距的平行线条图形。常见的条形码是由反射率相差很大的黑条（简称条）和白条（简称空）组成的。条形码包含商品的生产国别、制造厂商、产地、名称、规格、特性、生产日期、数量、价格等一系列商品信息，是商品的身份证。条码是可利用光电子扫描阅读设备识读，并能将数据输入计算机的一种特殊代码。它作为一种可印刷的计算机语言，以其特有的快速、信息量大、成本低、可靠性高等优点，被广泛地应用于商业、仓储、邮电、交通运输、图书管理、生产过程的自动控制等领域，是迄今为止在自动识别技术中，应用最普遍、最经济的一种信息标识技术。

条形码的符号结构如图 1-1 所示。

图 1-1　条形码符号结构

常用条码在商品流通领域分为储运单元条码和消费单元条码。储运单元是指由若干消费单元组成的稳定和标准的商品集体,是装卸、仓储、收发货、运输等项业务所必需的一种商品单元。储运单元条码有 DUN-14 条码、DUN-16 条码、ITF-14 条码、ITF-16 条码、EAN/UPC-128 条码等。消费单元是指通过超级市场、百货商店、专业商店等零售渠道直接售给消费者的商品单元。消费单元的条码有 UPC 条码和 EAN 条码。

（1）通用产品条码

UPC 条码是通用产品条码的简称,是美国统一代码委员会于 1973 年推出的一种商品条码,广泛应用于美国和加拿大商品流通领域。各国出口到美、加等北美国家的商品,其包装上必须印有 UPC 条码。

UPC 标准版又称 UPC-A 条形码,是由条、空及其下面对应的 12 位阿拉伯数字组成。这 12 位数字中,第 1 位数字是前缀号,最后 1 位数字是校验码,中间 10 位数字是编码数字,其中前 5 位数字是厂商代码,后 5 位数字是商品标识代码。UPC-A 条形码结构如图 1-2 所示。

图 1-2　UPC-A 条形码

前缀号为编码系统字符,以 0～9 表示。其中,0 标识用于数量包装的规则包装商品,2 标识为不规则重量的商品,3 标识为医药卫生商品,4 为零售商专用,5 为信用卡销售的商品,7 为中国申报的美国统一代码委员会会员专用,1、6、8、9 为备用码。编码系统字符由美国统一代码委员会分配给它的每个会员。厂商代码用于标识商品生产厂家,由美国统一代码委员会分配给每个会员。

商品识别代码用于识别商品的特征或属性,由厂商根据美国统一代码委员会的规则自行编制和管理。校验码用于校验代码符号的正确性,按照一定规则计算确定。

UPC-E 条形码是 UPC-A 条形码的一种特殊的缩短形式,可以理解为是删除了 UPC-A 的 4 个或 5 个"0"得到的。缩短版的使用是有限制条件的,只有当商品小到无法印刷有 12 位数字的 UPC 标准版时(例如香烟、胶卷、化妆品等),才允许使用 UPC-E 条形码。而且,只有当美国统一代码委员会分配给企业的编码系统字符是"0"(前缀号只能取"0")时,才可以使用 UPC-E 条形码。UPC-E 条形码由条、空及其下面对应的 8 位数字组成。这 8 位数字中,第一位数字是前缀号,最末位数字是校验码,中间 6 位数字是商品信息代码。

（2）国际物品条形码

国际物品条形码简称 EAN 条形码,是国际物品编码协会(EAN)推出的一种国际通用商品条码。凡进入国际市场的商品,其包装上必须印有 EAN 条形码。EAN 条形码的标准版为 EAN-13。

EAN-13 条形码的前 2 位或前 3 位阿拉伯数字为前缀码,是国别代码(其中分配给中国的国别代码是 690～695),用于标识商品来源的国家和地区,由国际物品编码协会统一来分配管理。国别代码后面的 5 位或 4 位阿拉伯数字为制造厂商代码,用于识别生产企业或批发公司,由国际物品编码协会在各国(地区)的分支机构分配管理;制造厂商代码后面的 5 位阿拉伯数字为商品代码,用于标识商品的特征或属性,由制造厂商依据 EAN 的规则自行编制。最后一位数字为校验码,用于校验代码输入的正确性,根据一定的运算规则由以上三部分数字计算得出。EAN-13 条形码的结构如图 1-3 所示。EAN 条形码与 UPC 条形码是兼容的,当 UPC 条码进入 EAN 条形码系统时,只要在前面补一个"0"就可以了。

图 1-3　EAN-13 条形码

 知识扩展阅读

条码的分类

按照不同的分类标准,条码可以分为不同的种类。

(1) 按维数分类。条码按维数不同,可分为一维条码、二维条码和多维条码。

① 一维条码。世界上约有 225 种以上的一维条码,每种一维条码都有自己的一套编码规则,其按照应用可分为商品条码和物流条码。此外,书籍和期刊也有国际统一的编码,称为 ISBN(国际标准书号)和 ISSN(国际标准丛刊号)。普通的一维条码问世后很快得到普及并广泛应用,但由于一维条码的信息容量很小,如商品上的条码仅能容 13 位的阿拉伯数字,更多的描述商品的信息只能依赖预先建立的数据库的支持,因而应用范围受到一定限制。

② 二维条码。二维条码具有储存量大、保密性高、追踪性高、抗损性强、备援性大、成本便宜等特性,特别适用于表单、安全保密、追踪、证照、存货盘点、资料备援等方面。美国 Symbol 公司于 1991 年推出名为 PDF417 的二维条码,简称为 PDF417 条码,即"便携式数据文件"。PDF417 条码是一种高密度、高信息含量的便携式数据文件,是实现证件及卡片等大容量、高可靠性信息自动存储、携带并可用机器自动识读的理想手段。美国国际资料公司(International Data Matrix)于 1989 年发明的 Data Matrix 二维条码是一种矩阵式二维条码。图 1-4 和图 1-5 分别为 PDF417 条码和 Data Matrix 条码。

图 1-4　PDF417 条码　　　　　　　图 1-5　Data Matrix 条码

二维条码按编码原理可分为三种类型:①线性堆叠式二维码,是在一维条码编码原理的基础上将多个一维码在纵向堆叠而产生的,有 Code 16K、Code 49、PDF417 等;②矩阵式二维码,是在一个矩形空间通过黑、白像素在矩阵中的不同分布进行编码,有 Aztec、Maxi Code、QR Code、Data Matrix 等;③邮政编码,通过不同长度的条进行编码,主要用于邮件编码,如 Postnet、BPO4-State。

二维条码常用的码制有：Data Matrix、Maxi Code、Aztec、QR Code、Vericode、PDF417、Ultracode、Code 49、Code 16K 等,其中：Data Matrix 主要用于电子行业小零件的标志;Maxi Code 是由美国联合包裹服务公司(UPS)研制的,用于包裹的分拣和跟踪。

③ 多维条码。信息密度是描述条码符号的一个重要参考依据,多维条码可以记录比以往条码更加丰富的信息,应用前景十分广阔。

(2) 按使用的目的分类,条码可分为商品条码和物流条码。

① 商品条码包括 EAN 码和 UPC 码,其中 EAN 码是国际通用的符号体系。商品条码是以直接向消费者销售的商品为对象,以单个商品为单位使用的条码。

EAN 商品条形码是由国际物品编码协会统一分配给各会员国家代码,再由各会员国的商品条形码负责机构对国内制造商、批发商和零售商等分配厂商代码,各厂商再对其生产的每种单品编码。故 EAN 商品条形码中每个商品都有独一无二的条形码。

EAN-13 码(标准码)由 13 位数字组成,通常用于识别一般商品。EAN-8 码(缩短码)由 8 位数字组成,用于识别包装面积和印刷面积不足以印刷标准码的商品。EAN 商品条形码(标准码)包括国家代码(3 位)、制造厂商代码(4 或 5 位)、产品代码(5 或 4 位)和检验码(1 位)。中国商品的国家代码是 690~695。

② 物流条码是物流过程中以商品为对象,以集合包装商品为单位使用的条码。标准物流条码由 14 位数字组成,除了第一位数字以外,其余 13 位数字代表的含义与商品条码相同。物流条码包括 128 码、ITF 码、39 码、库德巴(Codabar)码等。其中 39 码和 128 码是目前国内企业内部自定义码制,可按需要确定条码的长度和信息,编码的信息可以是数字,也可包含字母,主要应用于工业生产线领域、图书管理等;93 码是一种类似于 39 码的条码,它的密度较高,能够替代 39 码;25 码主要应用于包装、运输以及国际航空系统的机票顺序编号等;Codabar 码应用于血库、图书馆、包裹等的跟踪管理。

(3) 按码制分类。条码按码制不同,可分为 EAN 码、UPC 码、交叉 25 码、Codabar 码、Code 39 码、128 码、93 码、49 码、25 码、矩阵 25 码、Plessey 码等。

 前沿理论与技术

智 慧 物 流

IBM 于 2009 年提出建立一个面向未来的具有先进、互联和智能三大特征的供应链,通过感应器、RFID 标签、制动器、GPS 和其他设备及系统生成实时信息的"智慧供应链"概念,紧接着"智慧物流"的概念由此延伸而出。与智能物流,强调构建一个虚拟的物流动态信息化的互联网管理体系不同,"智慧物流"更重视将物联网、传感网与现有的互联网整合起来,通过以精细、动态、科学的管理,实现物流的自动化、可视化、可控化、智能化、网络化,从而提高资源利用率和生产力水平,创造更丰富社会价值的综合内涵。

在 2009 年,奥巴马提出将"智慧的地球"作为美国国家战略,认为 IT 产业下一阶段的任务是把新一代 IT 技术充分运用在各行各业之中,具体地说,就是把感应器嵌入和装备到电网、铁路、桥梁、隧道、公路、建筑、供水系统、大坝、油气管道等各种物体中,并且被普遍连接,形成所谓"物联网",然后将"物联网"与现有的互联网整合起来,实现人类社会与物理系统的整合,在这个整合的网络当中,存在能力超级强大的中心计算机群,能够对整合网络内的人员、机器、设备和基础设施实施实时的管理和控制,在此基础上,人类可以以更加精细和动态的方式管理生产和生活,达到"智慧"状态,提高资源利用率和生产力水平,改善人与自然间的关系。

中国物联网校企联盟认为,智慧物流是利用集成智能化技术,使物流系统能模仿人的智能,具有思维、感知、学习、推理判断和自行解决物流中某些问题的能力。即在流通过程中获取信息从而分析信息做出决策,使商品从源头开始被实施跟踪与管理,实现信息流快于实物流。即可通过 RFID、传感器、移动通信技术等让配送货物自动化、信息化和网络化。

职业指导

(1) 企业的实际需求:货物的理货、报关、报检、运输、仓储等工作中都需要掌握货物的分类知识;货物的信息化管理则需要掌握商品代码的知识。

(2) 本章中学习的货物分类与代码知识在企业货物管理中应用广泛,货物分类是企业进行生产经营、管理、运输等工作的基础,货物目录是货物分类的具体表现,科学的货物目录,有利于货物经营管理的科学化和现代化。货物条形码是应用最普遍、最经济的一种信息标识技术,是企业进行物流信息化管理的基础。

(3) 学生应该具备的基本素养和专业技能:能运用不同的分类标志对货物进行分类;了解国内外主要商品分类体系和商品目录;熟悉常用的条形码的知识及其应用。

 实训项目

实训项目 1: 超市商品分类与编码实训。

将同学分成 3~5 人一组,每小组完成一份 PPT 汇报材料,分析该超市采用了什么分类方法,商品分类的依据是什么;分析其合理性和可以改进的地方;列举一种具体商品,分析属于哪类代码,并指出该代码的结构。谈谈自己实习的心得。

实训项目 2: 货物分类实训。

列出 30 种常运货物(给出包装形式),由同学按照不同的分类标志进行货物的分类。

练习题

1. 单项选择题

(1) 下列属于散装货物的是(　　)。

    A. 棉花　　　　　B. 生铁块　　　　　C. 石蜡　　　　　D. 盘圆

(2) 下列属于粗劣货物的是(　　)。

    A. 纸浆　　　　　B. 茶叶　　　　　C. 棉纱　　　　　D. 盐渍肠衣

(3) 下列属于特殊货物的是(　　)。

    A. 瓷砖　　　　　B. 烟叶　　　　　C. 橡胶　　　　　D. 世界名画

2．名词解释

货物　选港货物　联运货物　零星货物

3．问答题

（1）在运输生产实践中，对货物进行分类有何重要意义？

（2）按货物的形态对货物可分哪几类？

（3）按货物的性质对货物可分哪几类？请举货种说明。

（4）按货物运输方式对货物可分哪几类？

第2章

货物质量

引导案例

"源江"轮鱼粉自燃发生火灾

1984 年 11 月 3 日我国远洋运输公司的 38000 吨载重量的"柳林海"号货轮从秘鲁装载了 18300 吨鱼粉，横渡太平洋回国。11 月 27 日 19 时，船员发觉一号舱内鱼粉自燃，第二天六号舱内也开始冒烟。船上人员立即开始灭火救灾，当时船上配备有 100 多只二氧化碳钢瓶，但是全部施放完毕后仍然没有将火扑灭，于是只能采取封舱措施，由于封舱措施得当，这两个舱口的火情得到有效的控制。12 月 7 日，"柳林海"驶抵国内某海港。如果作为遇难船舶处理，应当立即组织抢险，边灭火边卸货。港方人员上船后开启六舱观察，没有发现明火，认为没有必要作为遇难船舶处理，于是要求国内收货人按正常程序办理卸货手续，联系接卸运力（火车车皮和市内道路运输车辆）等，然后再安排卸货。"柳林海"则在锚地抛锚候泊。由于第六舱的舱盖被打开过，大量空气进入舱内，结果 12 月 11 日该轮第二次引发火灾。船员再次使用二氧化碳灭火没有奏效，只能向港口求救。第二天该轮再度进港，港方立即组织人力一边卸货，一边向舱内注水灭火。这两个舱口的鱼粉绝大部分毁损。

案例解析：鱼粉属于第 4.2 类中的易自燃物质，联合国编号为 1374。鱼粉未经过抗氧化处理时容易引起自燃，鱼粉要投入运输，必须经过抗氧化处理，并储于阴凉、通风、干燥的场所。"柳林海"号所载鱼粉可能在生产过程中干燥、浓缩、脱脂等工艺不完善，不能抑制微生物的生长、繁殖。因而运途中发生自燃。本案例中造成鱼粉货损的原因主要是货物本身的质量问题和运输途中保管不当以及装卸措施失误所致。

本案例涉及的主要知识点：货物的性质；货损的原因。

（资料来源：http://www.riskmw.com/case/2010/08-12/mw25291.html）

学习导航

通过学习，掌握货物质量和质量管理的概念，了解全面质量管理的相关知识；掌握货物的性质及影响货物质量的主要因素；掌握温湿度的概念及控制方法。

▶ 教学建议

本章的备课要点：货物的概念、全面质量管理的概念；货物的性质、水运中影响货物质量的因素；温湿度的控制方法等。教学以理论为主，实训为辅，采用多媒体教学，穿插案例讲解，同时通过课堂作业来增进学生的理解。建议授课学时为 6 学时。

2.1　货物质量与质量管理

2.1.1　货物质量的概念

1. 质量的概念

根据国际标准化组织的定义，"质量是指反映实体满足明确和隐含需要的能力的特征与特性的总和"。这里的"实体"可以是单独描述的事物或个体，也可以是活动、产品、组织、体系、系统、方法或人，以及上述各项目的任何组合。"明确需要"可以理解为有关法规、标准或是买卖双方等方面有明确规定的要求，如可靠性、安全性和互换性等。"隐含需要"可以理解为排除明确需要后的、没有明确规定的要求。"特性"则是指该实体所特有的、有别于其他实体的性质，例如：可以量化的质量、数量、强度、酸碱度、营养指标、安全指标；非量化的外观、颜色、亮度、安全性和舒适性等。

2. 货物质量的概念

货物是"实体"的一个组成部分，货物质量是指货品满足规定功能用途需要和要求能力与效果的特征和特性的总和。

货物质量的概念包含以下内容：货物质量的基本要求，货物性能必须符合特定目的的用途，即货物的性能必须和货物的用途相一致；货物质量是货物的自然属性、社会属性、市场属性和经济属性等的综合；货物质量的服务对象，必须以顾客、最终的消费者或服务对象的最终满意为目标。因此，广义的货物质量的内容可以概括为：内在质量、外在质量、包装质量和市场质量。

2.1.2　质量管理的概念

GB/T 6583-ISO 8402 给质量管理下的定义是："确定质量方针、目标和职责并在质量体系中通过诸如质量策划、质量控制、质量保证和质量改进使其实施的全部管理职能的所有活动。"质量管理是随着科学技术、生产规模、用户需求的发展而逐渐发展起来的。它不仅成为现代管理科学的重要组成部分，而且在管理科学理论与实践的基础上，已形成一门新兴的独立学科。

质量管理是一个组织全部管理的重要组成部分，它的职能是制定并实施质量方针、质量目标和质量职责。质量管理是以质量体系为依托，通过质量策划、质量控制、质量保证和质量改进等发挥其职能。为了实施质量管理，需要建立质量体系。

2.1.3　质量管理发展阶段

质量管理发展的三个阶段。

第一阶段，事后检验阶段，又称检验质量管理阶段，是从 20 世纪初到 20 世纪 40 年代。

主要是按既定质量标准要求对产品进行检验;管理对象限于产品本身的质量;管理领域局限于生产制造过程。因此,检验质量管理是一种消极防范性管理,依靠事后把关,杜绝不合格产品进入流通领域,无法在生产过程中起到预防、控制作用。

第二阶段,统计质量管理阶段,又称统计质量控制阶段。其实质是预防性质的质量管理阶段,是 20 世纪 40~50 年代。主要是按照商品标准,运用数理统计在从设计到制造的生产工序间进行质量控制,预防产生不合格产品,管理对象包括产品质量和工序管理,领域从生产制造过程扩大到设计过程。统计质量管理是一种预防型(事先监控型)管理,依靠生产过程中的质量控制,把质量问题消灭在生产过程中。

第三阶段,全面质量管理阶段。全面质量管理简称 TQC。是从 20 世纪 60 年代至今。20 世纪 50 年代后,科学的质量管理在工业发达国家迅速发展、普及。1961 年美国的菲根保姆提出了全面质量管理思想,强调企业要人人关心质量,所有部门都应围绕保证和提高产品质量进行活动。开始了依靠企业全体职工,在全体部门,对产品设计、试制、生产、销售、使用全过程进行的全面质量管理阶段。全面质量管理的方法在日本又得到新的发展。到 20 世纪 80 年代,对质量管理又提出了新的要求:在提高产品质量方面,着重抓新产品开发;强调建立"高可靠性的质量保证体系",要求"绝对可靠、不出废品";在质量概念方面,提出"软性的质量管理",强调人的质量是全面质量管理的核心。

2.1.4　质量管理的基本方法

1. PDCA 工作循环的运用

对商品实施全面质量管理的过程,就是要求各个环节、各项工作都按照 PDCA 循环,周而复始地运转。美国质量管理学家戴明博士把质量管理过程分解为四个阶段,即计划(Plan)、执行(Do)、检查(Check)、处理(Action)。这就是 PDCA 工作循环理论,又称"戴明循环"。PDCA 包括四个阶段八个步骤。

PDCA 循环基本工作内容如下。

(1)计划阶段(P)

主要任务是制订目标与计划。根据存在的问题或用户的要求,找出问题存在的原因和影响产品质量的主要因素,以此为依据来制订措施与计划,确定质量方针、质量目标、质量措施,从而进一步制订出具体的活动计划和措施,并明确管理项目与内容。计划阶段是 TQC 的开始与出发点。

(2)执行阶段(D)

任务是执行计划,按照 P 阶段的计划和标准规定具体实施。

(3)检查阶段(C)

任务是检查计划的实现情况,调查执行计划的结果,将工作结果与计划对照,得出经验,找出问题。

(4)处理阶段(A)

任务是把执行的结果进行处理总结。把 C 阶段执行成功的经验,加以肯定,纳入标准或规程,形成制度,以便今后照办。对失败的教训加以总结,以后不再重蹈覆辙;遗留问题转入下一个 PDCA 循环。PDCA 循环既适用于整个企业的质量工作,也适用于各有关部门、各个环节的工作。

2. PDCA 循环的特点

(1) PDCA 的次序是顺序进行的,四个阶段、有头有尾、头尾衔接,不能颠倒,也不能跳跃。

(2) 大环套小环,互相促进。整个企业的管理工作是一个大循环,各部门、科室、车间、班组、工段,以至每一个人,都有自己小的和更小的循环,大循环是小循环的依据,小循环是大循环的具体落实。大循环套小循环、小环保大环,一环扣一环,推动大循环,相互依存、相互促进。通过大小 PDCA 循环圈的转动,就把企业上下左右的质量保证系统的各项工作有机地联系起来。

(3) 爬楼梯。PDCA 循环不是原地转圈,而是每一次转动都更新内容和目标,因而也意味着前进了一步,犹如爬楼梯,逐步上升。在质量管理上,每经过一次循环就意味着解决了一批问题,质量水平就有了提高。

(4) 关键在"处理"阶段:"处理"就是总结经验、肯定成绩、纠正错误,以利再战。为了做到这一点,必须加以"标准化"、"制度化",以便在下个循环中巩固成绩,避免重犯错误。

3. 全面质量管理的工具和技术

在运用 PDCA 工作循环实施全面质量管理时,可借助以下几种工具和技术进行数据分析,找出质量问题及其影响因素,以进行有效的质量控制。

(1) 分类法

分类法又称分层法,是分析影响质量因素的一种基本方法,也是加工整理数据的一种重要方法。这种方法是通过分类把性质不同的数据以及错综复杂的影响质量的因素及其责任划分清楚,找出规律,提出解决方法。

(2) 排列图法

排列图法又称巴雷特图法,是找出影响产品质量主要问题的一种方法。这种方法是以图表形式把许多问题或构成问题的许多内容、因素等按照各自所占的份额,用相应高低的长方形依次排列出来,同时,还标出各项累计百分比,以指示解决问题的主要目标。

(3) 因果分析图法

因果分析图法又称特性因素图,因其形状类似树枝或鱼刺,又叫树枝图或鱼刺图。它主要用于分析质量问题产生的原因。为了寻找某种质量问题产生的原因,采用由有关实践者参加的"诸葛亮会",集思广益,将多方面查出的原因反映在一张图上,通过带箭头的线把质量问题与原因之间的关系表示出来,从中找出主要原因,提出解决质量问题的方法和具体措施。

(4) 直方图法

直方图法又称质量分布图法或频数分布图法。它是把收集到的商品质量数据整理后,根据分布情况分成若干组,画出以组距为底边、以频数为高度的许多直方形,再把它们连接起来形成矩形图,通过观察图形,分析商品质量现状和变动趋势,从而提出控制市场商品质量的方法。

(5) 控制图法

控制图法又称管理图法,它是画有控制(或管理)界限的一种图表,用来区分质量波动究竟是由于偶然原因引起的还是由于系统原因引起的,分析和判断工序是否处于稳定状态,从而判断商品质量是否处于控制(或管理)状态,预报影响质量的异常原因。它利用图表形式,来反映生产过程中的运动状况,并据此对生产过程进行分析、监督和控制。

(6) 散布图法

散布图法又称分散图法或相关图法,用于研究质量问题变量间的相互关系。在对原因的分析中,常常遇到一些变量处于一个统一体中,它们相互联系、相互控制,在一定条件下又相互转化。有些变量间存在着确定性的关系,有些变量间却存在着相互关系,即这些变量之间既有关系,又不能由一个变量的数值精确地求出另一个变量的值。将两种有关的数据列出,并用"点"填在坐标上,观察两种因素之间的关系,这种图称为散布图(或分散图、相关图)。对它们进行分析,称为相关分析。在质量管理中,就是利用散布图来观察质量特征的关系,从而改进质量。

(7) 统计调查分析表法

统计调查分析表法是利用统计调查表来进行数据整理和粗略分析的一种方法。其格式各种各样,一般因调查目的的不同,而可以设计出不同的表格。在质量管理中,最常用的统计调查表有:调查缺陷位置用的统计调查分析表;工序内质量特性分布统计调查表;按不合格项分类的统计调查表;其他统计调查表。

2.2 货物的基本性质

货物在装卸、运输和保管等各个环节中,会由于自身的特性、外部环境的影响而产生不同程度的损坏,为了保证货物运输安全和货物质量,有必要掌握不同货物具有的特性,掌握质量变化的科学规律,进而减少或避免运输中的货损货差,提高货运质量。货物的各种特性,是由物质的化学性质、物理性质、生物性质和机械性质决定的。

2.2.1 物理性质

货物的物理性质是指货物受外界温、湿度的影响而发生物理变化的性质。物理变化虽不改变物质原来的化学组成,但它能造成货物减量、品质降低,为生物变化和化学变化创造条件,甚至造成货运作业困难或发生危险性事故等。在水路运输中,货物发生物理变化的形式主要有货物的吸湿、散湿、吸味、散味、挥发、热变、膨胀、溶化、凝固、冻结等。

其中货物吸湿对于货运质量有较大的影响,所以应掌握货物吸湿的基本规律。货物吸湿有两个主要因素。

(1) 货物的化学成分与结构。如果货物的化学成分中含有氨基($-NH_2$)、羟基($-OH$)、羧基($-COOH$)等亲水性原子团(如蛋白质、糖等),则易于吸收水分。从结构上看,多孔性物体和粉粒状物体(如茶叶、棉花等),因其具有很大的表面积,所以具有较强的吸湿性。

(2) 货物本身的水气压与周围空气中水气压的关系,当货物表面水气压小于空气中的水气压时,货物出现吸湿;反之,货物出现散湿。

货物体内都有一定量的水分,保证货物质量的正常的含水量就是货物的安全水分。安全水分是货物可以安全储存与保管的正常含水量。在运输中,货物吸湿后导致含水量超过其安全水分,会造成货物潮解、溶化、分解、生霉等变质现象。货物散湿则会引起含水量过少,会致使货物损耗、发脆、开裂等。

2.2.2 化学性质

货物的化学性质是指货物的组成在一定条件下发生化学变化的性质。在物流运输中,货物常见的化学变化形式主要有氧化、腐蚀、燃烧、爆炸等。如钢铁生锈、钢铁腐蚀、磷的燃烧,以及黑火药爆炸等都属于化学变化。

钢铁在潮湿空气中氧化生锈:

$$Fe + 2H_2O = Fe(OH)_2 + H_2 \uparrow$$

$$4Fe(OH)_2 + 2H_2O + O_2 = 4Fe(OH)_2 \rightarrow nFeO \cdot mFe_2O_3 \cdot pH_2O$$

钢铁和盐酸作用,能使钢铁制品遭到破坏:

$$Fe + 2HCl = FeCl_2 + H_2 \uparrow$$

磷的燃烧:

$$P_4 + 5O_2 = 2P_2O_5$$

黑火药爆炸:

$$S + 3C + 2KNO_3 = K_2S + N_2 \uparrow + 3CO_2 \uparrow + 热量$$

2.2.3　机械性质

在水运中,货物承受的外力有:静态作用力(堆码压力)和动态作用力(震动冲击、翻倒冲击、跌落冲击)。货物的机械性质,是指货物在外力作用下发生机械变化的性质。货物采用不同包装,可具有不同的抵抗变形或破坏的能力,所以,货物的机械性能既与货物本身性质有关,又与其包装质量(材料及形式)有关。货物和包装抵抗压力的能力以抗压强度表示,单位为帕(Pa);货物和包装抵抗冲击的不同能力,会显示出具有韧性或脆性,一般可通过包件跌落试验得到反映。

货物发生机械变化的形式主要有破碎、变形、渗漏、结块等。在运输中,对于那些机械性能较差的货物,应严格按包装储运标志的要求作业。对易碎货物和易变形的货物,装卸搬运过程中要轻拿轻放、稳吊稳铲、码垛不宜过高,不应在上面装重货,要避免摔、抛、撞击,防止货垛倒塌。对容易渗漏的液体货物,要加强对包装容器的检查和高温时的防暑降温措施,避免货物的碰撞。对于容易结块的货物,如水泥、食糖、化肥、矿粉等,要注意货物堆码勿重压、久压,装卸中不宜用水喷淋。

2.2.4　生物性质

货物的生物性质是指有生命的有机体货物(如粮谷、豆类、油籽、果菜、禽蛋等)及寄附在货物上的生物体,在外界各种条件的影响下,为了维持其生命而发生生物变化的性质。在运输过程中,货物发生生物变化的形式主要有酶、呼吸、微生物、虫害的作用等。

酶又称酵素,是一类生物催化剂。酶的作用在生物变化中占有重要的地位。因为一切生物体内物质分解与合成都要靠酶的催化来完成,它是生物新陈代谢的内在基础。如粮谷的呼吸、后熟、发芽、发酵、陈化等都是酶作用的结果。

呼吸作用是有机体货物在生命活动过程中,为获取热能维持生命力而进行的新陈代谢现象。这种作用是一切活的有机体货物最普通的生物现象,寄附在货物上的微生物、害虫等也具有此特性。呼吸作用可分为有氧呼吸和缺氧呼吸。旺盛的有氧呼吸可造成有机体中营养成分大量消耗并产生自热、散湿现象,而严重的缺氧呼吸所产生的酒精积累过多会引起有机体内细胞中毒死亡。影响呼吸强度的因素有含水量、温度、氧的浓度等。

常见危害货物的微生物有细菌、霉菌和酵母菌等。微生物要在货物上生长、繁殖,除所需营养物质外;还要有适宜的温湿度、水分等条件。一般来说货物含水量多,环境温暖潮湿,最适宜微生物的生长、繁殖活动,所以控制货物含水量和环境温湿度以及防感染是防止微生物危害的主要措施。

虫害作用对有机体货物(如粮谷类、干果类、毛皮制品等)危害很大,害虫不仅蛀食货物,破坏组织结构,造成破碎、孔洞、发热和霉变等危害,而且害虫的分泌物、粪便、尸碱能污染货物,影响卫生,降低质量,甚至完全丧失食用或种用(种子粮)价值。虫害作用与一般环境的温湿度、氧气浓度、货物的含水量有关系,其中高湿是最重要的。为防止虫害,应控制有关因素并做好防感染工作。

2.3　水运中影响货物质量的要素

货物在脱离生产领域之后,货物的自然质量已经形成。但当货物进入流通领域之后,经过运输、储存、销售等环节,货物质量会在外界因素如阳光、空气、温湿度、外力等的作用下,发生各种各样的变化,造成货物质量下降。如果采取积极的防范措施,如包装质量好,养护措施得当,就会减少货物质量下降的程度。因此,加强流通领域中的货物管理工作,不断提高流通领域中质量管理工作水平,直接影响货物质量的高低。

货物从接收至交付的整个运输过程中,要经过众多的运输生产环节。如果在某个环节上不能采取相应的有效措施或遇上不可抗拒的外界因素,那么,货物产生质变或量变就难以避免。为了使货损货差减到最小限度,必须熟悉物流生产各环节中货物产生货损货差的原因,以便采取有效对策,从而保证货物的完整无损。

2.3.1　货损与货差

货损是指货物在运输、装卸和保管过程中,质量上的损坏和数量上的确实损失。质量损坏包括货物受潮、污染、破损、串味、变质等。数量的确实损失包括海难、火灾、落水无法捞取、被盗、遗失等原因所导致货物的灭失,以及货物的挥发、撒漏、流失等情况所造成的超过货物自然损耗的货物减量。

货差是指货物在运输过程中发生的溢短和货运工作中的差错。差错包括错转、错交、错装、错卸、漏装、漏卸以及货运手续办理错误等原因造成的有单无货或有货无单或点数不准等单货不符、件数或重量溢短等。

2.3.2　造成货损与货差的原因

防止货损货差,使货物完整无损地交付收货人是货运质量管理的重要内容。在运输中产生货损货差的原因是错综复杂的,归纳起来主要有配积载不良、装卸操作不慎、货物本身问题、运输途中管理不善、堆存保管不妥以及理货工作失职等原因。

1. 配积载不良

(1)货物搭配不当:如性质相抵的货物同舱混装,致使货物发生串味、污染、溶化、腐蚀、发热和自燃等货损。

(2)装载货位不当:如怕热货物装载在机炉舱等热源部位,致使货物熔化受损;怕潮货物装载在甲板上或舱盖不严密、易产生"汗水"的舱内部位,致使货物湿损、霉变;易碎货物装载在震动很大的机舱附近或因作业困难的货位,致使货物倾倒破损;未按照港口顺序装卸,致使在卸货港造成捣载,引起货物搬运损坏。

（3）舱内堆码不当：如货物堆码不紧密或垛型不符合要求，引起碰撞、挤压、倒垛，致使货物破损；堆码超高引起底层货物压坏；堆码未留通风道或未设置通风器，致使货物发热霉变、腐烂；重大件货物因捆绑不牢，货物移位，致使货物受损；重货压轻货或木箱压纸箱，造成货物压损等。

（4）衬垫隔票不当：衬垫材料潮湿、不干净，致使货物湿损、污损；衬垫方法不当或衬垫材料与货物性质相抵触造成货物变形、破损、腐烂、串味、湿损以及燃烧、爆炸等；货物未隔票或隔票方法不当，致使货物混票、隔票不清，造成错卸、漏卸和翻堆查找的货损货差。

2. 装卸操作不慎

（1）装卸操作不当或违章操作：某些装卸工人操作不熟练或操作马虎，不按储运指示标志作业，如装卸易碎货物时，没有轻拿轻放，司机没有稳起稳吊；装卸重大件起吊绑扎位置不当，致使货物损坏；起吊货物超过吊杆安全负荷定额，装卸中脱钩、倒钩、游钩、留山挖井、乱摔乱扔等违章操作和野蛮装卸导致货物严重损坏。

（2）装卸设备或吊货工具不当：吊杆各部件过分磨损，吊货索、吊杆、滑车索具不良，工前工间又未认真检查，致使发生折断、松弛等情况，造成货物损坏；装卸作业中采用不适合货物的工具，如手钩、撬杠、网兜、吊链等，致使货物发生袋破、桶裂、箱坏，造成散落、渗漏、破损等货损。

（3）装卸中气候变化的影响：在雨雪天进行装卸或对天气变化疏忽大意，下雪、雷雨未能及时关舱或搭篷，造成货物水湿、溶化、燃烧；液体货物受炎热或严寒气温变化的影响，致使包装胀裂，造成溢漏损坏等。

3. 货物本身问题所造成的货损货差原因

（1）货物运输包装不良：货物运输包装的强度不足，包装材料不适合货物的性质，包装内部结构、衬垫不当或使用有缺陷的旧包装等，致使货物造成破损、污损、断裂、脱落、散捆等。

（2）货物标志不清：货物标志制作字图不清楚，内容不完整、不规范或脱落，造成运输标志、包装储运指示标志、危险货物标志难辨认或欠缺，会造成错装错卸货差，致使装卸、堆存中发生货损货差事故。

（3）货物本身的自然属性所致：易腐货物少量腐烂变质；有生动植物的个别枯萎、死亡；橡胶老化；散装原油挥发、降质等，均是货物本身自然属性上的缺陷而引起的货损。

4. 运输途中管理不善所造成的货损货差原因

（1）货舱设备不完善：货舱在装货前的准备工作没有满足货物的要求，匆忙、勉强装货造成货损；货舱外板、甲板、舱口盖漏水或货舱开口造成货舱进水引起货损；货舱舱壁护板不全，通风设备失灵，舱内管道漏损等原因造成货损。

（2）保管不当：如装有呼吸货物的货舱长期封闭致使货物发酵、霉烂、自热；或通风不当造成货物霉腐、汗湿、燃爆；污水沟、污水井积水未及时排除，溢出造成货物湿损、污损，对冷藏货没有满足货物保管的温湿度要求而引起货损等。

（3）不可抗力所致：船舶在航行中遭遇到主观意志不可抗拒的海损事故（如碰撞、搁浅、触礁、沉船）、自然灾害（如台风、洪水、冰川）、军事拦阻、航道堵塞等而造成货损。

5. 堆存保管不妥的货损货差原因

（1）库场设备不全：库内漏水漏电，露天场地苫垫设备不良，致使货物水湿、污损、燃

烧等。

(2) 库场清扫工作差：库场的清洗、干燥、除味、驱鼠、熏蒸、除毒等清扫工作不及时或没有满足货物性质的要求,致使货物受地脚污染,遭受虫蛀、鼠害等而造成货损。

(3) 货物保管不当：性质相互抵触的货物同库堆存而造成串味、污染、腐蚀等货损;库内通风不当,造成货物汗湿;货物堆码过高,造成下层货物压坏;残损货物未剔除而影响其他货物;防汛防盗工作未做好,造成货物严重损失、被盗等。

(4) 货物交付不及时：如易腐货物、有生动植物货物到港未及时交付,致使货物造成腐蚀、死亡、枯萎等。

6. 理货工作中所造成的货差

(1) 收发货时数字不准,如理货、库场人员在收发、点垛、抄号、画钩计数过程中数字不准确,少收多报或多收少报等。

(2) 错装、漏装、混装。

① 错装是指将不该装船的货物误装上船,或将货物误装在开往其他港的船舶上。如理货员在货物装船时,对同规格、同包装、不同收货人或不同卸货港的货物,运输标志未分清,或对作业班组工人未交代清楚所装的船名、舱位,致使装错船或装错舱位造成货差事故。

② 漏装是指将应该装船的整票或部分货物遗漏未装。如在货物装船时,将装货途中跌落的货物或零星货物遗漏而造成的货差事故。

③ 混装又称混票,是指装船时,将不同卸货港、不同收货人、不同提单号的货物混杂堆装。如在货物装船时,与装卸工人协作配合不够,以致货物隔票马虎,造成混票、隔票不清,引起货差事故。

④ 其他失职原因,如理货人员在工作时间擅离岗位,夜班睡觉,以致发生未经清点就装卸船或交付,而造成货差事故。

按规定,由于不可抗力、货物本身的自然性质、货物的自然损耗,以及托运方、收货方本身的过错而造成货物质变和量变的,港航方不承担赔偿责任。

 知识点链接

货物的自然损耗

货物在运输、装卸、保管过程中,由于货物的性质、状态、自然条件、技术条件等因素而造成货物在重量上不可避免地在一定标准内的减少,称为货物的自然损耗。它是货物的合理损耗,是非事故性的、非人为的货物减量。自然损耗的大小,与货物性质、状态、包装、装运方式、装卸方法、操作次数、环境温度与湿度、气候条件和运输时间等因素有关。所以,各种货物在不同情况下的自然损耗率是不同的。国际和国内都制定有运输货物自然损耗标准,如按国际航运习惯,海运中谷物运程在 540 海里以内时,自然损耗率为 0.1%,运程在 540~1080 海里时自然损耗率为 0.15%。随着运程的增加,公认合理的自然损耗率相应增大。造成自然损耗的原因为：货物的干耗和挥发、液体货物的渗漏和沾染、粉状或颗粒状货物的飞扬和撒失。

2.4　温湿度的调节与控制

空气的温湿度是影响货物质量的最主要的因素。各种货物对温湿度都有一定的适应范围,超出了这个范围就会发生货物的货损和货差,甚至引发危险事故。在远洋运输中,因为航行区域大,温湿度差别更加明显,给货物的质量和数量也带来更大的影响。因此,控制调节货舱以及仓库的温湿度就成为保证货物运输及仓储质量的一个重要措施。

2.4.1　空气温度

空气温度是表示空气冷热程度的物理量,简称气温。衡量空气温度高低的尺度称为温标。常用的温标有摄氏温标和华氏温标两种。

摄氏温标是以纯水在标准大气压下的冰点为 0 度,沸点为 100 度,中间划分为 100 等份,每一等份为 1 度,用符号"℃"表示。

华氏温标是以纯水在标准大气压下的冰点为 32 度,沸点为 212 度,中间划分为 180 等份,每一等份为 1 度,用符号"℉"表示。

摄氏温标和华氏温标可以互相换算,公式为

$$S = \frac{5}{9}(H - 32)$$

$$H = \frac{9}{5}S + 32$$

式中:S 为摄氏温标(℃);H 为华氏温标(℉)。

2.4.2　空气湿度

空气湿度是指空气中水汽量的多少或空气的干湿程度。空气中水汽含量的变化主要是受空气温度冷热变化的影响。

关于空气湿度的概念。

1. 绝对湿度

绝对湿度是指单位体积的空气里实际所含的水汽量,单位为 g/m³。温度对绝对湿度有直接影响。一般情况下,温度越高,蒸发到空气中的水汽量就越多;绝对湿度就越大;反之,绝对湿度越小。

2. 饱和湿度

饱和湿度是指在一定温度下,单位体积的空气里所能容纳的最大水汽量,单位为 g/m³。空气的饱和湿度会随着气温升高而增大,温度不同,空气的饱和湿度也不同。在一定的温度条件下,空气饱和湿度是一个固定不变的常数。如表 2-1 所示。

3. 相对湿度

相对湿度是指在同一温度下,空气的绝对湿度与饱和湿度的百分比。它表示空气中实际含有的水汽量距离达到饱和状态的程度。相对湿度用百分率表示。公式如下:

$$相对湿度 = \frac{绝对湿度}{饱和湿度} \times 100\%$$

4. 露点

露点是水蒸气含量达到饱和湿度状态时的空气温度。即相对湿度达到 100% 时的温度。

表 2-1 不同温度条件下的饱和湿度表

温度/℃	饱和水汽量/(g/m³)	温度/℃	饱和水汽量/(g/m³)	温度/℃	饱和水汽量/(g/m³)	温度/℃	饱和水汽量/(g/m³)
−16	1.489	−1	4.513	14	11.961	29	28.447
−15	1.611	0	4.835	15	12.712	30	30.036
−14	1.882	1	5.176	16	13.504	31	31.702
−13	1.942	2	5.533	17	14.338	32	33.446
−12	2.032	3	5.922	18	15.217	33	35.272
−11	2.192	4	6.330	19	16.243	34	37.183
−10	2.363	5	6.760	20	17.117	35	39.183
−9	2.548	6	7.219	21	18.142	36	41.274
−8	2.741	7	7.703	22	19.220	37	43.461
−7	2.949	8	8.215	23	20.353	38	45.746
−6	3.171	9	8.807	24	21.544	39	48.133
−5	3.407	10	9.329	25	22.795	40	50.625
−4	3.658	11	9.934	26	24.108	41	53.700
−3	3.926	12	10.560	27	25.486	42	56.500
−2	4.211	13	11.249	28	26.935	43	59.500

例如：某空间在 21℃时，每立方米空气中含有水蒸气 15.217g，则该空间相对湿度为 $(15.217 \div 18.142) \times 100\% = 83.88\%$（21℃时的空气饱和湿度为 18.142g/m³）。当该空间温度不断下降时，相对湿度则不断增大，温度下降至 18℃时，其相对湿度达到 100%，则 18℃为该绝对水分含量时的露点。如果温度继续下降，其数值低于露点，则空气中多余的水蒸气就会凝结成水滴，出现"汗水"。

汗水的产生对货物质量产生较大的不良影响，为防止汗水产生，应保证环境温度比露点温度高。露点温度和相对湿度可用仪器测定。最普通的方法是利用干湿球温度计，根据所示的干球温度和湿球温度，查阅图表即可求得露点和相对湿度。见表 2-2。

表 2-2 相对湿度和露点温度查算表

温度/℃	干湿球温度差值/℃																
	0		1		2		3		4		5		6		7		8
	t_d	r	t_d	r	t_d	r	t_d	r	t_d	r	t_d	r	t_d	r	t_d	r	t_d	r
−5	−5	100	−9	74	−14	48		23										
−4	−4	100	−8	75	−13	51	−20	27										
−3	−3	100	−6	77	−11	53	−18	31		9								
−2	−2	100	−5	78	−9	56	−16	35		14								
−1	−1	100	−4	79	−8	58	−13	38	−19	18								
0	0	100	−3	80	−7	60	−12	41	−16	22		4						
1	1	100	−2	81	−5	62	−10	44	−14	26		9						
2	2	100	−1	82	−4	64	−8	47	−12	30		13						
3	3	100	1	83	−3	66	−7	49	−10	33	−20	17						

续表

温度/℃	干湿球温度差值/℃																
	0		1		2		3		4		5		6		7		8	
	t_d	r	t_d	r	t_d	r	t_d	r	t_d	r	t_d	r	t_d	r	t_d	r	t_d	r
4	4	100	2	84	−1	67	−5	51	−8	36	−16	21		6				
5	5	100	2	84	0	68	−4	54	−6	39	−14	25		10				
6	6	100	4	85	1	70	−2	56	−4	41	−11	28	−20	14				
7	7	100	5	85	2	71	−1	57	−3	44	−9	31	−16	18		5		
8	8	100	6	86	3	72	0	59	−1	46	−7	34	−13	21		9		
9	9	100	7	87	4	73	2	61	0	48	−5	35	−10	24	−18	13		
10	10	100	8	87	6	74	3	62	2	50	−3	39	−8	27	−14	16		6
11	11	100	9	88	7	75	4	64	3	52	−2	41	−6	30	−11	20		9
12	12	100	10	88	8	76	6	65	4	54	0	43	−4	33	−9	23	−16	13
13	13	100	11	88	9	77	7	66	6	55	2	45	−2	35	−6	25	−12	16
14	14	100	12	89	10	78	8	67	7	57	3	47	0	37	−4	28	−9	19
15	15	100	13	89	11	78	9	68	8	58	4	49	1	39	−2	30	−7	21
16	16	100	14	89	12	79	10	69	9	60	6	50	3	41	0	33	−4	24
17	17	100	15	90	14	80	12	70	11	61	7	52	4	43	1	35	−2	26
18	18	100	16	90	15	80	13	71	12	62	8	53	6	45	3	37	0	29
19	19	100	17	90	16	81	14	72	13	63	10	55	7	46	5	39	2	31
20	20	100	18	91	17	81	15	73	14	64	11	56	9	48	6	40	3	33
21	21	100	19	91	18	82	16	73	15	65	12	57	10	50	8	42	5	35
22	22	100	20	91	19	82	17	74	17	66	13	58	11	51	9	43	6	36
23	23	100	22	91	20	83	18	75	18	67	15	59	13	52	10	45	8	38
24	24	100	23	91	21	83	19	75	19	68	16	60	14	53	12	46	9	40
25	25	100	24	92	22	84	20	76	20	68	17	61	15	54	13	48	11	41
26	26	100	25	92	23	84	22	76	21	69	18	62	16	55	14	49	12	42
27	27	100	26	92	24	84	23	77	22	70	19	63	18	56	16	50	14	44
28	28	100	27	92	25	84	24	77	23	71	20	64	19	57	17	51	15	45
29		100	28	92	26	85	25	77	24	71	22	65	20	58	18	52	16	46
30		100		93	27	85	26	78	25	72	23	65	21	59	19	53	16	47
31		100		93	28	86	27	79	27	72	24	66	22	60	21	54	19	48
32		100		93		86	28	79	28	73	25	67	23	61	22	55	20	49
33		100		93		87		80		73	26	67	25	61	23	56	21	50
34		100		93		87		80		74	27	68	26	62	24	57	23	51
35		100		93		87		81		75	28	68	27	63	25	57	24	52
36		100		93		87		81		75		70	28	63	26	58	25	53

注：表中 t_d 为露点温度（℃）；r 为相对湿度（％）。

2.4.3　空气温湿度的调节与控制

空气的温湿度对货物质量的影响很大,而同时温度和湿度之间有着密切的联系,所以对温度和湿度的控制是不能分隔开的。船舶和库场内调节温湿度的方法有很多,常用的有:密封、吸湿和加湿、通风等。

1. 密封

密封是利用防潮、绝热、不透气、保温的材料,把货物整库、整垛、整舱、整件地密封起来的方法。常用的密封材料有防潮纸(蜡纸、油纸)、油毛毡、塑料薄膜、稻谷壳等。采用密封法储存的货物,必须是质量完全正常,不需要呼吸的货物。密封是库场温湿度管理工作的基础,也是采用其他方法调节的前提条件。比较适合于怕潮湿、易干裂的、没有呼吸作用的货物。

2. 吸湿和加湿

当库场内的湿度过低时,可以采用洒水或喷蒸汽的方法,提高湿度;当湿度过高,而外界环境又相对潮湿时,可采用吸潮剂吸潮。吸潮剂可分为吸湿剂和吸附剂两类。吸湿剂常用的有生石灰、氯化钙等;吸附剂对水有较强的吸附性,经烘干后仍可以重复使用,常用的有木炭、硅胶等。

3. 通风

库场或船舱内温湿度过高或过低时,都可以通过通风来进行控制。

(1)库场通风

升降温的通风可以在外界温度比较高的午后或低的傍晚进行,而散潮的通风应尽可能选择外界的绝对湿度低、相对湿度低,同时温度也低的时候。但如果短时间内库场进入大量的冷空气,会使得库场内的空气温度低于露点以下而出现"汗水",所以,在选择散潮时机时还要防止库场产生"汗水"。

(2)货舱通风

① 防止舱内产生"汗水"的通风

空气中含有一定量的水蒸气,如果船舱内出现的水滴是由空气中的水蒸气凝结而产生的,则这种水滴的生成俗称"出汗"。

船体出汗:船舶在温、湿度大的亚热带或热带装货时,船舱内的空气的温度和湿度较高,同时,所装的货物已从空气中吸收了不少水分。起航后,当航行到气温更高的地区,或受外界阳光照射等热量影响时,货物在舱内会随着气温升高而散发水分,使舱内空气的绝对湿度不断提高,舱内的露点也逐渐升高。当船舶驶向较寒冷的地区时(或从白天转入夜间),船体水线以上的钢板温度逐渐下降,舱内绝对湿度较高的空气遇到这些船体钢板温度不断下降的部位,就会出现相对湿度不断提高的情况。如果这些部位的钢板温度低于舱内空气的露点,则该部位就会结露"出汗",这种现象称为"船体出汗"。

货物出汗:船舶在寒冷地区装载钢材、金属制品及罐头食品等货物时,该类货物在空气中已被冷却,温度较低。起航后,船舱内这类货物的温度随周围气温变化而上升的速度较慢,它们的温度达到与周围环境温度一致往往需要较长时间。当该船向温暖海区行驶时,舱内温度逐渐升高,一些含水分较多的货物开始向外散发水分,使舱内绝对湿度较高。如果舱内空气这时的绝对湿度达到金属表面较低温度所对应的饱和湿度,则在金属表面就会结露"出汗"。这种现象称为"货物出汗"。如果船舶航行沿途将湿热的热带空气送入舱内,则货物出汗更为严重。

通过正确的方法进行通风,使舱内空气露点降低到不致使空气中水蒸气形成水滴的程度,或将相对湿度控制在一定程度,就可以消除或减轻舱内出汗的情况。

当船舶装运吸湿性货物由寒冷地区向温暖海区航行时,可能发生货物出汗,而不会发生船体出汗。此时,舱内空气露点低于外界空气露点,进行通风换气是有害无益的。当船舶装运吸湿性货物由温暖地区向寒冷海区航行时,外界空气温度及露点逐渐下降,船体水上部分(舷壁及露天甲板)的温度也随着降低。此时,船舶货舱内的该部位就会出现"汗水"。为了防止船体出汗,应不断加以通风,但如果通风不当,如用对流循环通风方法,则难免在冷空气进入的部位出现"汗水",因此,一般应采用自然排气通风法或机械通风快速换气。如因货舱通风换气后温度降低,将使货物更多地吸收水分(温度低时的平衡水分较高),并由此会影响货物的质量或产生其他不良后果,则此时该货舱宁可不进行通风。在这种情况下,该货舱只有在换入的低温空气十分干燥时,才能进行通风。

当船舶装运非吸湿性货物,由寒冷地区向温暖海区航行时,货舱内货物温度逐渐上升,但仍较外界气温为低;另外,外界气温上升时,它的露点也在升高,此时,如果货舱进行通风换气,会产生货物出汗。由于外界气温升高,货舱内气温也在升高,而舱内货物温度上升较慢,所以,货温总是低于舱内的气温,在这种情况下,货温有可能低于舱内的空气露点,一旦出现,即会发生货物出汗。在舱内温、湿度出现这种情况时,运用一般的通风换气方法是无法防止货物出汗的。此时,要进行有效的通风换气,必须先将拟换入的空气作干燥处理。上述的航行条件对于钢铁制品的影响最为严重,这类货物连续受到汗湿后会严重生锈,在出汗虽有中断的情况下,仍会留下严重锈迹。

② 防止舱内温度上升的通风

引起舱内温度上升的原因很多,如机舱热源的传导,阳光照射,气温、水温上升的影响;货物发生氧化、呼吸作用及腐败发酵引起发热等。如不及时通风散热,可能使舱内温度不断上升,以致造成货物变质(如粮谷)、熔解(如沥青、松香等)、腐败并大量蒸发水分,提高舱内空气的露点。

当运输棉花、黄麻、煤炭、鱼粉、椰干等货物时,由于货物不断氧化放出热量,如果货舱通风不良会使热量积聚,直至引起自燃。对装有这类货物的货舱进行通风,虽然可以驱散热量,但也能促进其氧化作用或助长其自燃。所以,对装载这类货物的货舱的通风应特别慎重。

③ 排除有害气体的通风

凡是有生命的货物,如谷物、水果、蔬菜、鸡蛋等,它们不断地进行呼吸,从空气中吸入氧气,呼出二氧化碳并放出微量的热和水分,从而使舱内空气中的氧气数量减少,二氧化碳增加,造成呼吸不足,妨碍正常生长而导致腐败变质。因此,有些有生命的货物在运输中需要进行通风换气,及时排除危险性气体。有些货物会产生有毒性气体,或者在熏舱消毒后舱内残存着毒气,此时也必须进行旺盛通风,以排除有害气体。特别是某些有毒气体的密度较大,往往会停滞在舱底或污水沟内,如果没有排除干净,可能会造成严重后果。所以,通风后还必须进行检验(用仪器、试纸或动物检验),待确认无毒害性气体后,才可进行舱内作业。

知识扩展阅读

水路货物运输质量工作标准

一、库场管理

（一）货物进出库，按单交接、点清件数、分清残损，验明包装、标志、规格、品名。发现问题，及时做好记录，并通知托运人、收货人签证处理。

（二）按票堆码、成行成线，标志朝外、箭头朝上，剔出残损并妥善保管。

（三）对互有抵触、易受感染、易腐变质的货物，采取相应措施，防止变质、污损。

（四）库、场货位合理，并留出通道，保有垛距、墙距、灯距、消防距。货垛牌填写清楚，拴挂有序。

（五）场地货物要垛上起脊，码垛整齐。同品名、同规格、同包装的货物要定量、定型，按标准垛堆码。

（六）库、场整洁，货垛布局合理、坚实牢固。需垫盖的货物，上盖下垫、不露不漏不落地。垫、盖设备良好并做到苫盖严实、捆绑牢固。风季加防风网，货位无积水。

（七）货物堆存做到"十防"：防混质、防霉变、防污染、防风、防台（风）、防汛、防火、防湿、防鼠虫害、防盗。及时处理无法交付的货物、地脚货物、破损货物。无法交付货物按规定上报处理，地脚货物随原货票同行，破损货物破来好转（包装、材料、劳务费用可另计）。

（八）库场理货员依船边、库场等交接方式，上岗定位；交接清楚、账货相符，票据周转及时，正确编制各类记录并做到字迹清楚。

（九）集装箱装箱前或拆箱后，做好箱底清洁工作；集装箱拼箱货物的交付，有条件的应先拆箱入库，后核对交付；在箱区现场逐票分提的，做好分次开箱交付、拆加封记录，划清溢短、原残、工残责任。

二、装卸船作业

（一）装船作业要标准，根据船舶适航适载情况及计划积载图（表）要求，正确积载，保障船舶平稳；按票装货，堆码紧密，隔票清楚，绑扎牢固，防止货物滚动、位移。

（二）卸船作业，按顺序、分段逐层、均衡卸货。

（三）船舶装卸作业前，船舷拴挂安全网、片，并做到拴挂合理、可靠、随水位及时调整，及时清理积物。

（四）对同品种、同规格、同包装的货物，做关坚持"三定"：定量、定型、定关。

（五）装卸作业坚持"十不"：不装破损包、不使用手钩、不倒关、不拖关、不落水、不堆垛、不挖井留山、不夹包带件、不吊超负荷关、不吊堆码不正关。

（六）作业中轻拿轻放，箭头朝上，重不压轻，木箱不压纸箱；地脚货及时扫清、灌包、归垛。

（七）装卸散货避免撒漏、落水、混质，按规定平舱；装卸散装液体货（包括通过管道运输装卸的液体货）不跑、不冒、不滴、不漏、不混。

（八）雨雪天，怕湿货物无防范措施不作业。

（九）危险品、特殊物件、笨重长大件及冷藏、危险品集装箱等，应制订防范措施后再作业。

（十）对残损件货，分清原残、工残，并如实做好现场记录。

（十一）作业中随撒随扫、随破随修，作业完毕做到"六清"：船舱清、甲板清、码头清、道路清、库场清、机具清。

三、装卸车作业

（一）装前检查车体技术状况是否符合装载技术要求；对不良车体，不得装车并做好记录。

（二）合理使用装卸机械、工属具，不超负荷运输。

（三）堆码整齐、重不压轻、木箱不压纸箱、箭头朝上；袋装货超出车体时，袋口朝里。

（四）装车不倒关、不超限、不超载、不亏载、不偏重、不集重。

（五）货物与车门之间，留出适当距离，起好脊，苫盖严实，捆扎牢固，封好车门、车窗。

（六）散装货物划线装车，避免撒漏、混质，作业完毕须平车；散装液体货物，不跑、不冒、不滴、不漏、不混。

（七）卸车须卸清，作业完毕扫净车体、关好车门。

（八）作业中做到随撒随扫、随破随修，作业完毕做到车边清、道路清、机具清。

四、船舶货运

（一）船舶货运员（含船舶理货组长、驳船驾长及驻港理货员，下同）、船舶理货员、看舱人员，严格上岗定位，佩戴标志，遵守岗位责任制。分节驳、无人驳所属单位应有相应管理措施。

（二）装船前，船方对港方提供的计划积载图（表），必须认真进行审核，严格把关签认，并可提出修改意见。

（三）船舶货运员须深入货物堆存现场，摸清货物品名、特性、包装、标志、规格、数量；对不符合运输要求的货物，应做好记录。

（四）装货前，船舶应做到适航、适工、适载，备妥分隔、衬垫物料；装货时，指导港方做好货物分隔、衬垫、绑扎工作。

（五）船舶理货员须正确收发、计量、计数，不错卸、错装，分清标志、隔票清楚。坚持做到分清工残、原残，如实填写现场记录，交接清楚，明确责任。

（六）认真监督、指导、配合港方坚持装舱积载标准：由下而上、先远后近、先大后小，上轻下重、箭头朝上；特殊货物先定装舱部位，异装货物慎配装；大硬货物先装，小软货物后装，轻重、大小货物搭配合理，严格装卸顺序；注意装卸事项，码舱整齐、分隔清楚。

（七）装货结束后，船舶货运员应认真核对运单、交接单、分舱单、计划积载图（表）及运输有无特殊要求，并采取相应措施。

（八）坚持做到"三定"、"四清"：看舱定人、定时、定舱，货物卸清、分票隔票清、残损责任清、货物现场交接清；把好"六关"：备舱关、摸底关、积载关、装载关、航行关、卸货关。

（九）航行途中，船舶应加强对受载货物的检查与管理：注意通风，勤测污水沟，防止货物水湿、汗湿、浪湿；定时到货舱进行检查，防止货物滑动移位和倒垛；遇有恶劣气候，要做好对货物的加固绑扎工作。

（十）整船装运散装干货，装货前船舶应对所装货物进行摸底检查，防止虫损、湿损、变质货物上船。运煤船舶应严防煤炭自燃变质;对港存煤炭已经自燃或超过规定温度的,应及时同港方协商,不采取有效措施,不准装船。

(十一) 大宗散货装载完毕应指导港方平舱;认真做好水尺鉴定工作,提出准确的计量数据,做到看准、测准、算准、装足。

(十二) 运油船舶,应认真做好防火、防爆、防污染工作;装油前应保证油舱及管系的清洁,坚持严格的清洗舱、验舱制度,防止油品的掺混和变质;装卸时应遵守安全装卸操作程序,防止油品的跑、冒、滴、漏、混事故;装油后,应检查各种盖及阀门是否封闭,防止油舱渗水混油。

(十三) 适时做好油舱的合理加温、保温,卸油时应尽量收尽各舱油脚;卸油结束前,应全面检查油舱,防止漏卸。

五、外轮理货

(一) 按作业船舶及作业线路,派足理货人员,并严格上岗定位,执行交接制度。

(二) 认真做到按关计数,不漏关、不重关、不错计关内小数;工班作业完毕,检查作业线路;全船作业完毕,检查舱内、甲板、船边及作业线路,防止货物漏装、漏卸;船舶作业结束后在两小时内办完交接签证手续。

(三) 按单分清标志,理清件数,及时填写理货计数单。

(四) 检查"定量、定型、定关"装卸作业情况,指导装舱积载,分隔衬垫,分清工残、原残,当班编制现场记录,按规定正确填写有关单证。

涉及对外索赔的签证,应正确、及时提供;需要对外更正的,应及时办理。

(五) 单证填写完整,内容正确,字迹清楚;理货资料保管齐全。

(六) 收集船方及其他委托方对理货的意见,质量信息反馈快、情况明,并及时提出整改措施。

……

十五、危险品、军运物资、特种物资等,除执行本办法外,还应执行有关管理办法。

(摘自《水路货物运输质量管理办法》)

 前沿理论与技术

卓越绩效模式

我国企业从 20 世纪 80 年代后期开始了以贯彻 ISO 9000 族国际标准建立和健全质量管理体系为主要内容的质量管理,现在我国已经有大量的企业获得了 ISO 9000 标准的认证,不同程度上提高了我国企业质量管理的标准化工作的水平和企业管理规范化的程度,强化了我国企业的产业素质,但是下一步怎么办? 卓越绩效模式的诞生为企业的未来指明了方向,从更加全面的视野,更加完整的框架出发,认识质量管理到质量经营的变化,为企业追求卓越经营绩效提供了系统的、标准化的方向。

很多企业请管理咨询公司做过多个管理咨询项目,如薪酬管理、绩效管理、流程优化等,但企业的整体绩效改进不大,这源于对企业管理的系统性缺乏深入的认识,卓越绩效模式旨在评估经营管理的七大领域,识别强项和改进机会并予以排序,以此可将企业原有的管理体系如 ISO 9001、ISO 14001 和 GB/T 28001 进行整合,同时可将六西格玛、QCC、BPR、TOC、

平衡计分卡等改进理论进行整合从而建立卓越绩效管理体系。

卓越绩效模式是全面质量管理(TQC)的一种实施细则,是对以往的全面质量管理实践的标准化、条理化和具体化。它为组织勾勒了"卓越绩效"的设计图;提供了一种帮助组织认清现状、发现长处、找出不足并知己知彼的"听诊器";同时它还是企业管理驾驭复杂性的"仪表盘"。

(资料来源:http://chuangye.cyz.org.cn/2013/1122/45141.shtml)

职业指导

(1) 企业的实际需求:在当今的社会,质量的重要性已经越来越凸显出来,优质的质量已成为当前服务型企业竞争能力的核心。对于从事货物运输的企业,需要员工掌握货物质量和质量管理的基本知识及其应用。

(2) 本章中学习的货物质量和质量管理相关知识在企业中的应用要点:质量管理的基本方法已在企业中得到了普遍应用;运输中影响货物质量的要素控制及如何避免货损货差发生的知识贯穿于货物运输的全过程。

(3) 学生应该具备的基本素养和专业技能:能够运用货物质量的概念和影响货物质量的因素的知识,在运输过程中对货物质量进行控制;掌握质量管理的概念和基本方法,了解全面质量管理的工具和技术,以维护和保证货物在运输中的质量完好。

实训项目

实训项目 1:自制 1 个干湿球温度计,测量学校教室、实验室、图书馆等各处的露点温度并做好记录,验证汗水产生的条件。

实训项目 2:保证货运质量的运输策划。

将同学分组,每组 4～6 人。分析某一运输过程中的仓储、装卸、船舶货运、理货等作业过程的货物质量保证措施。

练习题

1. 单项选择题

(1) 为防止舱内产生汗水,以下( )情况可以进行自然通风。

　　A. 当天气晴好时

　　B. 当舱内温度高于外界温度时

　　C. 当舱内空气的露点温度高于外界空气的露点温度时

　　D. 当舱内空气的露点温度低于外界空气的露点温度时

(2) 以下( )货物配装时应远离热源。

　　A. 茶叶　　　　　　B. 石蜡　　　　　　C. 松香　　　　　　D. 以上都是

(3) 货船上的货物受到的力有( )。

　　A. 静态作用力　　　　　　　　　　B. 动态作用力

　　C. 前两项都具有　　　　　　　　　D. 前两项都没有

（4）当货舱内绝对湿度不变,温度下降时(　　)。

    A. 相对湿度下降　　　　　　　　B. 相对湿度上升

    C. 露点温度上升　　　　　　　　D. 饱和湿度上升

2. 多项选择题

（1）配积载不良的货损货差原因是(　　)。

    A. 货物搭配不当　　　　　　　　B. 衬垫隔票不当

    C. 装载货位不当　　　　　　　　D. 舱内堆码不当

（2）货物本身问题造成的货损货差原因是(　　)。

    A. 货物运输包装不良　　　　　　B. 货物通风不合理

    C. 货物本身自然特性缺陷　　　　D. 货物标志不清

（3）理货工作中所造成的货差原因是(　　)。

    A. 收发货时数字不准　　　　　　B. 混装、错漏装卸

    C. 货物包装不固　　　　　　　　D. 其他失职原因

（4）属于货物的物理性质的有(　　)。

    A. 货物的热变　　　B. 燃烧　　　　C. 熔化　　　　D. 结块

（5）属于氧化反应的货物变化有(　　)。

    A. 玻璃的风化　　　B. 粮谷的陈化　　C. 橡胶的老化　　D. 钢铁生锈

3. 判断题

（1）露点是指某种条件下的空气温度。　　　　　　　　　　　　　　　(　　)

（2）货差包括漏装、错装、货物受潮、污染等方面。　　　　　　　　　(　　)

（3）水泥、白糖、化肥、矿粉在运输中容易结块。　　　　　　　　　　(　　)

（4）温度越高,饱和湿度越大;反之,饱和湿度越小。　　　　　　　　　(　　)

（5）密封是温湿度管理的基础,它是利用一些不透气、能隔热、隔潮的材料,把商品严密地封闭起来,以隔绝空气,降低或减少空气温湿度变化对商品的影响。　　　(　　)

（6）货物储存是指货物在流通领域中暂时滞留的存放。　　　　　　　　(　　)

第 **3** 章

货物包装

 引导案例

泡沫填充袋保障运输质量

美国 Thomson Learning 公司是一家世界领先的计算机教学公司。该公司专门生产计算机领域的文本教材、在线课件等教学材料,以及其他能够促进有效学习的产品。

最近,Thomson Learning 公司在提高包装品质方面下了功夫,它改用 Sealed Air 公司生产的填充在包装袋内的泡沫包装来运输自己的产品。公司在它位于新的巨型厂房里的8 条主要包装生产线都引进了一套 SpeedyPacker 自动向包装袋内填充泡沫系统,另外还有两条位于独立的包装区域内。通过这项改变,Thomson 公司对存放包装材料的空间需求减少了 4800 平方英尺,降低了劳动力成本,并使包装产品所需的时间缩短了 25%。该种保护性的、在包装袋内填充泡沫的包装也提高了包装区域的生产能力和吞吐量,而且尤为重要的是,它还减少了产品因为损坏而被退回的事件的发生。因为泡沫体积最大可以膨胀280倍,形状与其内容物相一致,形成了一个保护性的衬垫。

很显然,Thomson 公司在寻找高品质包装方式时要考虑的一个重要问题是保护性能。公司每天包装并运输大量的物品,包括了教科书、光盘、评估和测试材料,以及许多其他在运输过程中必须安全稳定的产品。虽然他们以前使用的松散填充包装也可以提供缓冲作用,具有保护性,但是它不能达到 Thomson 公司所需要的缓冲级别。使用松散填充材料,一般每天必须向悬挂的料斗中补充原料三次。这项工作要求操作工将生产线停下来,放低料斗,加入松散填充材料,再将料斗升起使它归位。这是一个非常耗时的过程,每条生产线在一天中都要被迫暂停数分钟。

他们原来的装箱过程使得劳动强度变得很大。Ballachino 介绍说,一条生产线停止5 分钟,就可能会造成 45 分钟的包装和运输积压。而且填充材料的尺寸很小,容易产生静电,使它很难控制,造成包装车间的处理速度减慢。这种情况每天会发生数次,生产线上的操作员工必须花时间来清理工作空间。

这种填充在包装袋内的泡沫系统立刻就缩短了包装时间,或者说缩短了原来需要向悬挂的料斗中添加填充材料的停工时间。

通过测试,在对其他几个包装方式选择进行评估的同时,Thomson 公司通过在厂里安装一台 SpeedyPacker 包装袋填充泡沫设备,对该系统进行了测试。这样员工就可以取得填

充在包装袋中的泡沫缓冲过程的第一手资料,并且可以亲手操作设备。Thomson 公司也对包装进行了测试,并且在最终决定采用这一项包装袋填充泡沫系统之前征求了顾客的反馈意见。

用散装箱包装的可膨胀泡沫可以被存放在包装区域的外面。只要触碰一下按钮,安装在地面上的 19 英寸、高度可调节的包装袋填充泡沫设备就会分配出一定量的 Instapak 聚氨酯泡沫,注入一个由 Sealed Air 公司出品的 Instamate 牌聚乙烯薄膜密封袋中。这种高强度的包装袋在运输容器中膨胀,与所装的产品形状相一致,使货物在运输过程中更稳定,避免了来回移动和碰撞。

SpeedyPacker 只是来自 Sealed Air 公司的系列产品中的一个,这些系统使用 Instapak 出品的泡沫,泡沫的体积能够膨胀到它液态时体积的 280 倍。在几秒钟之内,就在包装作业线上,这种填充在包装袋内的泡沫衬垫将 Thomson 公司的学习材料固定在运输箱内的位置上,有助于降低产品在运输中被损坏的风险。根据被包装的产品不同,SpeedyPacker 系统可将包装袋料卷定制成 6 种袋长和不同的泡沫量,每分钟最多可以生产 21 个包装袋。

Thomson 公司的维护经理 Dick Adams 先生说,Thomson 工厂进行了 240 个小时(大约 6 个月)的运输测试,他们在向加利福尼亚州和波士顿的顾客运输用瓦楞纸板运输箱包装的产品时,使用了 Instapak 出品的填充了泡沫的包装袋作为缓冲材料。征求顾客对新包装反馈意见的顾客回执卡片被加在每一个运输箱中。

结果顾客给这个新的向包装袋中填充泡沫的包装方法打出了很高的分数。由于包装袋中填充有泡沫的衬垫为产品提供了保护作用,订购的货物能够以更好的状态抵达,因而 Thomson 公司被退回来的产品减少了。另外,Thomson 公司工作在包装作业线上的员工给该系统打出的分数是 A+。

“经过改进的包装方法给我们的教育产品带来了更高的客户满意度,”Ballachino 说,“Instapak 公司的向包装袋内填充泡沫的包装方式增强了对产品的保护,而且 SpeedyPacker 系统很容易操作。只需要经过几个小时的培训,操作工就可以掌握在什么时候针对不同的产品和纸箱使用不同尺寸的包装袋。”Thomson 公司根据运输箱的大小和所包装产品的数量,使用 6 个不同尺寸的泡沫填充袋。如果将 8 个 SpeedyPacker 系统都排列成一行,每天可以运作多达 3 个班次,尤其是在放假后开学的高峰季节,能够处理大批量的货物运输。

Thomson 公司的顾客们,包括学生、零售书商和教育机构,通过拨打一个对方付费的电话号码下订单购买产品。在订单发到配货部门后,工作人员从仓库中取出顾客订购的教育资料,放进传输在包装作业线上的瓦楞运输箱中。作业线的操作工使用 SpeedyPacker 系统来包装这些运输箱,把 Instapak 出品的泡沫装进从料卷上拉出来的聚乙烯薄膜袋中。然后,在装载产品时,包装箱就会放进这些填充了泡沫的袋子。

一套 4 个大(275 加仑)储料箱占据包装室大约 30 平方英尺的地面空间,与原来悬挂储料罐盛装的需要五台拖车装载的包装材料相比大大节约了仓库空间。分成两部分的发泡化学药品盛装在另外两个储料罐中,也可以被方便地存储在包装区域以外,由一个负责维护的班组看管。存储大储料罐仅需要不到 200 平方英尺,而原来存储用巨型袋包装的填充料则需要 5000 平方英尺。公司现在把“多余的”4800 平方英尺空间用作产品仓库。

Instapak 泡沫在运输箱中的膨胀方式是独一无二的,可以填充在产品和包装箱之间的空隙中,这是 Thomson 公司改用包装袋内填充泡沫包装方式的另一个好处。这一特点使

Thomson 公司统一了所需要的瓦楞纸箱尺寸,把使用的瓦楞纸箱型号从 24 个减到 5 个。并且,对 Thomson 公司来说,最棒的是公司达到了自己的目标。

在改用包装袋中填充泡沫的包装过程和 SpeedyPacker 系统之前,Thomson 公司的每一个操作人员每天一共可以包装大约 120 箱产品。而现在的新工厂里,有需求时,8 条生产线中的每一条每一班最多都能够包装 1000 到 1500 箱产品。在放假刚刚开学的高峰期,每天可以包装超过 40000 箱产品。

正像 Ballachino 先生所介绍的那样,这项在包装袋内填充泡沫的项目获得了成功。"在包装时间(每箱)上的节约使我们的生产线操作工很高兴。"他总结说,"如果用具体的数字来说明我们在劳动力上的节约,那就是我们的每箱成本减少了 3 美分。该 Instapak 系统还使我们有能力增加包装量,以便跟上顾客对产品的需求。我们达到了减少劳动力和改变混乱状态的目标,并实现了一些事先没有预期到的节约。在使用 Sealed Air 包装袋时,我们获得了很多经验。"

案例解析:包装的首要功能就是保护商品,本案例中需要保护的商品是文本教材、在线课件等教学材料,对这些商品的保护主要侧重于防止商品破损变形。这就要求包装能承受冲击、震动、颠簸、压缩、摩擦等各种力的作用,比如,在搬运装卸作业中,由于操作不当包装跌落,造成落下冲击;又比如,仓库储存堆码,使最低层货物承受强大的压力;再比如,由于运输或其他环节的冲击震动,跳起后又落下,都要求包装有足够的强度。因此,选择合适的包装材料对保护产品尤为重要。本案例中,包装材料是填充泡沫,这种包装材料有效地固定了商品,避免物品在箱体内来回移动,同时又是一种非常好的抗冲击的材料。Thomson Learning 公司为提高向包装袋内填充泡沫这一包装方式的工作效率,引进了先进的包装技术和设备,不仅实现了工作效率的极大提高,还节省了存放包装材料的仓库空间,更主要的是先进包装技术和设备的使用降低了包装的成本,包装质量得到进一步提升,为 Thomson 集团公司赢得更多的客户。

本案例涉及的主要知识点:包装的功能;运输包装的作用。

(资料来源:食品产业网 http://www.food.cn)

学习导航

熟悉货物包装的概念、功能及分类;了解货物包装标准化的基础知识;了解运输包装的作用、基本要求和分类;掌握货物的运输包装标志及应用;掌握货物的积载因数及应用。

教学建议

本章的备课要点:货物包装概念、货物包装的分类;包装标准化的概念;运输包装的作用及分类;货物的运输包装标志及积载因数等。教学以理论为主,实训为辅,采用多媒体教学,穿插案例讲解。建议授课学时为 6 学时。

3.1　包　装　概　述

3.1.1　包装的概念

包装是实现商品价值和使用价值的重要手段之一,是商品生产和消费之间的桥梁。绝大多数商品只有通过适当的包装,才能进入流通领域进行销售,以实现其使用价值和价值。在社会再生产过程中,包装处于生产过程的末尾和物流过程的开头,既是生产的终点,又是物流的始点。

我国国家标准 GB 4122.1—2008《包装术语·基础》中将包装定义为:"包装是在流通过程中为保护商品、方便储运、促进销售,按一定的技术方法而采用的容器、材料及辅助物等的总体名称;也指为了达到上述目的而采用容器、材料和辅助物的过程中施加一定技术方法的操作活动。"简而言之,包装是包装物及包装操作的总称。

3.1.2　商品包装在物流中的作用

物流包装作为现代物流领域的一个必不可少的环节,它的地位和运输、仓储、配送是一样的,物流包装是流通的起点,物流包装的现代化、合理化直接影响流通业的现代化和合理程度。

1. 保护商品的作用

保证商品在复杂的运输、装卸、仓储条件中的安全,质量和数量不受到损失。具体体现在以下几个方面。

(1) 防护货物发生破损变形。商品在流通过程中要承受各种冲击、振动、颠簸、摩擦、外力重压、意外跌落等作用,都会造成对货物的损害,具备相应强度的包装可以对商品起到一定的保护作用,避免或减轻各种外力的损害。

(2) 防止货物发生化学变化和阻隔有害生物对货物的影响。通过包装实施隔离水分、霉菌、溶液、潮气、光线及空气中有害气体等,达到防霉、防腐、防变质、防生锈、防老化等化学变化。此外,包装可以阻隔老鼠、虫子、细菌、白蚁等有害生物对物品的破坏及侵蚀,抵御储存环境对货物的侵害。

(3) 防止异物混入,使货物受到污染,发生失散。

2. 便于流通的作用

(1) 包装有利于提高运输工具的装载能力,减少运输难度,提高运输效率。

(2) 有利于采用机械化、自动化的装卸搬运作业,降低劳动强度和难度,加快装卸搬运速度。

(3) 在仓储作业中加快计数,方便交接验收,缩短接收、发放时间,便于货物堆码、叠放、节省仓库空间,提高仓库的利用率。

3. 促进销售的作用

在商品贸易中促进销售的手段很多,其中包装的装潢设计是重要的手段,精美的包装是商品的良好的宣传者,能够吸引人们的视线,唤起人们的购买欲。

3.1.3　包装的分类

对包装的科学分类,有利于包装的标准化、规格化与系列化,有利于装卸、搬运和存储作业的机械化、自动化,也有利于物流管理水平的提高。我国对包装的分类,有如下几种方法。

1. 按包装在流通中的作用分类

(1) 销售包装是以促进销售为主要目的的包装,是直接接触货物,并随货物进入零售网点与消费者或客户直接见面的包装。单个商品式的称为小包装,若干单个商品包装的组合形式称为中包装。销售包装在设计时重点考虑的是包装造型、结构和装潢,除保护商品的基本功能外,宣传、美化、促销的功能得到了强化,要能够吸引消费者,激发消费者的购买欲。

(2) 运输包装是指以强化输送、保护产品为目的的包装,是用于安全运输、保护商品的较大单元的包装形式,又称大包装或外包装。例如,瓦楞纸箱、木箱、桶,甚至包括集装箱、集装袋等。

2. 按包装材料分类

以材料作为分类标志,商品包装可分为纸质、塑料、金属、木材、玻璃和陶瓷、纤维、复合材料包装。

3. 按包装技术方法分类

可分为缓冲包装、防潮包装、防锈包装、收缩包装、充气包装、灭菌包装、贴体包装、组合包装和集合包装等。

3.2　货物包装标准化

3.2.1　包装标准化的定义

物流包装的标准化是物流管理现代化的重要组成部分,是实现物流管理高效、科学、规范、程序化的重要手段,保证了整个物流系统的高效统一、协调运作。

包装标准是对包装标志、包装所用的材料规格、质量、包装的技术要求、包装件的检验方法等的技术规定。

包装标准的范围大致分为三个层次。

1. 包装综合基础标准

包装综合基础标准是所有包装共同遵守的,同时也是跨行业、跨部门、跨专业,凡是与包装有关的经济技术和科研活动都应该遵守的。它包括包装术语、包装层次、包装尺寸、包装标志、包装个件试验方法、包装技术方法、包装管理等标准。

2. 专业基础标准

专业基础标准是针对包装某个方面制定的,例如包装材料、包装容器、包装机械等标准。

包装材料标准的主要内容有:①适应范围;②种类;③质量要求;④形状尺寸;⑤制造方法;⑥检验方法;⑦检验;⑧包装标志。

包装容器标准的主要内容有:①适应范围;②种类;③结构尺寸;④材料;⑤使用方法;⑥检验。

3. 产品包装标准

产品包装标准是针对产品包装的科学合理而制定的,是整个包装标准化为之奋斗的最终目标。

产品包装标准的主要内容如下。

(1) 产品包装标准适用范围。包括农业、建材、轻工、机械、兵器、医药、邮电等 24 大类。

(2) 产品包装分级。产品包装的分级可以按照下列情况确定:①物流包装所经受的环境条件、运程、周转次数、储存时间及装卸搬运方式;②产品的贵重、精密、危险程度。

产品包装的分级内容包括:①分级档次,例如一级防潮包装、二级防潮包装;②不同等级对包装试验项目和定量值的要求;③不同等级对包装容器、包装材料、包装方法的要求。

(3) 包装技术要求。一般是根据产品的包装等级和用户要求,对包装环境、包装产品、包装材料、包装容器提出要求。

（4）包装件运输。主要是根据物流环境和有关规定，对运输方式、运输条件、在途时间、装卸搬运等提出要求。

（5）包装件储存。对包装件的库存管理和养护，在必要的情况下作出规定和要求。

（6）试验方法。一般规定对包装件、包装材料、包装容器的试验方法。

（7）检验规则。包括检验分类、组批与抽样、判定规则等方面的规定。

3.2.2　货物包装标准化的意义

物流包装标准化是以物流包装为对象，对包装规格、类型、容量、使用材料、包装容器的结构造型、印刷标志、产品的盛放、衬垫、封装方法、名词术语、检验要求等给予统一的政策和技术措施。

物流包装标准化的意义如下。

（1）物流包装标准化是提高物流包装质量的技术保证。任何一个标准和规范都是从实践经验和科学研究中总结和制定出来，代表着当时较为先进的水平，标准化的实施影响着物流包装的好坏。

（2）物流包装标准化是供应链管理中核心企业和节点企业之间无缝连接的基础。在供应链中，从供应商的供应商到顾客的顾客，只有将它们无缝连接，才能使这些企业之间实现快速反应，达到物品的流转准时、适量、适地到达目的地。供应链上的各个企业要采用统一的标准，否则供应链的启动难以实现。

（3）物流包装标准化是企业之间横向联合的纽带。随着科学技术的发展，生产社会化的程度越来越高，生产协作越来越广泛，物流包装涉及储存、运输、装卸搬运、配送等物流环节，这就要求通过标准化将生产部门及生产环节有机联系起来，以保证物流过程的高效运行。

（4）物流包装标准化是合理利用资源和原料的有效手段。标准化的主要特征是重复性，标准化的重要功能就是对重复发生的事物尽量减少和消除不必要的劳动消耗，并促使以往的劳动成果重复利用。物流包装标准化有利于合理利用包装材料和包装制品的回收利用。

（5）物流包装标准化可以提高包装制品的生产效率。实现统一的物流包装标准，可以将零散的小批量生产集中为大批量、机械化、连续化的生产。

（6）物流包装标准化有利于促进国际贸易的发展，增强市场竞争力。我国加入 WTO后，物流包装标准化已经成为国际贸易的组成部分，只有实行与国际标准化相一致的标准，才能提高产品在国际上的竞争能力。

3.3　货物的运输包装

3.3.1　运输包装的作用

1. 保护商品

运输和储存是商品在流通过程中受到外力破坏作用最多的两个环节，运输包装要有效地保护商品，以便在运输、储存中有效地防止外力对商品的破坏，才能使商品不受损失地完成流通过程。

2. 单元化的功能

将商品以某种单位集中的功能,包装单位的大小,视消费以及商品种类、特征、物流方式而定。单元化一方面方便物流;另一方面也方便商流。

3. 识别的功能

用图形、文字、数字、指定记号和说明事项,以方便运输、装卸搬运、仓储、检验和交接等工作的进行,保证货物安全迅速地交给收货人。

4. 方便的特征

主要是方便流通过程中的装卸搬运,使货物在不同运输工具之间迅速地交接,利于仓储时的堆码和防止不良条件对商品的影响。

3.3.2 货物运输包装的基本要求

为了保证货物运输的质量,货物运输包装必须遵守"坚固、经济、适用、可行"的原则,具体要求如下。

(1) 根据货物的物理、化学性质,以及货物的结构形态,选择合适的包装材料和包装尺寸,确保包装和被包装物品没有性质上的互抵,以及大小合适。

(2) 包装要有足够的强度,能够经受震动、冲击、长途颠簸,保护被包装物的安全无损。

(3) 包装内要有适当的衬垫,以缓冲外力的冲击,而且根据物品的化学性质、物理性质,选择能够起到防潮、防震的衬垫物,同时衬垫物和货品不会发生化学作用。

(4) 包装在经济上要合理,不要盲目追求高技术、高级材料,即所谓的过强包装,也不能为了节约使包装起不到保护商品的功能,即所谓的过弱包装,而是在满足保护商品和方便流通的前提下,尽量用经济的材料代替高成本的材料,同时减少包装的重量。

(5) 包装应该符合当地的流通条件,例如集装箱是一种先进的包装形式,但是集装箱的使用需要相应的集装箱码头和集装箱站场,如果某地区没有这种流通条件,集装箱就没有办法在当地使用。

(6) 物流包装的标志应该清楚、正确、完整、不容易褪色,符合国际上的规定。

3.3.3 货物运输包装的分类

货物的运输包装可按包装形式和包装材质分为以下几种。

(1) 箱状包装。这种六面体形状的包装由天然木板或胶合板或瓦楞纸板等材料所构成,是最常用的一种包装。其中,纸板箱坚实程度较差,仅适用于较轻的货物;木板箱较为坚实,适用于各种较重的货物甚至大型的机械设备。

(2) 捆包状包装。这是一种直接贴附在货物外表的包装,通常使用棉、麻等织物作为包皮,类似护套,加以捆扎。它适用于纤维及其织品的包袋,可以起到防止包内货物松散和沾染污物的作用。

(3) 袋状包装。这种包袋可由以下各种材料制成,如多层牛皮纸、麻织料、布料、塑料、化纤织料和人造革等。不同材质的包装袋都能满足防止货物撒漏的要求,同时具有不同程度的防湿能力和坚韧强度。

(4) 桶状包装。这是一种圆柱形密封式包装,属于这种包装的有钢制桶、胶合板桶、纸板桶、塑料桶和鼓形木桶等。它们分别适合于装载块状或粉状固体、糊状固体、液体以及浸泡于液体中的固态物质。桶状包装的顶部有移动式和非移动式两种,其中后者的桶顶部或桶腰部有一定口径的开孔。不论桶盖或桶孔均有严格的密封要求。

（5）其他形状包装。这是指上述四种基本包装以外的其他形式的包装，如捆扎状、卷筒状、编筐状、坛瓮罐瓶状等多种。

（6）裸状包装。通常将不加包装而成件的货物称为裸装货，但实际上有相当数量的裸装货须进行必要的简单捆扎，如将一定数量的钢管或钢条捆扎成一体等。

（7）成组化包装，又称集合运输包装。指将一定数量的单件包装组合成一件大包装。常见的集合包装有集装箱、集装袋和托盘。

各种包装形式及它们通常所装货物见表 3-1。

表 3-1　包装形式及适用货物

包装形式（附英文复数、简写）	通常所装货物
箱状包装各种（Case）　C/S	箱装总称；装杂货等
纸箱（Carton）　Ctns	日用百货等
胶板箱（Plywood）　/Cs　C/S	日用百杂货、茶叶等
板条、亮格箱（Crate）　Crts	机械设备、大理石、瓷砖等
捆包状包装	
包、捆（Bale）　B/S	棉麻、纤维、纺织品、羊毛等
袋状包装	
袋（Bag）　Bgs	袋装总称；装粉粒状货物
麻袋（Gunny Bag）　Bgs	粮谷、糖、化肥等
纸袋（Paper Bag）　Bgs	水泥、化肥、塑料原料等
布袋（Sack）　Sks	面粉、淀粉等
人造革袋（Leatheroid Bag）　Bgs	化学原料、矿粉等
桶状包装	
各种金属桶（Iron drums）　Drms　D/S	油料、染料、危险性化学原料等
塑料桶（Plastic Drums）	液体类
鼓形木桶（Barrel）　Brls	肠衣、酒、松脂等
大木桶（Hogshead）　Hghds	烟叶、农副土产等
小木桶（Keg）　Kgs	小五金等
裸状包装	
锭（Ingot）　Igts	铝、锌、锡、铜等
块（Pig）	生铁、铜、建筑石块等
管（Pipe）	大型钢管、铁管等
条、棒（Bar）	条形钢材等
张（Sheet）　Shts	钢板
个、件（Piece）　Pcs	各种奇形钢材或设备等
头、匹（Head）　Hds	活动物
裸装（Unpacked）	大型机件、车辆、舟艇、设备等
其他形状包装	
捆扎（Bundle）　Bdle	平叠纸张、金属锭、钢材等
卷筒等（Roll,Reel,Coil）	卷纸、电缆、铅丝、绳索等
篓筐（Basket）　Bkts	水果、蔬菜等
坛、瓮（Jar）	腐蚀性液体、酒、榨菜等
瓶（Bottle）	酒、化学品等
钢瓶（Cylinder）	各种压缩液化气体等
罐（Can）	油漆等

3.4　货物运输包装标志

凡在货物表面、包装表面、专门的号牌或供贴用的标签上，用颜料、烙印或其他方法，记载的任何有一定含义的图形、文字和数字统称为标志(Mark)。

货物在运输过程中必须具有正确的标志，这些标志起着重要的作用。主要的作用有：便于识别和区分不同的货物；说明装运作业要求，以利于货物的装运、交接和保管，提示工作人员正确操作，从而保护货物的完整和人身及运输工具的安全。货物运输合同中通常规定：对因货主提供的货物标志不清或不当而发生货物混票、货物错卸，由此而造成的损失和产生的额外费用，承运人可以免责。

在国际贸易货物运输中，目前已形成了一套较为完整的标志。根据各种标志所起的不同作用，可将标志分为运输标志、包装储运指示标志、危险货物标志和原产国标志四种。

3.4.1　运输标志

运输标志(Carriage Mark)也叫识别标志，是为运输过程中便于对货物的识别和辨认的需要而制作的。它便于运输部门工作人员在运输过程中，借助运输标志，将货件与票据相对照，认定收(发)货人，进行理货、装卸、交接、查核等直至把货物正确运交收货人。它是防止错运、错转、错交，以及产生无法交付货物的重要条件。在国际贸易中，运输标志也是核对单证、货物并使单货相符以利于加快货物运输的一个关键性问题。运输标志包括主标志和副标志。

1. 主标志(Main Mark)

主标志也称基本标志或发货标志(Shipping Mark)，俗称"唛头"。它可用图形及附加文字记号表示，也可以仅用文字记号表示。在国际商品流转中，只需将主标志记载在合同、发票、提单、保险单、关单、检验证书及其他与贸易运输有关的单据上，收货人、发货人、承运人、保险人及海关、检验等部门，根据文件的记载，即可在包装外形相似的众多货物中识别区分出相应的货物，顺利地进行交接或检查工作。在国际贸易中，主标志采用什么形式，大多数由出口公司决定，并在合同中具体规定。

2. 副标志(Counter Mark)

副标志也称附属标志。副标志是主标志的补充，附加在主标志范围内的某种记号。用于表明货物的重量、尺码、运往地，以及区分同批货物中不同情况的货物。具体而言，副标志主要用于区分以下四种不同情况的货物：不同生产厂商的货物；不同订户的货物；不同品质等级的货物和不同买主(或卖主)的货物。外贸运输中的货物副标志通常包括以下三种。

(1) 件号标志(Package Number Mark)也是主要标志的一种补充。件号标志的作用是区分货组和明确各货组的货件数量。当一批货物投入运输时，应在货物的外包装上，将同一主标志的一批货物逐件编印包件序数号码。

(2) 目的地标志(Destination Mark)，表示货物运往的目的地。它不能使用简称、代号或缩写，而必须是完整的全名，否则会造成货物错运或使船舶等运输工具在中途港口发生翻舱、捣载等事故。当运往某一目的地的货物有两条以上的运输线路可供选择时，还应标明选定的经由路线；当目的地在内陆时，应标明中转港口名称；对于过境货物，当过境后应运往的目的尚未明确时，可表明过境以示还需继续转运。

（3）货件尺寸重量标志。货件尺寸是指包装件或裸装件的外部尺寸,它应注明丈量单位。包装货件的重量应包括毛重(Gross Weight)、净重(Net Weight)、皮重(Tare Weight),同时应注明计量单位。货件尺寸重量标志所记载的内容是运输部门确定货件以重量计费或体积计费的依据之一,也是区分货件是否超重、超长以及考虑具体装载安排的重要依据。

3.4.2　包装储运指示标志

包装储运指示标志(Instructive Mark)简称指示标志。按国内或国际的规定,以特定的图案或简短说明文字表示。其作用是反映货件特点,提醒人们在装卸、保管等过程中应注意的事项,以确保货物的安全,故又称保护标志(Protective Mark)。

指示标志根据货物特性,指示运输工具工作人员、港口货运工作人员等按一定的要求进行操作和保管货物,以保护货物质量。在国际贸易运输中,货件一般不标明商品名称,即使有些货件标明商品名称,但货运作业人员不一定都具有足够的经验,所以给予一定的指示是十分重要的。

为了便于辨认和醒目地显示所指示的内容,指示标志应使用货物运往国家通用的文字。为了解决辨认文字标志所存在的问题,在实践中逐步形成一种为各国普遍接受的图形标志。我国颁布和施行了 GB 191—2000《包装储运图示标志》的国家标准图案(见表 3-2),其中"由此起吊"、"由此开启"和"重心点"应标示在货物外包装的实际位置上。标志的尺寸见表 3-3。

表 3-2　包装储运图示标志名称和图形

序号	标志名称	标志图形	含　　义	备注/示例
1	易碎物品		运输包装件内装易碎品,因此搬运时应小心轻放	使用示例:
2	禁用手钩		搬运运输包装件时禁用手钩	
3	向上		表明运输包装件的正确位置是竖直向上	使用示例: 　(a)　　(b) (c)

序号	标志名称	标志图形	含　义	备注/示例
4	怕晒		表明运输包装件不能直接照晒	
5	怕辐射		包装物品一旦受辐射便会完全变质或损坏	
6	怕雨		包装件怕雨淋	
7	重心		表明一个单元货物的重心	使用示例: 本标志应标在实际的重心位置上
8	禁止翻滚		不能翻滚运输包装	
9	此面禁用手推车		搬运货物时此面禁放手推车	
10	禁用叉车		不能用升降叉车搬运的包装件	
11	由此夹起		表明装运货物时夹钳放置的位置	
12	此处不能卡夹		表明装卸货物时此处不能用夹钳夹持	
13	堆码重量极限		表明该运输包装件所能承受的最大重量极限	
14	堆码层数极限		相同包装的最大堆码层数,n 表示层数极限	

续表

序号	标志名称	标志图形	含　义	备注/示例
15	禁止堆码		该包装件不能堆码并且其上也不能放置其他负载	
16	由此吊起		起吊货物时挂链条的位置	使用示例： 本标志应标在实际的起吊位置上
17	温度极限		表明运输包装件应该保持的温度极限	(a) (b)

表 3-3　标志尺寸系列

单位：mm

序号	尺寸　长	宽
1	70	50
2	140	100
3	210	150
4	280	200

注：如遇特大或特小的运输包装件，标志的尺寸可以比表 3-3 的规定适当扩大或缩小。

3.4.3　危险货物标志

危险货物标志又称警戒标志（Dangerous Mark），用于指示危险货物的危险特性，通常以形象的图案及文字表示，但比指示标志更鲜明醒目，见表 3-4。联合国按危险货物分类制定有专门的图案，我国也有有关的标准。危险警戒标志除用图形表示外，还同时附以警戒性的简要文字，如"谨防漏气"（有毒气体）、"切勿坠落"（压缩气体、爆炸品）等。

表 3-4　危险货物标志名称和图形

标志号	标 志 名 称	标 志 图 形	危险货物类项号
1	爆炸品	（符号：黑色；底色：橙红色）	1.1 1.2 1.3
2	爆炸品	（符号：黑色；底色：橙红色）	1.4
3	爆炸品	（符号：黑色；底色：橙红色）	1.5
4	易燃气体	（符号：黑色或白色；底色：正红色）	2.1
5	不燃气体	（符号：黑色或白色；底色：绿色）	2.2
6	有毒气体	（符号：黑色；底色：白色）	2.3
7	易燃液体	（符号：黑色或白色；底色：正红色）	3
8	易燃固体	（符号：黑色；底色：白色红条）	4.1

续表

标志号	标 志 名 称	标 志 图 形	危险货物类项号
9	自燃物品	（符号：黑色；底色：上白下红）	4.2
10	遇湿易燃物品	（符号：黑色或白色；底色：蓝色）	4.3
11	氧化剂	（符号：黑色；底色：柠檬黄色）	5.1
12	有机过氧化物	（符号：黑色；底色：柠檬黄色）	5.2
13	剧毒品	（符号：黑色；底色：白色）	6.1
14	有毒品	（符号：黑色；底色：白色）	6.1
15	有害品（远离食品）	（符号：黑色；底色：白色）	6.1
16	感染性物品	（符号：黑色；底色：白色）	6.2

续表

标志号	标志名称	标志图形	危险货物类项号
17	一级放射性物品	 （符号：黑色；底色：白色，附一条红竖条）	7
18	二级放射性物品	 （符号：黑色；底色：上黄下白，附二条红竖条）	7
19	三级放射性物品	 （符号：黑色；底色：上黄下白，附三条红竖条）	7
20	腐蚀品	 （符号：上黑下白；底色：上白黑下）	8
21	杂类	 （符号：黑色；底色：白色）	9

注：表中对应的危险货物类项号及各标志角号是按 GB 6944 的规定编写的。

标志的尺寸一般分为四种，如表 3-5 所示。

表 3-5　标志尺寸系列　　　　　　　　　　　　　单位：mm

序号　　　尺寸	长	宽
1	50	50
2	100	100
3	150	150
4	250	250

注：如遇特大或特小的运输包装件，标志的尺寸可按规定适当扩大或缩小。

3.4.4　原产国标志

原产国标志（Original Mark）是国际贸易中一种特殊需要的标志，表明货物在某个国家生产制造。许多国家规定禁止无原产国标志的商品进口，大多数国家对不符合原产国标志规定的进口商品要处以罚款。国际贸易中必须有原产国标志的原因有以下几个方面。

（1）许多国家根据互惠原则或实行贸易歧视政策，对来自不同国家的进口货规定不同的关税税率。因此，为保护税收，要对货物的原产国实行严格的检查和控制。

（2）有些国家限制某些国家的商品进口，为防止被禁止进口国家的产品冒充其他国家产品进口，所以也需要货物明确表示原产国，以便进行严格检查。

（3）某些国家为维护其本国利益，有利于国内产业的发展，防止进口货物与本国货混淆，也要求进口货物表示原产国。

除了上述主要的一些货物标志以外，有些国家海关规定或者根据收货人的要求，在货物的外包装上加注货物品名标志的内容。上述所有货物标志在使用过程中，可以根据买卖合同规定和货物运输情况适当增减。通常，主标志、件号标志、目的地标志及原产国标志的内容应该具备。

3.5　货物积载因数

货物积载因数（Stowage Factor，SF）是船舶等运输工具配载和积载工作中重要的货物资料。货物积载因数的大小说明货物的轻重程度，反映一定重量的货物须占据运输工具多少舱容或仓库多少库容。它是裁定具体的船舶等运输工具宜装多少不同货物的重要依据，在配载和积载工作中得到普遍应用。

3.5.1　货物积载因数

货物积载因数是指某种货物每一吨重量所具有的体积或在船舶货舱中正常装载时所占有的容积。前者为不包括亏舱的货物积载因数，俗称理论积载因数；后者为包括亏舱的货物积载因数，俗称实际积载因数。计算式分别如下。

1. 不包括亏舱的货物积载因数

$$SF = \frac{V}{Q}$$

式中：SF——货物的积载因数，m^3/t 或 ft^3/t；

　　V——货物的量尺体积，m^3 或 ft^3；

　　Q——货物的重量，t。

2. 包括亏舱的货物积载因数

$$SF' = \frac{W}{Q}$$

式中：SF'——货物的积载因数，m^3/t 或 ft^3/t；

　　W——货物占用货舱的容积，m^3 或 ft^3；

　　Q——货物的重量，t。

3.5.2　亏舱和亏舱率

按货物的丈量体积和重量，经计算得出的货物积载因数为不包括亏舱的货物积载因数。用这种资料计算货物所占用的舱容时，必须加上货舱容积的损失部分（即亏舱）才能得出该货物所需的实际舱容。所谓亏舱（Broken Stowage），是指船舶容积未被所装货物充分利用的那部分容积。产生亏舱的原因有：

（1）货物与货物之间的不正常空隙。

（2）货物须留出通风道或膨胀余位的空间。

（3）货物衬隔材料所占用的空间。

（4）货物与货舱舷侧和围壁间无法利用的空间等。

其中，前三种情况在装舱质量不好时会增大舱容损失，而第四种情况可通过积载计划的周密处理得以减少损失。

亏舱的多少通常用亏舱率，又称亏舱系数（Rate of Broken Stowage）表示。所谓亏舱率，是指货舱容积未被货物充分利用的空间占整个货舱容积的百分比。其计算式为

$$\beta = \frac{W - V}{W} \times 100\%$$

式中：β——亏舱率；

W——货物占用货舱的容积，m^3 或 ft^3；

V——货物的量尺体积，m^3 或 ft^3。

亏舱率的大小一般取决于货物种类、包装形式，货舱部位以及货物的装舱质量、配积载水平等因素。我国常见货种包装形式的亏舱率见表 3-6。

表 3-6 不同货种的亏舱率

不同包装的货物	亏 舱 率
各种包装的杂货（General Goods）	10%～20%
统一包装的箱装货（Case）	4%～20%
统一包装的袋装货（Bag）	0～20%
统一包装的小袋（Sack）	0～12%
统一包装的包装货（Bale）	5%～20%
统一包装的鼓形桶（Barrel）	15%～30%
统一包装的铁桶（Drum）	8%～25%
大木桶、大啤酒桶（Hogshead）	17%～30%
散装煤炭（Coal）	0～10%
散装谷类（Grain）	2%～10%
散装盐（Salt）	0～10%
散装矿石（Ore）	0～20%
散装木材（Timber）	5%～50%

因此，包括亏舱的货物积载因数与不包括亏舱的货物积载因数之间可按以下公式换算。

$$SF' = \frac{SF}{1 - \beta}$$

【例 3-1】 某船装运 100t 袋装大米，实际占用舱容 $163.25m^3$，袋装大米的理论积载因数为 $1.55m^3/t$，问该批袋装大米的亏舱率是多少？（保留两位小数）

解：因为 $SF = \dfrac{V}{Q}$，所以

$$V = SF \times Q = 1.55 \times 100 = 155(m^3)$$

$$\beta = \frac{W - V}{W} \times 100\% = \frac{163.25 - 155}{163.25} \times 100\% = 5.05\%$$

【例 3-2】　某轮装运出口箱装压力机,每箱尺寸 115cm × 100cm × 280cm,重量为 3000kg,装舱时亏舱率为 15%,问装舱后该货物积载因数是每吨多少立方米?(保留两位小数)

解:因为 $V = 1.15 \times 1.0 \times 2.8 = 3.220(\text{m}^3)$, $Q = 3\text{t}$,所以

$$SF' = \frac{SF}{1-\beta} = \frac{\dfrac{V}{Q}}{1-\beta} = \frac{\dfrac{3.22}{3}}{1-15\%} = 1.26(\text{m}^3/\text{t})$$

亏舱(或亏载)实际上是对船舶货运能力的一种浪费和损失。为力求减少这种损失,水运管理人员在编制货物积载计划和指导货物装舱时,应做到合理、科学。如根据货件包装特点合理选舱,软包装货物配装首尾舱,硬包装货物配装中舱;依据货种选用合适的堆装方法,提高装舱质量,缩小货物之间的空隙;从货物中挑选出适合于填补亏舱的货物或用作垫料的货物等,使亏舱减到最低限度。

3.5.3　重货和轻货

重货(Heavy Goods)和轻货(Light Goods)的确定对于计算运费、船舶积载有着很大的关系。在不同的业务部门确定重货、轻货的依据各有不同。

在国际航运计费业务中,为使承运人和托运人之间合理地结算运费,货物的计费吨分重量吨(W)和体积吨或尺码吨、容积吨(M)。重量吨为货物的毛重,公制以 1t 为 1 重量吨;体积吨为货物"满尺丈量"的体积,以 1m³ 为 1 体积吨。凡货物理论积载因数小于 1.1328m³/t 或 40ft³/t 的货物,称为重货,如钢轨、金属制品、水泥等,运费按重量吨计算;货物理论积载因数大于 1.1328m³/t 或 40ft³/t 的货物,称为轻货(轻泡货),如茶叶、乒乓球等,运费按体积吨计算。计费单位为"W/M"的货物,按货物的重量吨和体积吨两者择大计算。

在船舶积载业务中,重货和轻货是指货物实际积载因数与船舶舱容系数相比较而言。所谓船舶舱容系数(Coefficient of Loading),是指船舶货舱总容积与船舶净载重量(Net Deadweight)的比值,即船舶每一净载重吨所占的货舱容积。当货物积载因数小于船舶舱容系数时称为重货;相反,当货物积载因数大于船舶舱容系数时称为轻货。货物积载因数与船舶舱容系数相近的则称为普通货。为了适于装运较多的轻泡货物,一般杂货船的舱容系数在 1.4m³/t 以上。

在编制配积载计划时,为了最大限度地利用船舶的运输能力,应根据货物、包装等因素恰当地处理好轻、重货的搭配积载,使装船的各种货物平均积载因数与船舶舱容系数相接近,这样使全部货物重量等于船舶的净载重吨,全部货物的装舱容积等于船舶货舱总容积,达到满舱满载,从而提高船舶营运的经济效益。

3.5.4　货物积载因数的运用

为了方便使用各种货物积载因数,配积载工作人员根据经验积累,参照各类货物的外形尺码和重量,按包装形式、装舱情况等不同,加上一定的亏舱率,作为货物实际积载因数,将其汇编成表,供随时查阅使用(见附录二)。

对某一货种计算出的货物实际积载因数不可能是一个绝对精确的值。由于亏舱的因素较多,所以它经常是一个数值范围,使用时应依据实际掌握的情况来选定。

利用货物积载因数表计算一定重量的某种货物需要多少货舱容积,或一定的货舱容积能装载多少重量的某种货物等十分简便,它对货物配积载工作非常有用。

【例 3-3】　已知某船 Ⅱ 舱容积为 1800m³,现计划全部配装袋装白砂糖,每袋净重 100kg,皮重 0.5kg,问该舱能装多少袋白砂糖?

解: 查表得袋装白砂糖积载因数为 1.472～1.501m³/t,依据实际情况取 1.501m³/t。

$$Q = \frac{W}{SF'} = \frac{1800}{1.501} = 1199.20(\text{t})$$

装白砂糖袋数为:

$$1199.20 \div 0.1005 = 11932(\text{袋})$$

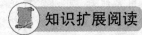 知识扩展阅读

中包总公司:促运输包装循环共用　推进节能减排

全球能源危机日重,温室气体减排指标越来越严格,采用循环经济发展模式和实施节能减排已成为世界各国寻求可持续发展的必由之路。我国从 2009 年 1 月 1 日起正式实施《中华人民共和国循环经济促进法》(以下简称《循环经济促进法》),与之配套的政策法规及相关标准也将随之出台。《循环经济促进法》及其配套的新政策法规遵循国际上通行的“3R”原则,即减量化、再利用和资源化,以及生产者延伸责任制原则。强调预防为主,将源头治理与末端治理相结合。包装绿色化是必然的趋势。

包装连接着商品的生产制造、物流和消费等环节,既是商品生产和制造的终点,又是商品流通的起点。随着经济社会发展和技术进步,包装与物流密不可分,特别是运输包装系统的标准化、单元化、模块化、信息化、共享化及作业一贯化已成为必然趋势,统合包装物流和实施整体包装解决方案已成为现实需求,而实现运输包装系统的循环共用则是节能减排的最现实和最有效的手段之一。

以运输包装中的最基本形式——托盘和包装箱为例。在我国,这些基本上都属于木质的一次性产品。据国家工业和信息化部的报告,我国机电产品一次性木质包装年费用约 6000 亿元人民币,对自然资源和社会资源都是巨大的浪费。工信部对此提出了“节林代木和提高节能与综合利用水平”的要求,国家领导人为此还做出批示。根据国外的成功经验和我们的具体实践证明,通过运输包装系统的循环共享使用可以真正实现资源节约、环境友好和成本降低的目的。以托盘为基础,建立中国托盘共用系统正当其时。

据中国物流和采购联合会的报告,我国的物流费用约占 GDP 的 18%,远高于欧美日韩等国约 8% 的水平。其中,有相当一部分可以通过运输包装(托盘)的循环共用和提高物流效率,即通过建立和运营全国性的共用系统以减少托盘或周转箱等包装器具和包装材料等的资源消耗,节约能源,减少仓储时间,减少货损,简化管理,提高周转效率,减少资金占用,降低物流费用。

同时,运输包装作为生产制造环节与物流环节的纽带,也已成为整合供应链、提高物流效率的关键环节,其运营方式还关系到资源利用效率、经济性,甚至是安全性。托盘是运输包装系统的最基本组件,被称为移动的地面,通用性强,基础作用明显,与各产业的关联度高。掌握了托盘的运营就可以很自然地深入企业供应链,对物质流向、价格经济信息等一清二楚。通过对托盘共用系统在多个产业应用信息的挖掘,甚至能了解一个国家的大体经济

运行情况,可以获得非常多和有价值的战略情报。因此,各国政府都对托盘共用系统建设和运营非常重视,都会出台相关政策,并提供政府资金支持。

一般认为,一个国家的托盘拥有总量是衡量其物流现代化水平的标志之一。据有关方面介绍,美国拥有托盘约 20 亿个,日本约 8 亿个,并且建立托盘共用系统。一个国家通常只有一两个共用系统,在政府的扶持下由专业公司运作,它拥有一定数量的托盘,在全国各地建立运营服务中心和回收网络,负责对托盘的回收和维护。使用托盘的企业可向托盘公司租用所需数量的托盘,出厂的托盘货物单元保持原态送达目的地。当托盘上的货物被取走后,将空托盘还给就近的托盘回收站,实现托盘的循环使用。采用共用系统后,可以实行托盘作业一贯化,区域、国内甚至国际实现共享循环使用,极大地提高了效率、减少了资源消耗和降低了包装物流成本,具有非常大的优越性。

我国初步调查拥有托盘约 2 亿个,与中国作为世界制造与加工大国的地位极不相称,发展潜力巨大。现阶段,由于我国的运输包装(托盘)共用系统刚起步,还存在标准化程度低、网络覆盖度不足、回收环节不顺畅及有关政策缺失等问题,因此托盘共用还存在许多障碍,托盘作业一贯化难以实施,企业不得不按照传统的方式购买和使用一次性托盘。这种方式不仅增大了企业的包装和物流的运作成本,而且这种一次性木托盘的大量使用,耗用了巨大的森林资源,对自然资源和社会资源造成了的巨大浪费。这是我国企业的包装与物流系统效率低、浪费大、成本高的重要原因之一,特别是在经济全球化时代,也是我国包装物流系统高效顺畅运行以及与国际经济实现无缝对接不可忽视的缺陷。

中国包装总公司积极履行企业社会责任,结合自身发展战略,在国家的大力支持下,积极推进中国托盘共用系统的建设和运营。在这个共用系统中,首先实现运输包装系统中的基本组件联运托盘和周转箱等器具的循环、共享使用,进而推广到其他包装组件的循环共用,最大限度地减少资源消耗。托盘共用系统已明确列入国务院发布的物流产业振兴规划中。作为重要的工业化基础设施,托盘共用系统建设和运营对我国经济社会发展有着非常重要的意义。

(1) 有利于降低企业乃至全社会的包装和物流成本

国内托盘使用企业众多,绝大多企业没有循环使用能力,只能采用一次性使用方式,造成包装材料成本居高不下。大型包装制品需求企业采用共用系统可以不必购买大量托盘,更免去了存放、管理和维护托盘的麻烦,从而显著降低其包装成本,减少企业在产品包装方面的资金占用,提高物流效率。

(2) 有利于改善包装及物流的服务质量

由于系统内的托盘是循环使用的,实行作业一贯化,托盘随同货物直至送到最终用户手中,避免了在途中反复倒盘所造成的人力浪费。此外由于托盘规格的标准化,在循环链中的托盘就可以实现托盘联运和机械化作业,既可以有效避免人工搬运所造成的货物损毁,也可以有效减少货物计数差错。

(3) 有利于节约社会经济资源,保护生态环境

现在 90% 的托盘是木制的,一棵成材的树木只能制造 6 个标准托盘,节约托盘对于保护森林自然资源非常有意义。根据国外的经验,建立托盘共用系统,可以节约 1/3 左右的托盘。由于减少了一次性木托盘的使用,能够节约宝贵的森林资源、保护生态环境。

(4) 有利于包装物的回收利用

共用系统是有组织地管理托盘、包装周转箱等,比较容易实现再利用。

（5）采用高技术手段，提高管理水平

项目通过互联网系统与 RFID 技术的有效结合，实现电子化信息管理，做到对货品物流的全程实时监控，实现物流可视化，提高管理水平。

（6）为与国际物流实现对接创造条件

为跨国企业建立良好的物流环境，与国际物流实现无缝对接，是在经济全球化时代和国际经济接轨的基础条件之一。

中国包装总公司以为企业提供包装整体解决方案和大客户服务拉动为切入点，积极推进托盘共用。中国包装总公司技术中心作为中国包装总公司的战略实施主要平台，为实行托盘共用积极协调和整合相关资源。根据中国包装总公司技术中心提供的方案，上海日立电器有限公司已对空调压缩机运输包装开始采用循环共用方式，将可以节约大量的包装材料，减少相关资金的占用，同时也极大地简化企业内部的包装管理工作。初步测算，仅这一家企业每年可节约木材约 1.5 万立方米，相当于间接减少二氧化碳排放 2.5 万吨，降低直接包装成本达 10%以上，其经济效益和节能减排效果十分显著。上海日立电器有限公司和广东志高空调有限公司等绿色责任企业积极履行企业社会责任，对运输包装循环共用给予了大力支持，取得了良好的循环经济示范效果。大量的实践表明，托盘共用需从包装解决方案入手，首要解决的是包装标准化问题，而这方面正是中国包装总公司的优势所在。目前，中国包装总公司技术中心与有关方面正在组织制定《空调压缩机运输包装国家标准（草案）》，通过空调压缩机运输包装标准化，逐步在空调压缩机行业全面推广，节能减排成效巨大，经济效益和社会效益显著。

全国托盘共用系统的建设是一个巨大的工程，其运营效益显著。中国包装总公司正在国家的大力支持下，联合社会资源，创新商业模式，加快建设和完善共用系统，并着力打造国际一流的共用系统运营公司，创造良好的业绩，同时为节约资源和环境保护作出突出的贡献。

（资料来源：中国包装总公司技术中心，余渡元）

 前沿理论与技术

包装材料的新发展

1. 可食性包装

随着现代食品工业的发展，食品包装不断更新，一类能解决包装材料与环境保护之间矛盾的新型食品包装技术材料——可食性包装脱颖而出。可食性包装材料是指当包装的功能实现后，该材料可转变为一种动物或人可食用的原料，是一种可实现包装材料功能转型的特殊包装材料。可食性包装材料是一种无废弃物的包装，是一种资源型环保型的包装材料。

2. 智能包装

智能包装是指人们通过创新思维，在包装中加入了更多的新技术成分，使其既具有通用的包装基本功能，又具有一些特殊的性能。这些包装的特殊性能恰好可满足商品的特殊要求和特殊的环境条件，主要是指采用了机械、电气、电子和化学性能的包装技术。

3. 纳米材料包装

纳米技术是 21 世纪三大科学技术之一。采用纳米技术对传统包装材料进行改性后，材料具有高强度、高硬度、高韧性、高阻隔性、高降解性以及高抗菌能力的特点,使其最有利于在实现包装功能的同时,实现绿色包装材料的环境性能、资源性能、减量化性能以及回收处理性能等。对塑料进行纳米改性后,便于实现包装的减量化、便于增强材料的可降解性能。对木材进行纳米化改性,可以使低档的木材达到高档木材的性能,从而实现节约资源的目的。纳米复合包装材料、纳米抗菌包装材料、纳米基板包装材料、纳米阻隔性包装材料都为包装材料的绿色化提供了良好的应用前景。

 职业指导

(1) 企业的实际需求:掌握货物包装的相关知识,可以在工作中正确地选择和使用包装,从而保护货物在运输过程中不被损坏,提高运输质量,同时有利于提高货物在运输、装卸、仓储各环节的工作效率。

(2) 货物包装知识在企业中的应用要点:根据货物的实际情况选择适合的运输包装;包装材料的选择;运输包装标志的制作;重货、轻货的区分;货物在运输工具上的配积载知识。

(3) 学生应该具备的基本素养和专业技能:了解包装在货物的交接、装卸、运输和储存中的重要作用,熟悉货物包装的相关知识及其在流通中的应用。

实训项目

以小组为单位(4~6人为一组)开展以下实训内容。
(1) 以熟悉的产品为例,说出六种商品使用的包装材料及其原因。
(2) 图示几种不同类型的商品经常采用的包装容器。
(3) 图示五种商品运输包装图片,要求能准确说明货物包装标志的含义。
(4) 选择某一货物包装案例进行分析和研究。

练习题

1. 选择题

(1) 商品的包装具有保护、便利和促销三大功能,其中便利功能主要体现在(　　)。
    A. 便于储存作业　　　　　　　　B. 便于顾客投诉
    C. 便于装卸搬运作业　　　　　　D. 便于运输作业
(2) 下列属于运输标志内容的有(　　)。
    A. 收发货人的名称代号　　　　　B. 目的港
    C. 易碎标志　　　　　　　　　　D. 有毒标志
(3) 影响货物的亏舱率的因素有(　　)。
    A. 包装规格　　　　　　　　　　B. 品质
    C. 运输时的堆装　　　　　　　　D. 舱中的隔垫
(4) 集合包装种类包括(　　)。
    A. 集装箱　　　B. 集装袋　　　C. 托盘　　　D. 集装车

E. 集装篓

2. 简答题

（1）简述如何区分重货和轻货。

（2）简述货物标志主要所包含的内容。

3. 计算题

（1）船舶装配一批杂货，积载因数 1.4m³/t，某舱计划装载 1000t，其占用的舱容应为多少立方米？（亏舱率为 15%）

（2）某轮计划配装出口桶装蜂蜜和袋装蘑菇，已知蜂蜜积载因数 $SF=45\text{ft}^3/\text{t}$，蘑菇积载因数 $SF=160\text{ft}^3/\text{t}$，装货清单载明两货分别为 150t 和 18t，如亏舱率分别为 30% 和 10%，该两批货物共需占舱容多少立方英尺及多少立方米？（保留两位小数）

4. 案例分析题

国内 A 公司与国外客户 B 公司在 2001 年 1 月份下了 1×20′ 集装箱产品 P2（货号 934），此 1×20′ 集装箱的 934 中，客户有两种规格，每一规格有 2 种不同的包装，卖给两个不同的最终用户，意味着 4 种不同样式的产品包装。每种包装的产品 100 箱，共计 400 箱。唛头如下。

正唛　　　　　　　　　　侧唛

STL-953　　　　　　　　QTY.：PCS（每箱多少支）

ITEM NO. 934　　　　　　G. W.：KGS（毛重）

C/NO. 1-??　　　　　　　N. W.：KGS（净重）

MADE IN CHINA　　　　　MEAS.：CM

A 公司以为工厂会在正唛上按照箱子的流水号来编，因此 A 公司在下订单时没有注明在正唛的"C/NO. 1-"后按照流水号来编写具体的箱号，结果工厂没有在正唛上按照箱子的流水号来编写，而产品货号又全部一样。货物到达目的港后，客户无法区分货物。该客户不得不一箱箱打开包装找货，浪费了客户人工费，造成了很严重的损失。客户提出索赔，A 公司相应给予客户赔偿。但是客户从此断绝了与 A 公司的贸易往来。

问题：

（1）运输标志在货物运输中起到什么样的作用？

（2）对该批货物的运输，A 公司应当做好哪些措施，可以避免上述情况的发生？

第 4 章

普通货物

 引导案例

茶叶串味事故

2000 年,发货人中国厦新进出口公司委托某对外贸易运输公司将 750 箱茶叶从大连港出口运往印度,某对外贸易运输公司又委托其下属 S 分公司代理出口。S 分公司接受委托后,向思捷达远洋运输公司申请舱位,思捷达远洋运输公司指派了箱号为 HTM-5005 等 3 个满载集装箱后签发了清洁提单,同时发货人在中国人民保险公司处投保海上货物运输的战争险和一切险。货物运抵印度港口。收货人拆箱后发现部分茶叶串味变质,即向中国人民保险公司在印度的代理人申请查验,检验表明,250 箱茶叶被污染。检验货物时,船方的代表也在场。故此中国人民保险公司在印度为代理人赔付了收货人的损失之后,中国人民保险公司向人民法院提起诉讼。

案例解析:在本案例中,思捷达远洋运输公司应保持集装箱清洁、干燥、无残留物以及前批货物留下的持久性气味;思捷达远洋运输公司应对茶叶的损失负责。S 分公司作为装箱、铅封的收货人、代理人,应负有在装箱前检查箱体,保证集装箱适装的义务。S 分公司未尽前述义务,主观上有过失,应承担货损责任。

本案例涉及的主要知识点:货物的性质。

(资料来源:http://www.yuloo.com/news/135370.html)

学习导航

了解茶叶、食糖、肠衣、生丝、生皮、金属及其制品、玻璃及其制品、水泥、天然橡胶、化肥等运输中最为常见的普通货物的种类和成分;掌握茶叶、食糖、天然橡胶的性质;熟悉化肥、金属及其制品、玻璃及其制品的性质;了解肠衣、生丝、生皮、水泥的性质。

教学建议

本章的备课要点:茶叶、食糖、肠衣、生丝、生皮、金属及其制品、玻璃及其制品、水泥、天然橡胶、化肥等货物的种类、成分及性质。教学以理论为主,实训为辅,采用多媒体教学,穿插案例讲解。建议授课学时为 8 学时。

4.1　茶　叶　类

茶叶是采用茶树的鲜叶经加工制成,具有生津止渴、兴奋神经、助消化和利尿的作用。我国远在秦汉时代,茶叶已发展成为普遍的饮料,是世界上利用茶叶作为饮料最早的国家。茶叶是我国重要的经济作物之一,也是传统的出口商品,我国茶叶在国际上享有盛誉。

4.1.1　茶叶的种类

茶叶的种类很多,主要的分类方法如下。

1. 按制茶方法分类

按制茶方法的不同可分为红茶、绿茶、乌龙茶、花茶、紧压茶等。

(1) 红茶是一种经发酵烘干的茶,绿色鲜叶经过发酵而制成古铜色的茶叶,气味浓香甘醇,汤色为红褐色。又因初制方法不同,可分为功夫红茶、红碎茶、小种红茶三种。如祁红、滇红等。

(2) 绿茶是一种未经发酵的茶,以绿色鲜叶经高温杀菌(炒或蒸),再炒干(或烘干、晒干),而制成的茶叶。绿茶按干燥方法不同分为炒青、烘青和晒青三种。色暗绿,汤色为透明淡青色,气味香甘清冽。如龙井、碧螺春、黄山毛峰等。

(3) 乌龙茶(青茶)是一种介于红茶和绿茶之间的半发酵茶。经烘干而成,是我国的特产。茶汤棕红,香气滋味兼有绿茶的鲜浓和红茶的甘醇。如铁观音、水仙、乌龙等。

(4) 花茶是一种经过花香窨制而成的茶,是我国的特产。主要是以绿茶类的烘青茶作茶胚,其品种根据窨制时采用香花种类的不同,分为茉莉花茶、珠兰花茶、玉兰花茶、代代花茶等,既保持原有茶叶的风味,又带有鲜花的芳香。

(5) 紧压茶是用黑茶(用较老的鲜叶制成,色泽黑褐油润)、青茶和红茶的副茶为原料,经蒸软装模或装篓压制而成各种形状(砖状、圆饼状、圆陀形、正方形等)的再制茶。

2. 按茶叶的销路不同分类

按茶叶的销路不同分为内销茶(各种红、绿、青、花茶)、外销茶(如红茶、乌龙茶、绿茶)、边销茶(如紧压茶)和侨销茶(如乌龙茶)。

4.1.2　茶叶的成分

(1) 茶多酚:是一类多酚化合物的总称,含量在 $11\%\sim24\%$ 左右。主要包括儿茶素、黄酮、花青素、酚酸等多种化合物,其中儿茶素又是组成茶多酚化合物的主体,含量占 70% 以上。具有涩味和收敛性,对茶叶品质优劣起着极其重要的作用。

(2) 咖啡碱:是茶叶中最主要的生物碱。茶叶中咖啡碱的含量一般在 $2\%\sim4\%$ 之间。

(3) 茶香精:是形成茶叶香气的主要物质,其含量极微,只占 $0.03\%\sim0.6\%$ 左右。茶香精包括醇、醛、酸、酯以及烯萜、芳醇等具有挥发性的香气。

除以上三种特殊化学成分外,茶叶还含有水分、矿物质、色素、糖类、蛋白质、氨基酸、类脂、维生素等。

4.1.3　茶叶的性质

1. 吸湿性

茶叶是多孔性的组织结构,茶叶中又存在着很多亲水性的成分(如糖分、蛋白质、茶多酚、果胶质等),决定了茶叶具有显著的吸湿性。红茶的正常含水量为8%,绿茶为9%,保持这个含水量,茶叶质量变化很小,如含水量超过12%,就容易发霉变质。

2. 吸收异味性

茶叶的多孔性组织和存在胶体性的物质,使茶叶具有较强的吸收异味的性能。茶叶吸收异味后,就不易使异味消除,会降低茶叶的质量乃至不能饮用。

3. 怕热性

茶叶在温度过高的环境中会散失水分和气味,使茶叶干燥易碎、香味减少,绿茶色泽泛黄,有损于茶叶的质量。含水量过多的茶叶在温度过高时,会加速细菌繁殖、发霉变质。

4. 陈化性

茶叶的质量是由色、香、味、形决定的,一般均以新茶质量上乘。随着保管时间的延长,尤其在不适宜的环境条件下,茶叶质量会不断降低。如色泽灰暗、香气消失、汤色暗浑、茶味淡薄等,这种变化称为茶叶的陈化。茶叶陈化的主要原因是芳香物质逐渐散失及某些成分发生了氧化。如类脂成分水解后能自动氧化,茶黄素、芳香物等也能自动氧化,茶叶经氧化后,就会变色变味。促进茶叶陈化的因素很多,如茶叶含水量的增加、环境温度过高、包装密封差、与空气接触多和日晒等,都会显著地加速茶叶的陈化。

4.2 食 糖 类

糖是一种重要的生活资料。我国是世界主要产糖国之一,我国南方有丰富的蔗糖,东北生产甜菜糖。糖的滋味甜美,具有较高的营养价值,食糖除供人们日常消费外,在食品工业中用途极广,生产糖果、糕点、饮料、罐头以及各种儿童食品,无不需要大量食糖为原料。

4.2.1 食糖的种类

1. 按制糖的原料分类

(1) 甘蔗糖,以甘蔗为制糖原料。甘蔗主要是热带、亚热带的作物,温带勉强可以种植。甘蔗糖产量占糖的总产量的80%。

(2) 甜菜糖,以甜菜为制糖原料。甜菜属于块根作物,其肉质块根积累着很多的糖分。

2. 按制糖方式分类

(1) 精制糖,如白砂糖、绵白糖、冰糖、方糖等。

(2) 粗糖,如原糖、赤砂糖、片糖、砖糖等。

3. 按晶粒外形和色泽不同分类

(1) 白糖,如白砂糖(其中又分粗砂、中砂、细砂糖)、绵白糖。

(2) 红糖,如赤砂糖、原糖、红糖片等。

(3) 冰糖。

(4) 方糖。

4.2.2 食糖的成分

食糖中含有蔗糖、还原糖、灰分、水分等多种成分。蔗糖是食糖的主要成分,呈白色结晶状,分子式为$C_{12}H_{22}O_{11}$。蔗糖分子在常温下较稳定,吸湿性不是很大,受潮的蔗糖在酵母菌作用下能水解为还原糖,或与大量二氧化碳作用形成弱酸性也会转化为还原糖,使糖的吸湿性增大。蔗糖含量愈高,食糖愈纯净,甜度愈高,质量愈佳。白砂糖含蔗糖量在 99.45% ~ 99.75%;赤砂糖为 83% 以上。甘蔗中含蔗糖量为 12% ~ 17%,甜菜为 17% ~ 19%。

还原糖是葡萄糖和果糖的混合物。因为由蔗糖转化而成,亦称转化糖,有很强的吸湿性。在红糖或绵白糖中含还原糖量较多,含量过多,不利于食糖的保管。优级白砂糖含量为 0.08% 以下,绵白糖为 2.5% 以下。

灰分是指食糖中所含的矿物质和其他杂质。灰分增加会影响食糖纯净度和色泽并增大吸湿性。

水分应包括食糖中所含的结合水和吸附水,通常讲的食糖水分是指吸附水。食糖含水量对食糖的品质和保管有较大的影响。各类食糖的安全含水量为:机制白砂糖为 0.1% ~ 0.6%,机制赤砂糖为 2% ~ 5%,绵白糖为 1.5% ~ 3.5%,原糖为 0.5% ~ 0.8%。

4.2.3 食糖的性质

1. 易溶于水

食糖遇水即可溶化,在室温条件下,一份水能溶解三份多的蔗糖。糖的溶解度与温度成正比。

2. 易潮解

食糖有吸湿性,含还原糖较多的食糖,尤其是带糖蜜的粗糖以及晶粒较细的食糖(如绵白糖)比较容易吸湿潮解,相对湿度大且高温时,食糖吸湿性增大。相同的温度条件下,糖含水量越多,吸湿越快。当糖的含水量超过 6% 以上时,就会逐渐溶化。食糖潮解后容易渗出糖蜜,严重的会发生淌浆(糖液流出),这是食糖运输中主要的货损原因。含水量大的食糖,在相对湿度小的环境中也会散失水分而变干。

3. 结块性

食糖容易结块,尤其是含还原糖较多、晶粒较细、水分较多的食糖。其原因:①干燥结块。当食糖存放环境转为干燥时,晶粒表面的糖液因水分逐渐散失,达到较高的过饱和程度,蔗糖在糖浆中又重新结晶,使糖粒与糖粒粘在一起,形成糖块。结块时间越长,形成的糖块越坚实,有时使整包糖形成一整个大糖块。②压实结块。在保管中食糖堆码高,较长时间不翻垛,会造成压实结块。③受热或受冻结块。因环境温度高,食糖会因热熔后结块;环境温度低又会受冻结块。食糖结块不仅造成减重、降质,而且给运输、装卸带来困难。

4. 吸味与散味性

食糖极易吸收外来异味,吸味后的食糖糖味不正,质量降低。用甘蔗制成的粗糖由于生产时处理方法较简单,或多或少还留有甘蔗的清香味,不宜与其他吸味货物一同存放,以免串味。

5. 易燃性

食糖的燃点是 400℃,一般不易燃烧。用麻袋包装的食糖,由于麻绒是易燃物,一遇明火或火星,就会立即引起燃烧,而且蔓延快,不易扑灭,往往酿成重大火灾。另外,在闷热潮湿条件下,蔗糖经过化学分解,发酵后生成还原糖,倘若温湿度不变,继续发酵,便会产生酒精蒸气。酒精蒸气在空气不流通的情况下,大都悬浮在糖包表面 3 ~ 4cm 处,遇火星即可引起燃烧。实际工作中曾多次发生食糖燃烧事故。

此外,食糖的熔点较低(160℃),受热易熔化;块糖有脆弱性,受外力作用易碎裂。

4.3 肠 衣 类

肠衣是香肠或腊肠外面的一层薄的衣膜,由新鲜的猪、羊、牛小肠通过刮制加工,除去脂肪杂质所剩下的一层透明的衣膜。由于它皮质坚韧、滑润、柔软,有弹性,是食品工业加工香肠、灌肠的主要原料之一。羊肠衣还可制成羊肠线用来穿网拍、弹棉用的弓弦,绵羊肠衣还可制成手术缝合线和琴弦。

我国是肠衣输出的重要国家。我国出口的肠衣商品品种多、数量大、品质好,具有许多独特的优点。我国肠衣约占世界市场销售量的三分之一。

4.3.1 肠衣的种类

1. 按牲畜种类分类

(1) 猪肠衣是以猪的小肠、大肠、膀胱制成的。

(2) 羊肠衣是以绵羊、山羊的小肠制成的。

(3) 牛肠衣是以牛的小肠、大肠和膀胱制成的。

2. 按成品种类分类

(1) 盐渍肠衣:将新鲜的猪、羊、牛的肠子内的油脂杂质刮去,剩下的薄膜用盐腌渍,即为盐渍肠衣(见图 4-1),是含有盐水的湿货。

(2) 干制肠衣:将猪、羊、牛的肠子或膀胱刮去油脂杂质后吹鼓起,置于日光下晒干而成(见图 4-2)。

图 4-1 盐渍肠衣

图 4-2 干制肠衣

4.3.2 肠衣的成分

肠衣的成分主要是脂肪、蛋白质纤维。因此,成品盐渍肠衣遇热,或脱盐时间较长后易于变质,甚至腐烂发臭。干制肠衣遇潮湿易于分解霉变,容易受到虫蛀、鼠咬,甚至在适宜的温湿度条件下也易受微生物侵害和生虫。

4.3.3 肠衣的性质

1. 盐渍肠衣

(1) 怕热怕晒。盐渍肠衣含有较多的盐卤,浸入盐卤内的肠衣不易变质。如受热或日光曝晒易使盐卤水分迅速蒸发而造成缺卤,使肠衣腐烂发臭。

(2) 污染性。由木桶或塑料桶盛装的盐渍肠衣遇到运输包装损坏易发生盐卤渗漏,不仅肠衣本身变质,而且能污染其他货物,能使金属制品生锈腐蚀。

2. 干制肠衣

(1) 怕潮湿。干制肠衣最怕潮湿,尤其是受雨淋或水湿。一旦遇潮湿就易于分解霉变。

(2) 怕异味。干制肠衣容易受异味感染而影响食用,尤其不能与有强烈气味的货物同装一舱,如精萘(卫生球)、皮张、鱼粉、橡胶等货物。

(3) 怕虫蚀。干制肠衣虽撒有胡椒粉,但仍怕虫蚀鼠咬,要与易生虫货物隔离堆存。

4.4　生　丝

生丝是丝绸工业的主要原料,也是高级纺织原料,其综合性能居纺织纤维之冠。蚕茧经过制丝,将数根茧丝平行排列,并合缫成一根具有规定粗细的长丝,制得的长丝称为生丝。它是我国传统的出口商品之一。我国养蚕缫丝已有五千多年的历史,现已成为世界上产丝最多的国家。

4.4.1　生丝的种类

(1) 按蚕种的不同可分为桑蚕丝(家蚕丝)和柞蚕丝(野蚕丝)两大类。另外,还有少量的蓖麻蚕丝、木薯蚕丝、樟蚕丝、柳蚕丝,质量较差,产量甚少。

① 桑蚕丝。桑蚕丝按主产方法不同又可分为厂丝和土丝。厂丝为机械缫制的生丝,丝质柔软洁净、条干均匀、糙结较少、光泽鲜亮。白色茧缫制为白厂丝,黄色茧缫制为黄厂丝。土丝为手工缫制的产品,也有白土丝与黄土丝之分,一般用鲜茧缫制,丝质光泽柔和,品质较厂丝差,糙结多,条干远不及厂丝均匀。

② 柞蚕丝。柞蚕丝按生产方法不同分为水缫与干缫两类,水缫又分药水丝和灰丝两种。干缫丝质量不及水缫丝,灰丝质量不及药水丝,以水缫的药水丝为最好,丝色淡黄,洁净,抱合较好。柞蚕丝的特点是强力、伸度和吸湿性均比桑蚕丝为高,但丝质较粗硬,瘤节较多,丝胶质不易去净,故染色性能差,染出色泽不及桑蚕丝鲜艳。

(2) 按生丝的品质不同可分为不同的等级。桑蚕厂丝分七个级,即 A、B、C、D、E、F、G 级,其中以 A 级为优,G 级为劣;柞蚕丝也分七级,优等、一等、二等、三等、四等、五等、等外级,以优等品质为最好。

4.4.2　生丝的结构及成分

茧丝由两根平行的单丝组成,每根单丝的主体是丝朊(丝素),包围着丝朊的外层胶状物为丝胶。茧丝表面平滑,呈半透明玻璃棒状。经缫制的茧丝表面仍有着丝胶质,所以称为生丝,如经过精炼,把丝胶质去除,就成为纤维松软,光泽很亮的熟丝。

生丝的成分主要是丝朊,在桑蚕丝中约占总量(干量)的 70%~80%;其次是丝胶,约占20%~25%,丝朊和丝胶都是蛋白质。此外,还有少量的色素、脂肪、灰分、水分等。丝中的大部分杂质都在丝胶层内,因此,生丝经皂液煮炼后,丝胶及大部分杂质都可除去。

4.4.3　生丝的性质

1. 吸湿性

生丝是由许多很细的纤维组合而成的,属多孔性物质,加上丝蛋白质含有亲水性基团,如($-OH$)、($-COOH$)、($-NH_2$)等,所以生丝吸湿性很强,通常含水量为生丝干量的

11％～12％,在饱和状态下可达30％,且手感还不觉潮湿。生丝对水分的吸收和散发都很快。生丝受潮后,强度会下降,甚至会引起发霉变质。

2. 怕强酸碱和氧化剂

强碱溶液对于生丝纤维的破坏力很强,使生丝纤维很容易溶解。如氢氧化钠、碳酸钠、碳酸钾等。稀薄的碱溶液仅能溶解丝胶,不能溶解丝素。

生丝对酸比碱要稳定一些,浓硫酸和浓盐酸在低温下能在短时间内溶解丝纤维,使丝质水解,温度升高更为强烈,但稀酸溶液对丝纤维不起破坏作用。

生丝对氧化剂作用敏感,特别是受强氧化剂作用时,可引起生丝纤维彻底分解。

3. 怕污染

生丝及丝织品受油脂类及其他污染性货物污染后,会影响其美观,降低质量,甚至失去使用价值。

4. 怕虫蛀

生丝因含有丰富的蛋白质,易受虫蛀蚀。为防虫蛀,通常放有樟脑。

5. 怕晒

生丝对日光的作用是敏感的,特别是紫外光线能使之脆化,在受到日光曝晒或长时间连续照射条件下,其强度受到损坏,且手感恶化,色泽泛黄。生丝耐光性在天然纤维中是最差的。

4.5　生　皮

生皮是指供制革用或制裘用的动物原料皮,是我国传统出口商品之一。制革原料皮用来制造皮革,主要是家畜皮,其中以牛皮、猪皮和羊皮为主。制裘原料皮是用来制造毛皮制品,将生皮制成毛皮时,需留下生皮上的毛。我国地域辽阔,毛皮种类繁多,资源丰富,生产历史悠久,行销世界上许多国家。

4.5.1　生皮的种类

1. 制革原料皮的种类

(1) 按制革原料皮的用途,可分为硬革皮和软革皮。硬革皮适宜制作鞋底、马具、工业产品等制品;软革皮适宜制作鞋面、包箱、服装等商品。

(2) 按防腐方式,可分为鲜皮、冻鲜皮、盐干皮和干皮等。鲜皮在常温条件下容易腐败变质,也不便于运输。冻鲜皮仅在严寒地区的冬季作为暂时简便的防腐法。水运中,常见的大多数是盐干皮和干皮。

(3) 按动物种类,可分为牛皮、猪皮、羊皮、骡马皮和杂皮等,以及少量的鳄鱼皮、鲨鱼皮、蛇皮和蜥蜴皮等。其中牛皮又可分为黄牛皮、水牛皮、牦牛皮等;羊皮中又可分为山羊皮、绵羊皮等。

此外,按皮张的大小、动物的性别和年龄、生产季节、产地、重量和质量等还可加以细分。

2. 制裘原料皮的种类

(1) 小毛细皮类:主要是指黄狼皮(又名黄鼬皮)、紫貂皮(又名黑貂、赤貂皮)、扫雪皮(又名石貂皮)、水獭皮、灰鼠皮以及猞子、小灵猫、艾虎、竹鼠、花鼠等皮张。

(2) 大毛细皮类:主要是狐狸皮(包括银狐皮、白狐皮、赤狐皮、倭刀狐皮等)、猞猁皮、麝鼠皮(又名青根貂皮、水老鼠皮)、水貂皮以及河狸皮、九江狸子皮、貂子皮等。

(3) 粗毛皮类：主要是指豹皮、绵羊皮、羊羔皮以及狗皮、狼皮、旱獭皮、猾子皮、山羊皮等。

(4) 杂毛皮类：主要是指猫皮、家兔皮、野兔皮等。

4.5.2　生皮的成分和结构

1. 生皮的成分

生皮的成分比较复杂，新鲜毛皮基本组成物是：蛋白质约占 30%～35%，水分约占 60%～70%，脂肪和类脂约占 2.0%～3.0%，矿物质约占 0.35%～0.5%，碳水化合物及微量的酶、维生素和不属于蛋白质的含氮物。

2. 生皮的结构

生皮的结构一般分为皮板和毛被两部分。制裘原料皮质量首先是毛被的质量，其次是皮板的质量，而制革原料皮质量主要是皮板的质量。

(1) 皮板的构造

皮板分成表皮、真皮、皮下组织三层。

表皮层是皮的最外面一层，由各种形状、彼此紧贴着的许多单核细胞组成的角朊蛋白质构成。角朊具有疏水性，较稳定，不易透水。表皮的厚度随动物种类而不同，如绵羊皮表皮厚度为该皮总厚度的 1.8%～2.5%，猪皮为 2%～5%。

真皮层位于表皮以下，皮下组织以上的部分。真皮的重量和厚度占生皮的 80% 以上，是一种结缔组织。它由胶原纤维、弹性纤维和网状纤维构成。此外，还含有各种细胞成分和汗腺、脂腺、淋巴管、神经、毛囊、肌肉及纤维间质和矿物质等。成品的许多特性都由该层构造决定。

皮下组织层位于真皮层下面，是一层松软的结缔组织，由排列疏松的胶原纤维和弹性纤维构成，纤维间包含着脂肪细胞、神经、肌肉纤维和血管等。生皮干燥时，油脂阻止水分蒸发，干燥太迟缓，温度高时会使细菌繁殖，产生掉毛烂板现象。因此剥皮时，肉和油脂不要残留在皮板上。

(2) 毛被的构造

毛被分为针毛和绒毛两类。针毛较粗糙、较长，毛尖一般为矛头形，便于保护下面的绒毛。绒毛短而柔软，呈丝状，动物毛被质量在很大程度上是由这类毛数量多少和品质好坏决定的。其毛尖呈圆筒形，毛形多少带弯曲。毛的结构分为毛干、毛根和毛球三部分。毛干是露在外面的部分。毛根是位于毛囊内的毛干延续部分。毛球是包围毛乳头的毛根的膨大部分。毛干和毛根都是由硬化了的死细胞构成，而毛球的基底部分，则是由活的能繁殖的表皮细胞构成。毛如受污，会降低毛被的质量。毛和皮板的结合强度取决于动物种类、毛囊深入表皮中的程度、表皮纤维包围毛囊的紧密度，还取决于生皮的保存和贮存效果。

4.5.3　生皮的性质

1. 怕潮湿

生皮因含有亲水性成分和皮纤维的毛细管作用，具有吸湿性。受潮湿尤其是水湿后会导致细菌繁殖，腐蚀皮层组织，会发霉、发热、变色、脱毛、甚至腐烂。生皮防腐的方法有盐湿法、盐浸法、盐干法、干燥法和浸酸法等。

2．怕热怕晒

生皮受高温或日光曝晒后，皮板会过度干燥，发硬脆裂。皮板潮湿后遇热会腐烂发臭，强烈破坏毛和皮板的结合，降低原料皮的质量。生皮运输最适宜的温度为 5～15℃，最适宜的相对湿度为 60％～70％。

3．有强烈异味

生皮具有强烈的刺鼻气味。干皮为防虫蛀、鼠咬，常在生皮上撒有萘粉、滴滴涕、六六六等杀虫药剂，也同样会散发异味。

4．有感染性

在动物皮上，经常存在着多达 20 种的细菌。温度 30～37℃ 时，生皮上细菌繁殖极快，使生皮成分中的蛋白质、脂肪分解腐败。有时生皮中可能有感染炭疽病而死的动物皮，主要出现在绵羊、山羊、牛等生皮上，炭疽病原菌和其他细菌有感染性，能传染人、畜。

5．怕虫蛀、鼠咬

生皮因含有动物蛋白质和油脂成分，很容易被虫蛀或鼠咬，使生皮受损害。

4.6　金属及其制品

金属是制造现代生产工具和日用产品不可缺少的物资。金属优于非金属物质是由于它具有许多不同于非金属物质的特性，如坚韧性、延展性、导电和导热性等。在金属中应用最广泛、最重要、最多的是钢铁。钢铁是制造工业机器、农业机械、交通运输工具、国防武器的主要原料，也是建筑工业的重要原料。

4.6.1　金属及其制品的种类

（一）金属的种类

1．按金属成分的复杂性分类

（1）纯金属是单纯由一种金属元素组成的物质。

（2）合金是以一种金属元素为主和另外一种（或几种）金属或非金属元素组成的物质。一般来说，合金比纯金属有较好和较多的机械性能，可以制造各种不同用途的制品。所以，纯金属不常用，而合金却用途广泛。

2．按工业生产要求分类

（1）黑色金属：包括纯铁、铁的合金和铬、锰等。纯铁质软，坚固性差，在工业上用途不大，而铁合金应用范围很广泛，如生铁、熟铁、钢等。

① 生铁。通常把含碳量在 2.11％ 以上的铁碳合金，叫作生铁。生铁里除含碳外，还含有硅、锰和少量的硫、磷。生铁按用途不同，可分为炼钢生铁、铸造生铁和特种生铁。

炼钢生铁可以用来炼钢，断口（裂断面）常呈白色，质硬而脆，不能进行机械加工。铸造生铁可以用来制造各种铸件，如铁管、火炉、机床身等。断口呈灰色，比炼钢生铁软，能够进行机械加工。球墨铸铁是铸造生铁中较好的一种，可用来铸造机械零件，如柴油机上的连杆、曲轴、活塞柄等。特种生铁是含硅、锰、铬、钨等元素的量特别高的生铁。如硅铁、锰铁、铬铁、钨铁等，可以把它们加入铁或钢里来改善某些性质。

② 熟铁。熟铁含碳量很少，一般在 0.03％～0.04％，富有延展性，易于弯曲，不易折断，可以锻接，用来制造铁链、铁锚、铁锅等。

③ 钢。钢含碳量一般在 0.0218% ~ 2.11%，坚韧、有弹性和延展性，可以锻打、压延和拉丝。钢按成分和用途不同，可分为碳钢和合金钢两类。

碳钢以含碳量不同，可分为低碳钢，含碳量不超过 0.25%；中碳钢，含碳量为 0.25% ~ 0.6%；高碳钢，含碳量超过 0.6%。低碳钢和中碳钢用来制造机床、拖拉机、汽车等机器零件，以及桥梁、船舶、车厢以及各种农业机械、农具等。高碳钢用来制造生产工具。合金钢是在钢里增加硅、锰、钼、钒、钨等元素而制造出来的具有各种特殊性质的钢，可用来制造具有特殊性能的各种机械设备、切削工具、量度工具等，合金钢的应用极为广泛。

（2）有色金属：包括黑色金属以外的全部其他的金属与合金。有色金属是制造电气工业制品、航空工业机件、各种特殊用途的机件以及优质合金钢等所不可缺少的原料。制造金属制品所用的有色金属，以铜、铝、锡、铅、锌和它们的合金应用最为广泛，水上运输量也较大。

① 铜及铜合金。纯铜是一种浅红色金属，又称紫铜、赤铜。在潮湿空气里表面会渐渐生出一层铜绿。纯铜用于导电器材、科学仪器、锅炉、火箱板等。

黄铜是铜和锌的合金，是一种耐蚀性良好、强度很高的金属，主要用于轧制黄铜板、管、棒、丝等，以供机械、化工需要及制造日用品。青铜是铜和锡的合金。如在青铜内再加入一种其他元素，则以该元素名称冠于青铜之前，如铝青铜、硅青铜、镍青铜和磷青铜等。青铜可塑性较小，坚固性较好，具有抗蚀性和耐磨性，多用于铸造各种机件、轴承、齿轮及雕像、纪念牌和各种装饰品。白铜是铜和镍、锌的合金，硬度比铜大，可制造各种器皿。

② 铝及铝合金。纯铝是一种带有极蓝浅色的白色金属，较铁或铜轻三倍左右，具有极大的可塑性，是电和热的良导体，具有抗蚀能力。纯铝的缺点是强度和硬度较低，不甚耐磨和耐压，且易被强酸、强碱和氧化物的盐腐蚀破坏。纯度在 98% 以上的铝，称熟铝、精铝。含杂质较多的铝，称生铝、粗铝、铸铝。生铝质硬脆，不耐碰击。铝适于制造炊事用具、餐具、电器导线、化工和机器部件等，铝箔用作糖果、茶叶等物的包装材料。

铝合金在工业上的用途更为广泛、更重要，因为铝合金具有良好的强度和硬度。铝合金是制造飞机、轮船、火车车厢、汽车、医疗器械和化工设备等重要的金属材料。

③ 锡及锡合金。锡是银白色有光泽的金属，具有良好的可塑性和铸造性，无毒性和一定的抗蚀性，广泛用来镀制器皿、作包装材料、压制锡箔、制造镀锡铁皮等。

锡合金可以制造轴承合金、厨房餐具等。

④ 铅及铅合金。铅是一种青灰色的金属，在新的断面上有光泽，但与空气接触后，会迅速氧化变暗。主要用于制造蓄电池极板、电缆、铅管、铅皮、铅丝和弹粒等。

铅的合金主要是轴承合金。含铅量在 50% 以上的合金，叫铅基轴承合金，多用于铸造各种轴承。

⑤ 锌及锌合金。纯锌是银白色金属略带蓝色，有延展性和较强的抗蚀性。锌的主要用途是制造镀锌铁皮、制干电池等。

锌合金是压铸合金中最常用的一种合金材料，主要合金元素为铜和铝，主要用于铸造。

（二）金属制品的种类

金属制品的种类很多，运输量较大的有钢材、日用金属制品及铸铁制品。

1. 钢材

普通碳素钢材分为型钢、板形钢、钢管、钢丝四类。

（1）型钢。型钢按其截面和外表形状不同,分为圆钢、方钢、六角钢、八角钢、角钢、扁钢、工字钢、丁字钢、槽钢、钢轨、竹节钢等。前5种型钢主要用于制造机器零件、工具、钢轴、农具、钉子、螺丝及其他制品;后6种主要用作建筑物、起重机、电线架、火车或电车钢轨、水塔等基本构件。

（2）板形钢。板形钢按厚度分为厚钢板（厚度0.4cm以上）和薄钢板（厚度0.4cm以下）。厚钢板可作制造船舶、车辆、农机等的材料。薄钢板又称铁皮,以普通碳素薄钢皮、房盖钢皮（黑铁皮）、镀锌钢皮（白铁皮）和镀锡钢皮（马口铁）流通量最大。主要用于制造门窗、箱框、交通工具的包皮和冲压各种日用制品、食品罐头容器等。

（3）钢管。按其制造方法分为无缝钢管和有缝钢管。无缝钢管由各种优质的圆钢制成,外表完整无缝,用于石油和天然气体输送管、火管、沸水管等。有缝钢管分为黑铁管和白铁管。白铁管是黑铁管经过外表面镀锌而成的,主要用于水管、油管、汽管,也可作自行车架、小车架、栏杆和立柱等。

（4）钢丝。包括压延的线材和用线材拉制的各种钢丝。钢丝有镀锌与不镀锌两种。钢丝可用来制造弹簧、钢丝绳、钢丝网、钉子、焊条等,并可作建筑材料。

2. 日用金属制品

日用金属制品包括的范围很广,按用途分有建筑用小型金属制品、日用刀具和手工具、日用金属器皿等。前两类习惯称日用小五金制品。

（1）建筑用小五金制品。有各类钉子、门窗附件（包括合页、插销、拉手、窗钩、锁类、碰珠等）等。

（2）日用刀具和手工具。日用刀具有刀子、叉子、剪子、绞肉器等。日用手工具有钳子、螺丝锥、手锯、手锤、斧子、刨刀、锉刀、钻孔器等。

（3）日用金属器皿。日用金属器皿可以用生铁、钢、铝和铜等金属制成。如缝纫机、自行车、洗衣机、餐具、壶、桶、钢精锅等,其中以铝、铁制品的数量较多。

3. 铸铁制品

铸铁制品主要有铸铁管（如臭气管、雨水管等）、铸铁盖板、厕所水箱等,常涂上沥青或油漆。

4.6.2　金属及其制品的性质

1. 比重大、积载因数小

金属一般属于重货,比重大、积载因数小。有些金属制品,如钢轨、钢管等尺寸较长大;有些单件较重,属于长大重件货。适宜与轻货搭配,装载于底舱、两层舱底部或舱面上。

2. 锈蚀性

金属与空气、水、酸、碱、盐等接触后,会或快或慢地发生受腐蚀而出现锈蚀现象,使金属质量受损,甚至变为废品。钢铁在空气中容易氧化生锈,铁锈组织疏松多孔,使氧化向内部不断发展,尤其是受海水或雨水浸湿后更容易生锈,并且易受酸、碱、盐类的侵蚀。型钢和厚钢板有些锈问题还不太大,若是薄钢板、马口铁、白铁皮、钢丝等生锈则后果较为严重。铜、铝、锡、锌、铅相对来说不易生锈,因为它们氧化后生成物较为致密,对金属起着保护膜的作用,使金属受腐蚀的速度大为降低。表面积大而质薄的铜制品和铝制品也常因受腐蚀而降低质量。

3. 易变形

质软、脆、薄的金属制品受外力作用后会引起变形,造成残损。变形形式有薄钢板卷边、断边、开卷,铅管及钢管弯曲、凹陷、螺纹受损,生铁、生铝铸件断裂、残缺,铝制品和铜制品凹陷、扭曲等。

4. 其他特性

涂有防锈油的小五金制品受热后会发生渗油现象,易油污其他货物;铝粉、镁粉、锌粉等金属粉末易发生氧化,遇明火、高温、水、氧化剂易引起燃烧或爆炸,属危险物质;碳素钢在低温时会有发脆现象;锡在 13.2℃以下时会逐渐转变成煤灰状的粉末,叫灰锡,在－33℃以下时变化速度大大加快。低温中的锡若沾上灰锡,会像传染病蔓延一样,使锡制品毁坏无遗,俗称"锡疫";青铜的锈(碱式氯化铜)呈绿粉状,疏松膨胀,也会像瘟疫一样在铜器中传播和蔓延,俗称"青铜病"。此外,还有房盖钢皮、钢丝、圆钢等忌油污以及硅铁忌潮湿等。

4.7　玻璃及其制品

玻璃是一种具有许多优良性能的材料,广泛用于日常生活、建筑、科研、工业、农业、交通和国防等方面。玻璃是石英砂(硅砂)、石灰石、纯碱、长石、碳酸钾、硼砂、芒硝、铅丹等主要原料和助熔剂、着色剂、脱色剂等辅助材料,按适当比例混合在熔炉里经高温作用,熔化成黏稠状熔液,取出用压延或气吹方法制成各种所需的玻璃及其制品。

4.7.1　玻璃及其制品的种类

1. 玻璃的种类

玻璃的种类很多,由于所用原料不同,制造出来的玻璃成分、性质、用途也不同,大体上可分为以下几种。

(1) 钠玻璃(即普通玻璃):建筑、日常生活中使用最为广泛。钠玻璃化学稳定性较低,易受化学药品的侵蚀,机械强度和热稳定性较差,受骤冷骤热时,易引起破碎。多用于窗玻璃、包装用瓶及一般日常器皿。其中以平板玻璃运量较大。

(2) 钾玻璃(硬玻璃):质地较硬,有较好的光泽,热稳定性和化学稳定性较钠玻璃为高。主要用于制造质量较好的日用器皿和化学仪器。

(3) 铅玻璃(光学玻璃、火石玻璃):具有较强的光泽和折光性,抗酸性弱,硬度较小,易于进行装饰加工,最适合制造光学仪器、艺术品和优质日用器皿。

(4) 硼硅玻璃:具有很高的热稳定性和化学稳定性,并有较好的机械强度、光泽和绝缘性,适于制造优质的化学仪器和耐热钢化器皿。

(5) 石英玻璃:具有极高的耐酸性和良好的热稳定性,透紫外线强,电工、电子、光学技术部门等尖端技术都用到它,但成本高,耐碱性差。

(6) 铝硅玻璃:具有极强的热稳定性和化学稳定性及很好的机械强度。多用于制造火焰直接加热的烹饪器皿。

(7) 微晶玻璃:经加入金、银、铜的盐类作晶核形成剂,用短波射线及热处理等方法制得,由微细的晶体组成,具有优良的机械性能和极高的热稳定性,耐腐蚀。用作航空玻璃、实验器皿、电磁灶等。

2. 玻璃制品的种类

(1) 日用玻璃制品

① 日用玻璃器皿有玻璃杯、盘、瓶、缸、花瓶等多种。玻璃杯是玻璃器皿中数量最多的一类;玻璃盘分有茶盘、果盘、菜盘、瓜子盘等;玻璃瓶有冷水瓶、酒瓶、酱油瓶等多种;玻璃缸有糖缸、烟缸、皂缸、金鱼缸等;玻璃花瓶式样更多。

② 保温瓶。保温瓶瓶胆为双层的玻璃瓶,保温瓶有普通型、气压型,有大口瓶和旅行用水瓶等。

③ 镜及礼屏、艺术品等。

(2) 建筑用玻璃制品

① 平板玻璃。平板玻璃用于门窗、玻璃板和黑板等,规格按厚度和尺寸长短可分为多种。

② 其他特殊性能的板玻璃。其他特殊性能的板玻璃有磨砂玻璃、压花玻璃、夹丝玻璃、夹层玻璃、钢化玻璃等。磨砂玻璃是经过磨砂过程而制成,适用于不需透视物体的地方,如厕所、浴室等;压花玻璃是在玻璃表面上压制花纹而成,一般质地比较厚,比较坚固,呈半透明状,多用在建筑物上作为装饰品;夹丝玻璃是在制玻璃时加入一层铁丝网,它的特点是坚固耐用,破碎后玻璃片不易落下,适用于厂房和大型仓库门窗等;夹层玻璃是在两层或两层以上的玻璃间夹有透明塑料做的中间层,经热处理而制成,它的特点是质地坚韧而有弹性,破碎后呈放射状裂纹,附在塑料上不掉落碎片,它不但能抵抗打击,而且不易被小口径枪弹射透,适用作飞机、装甲车、汽车和舰艇的窗玻璃;钢化玻璃是成型后再加热接近软化温度,然后吹风急冷而成,它的特点是坚韧而又能耐温急变,机械强度和耐温急变性比普通玻璃高几倍,且破碎后碎片边角圆钝,不致引起严重的伤害。

(3) 技术用玻璃制品

① 电器玻璃制品,主要有电灯泡、灯罩、日光灯管、霓虹灯管等。

② 医药玻璃制品,主要有注射器、安瓿瓶、测温计等。

③ 光学实验制品,主要有凹凸透镜、反光镜、试管、烧瓶、量杯等。

④ 玻璃纤维制品,玻璃纤维是由熔融玻璃液拉成或吹成的、可以任意弯曲的纤维。玻璃纤维制品主要有玻璃纤维、玻璃纤维布、玻璃纤维带、玻璃纤维套管等,可作绝缘、隔热、通信、防火、吸音等用品及作橡胶、玻璃钢的增强材料。

4.7.2 玻璃的化学成分

玻璃的化学成分极其复杂,其基本成分是各种硅酸盐化合物,这些硅酸盐化合物是由二氧化硅和各种金属氧化物所组成的。一般玻璃的化学成分可用 $R_2O \cdot RO \cdot 6SiO_2$ 来表示。式中 R_2O 为一价氧化物,如 Na_2O、K_2O 等,含量约为 $14\% \sim 16\%$;RO 是二价氧化物,如 CaO、MgO、PbO、ZnO 和 BaO 等,含量约为 $11\% \sim 12\%$。二氧化硅的含量约为 $71\% \sim 75\%$。为了改善玻璃的使用性能或使其具有某种特性,有时还需加入其他成分。

4.7.3 玻璃及其制品的性质

1. 易碎性

玻璃极易破碎,当玻璃存在各种缺陷,如玻璃表面有高低不平的条纹、有砂粒、有气泡等时,更容易破碎。由于玻璃易碎,运输保管时,更应严防冲击、震动等影响。

2. 耐碱性差

玻璃是一种化学性质比较稳定的物质,它耐酸能力较强,除氢氟酸能使玻璃溶解外,一般的酸不会对玻璃产生强烈的作用。但是碱对玻璃的作用一般远远超过酸对玻璃的作用,温度愈高,碱对玻璃的破坏作用就愈大。如果玻璃长时间接触碱溶液,就会逐渐被腐蚀。

3. 热稳定性差

物体经受急剧的温度变化而不致破裂的性能,称为热稳定性或耐温急变性。玻璃是热的不良导体,在温度急剧变化时,玻璃内外层会由于存在温差而引起胀缩不一致现象,使玻璃内部产生不同程度的应变,在伴生的应力作用下引起玻璃的破裂。所以,玻璃的热稳定性差,不耐急热,更不耐急冷。如果玻璃成分或厚度不一致,或存在砂粒、气泡等缺陷,则会因膨胀系数大小不同、应力不均匀等原因而更易破碎。

4. 风化

玻璃长时间处于潮湿空气中,会由于空气中的水分和二氧化碳的作用,使其表面产生白色薄膜或斑点,结果使其透明程度降低,这种现象称为玻璃的风化。玻璃风化的原因是,玻璃表面的附着水可使玻璃中的可溶性成分(硅酸钠)水解,水解产生的硅胶体与氢氧化钠又可与空气中的二氧化碳相作用,其结果使玻璃表面产生白色的碳酸钠结晶。成箱的平板玻璃一旦发生风化,除出现白色薄膜外,还可能会使各片玻璃互相黏合,这种黏合将导致它们完全成为废品。玻璃在潮湿环境中最容易发生风化,因此,在运输和保管过程中,应避免玻璃长时间处于潮湿环境中。

4.8　水　泥

水泥是当今世界的重要建筑材料之一,在现代工业、民用建筑、国防军事工程、海港码头、桥梁隧道、大坝、公路、铁路、机场跑道等重大工程和建设中都离不开水泥材料。为了满足不同工程的要求,需要相应地开发出品种繁多的水泥品种。目前世界上水泥品种已近百余种,其中以硅酸盐系列水泥应用最广。

4.8.1　水泥的种类

1. 按水泥的用途和性能分类

(1) 通用水泥:用于一般土木建筑工程的水泥。如硅酸盐水泥、普通硅酸盐水泥等。

(2) 专业用水泥:专业用途的水泥。如油井水泥、道路水泥、型砂水泥等。

(3) 特性水泥:某种性能突出的水泥。如白色硅酸盐水泥、快硬高强水泥、抗硫酸盐水泥等。

2. 按水泥的主要水硬性物质名称分类

(1) 硅酸盐水泥(国外称波特兰水泥,约占世界水泥产量的 80% 以上)。

(2) 铝酸盐水泥。

(3) 硫铝酸盐水泥。

(4) 氟铝酸盐水泥。

(5) 以火山灰性或潜在水硬性材料以及其他活性材料为主要成分的水泥。

4.8.2　水泥的强度等级

1. 水泥强度

水泥强度是指水泥试体在单位面积上所能承受的最大压力。水泥强度一般包括抗压强度和抗折强度两项指标,一般水泥用 3 天、28 天的抗压强度值和抗折强度值表示,其他水泥视性能要求不同而有不同的指标规定。水泥强度是评价水泥质量的重要指标。水泥又是混凝土的重要胶结材料,故水泥强度也是水泥胶结力的体现,是混凝土强度的主要来源。ISO 标准规定,将水泥与标准砂以 1∶3 的比例配成砂浆,按规定程序严格进行测试。

2. 水泥的强度等级

水泥的新标准将原来的水泥标号改为强度等级,并实行以 MPa 表示的强度等级,使强度等级的数值与水泥 28 天抗压强度指标的最低值相同。新标准还统一规范了我国水泥的强度等级,硅酸盐水泥分 3 个强度等级 6 个类型,即 42.5、42.5R、52.5、52.5R、62.5、62.5R。其他五大水泥也分 3 个等级 6 个类型,即 32.5、32.5R、42.5、42.5R、52.5、52.5R。(R 为快硬型,对 3 天强度有较高要求,对 7 天强度不作规定,28 天的强度指标则完全相同。)

4.8.3 水泥的性质

1. 水硬性

物质不仅能在空气中硬化,而且能在水中继续硬化的性质,称为水硬性。水泥能与水作用,与适量的水调和后可成浆状,经过一段时间后,会凝结硬化。水泥的凝结硬化主要经过以下两个阶段:第一阶段为凝结,即从具有流动性和可塑性的浆状变为没有流动性和可塑性的固体,固体在该阶段稍受压力即会溃碎;第二阶段为硬化,是指已凝结的水泥开始逐渐变硬,直至硬度达到最大限度,此时,水泥凝固体的机械强度迅速提高。水分对于水泥的硬化有重要作用,它是水泥硬化过程中不可缺少的物质,但是,一旦水泥完全硬化后,它对水泥就不再有重大的影响。水泥所具有的水硬性,使它不仅能用于地面建筑工程,还能用于地下和水下建筑工程。因此,为避免水泥在贮运期间硬化,应加强水泥的防潮工作。

2. 改变凝固速度的特性

水泥的凝固速度、标号(强度)和体积变化均匀性是反映它品质的重要指标。其中,凝固速度对于施工工程质量有重大的影响。水泥在水化作用过程中会产生氢氧化钙,而氢氧化钙以及水泥成分中的三钙铝酸盐可与较多的物质起化学反应,这些化学反应会影响水泥的凝固速度。水泥受外界其他物质的影响而改变凝固速度的情况较为复杂,如铵盐(常见的如硫酸铵、氯化铵、硝酸铵等化学肥料)能放出氨气,水泥受氨的影响会加速凝固;水泥中混入 1/50000 的砂糖,就会影响它的凝固速度,而当混入 1/1000 的砂糖时,则会完全丧失凝固性,失去使用价值;水泥中混入磷酸钠,对凝固也有影响,混入少量后,会使水泥凝结缓慢,大量混入后,使水泥急速凝结;水泥中混入碱类、酸类、氯化物、硫化物、散发水分物质和氧化镁等物质,对它的凝固和硬化也有不同程度的不良影响。因此,贮运水泥应谨防上述有害物质的掺混,尤其须严防铵盐和砂糖的掺混影响。

3. 扬尘性

水泥是颗粒极细的粉状物,在装卸搬运作业中极易飞扬,属于扬尘污染性货物。大量水泥粉尘易污损其他货物,并造成本身散失减量。如水泥粉尘撒落在食品、纺织纤维及其织品、裸装皮张、化肥等货物的表面,对它们的品质及使用、加工都有不利的影响。因此,凡沾染水泥粉尘后会影响质量的货物,不能与水泥同装在同一舱室,同时也应注意到水泥扬尘在装卸搬运作业时可能也会对它们造成的影响。

4.9　天　然　橡　胶

橡胶是一种具有高弹性能的高分子有机物,广泛应用于工业、农业、国防、交通、运输、机械制造、医药卫生和日常生活等方面。目前使用的橡胶有天然橡胶和合成橡胶两种。天然橡胶来源于含橡胶的植物;合成橡胶(又称人造橡胶)以石油、天然气、煤、电石和农副产品(薯类、玉米、木屑等)为基本原料,用化学方法所合成。

4.9.1　天然橡胶的种类

在橡胶工业中,将从橡胶树上取得的胶乳经加酸凝固、压片、干燥而制成固体生胶。生胶具有很好的可塑性和弹性,但同时表现出机械强度较差,所以,它的直接用途很有限,而必须再作某些处理后才能被广泛利用。生胶经过硫化处理后,才用于制造各种产品。生胶的种类主要有以下几种。

1. 烟胶片

烟胶片是一种半透明、呈黄色或红褐色的胶片,有着浓厚的烟熏气味,它是天然橡胶中质量较好的一种生胶。目前,它的产量占世界生胶总产量的 80%。烟胶片一般用于制造质量要求很高的制品,如飞机轮胎、汽车轮胎等。制取烟胶片时,先使胶乳凝固成块,然后挤去胶块中的水分,并用压片机压成片状,经洗涤晾干后送入温度为 50~60℃的熏烟房经 4~5 天熏烟干燥处理后,即制成烟胶片。胶片上因附有烟中的酚、有机酸等成分,可以防止细菌的繁殖而起到防腐作用,不易发霉,可长时间放置。

2. 绉胶片

绉胶片是白色或浅黄色的胶片。其制法是:胶乳凝固前必须加入漂白剂亚硫酸钠,这种漂白处理能防止胶片发暗,同时具有杀虫和防止细菌繁殖的作用,经漂白处理后作凝固(也使用醋酸作凝固剂)、脱水、压片等处理,然后用水反复洗涤,除去水溶性物质和醋酸,放进干燥房以 40℃左右的热空气使其干燥。绉胶片品种很多,质量相差大,最优的是白绉胶片,其次是褐绉片,另外还有多种以烟胶片角料、胶团、胶线、皮屑胶、浮渣胶、泥胶等制成的低级胶片。因为没有经过烟熏,所以它的防腐性能比烟胶片差,机械物理性能也比烟胶片稍差。白绉片主要用来制造浅色的、细致的或褐色的橡胶制品。低级绉胶片含杂质多,只适用于一般橡胶制品。

3. 颗粒胶

颗粒胶是以新的加工方法制得的新型橡胶。其制法是在干燥前将橡胶凝块采用碎裂法或挤压法或锯片法造成小颗粒,用机械方法使其干燥,趁热压实成胶包,外用聚乙烯薄膜等物包装。颗粒胶胶包清洁,规格又一致,胶包大小适中(重量不超过 50kg),非常便于操作、贮存和运输,尤其容易装入板条箱。此种胶又常被称为标准胶。标准胶除颗粒外,也可采用烟胶片、褐绉片做原料。

4. 浓缩胶乳

胶乳从胶树上流出时,一般含有 30%～40%的橡胶,其余主要是水分,普通胶乳体积大,不适于运输。将胶乳通过高速离心机,可得到干胶含量 60%以上的浓缩胶乳。为抗凝防腐,制取浓缩胶乳过程中还要加入氨或甲醛等保存剂。浓缩胶乳可供直接做气球和手套等薄膜制品、海绵橡胶、黏合剂、弹丝等。

5. 胶清绉片

胶清绉片是以制备浓缩胶乳过程中分离出来的副产品胶清(其中含干胶 3%～7%)经过加工而成的一种橡胶。由于蛋白质、铜等非胶物质含量高,干胶含量较低,质量较差,是一种低级胶,若与普通橡胶混乱,对生产会造成不良影响。经处理减少杂质含量的称为改性胶清胶,质量有所改善,可获得广泛应用。

6. 风干胶片

风干胶片的制造方法与烟胶片很相似,不同之处在于风干胶片是在无烟的空气中进行干燥(50～60℃的干燥房),是专门为制造清洁、浅色的橡胶制品而制备的,此种胶片易发霉。

4.9.2　天然橡胶的化学成分

天然橡胶的化学成分较为复杂,橡胶烃是组成橡胶的主要成分,其含量在 90% 以上。橡胶烃是异戊二烯的聚合体分子以链节连接起来,有很大的柔顺性和移动性,形成卷曲状线形链,酷似弹簧,有高弹特性。此外,还含有蛋白质、灰分、水溶性物质、树脂、水分等物质。

4.9.3　天然橡胶的性质

1. 溶解性

橡胶能溶于汽油、乙醚、苯、三氯甲烷、二硫化碳、松节油等溶剂。此外,酸、碱、油类也能使橡胶溶解,橡胶在溶剂中先经膨胀而后溶化。

2. 易燃性

橡胶易于燃烧,因为橡胶(聚合物)受强热会分解为异戊二烯单体,异戊二烯是闪点很低的易燃液体(它具有自行聚合的特性),所以,一旦着火,很难扑灭。

3. 老化性

橡胶在空气中,受日光、高温、水湿等影响,会出现表面龟纹、弹性减弱和其他的物理、机械性能降低等现象,这种变质现象称为老化。橡胶发生老化,是由于因氧化作用而使它的长链分子结构被分裂的结果。高温、水湿和日光,尤其是日光中的紫外线和紫线,以及橡胶中存在的、呈游离状态的铜和锰都能加速橡胶的氧化过程。在橡胶的运输和保管过程中,应严格控制这些因素的影响。

4. 腐败性

橡胶在运输和保管的环境中,会因微生物活动(环境温度为 20～34℃,且较潮湿时,微生物迅速繁殖),而出现腐败现象。橡胶的腐败,首先表现为表面发黏,继而软化并发出酸性的恶臭气味,最后发霉。橡胶发霉腐败时会出现黑斑、橙黄斑或白斑,同时,也会使橡胶分子的长链结构破坏而出现老化。所以,橡胶腐败时不仅色泽变深变暗,而且物理、机械性能也随之降低。橡胶的腐败与它含有蛋白质有关。所以,含蛋白质较多的橡胶易于腐败。此外,如温度和湿度控制不当,也会促使橡胶腐败。

5. 吸湿性

橡胶本身具有吸湿性,所以各种橡胶中都含有一定的水分,若吸湿后含水量过多(超过1%),则容易发霉变质。橡胶在水中可吸入 20% 的水分,受潮水湿后,表面会呈现出水残斑点,这是天然橡胶常见的货损事故之一。

6. 热变性

天然橡胶在 5～35℃ 内能保持较好的弹性。受热易变形,受冷易变硬。在 0℃ 时橡胶弹性大减，但随温度升高又可恢复弹性，当升高到 50℃ 以上，表面就会变软发黏，易与金属、木材及其他物体(尤其是颗粒细小物)黏结。当受重压时也会相互黏结。这不仅造成卸货困难，包件变形，而且天然橡胶掺混杂质会降低或丧失使用价值。

7. 散发异味性

天然橡胶本身有特殊气味。

4.10　化　学　肥　料

化学肥料是用煤炭、石油、天然气以及水、矿石等做原料，经过化学工业合成或机械加工方法而制成的农用肥料。由于化学肥料养分含量高，肥效发挥快，便于储运与施用，用途比较广，因此，化学肥料是重要的农业生产资料。近年来，我国的化肥工业有了很大的发展，农业对化学肥料的需要量也日益增多，各种化肥的进口运量也较大。

4.10.1　化肥的种类

1. 按化肥所含的营养元素分

(1) 氮肥：供给氮素的化学肥料，如碳酸氢铵、氨水、氯化铵、硫酸铵、硝酸钙、硝酸钠、硝酸铵钙、硫硝酸铵、尿素、石灰氮等。

(2) 磷肥：供给磷素的化学肥料，如过磷酸钙、重过磷酸钙、钙镁磷肥、脱氟磷肥、钢渣磷肥、磷矿粉等。

(3) 钾肥：供给钾素的化学肥料，目前常用的有氯化钾、硫酸钾、硝酸钾和窑灰钾肥等。

(4) 复合肥：按所含营养元素的种类多少分为二元复合肥，如磷酸铵、硝酸钾等；三元复合肥，如铵磷钾、硝磷钾等；多元复合肥，如氮磷钾复合肥、尿素-钾-磷复合肥等。

(5) 微量元素肥：一般常用的有硼肥、钼肥、锰肥、铜肥和锌肥等。

2. 按化肥的化学性质分

(1) 酸性肥料。酸性肥料又可分为化学酸性肥料和生理酸性肥料两类。化学酸性肥料是指本身呈酸性反应的肥料，如过磷酸钙、重过磷酸钙等；生理酸性肥料是指通过作物选择性吸收一些离子之后，产生了酸，能使土壤呈酸性反应的肥料，如氯化铵、硫酸铵等。

(2) 碱性肥料。碱性肥料又可分为化学碱性肥料和生理碱性肥料两类。化学碱性肥料是指本身呈碱性反应的肥料，如石灰氮、氨水等；生理碱性肥料是指通过作物选择性吸收一些离子之后，产生了碱，能使土壤呈碱性反应的肥料，如硝酸钠、硝酸钙等。

(3) 中性肥料。中性肥料既不呈酸性，也不呈碱性。施用后不会造成土壤发生酸性或碱性的变化，如尿素及大部分复合肥等。

此外，还可按化肥的物理状态不同，分为固体化肥和液体化肥；按化肥的效力快慢不同，分为速效肥料和迟效肥料；按化肥中有效成分含量高低不同，分为高效肥料和低效肥料等。

4.10.2　化肥的性质

1. 吸湿性与水溶性

大部分化肥都具有吸湿性，而吸湿的程度随环境的温度、湿度、化肥的品种不同而不同，在一般情况下，高温且高湿，吸湿性就大。有些化肥吸湿后结块，特别是硝酸铵化肥吸湿结块性尤强。有的化肥(如碳酸氢铵、过磷酸钙、石灰氮、磷酸铵、硫磷铵)吸湿后引起分解、化合等反应而损失有效成分,降低质量。大多数化肥易溶于水,吸湿后会溶化。有的化肥(如硫酸铵、石灰氮、过磷酸钙)吸湿后会增强腐蚀性和体积膨胀,造成包装损坏。总之,化肥吸湿后会影响质量,不利于运输。

2. 分解、挥发性

化肥中的磷肥、钾肥和部分氮肥性质较稳定,但是有部分氮肥稳定性差,容易分解、挥发,如碳酸氢铵、氨水在常温下就能分解、挥发出氨。铵态化肥受热、遇碱均能发生分解,挥发出氨。硝态化肥(如硝酸铵、硝酸钙)在受热后能分解,甚至引起爆炸。石灰氮吸湿或遇水会分解出易燃爆的乙炔气体等。化肥分解、挥发时,不仅造成肥效损失,还会引起燃爆、毒害、腐蚀事故等。

3. 燃烧、爆炸性

化肥中的硝酸铵、硝酸钾、硝酸钠等同属危险品中的氧化剂,具有助燃、爆炸性。石灰氮具有遇水燃烧性,液氨具有受热或冲击爆炸性。但它们的燃烧、爆炸是有条件的,如硝酸盐类在受到高温或遇强烈撞击或与金属粉末、可燃物、强酸等接触,才能引起燃烧或爆炸。石灰氮化肥在吸湿或水湿后产生的乙炔气,遇火星才会燃爆。液氨在受高温或猛烈撞击或漏气接触氯气或火星才会引起爆炸。

4. 腐蚀性

凡有酸性或碱性的化肥,均有一定程度的腐蚀性。酸碱性越强、腐蚀性越大。对人的肌肤、包装物、金属、有机物等均能造成伤害和破坏作用。腐蚀作用不仅是直接接触时发生,其挥发出来的气体(如氨、游离酸)同样具有破坏力,且危害范围大,必须注意防范。

5. 毒性

石灰氮化肥具有毒性,且粉末容易飞扬,吸入呼吸器官、消化器官或接触皮肤过久,或飞入眼睛都能引起危害。铵态化肥挥发出的氨也有一定的毒害性,氨尤其能刺激呼吸道、眼睛。

6. 结块性

化肥尤其是散装化肥容易因受潮、水湿变干或受重压、热融等原因而结成大块,甚至在散装化肥船舱内结块形成难卸的"山头"。袋装化肥往往因贮存时间过长而造成干燥结块和压实结块。化肥结块不仅造成减重、降质,而且给运输、装卸带来困难。

7. 扬尘性

粉状化肥当包装破损或散装时具有扬尘性,如磷矿粉、过磷酸钙、石灰氮等。

8. 散发异味性

有的化肥有强烈的异味,如碳酸氢铵、氨水、石灰氮等化肥。尤其铵态化肥分解、挥发出氨气时,异味更强烈。

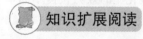 知识扩展阅读

件杂货运输市场评述

世界贸易的 80% 仍然是由海运实现的,散杂货运输在海运市场占有 35%～40% 的份额,从 2010 年开始,散杂货运输仍然保持稳固增长的势头,虽然从 2009 年有往下走的趋势,但是从 2010 年开始整个散杂货运输市场仍然保持稳定、持续的发展。在散杂货运输中有

10%～15%的运量是属于件杂货的,可以通过散杂货运输的经验来做一些趋势的分析和特性的分析。

1. 件杂货运输的特点

件杂货运输是由 3 万吨左右的小船进行运输,有多层甲板,商品种类多,但单个商品量并不多,这与普通的散货不同;件杂货运输的货物对象一般尺寸和重量比较超常规,无法用集装箱的方式来运输,而用散货的方式运输价格又很高;件杂货船的巡航速度比较慢,运输时间长,但运输质量良好。

2. 三大领域分析

2003—2012 年,压力容器、锅炉国内进口量逐步降低,原因是 2010 年之后国内已经涌现出不少合格的压力容器的供应商,起到了弥补作用,但从 2012 年又开始持续降低。从 2008 年开始,大型钢结构的出口已经有一定的增长,从 2010 年开始,在中东和非洲已经有一定的出口量。钢结构有两部分运输方式,一方面以大型结构件的形式,客户希望以一种包装完整的形式运输,这部分运输以件杂货的形式,长度超长超宽,无法用集装箱运输;一方面以零件或者散件方式运输,客户在目的港进行焊接安装。

对于化学品的运输,在集装箱出现之前,只有散杂货船运输一种形式,并且利润很高。但近十年中,随着集装箱船和专用的化学品船的出现,使得这个行业的很多份额被抢去。但集装箱运输并不是一个很好的方式,有面临化学品在集装箱泄漏的危险。

在工程机械领域,从 2009 年经济形势下行,2013 年下半年有明显复苏的迹象,从 2014 年有强劲反弹。件杂货运输的服务对象主要是整机,装载机和挖掘机占的量最显著,特别是挖掘机,体型大,运输难度大,增长点对工程机械领域来说比较重要,可以把挖掘机作为突破重点。国内已经有几家企业在国际市场上占有重要地位,其中三一和徐工已经是世界 5 强的工程机械制造商,三一主要是混凝土的泵车以及水泥车,近五年对东欧、东南亚以及非洲地区的市场开发十分有信心。徐工作为著名的工程机械龙头企业,在挖掘机、装载机、平地机处于领先地位,徐工把海外市场发展到美国、巴西、阿根廷,但没有公开海外扩张数据。柳工已经公开海外扩张数据,持续增加在美国的市场份额,装载机属于其最强机型。

3. 运力方面是不是阻碍散杂货或者件杂货发展的因素

俊峰强认为可能并不是。"首先整个散杂货的产能增长现在被控制在比较低的水平线上,今年在产能运力上的投入有报道说基本上被控制在 3.6%,根据不同机构预测全球散杂货运输的需求增长可能在 4.4%。对于件杂货运输来说,件杂货运输公司对于专业运输船的投入并不是很多,对于件杂货这个小市场来说,运力应该不是阻碍其发展的主要因素,散杂货的运力在 2016 年因许多旧船折旧到期,市场会有一个重新的平衡点。"俊峰强说。

4. 集装箱是不是一个潜在的竞争对手

俊峰强认为,集装箱运输对于件杂货运输来说是一个非常大的威胁。"整个集装箱的运价是一个很低的价格,由于集装箱运力过剩,愿意去挑战一些以前不涉及的领域。现在中国的生产走升级化之路,对供应链的要求比较明显,要求货物按时到达,并且能够跟踪货物的运输过程的数据,因此集装箱运输有优势,可以把整个过程数据提供给货主、承运对象。"

5. 俊峰强的观点

(1) 件杂货运输在今年能够平稳过渡。

（2）工程机械和大件运输仍然是比较好的业务增长点。

（3）因为竞争对手的运价已经开始降低，件杂货的运费能否有竞争力？件杂货货物品种较多，吊装方式不同，船速慢，准点率没有集装箱那么准时，但由于运输对象的特性，还是会保持较好的发展势头。件杂货运输费率和运输效率应当得到改善和提高。

（资料来源：中国海事服务网）

 职业指导

（1）企业的实际需求：货物是运输企业直接接触的对象，种类众多。运输企业需要了解各种货物的成分、种类和性质，从而采取科学合理的运输、仓储、装卸措施。

（2）本章学习了 10 种常运货物的成分、种类和性质，学生在这些普通货物的相关知识的基础上，可以进一步学习和了解更多种的货物，将来在工作岗位上得以应用。

（3）学生应该具备的基本素养和专业技能：熟悉十种普通货物的成分、种类和性质。

实训项目

将同学分组（每组 4～6 人）。选择本章中所讲的 1～2 种货物，根据该货物的性质分析其运输过程，了解该货物在积载、运输、装卸、仓储中的保证措施。

 练习题

1. 多项选择题

（1）下列属于茶叶性质的是（　　）。

    A. 陈化性　　　　　B. 散味性　　　　　C. 吸味性　　　　　D. 怕热性

（2）下列与茶叶忌装的货物是（　　）。

    A. 椰干　　　　　　B. 骨粉　　　　　　C. 樟脑　　　　　　D. 纸浆

（3）食糖的性质是（　　）。

    A. 易潮解　　　　　B. 结块性　　　　　C. 易燃性　　　　　D. 吸味性

（4）盐渍肠衣的性质是（　　）。

    A. 怕潮湿　　　　　B. 怕污染　　　　　C. 吸收异味性　　　D. 怕热性

（5）干制肠衣的忌装货物是（　　）。

    A. 鱼粉　　　　　　B. 猪鬃　　　　　　C. 骨粉　　　　　　D. 棉布

（6）下列属于生丝性质的是（　　）。

    A. 怕污染性　　　　B. 吸收异味性　　　C. 怕虫蛀　　　　　D. 怕曝晒

（7）生丝的忌装货物是（　　）。

    A. 粮谷　　　　　　B. 漂白粉　　　　　C. 亚麻籽　　　　　D. 茶叶

（8）生皮的忌装货物是（　　）。

    A. 食糖　　　　　　B. 纯碱　　　　　　C. 耐火砖　　　　　D. 湿木材

（9）受潮湿会产生易燃气体的金属是（　　）。

    A. 铝粉　　　　　　B. 镁粉　　　　　　C. 硅铁　　　　　　D. 铝锭

(10) 玻璃的忌装货物是(   )。

    A. 纯碱   B. 纸浆   C. 食盐   D. 水泥

(11) 下列水泥性质的是(   )。

    A. 水硬性   B. 改变凝固速度的特性

    C. 扬尘性   D. 结块性

(12) 天然橡胶的忌装货物是(   )。

    A. 洗衣粉   B. 镁砂   C. 钢材   D. 汽油

(13) 属于低级胶片的是(   )。

    A. 烟胶片   B. 胶线绉片   C. 胶清绉片   D. 颗粒胶

(14) 下列化肥具有燃烧、爆炸性的是(   )。

    A. 重过磷酸钙   B. 氰氨化钙   C. 硝酸钠   D. 液氨

(15) 常温下能挥发出氨气的化肥是(   )。

    A. 碳铵   B. 硫酸铵   C. 氨水   D. 尿素

2. 案例分析题

1989 年 12 月 15 日,中化公司自新加坡进口 1000 吨一号烟胶和 500 吨二十号标准胶,全部装上香港威高船务企业有限公司(以下简称香港威高公司)经营的"金星"轮,从新加坡港口起运驶往目的港中国天津新港。1990 年 1 月 19 日,"金星"轮在航行中因主机出现故障,船东宣布了共同海损。此后,香港威高公司将"金星"轮全部货物卸在香港,并以该批货物托运人的名义委托河北远洋公司将货物从香港运至天津新港。上述货物装载在河北远洋公司所属的"隆平"轮上,从香港运至天津新港。1990 年 2 月 13 日,"隆平"轮抵天津新港码头卸货,于 2 月 17 日卸货完毕。中国外轮理货公司天津分公司对 HK—X2 号备忘提单项下货物出具了全部短卸的溢短单,"隆平"轮船长签字予以确认。天津进出口商品检验局对 HK—X4 至 HK—X8 号备忘提单项下的货物检验结论为:二十号标准胶包装残破,内货遭污染,系货物在香港转船时及货物装上该轮后没有任何物料铺垫、受压、碰撞并遭污染所致,遭污染的货物重量为 48100kg,影响使用贬值 10%。天津进出口商品检验局对 HK—X9 至 HK—X19 号备忘提单项下货物检验结论为:一号烟胶受损重量为 57916.1kg,水湿货物轻度发霉,烟熏气味已消失,并有较强的胶臭气味,影响使用,估损 30%;上述一号烟胶遭受水泡,系一号货舱的管子隧道中的淡水管锈穿,污水井水外溢,溢到五号舱所致。

问题:

(1) 天然橡胶的性质有哪些?

(2) 本案例中致使橡胶货损的原因是什么?

第 5 章

CHAPTER

集装箱货物

 **引导案例**

集装箱水密性不够 造成货损

2013 年 6 月 30 日，某货代公司委托船公司运输袋装大豆，装于由船公司提供的 1 个 40HQ（40 尺超高柜）内，由货主自行检查箱体并装箱施封。船公司原计划 7 月 10 日于西雅图开船，由于台风影响，延迟至 7 月 20 日开船。这期间，起运地受到台风袭击，连降暴雨和大雨。起运时，箱体完好，封条完整。8 月 12 日船舶抵达广州南沙港拆箱，收货人将集装箱从目的港码头提走时，集装箱仍然箱体完好，封条完整。收货人在其仓库拆箱后，发现集装箱底部有水湿现象，大豆受潮霉变。经专业检验公司检验出具了"箱子底部受潮，部分麻袋有水渍痕迹"的查勘证明。经查明货物在装入集装箱前未受水湿，水湿发生在装箱之后，在货柜迟运装船期间连降暴雨，因此认定迟运期间雨水渗入集装箱是造成货物湿损的唯一原因。

案例解析：此案例中作为实际承运人的船公司将水密性不符合要求的集装箱投放使用，造成货物湿损，应承担赔偿责任，承运人应检箱后交托运人装载货物。

讨论：承运人和托运人交接集装箱是否需要检查集装箱？检查的内容是什么？造成集装箱内货物湿损的原因有哪些？如何避免？

本案例涉及的主要知识点：集装箱货物运输的注意事项。

学习导航

本章学习要点：掌握集装箱的概念及分类；掌握集装箱货物的分类及各类货物适箱情况的基础知识；掌握集装箱的选择和检查方法以及集装箱货物的装箱方法；了解集装箱货物汗湿原因，掌握防止集装箱货物汗湿的措施；了解集装箱船舶基础知识，掌握集装箱船舶配积载图的识读及制作。

学习准备：要求学生在百度或搜狗等搜索引擎上搜各种类型的集装箱图片及集装箱船舶图片，在公路边拍摄集装箱图片，收集箱子上的各种标记。

本章可以采用比较学习法、现场教学法等进行学习。

教学建议

由于本章涉及各种类型的集装箱的结构、功能以及各种适箱货的特点等,要求任课教师提前做好课件以在课堂上形象生动地展示各种集装箱的图片及结构特征。任课教师还应深入集装箱港口及集装箱堆场、集装箱货运站等地拍摄照片及作业视频,制作精良的课件,还可以收集各种集装箱封条,以在课堂上做实物展示。本章建议授课学时为 10 学时。

5.1 集装箱的概念、标记及分类

集装箱货物是指以集装箱为装载单元进行运输的货物。集装箱运输是把数量众多的货物集中装入一个特制的容器里再运输,它的出现改变了传统件杂货运输的货运单位,从而有效地克服了传统方式所存在的一些缺陷,但这并不意味着所有的货物都可以成为集装箱货物。因此,这里的集装箱货物通常指适宜用集装箱装运的货物,它们具有两个基本特点:一是能较好地利用集装箱载货重量和(或)载货容积;二是货物的价格较高,对运输费用承担能力也较强。实际上,各种运输方式对于适合集装箱运输的货物种类,并无统一的规定,一般是按照货主的意图和要求,根据适于装箱的程度来确定的。在需要物流业运输的货物中,从技术角度看不能用集装箱运输的很少,但从经济性考虑有些货物就不适合用集装箱运输,如大件货物和大批量运输货物,如煤炭、矿砂、粮谷、原油等。要详细掌握集装箱货物的知识,首先要掌握装载运输这些货物的特制容器——集装箱。

集装箱运输是现代交通运输快速发展的代表,相对非集装箱运输而言,集装箱运输在经济性、安全可靠性、准时性等方面大大提高,对自然环境的影响小,并且其综合产业链长,影响范围大,对全球物流运输的贡献巨大。

集装箱运输是一种先进的现代化运输方式。因为其能够长期反复使用、在运输中不移动货物就可以进行多种运输工具的交替运输,并且可以快速地装卸等特点,对货物的包装和运输都实行了统一和简单规范化,减少了中间环节,加速了商品的流通过程,降低流通费用,节约物流的劳动消耗,实现了快速、低耗、高效率及高效益地完成运输生产过程,与传统的件杂货散运方式相比,它具有运输效率高、经济效益好及服务质量优的特点。正因如此,集装箱运输模式已成为世界各国保证国际贸易的最佳运输方式。尤其是经过几十年的发展,随着集装箱运输软硬件成套技术日趋成熟,到 20 世纪 80 年代集装箱运输已进入可以利用海、陆、空等两种以上的运输手段来完成国际的连贯货物运输,形成能提供优质的国际多式联运一条龙运输模式。又由于集装箱运输巨大的规模经济效益优势,使其在全球得到迅猛发展。

集装箱运输业从 20 世纪 90 年代开始在我国得到迅速的发展。随着我国加入世贸组织,中国参与国际经济竞争、融入经济全球化方面又迈出了决定性的一步,我国经济的发展必然也给集装箱运输业带来契机。

5.1.1 集装箱的基本概念

集装箱又称"货柜"或"货箱",其英文为 container,按英文的字面含义理解是"容器",但并非所有的容器均可称作集装箱。国际标准化组织(ISO)根据保证集装箱在装卸、堆放和运输中的安全需要,在货物集装箱的定义中,提出了作为一种运输工具的货物集装箱所应具备的基本条件。只有具备这些条件的"容器"才可算作集装箱。这些基本条件是：

（1）具有足够的强度，可长期反复使用。

（2）装有便于装卸和搬运的装置，特别是便于从一种运输工具换装到另一种运输工具。

（3）便于货物的装满和卸空。

（4）适于一种或多种运输方式运送货物，无须中途换装。

（5）内容积为 1 立方米（35.315 立方英尺）或 1 立方米以上。

注：①以上集装箱的定义中不包括车辆及一般包装。②目前，包括我国在内的许多国家基本上采用国际标准化组织 ISO 对集装箱的定义。③简而言之，集装箱是具有一定强度、刚度和规格，专供周转使用的大型装货容器。

5.1.2　集装箱的标记

1. 出现次数最多的两行标记

每个集装箱的 6 个面上有近 10 种标记，在这些标记中，出现次数最多且意义最重要的有两行。

举例来说，APLU 296847 ⑤

　　　　　4 5 G 1

此两行字符标于：柜两侧右上角、后门（前两行）和顶部。

注：货柜的前后叫"端"（end），左右叫"侧"（side），上下分别叫"顶"（top）、"底"（bottom）。

（1）第一行包含的信息

① 箱主代号（Owner No. 或 Owner's Code）

由四个大写拉丁字母组成且最后一个必是 U（它为集装箱这种特殊设备的设备识别码），前三个由公司制定，并经国际集装箱局（BIC）注册（注：一个公司可申请几个箱主代号）。箱主代号举例见表 5-1。

表 5-1　箱主代号举例

公司名称	马士基	中远	中海	商船三井	长荣	东方海外
箱主代号	MSKU	CBHU	CCLU	MOLU	EMCU	OCLU

注：（1）近十几年来，中远曾使用过的箱主代号有：HTMU、COSU、NCLU、MINU；中远长租惠航公司箱代号：FBZU、CBHU、FRSU。近几年，中远使用的柜子大部分为 FLORENS 柜（FLORENS 为中远控股公司）其箱代号为CBHU。（2）标于柜子上的箱主代号约 7 成是 Liner（班轮公司），3 成是租箱公司（container leasing company，这些公司几乎不涉足班轮运输业，而拥有许多货柜专供出租）。常见的租箱公司有：①TEX；②CAI；③Xtra；④MATSON；⑤INTERPOOL；⑥NIPPON（日本）；⑦TIPHOOK；⑧GOLD；⑨TRANSOCEAN；⑩TRANSAMERICA；⑪TRITON；⑫GENSTAR；⑬CRONOS；⑭UCS 。（3）柜侧面打印的公司名称中有些是竖着写的。

② 顺序号（Serial No.）

顺序号由公司自定，共 6 位阿拉伯数字，不足 6 位以 0 补之。

③ 核对数字或校验码（Check Digit）

核对数字或校验码仅包含一位数，不由箱主公司制定，而是按规定的计算方法算出，用来检验、核对箱主号、设备识别码与顺序号在数据传输或记录时的正确性与准确性，它与箱主代号、设备识别码和顺序号有直接的关系。实践中是通过箱主代号、设备识别码和顺序号计算出校验码的,若计算出的校验码与实际记录的校验码一致,则说明箱主代号、设备识别码和顺序号在数据传输或记录时未出错,否则应重新核对。核对号位于顺序号之后,在柜子上加方框以醒目(但在单证上无须加方框,箱号的 11 个字符中最后一个即为核对数字)。

核对号的计算方法如下。

首先,将表示箱主代码的 4 位字母转化成相应的等效数字,字母和等效数字的对应关系见表 5-2。从表中可以看出,去掉了 11 及其倍数(22、33)的数字,这是因为后面的计算将把 11 作为模数。

然后,将前 4 位字母对应的等效数字和后面顺序号的数字采有加权系数法进行计算求和。

计算公式为

$$S = \sum_{i=0}^{9} C_i \times 2^i$$

表 5-2　核对号计算中箱主代码的等效数值

字　母	A	B	C	D	E	F	G	H	I	J	K	L	M
等效数值	10	12	13	14	15	16	17	18	19	20	21	23	24
字　母	N	O	P	Q	R	S	T	U	V	W	X	Y	Z
等效数值	25	26	27	28	29	30	31	32	34	35	36	37	38

最后,以 S 除以模数 11,取其余数,即得核对号。

箱主代号、顺序号、核对数字共 11 个字符统称为箱号(Container No),其作用、功能及重要性好比一个人的姓名一样。

【例 5-1】　求美国总统轮船公司的集装箱 APLU 296847 的核对号。

首先,上面 10 个字符(该集装箱的箱主代号及顺序号)对应的等效数值分别是:10-27-23-32-2-9-6-8-4-7。

然后,求和。

$$S = 10 \times 2^0 + 27 \times 2^1 + 23 \times 2^2 + 32 \times 2^3 + 2 \times 2^4$$
$$+ 9 \times 2^5 + 6 \times 2^6 + 8 \times 2^7 + 4 \times 2^8 + 7 \times 2^9$$
$$= 10 + 54 + 92 + 256 + 32 + 288 + 384 + 1024 + 1024 + 3584 = 6748$$

最后,用 6748 除以 11,取余数,余数为 5,即核对号为 5。

(2) 第二行包含的信息

① 国别代码(Country Code)

国别代码指的是箱主公司所在国家的代码,非强制性的,为自选代号,现在许多柜上不打此代码。国别代码以两个或三个英文字母表示。比如:以 US 或 USA 表示美国(United States of America),以 GB 或 GBX 表示英国(GB=Great Britain=UK=United Kingdom),以 FR 或 FXX 表示法国(France)。

② 尺寸代码(Size Code)

尺寸代码中包含了箱子的长度、高度及是否有鹅颈槽三个信息。

a. 尺寸代号由二位阿拉伯数字组成,不管第二位为几,凡第一位为 2 者,其代表的柜子的长度为 20′,凡第一位为 4 者,柜长为 40′。

b. 尺寸代号中第二位数字若为 0 或 1,则柜高为 8′,为 2 或 3,则柜高为 8′6″,为 4 或 5,则柜高 9′6″。

c. 尺寸代号为奇数者,表示柜子底部有鹅颈槽(goose-neck tunnel,见图 5-1);为偶数者表示柜底无鹅颈槽。通常长为 20′的柜无鹅颈槽,而 40′HQ 者,大多有。

图 5-1　柜子底部的鹅颈槽

需说明的是,鹅颈(goose-neck)是拖车板架上的机构,鹅颈槽(goose-neck tunnel)则是货柜底部的结构,二者相扣,目的是增大拖车行驶时的安全系数。这里需要说明的是,在发达国家拖车板架上一般有鹅颈,而大部分发展中国家则无,原因可能是后者对安全不很重视。

d. 全球大多数国家已经不使用 8′与 9′高的柜,因此,几乎见不到尺寸代号为 20、21、40、41 的柜。

e. 高度为 9′6″的柜称为 HQ(High Cube)柜,读作['haɪ'kjuː]。HQ 柜多见于 40′柜,而 20′柜几乎无 HQ,因此实践中极少见到尺寸代号为 24、25 的柜。

有些人用 HC(High Container)来表示超高柜(北方人称之为"高箱");与 HQ 相对应的称为平柜(高度为 8′6″),英文简写为 GP 柜。

f. 长为 45′的超长柜其尺寸代码为 L5(L：Length),长为 48′者为 L8。45′长的柜均为 HQ 柜。

由于以上原因,实践中最常见的货柜尺寸代码为 22、45、42、44。

常见尺寸代码的含义见表 5-3。

表 5-3　常见尺寸代码的含义

尺寸代码	柜长/ft	柜高/ft	有无鹅颈槽	计几个 T,几个 F
22	20	8′6″	无	1T　0.5F
42	40	8′6″	无	2T　1F
43	40	8′6″	有	2T　1F
44	40	9′6″	无	2T　1F
45	40	9′6″	有	2T　1F
L5	45	9′6″	有	2.5T　1.25F

注：①有些公司使用箱量考核业务员的业绩,在淡季一个 HQ 柜通常计 2.3T,旺季计 2T。②实务中通常所言之 40 尺柜指 40′GP 柜,而实务中所说的 HQ 或高柜、高箱通常指 40′HQ 柜。

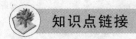

知识点链接

集装箱尺寸（container's dimension）

注意，这里讲的集装箱尺寸与集装箱尺寸代码是两个不同的概念。从理论上讲，集装箱尺寸分外部尺寸和内部尺寸。

1. 集装箱外部尺寸（overall external dimension）

集装箱外部尺寸包括集装箱永久性附件在内的集装箱外部最大的长、宽、高尺寸。它是评价集装箱能否在船舶、底盘车、货车、铁路车辆之间进行换装的主要指标，是各运输部门必须掌握的一项重要资料。

2. 集装箱内部尺寸（internal dimension）

集装箱内部尺寸是指集装箱内部的最大长、宽、高尺寸。高度为箱底板面至箱顶板最下面的距离，宽度为两内侧衬板之间的距离，长度为箱门内侧板至端壁内衬板之间的距离。它决定集装箱内容积和箱内货物的最大尺寸，见表 5-4。

表 5-4　集装箱内部尺寸

规　　格	干货箱（Dry Container）			冷藏箱（Reefer Container）		
	L/mm	W/mm	H/mm	L/mm	W/mm	H/mm
20ft(6.1m)	5890	2350	2390	5435	2286	2245
40ft(12.2m)	12029	2350	2390	11552	2266	2200
规　　格	开顶箱（Open Top Container）			框架箱（Flat Rack Container）		
	L/mm	W/mm	H/mm	L/mm	W/mm	H/mm
20ft(6.1m)	5900	2330	2337	5628	2178	2159
40ft(12.2m)	12025	2330	2337	11762	2178	1986

注：①表中 L 表示 length 长度，W 表示 width 宽度，H 表示 height 高度。②表中"规格"是指货柜的长度。③ft 表示 foot 或 feet 英尺，1ft=0.3048m=30.48cm。

拖　　车

拖车是指专用于拖运集装箱的卡车（集卡），此概念多见于广东省的实务中。拖车中的拖架与拖板见图 5-2。"牵引车"的英文是 tractor，除去牵引车部分的集装箱挂车的英文是 trailer，分 semi-trailer（半挂车）与 full-trailer（全挂车）。而仅是底盘车部分称为 chassis。

类似的概念还有"拖头"，广义的"拖头"是指整个集装箱卡车；狭义的"拖头"是指牵引车。

③ 柜类型代码

ISO 1995 年前的旧标准中以二位阿拉伯数字表示类型代码（比如，第二行若为 2210，则后两位数字 10 即表示柜子类型——封闭式集装箱）；1995 年后的新标准则以一个英文字母加一个阿拉伯数字组成。单证上对货柜类型常用的简写见表 5-5。

a. G0～G9：G 代表 general purpose cntr，即普柜、通用柜、干货柜。G0 代表一端或两端有箱门，G1 代表货物的上方有透气罩，G2 代表一端或两端设有箱门并且在一侧或两侧也

图 5-2　拖架与拖板(左图为托架,右图为拖板)

设"全开式"箱门,G3 代表一端或两端设有箱门并且在一侧或两侧也设"局部"箱门,G4 到 G9 为备用号。

　　b. V0~V9:V 代表 ventilated,即通风柜。其中 V0 代表无机械排风装置但在上、下两侧设有自然通风窗,V1 为备用号,V2 代表箱内设有机械式通风装置,V3 为备用号,V4 代表外置式机械通风装置,V5 到 V9 为备用号。

　　c. B0~B9:B 代表 bulk,即干散货集装箱、散装柜。

　　d. S0~S9:S 代表 sample(本义为"样品"),即以货名命名或以货物种类命名的集装箱,其中,S0 代表牲畜柜,S1 代表汽车柜,S2 代表活鱼柜,S3~S9 为备用号。

　　e. R0~R9:R 代表 reefer,即冷柜、冻柜。

　　f. H0~H9:H 代表 heated,即保温柜、隔热柜。

　　g. U0~U9:U 代表 up,即敞顶柜、开顶柜。

　　h. P0~P9:P 代表 platform(based)cntr,分平台式柜与台架式柜。

　　i. T0~T9:T 代表 tank,即罐装柜、罐式集装箱。

　　j. A0:A 代表 air,即空/水/陆联运柜。

表 5-5　单证上对货柜类型常用的简写

通用柜	通风柜	散装柜	冷柜	开顶柜	平台式	台架式	罐装柜	挂衣柜	超高柜
DC,DV,GP	VH	BK	RF	OT	PF	FR	TK	HT	HQ,HC

说明:

- 通用柜又叫干货柜(dry cargo cntr 或 dry van),台架式集装箱在广东及港澳地区(粤语方言区)又叫凳仔柜,挂衣柜简写为 HT,其英文全称为 hanging garment cntr,它属于 hanging cargo cntr 的范畴。超高柜可简写为 HC(high cntr)或 HQ(high cube cntr)。

- 在以货名命名的货柜中,有兽皮柜(hide cntr)、牲畜柜(pen ctnr＝animal ctnr＝live stock cntr)(pen:家畜的栏,live:活的,stock:牲畜)、挂衣柜、汽车柜等。

- 国际铁路联盟标记。凡是满足《国际铁路联盟条例》规定的货柜,可获取国际铁路联盟标记。在欧洲铁路上运输集装箱时,必须有该标记。该标记方框中的"i"、"c"表示国际铁路联盟,方框中的两位数字表示各铁路公司的代号,比如 33 为中华人民共和国铁路的代号。

2. 集装箱后门标记

集装箱右半门有 10 行字符,第 1、2 行上文已讲,下面介绍其余 8 行,举例如下。

【例 5-2】

MSKU　　　327 846 ③

　　　　　　　4 2 G 1

MGW　　　　　　　　　　　　　　30480　KGS
　　　　　　　　　　　　　　　　67200　LBS

PAYLOAD CAPACITY　　　　　　　27380　KGS
(或用 NET＝NET WEIGHT)　　　60365　LBS

TARE　　　　　　　　　　　　　　3100　KGS
　　　　　　　　　　　　　　　　6835　LBS

CU. CAP. (或用 CUBE)　　　　　　67.4　CUM
　　　　　　　　　　　　　　　　2380　CUFT

(以上是某只长为 40′,高为 8.5′的钢质柜的数据。)

【例 5-3】

PONU　73 76143

　　　　　　　2 2 G 1

MAX GROSS　　　　　　　　　　　30480　KGS
　　　　　　　　　　　　　　　　67200　LBS

PAYLOAD CAPACITY　　　　　　　28320　KGS
　　　　　　　　　　　　　　　　62435　LBS

TARE　　　　　　　　　　　　　　2160　KGS
　　　　　　　　　　　　　　　　4765　LBS

CU. CAP. (或用 CUBE)　　　　　　33.1　CUM
　　　　　　　　　　　　　　　　1170　CUFT

(以上是某只长为 20′,高为 8.5′的钢质柜的数据。)

 知识点链接

货柜后门标记表示的含义及主要栏目之间的关系

(1) MGW＝Max Gross Weight 最大允许箱货总重,此栏有的柜标为 MAX GROSS 或

G. WT 或 Max Weight。

（2）Payload Capacity(Net Weight)最大允许载重。

（3）Tare：箱子自重。

（4）CU CAP：Cube Capacity 内容积（CUM＝CBM＝Cubic Metres 立方米；CUFT＝CBFT＝Cubic Feet 立方英尺）。

（5）柜后门的数字自吉柜（即空箱）出厂时即打上。

（6）上面的数据满足如下公式：MGW＝NET＋TARE。

（7）NET（净重，最大允许载重）这一栏的数字并非每次装运之货物的重量，而是柜子强度能承托的最大货物重量。

（8）40′ GP 柜的 MGW(Max Gross)通常为 30LT(Long Ton)，即 30480kg，而 40′ HQ 柜的 MGW 有的为 32.5MT(32500kg)有的为 30LT，对 20′柜而言，近几年在国内外出现了不少 MGW 达 30LT(30480kg)的货柜，而以前 20′柜的 MGW 为 24MT。

（9）需要注意的是，柜后门标出的 MGW 指的是柜子强度能承托的最大箱货总重，PAYLOAD CAPACITY 指的是柜子强度能承托的最大货物重量，但是，实际业务中，尤其是目的港为发达国家者则最多可载货重量远小于柜子后门所标的 PAYLOAD CAPACITY（或 NET WEIGHT），比如：有些地区规定小柜、大柜内装货物限重分别约为 17t 与 19t，2007 年 COSCO 去欧洲的 20′柜限重 14t，MSK（马士基）限重 18t，又如，以星（ZIM）规定，公司的限重为每个 TEU 为 12t，即小柜限重 12t，大柜限重 24t。

通常，Forwarder 向 Carrier 下 Booking 后，有些 Carrier（船公司）回传给 Forwarder 之 S/O 上盖有限重章，比如，"本公司规定 20′、40′柜最多可装货 17.1t 与 19.3t"，有些人的名片背面即印有大、小柜的内容积及限重。

由于 40′柜长度长、跨度大，中间无柱子，通常适于装密度比较轻的货物，这也是实务中有些地方 40′柜的限重比 20′柜要小的原因。比如，某港 2011 年规定：拟装船的大柜限重 17 吨（指柜内货物的毛重），小柜限重 20 吨（柜内货物的毛重）。若超过限重，须向船公司提出超重申请。不过，船公司能够接受的最大重量通常不会超过 28 吨（箱货总重）——即便货主愿意交纳超重附加费。

实务中须注意的是，货代、物流公司的 OP（操作员）或文件员在审阅客人补来的料时要留意货物毛重栏的数字，若超重，则应叫客人出"超重保函"或拆柜减装。

（10）大、小柜的内容积及通常允许配货数量如表 5-6 所示。

表 5-6　大、小柜的内容积及通常允许配货数量

柜子尺寸	20′	40′ GP	40′ HQ	45′ HQ
理论内容积/CBM	33	67	76	86
通常允许配货体积/CBM	22～31	50～65	60～73	70～83
通常配货毛重/MT	≈17.5	≈22	≈22	≈29

注：上表最后一栏"通常配货毛重"是经验数字，具体得看不同船公司、去往不同地区、在不同季节而定。比如，2007 年 COSCO 去欧洲的 20′柜限重 14 吨。

5.1.3　集装箱的分类

为了适应装运不同种类货物的需要，出现了不同类型的集装箱。按照外部规格尺寸不同有不同的种类,除此之外,根据集装箱不同的用途、不同的制造材料及结构来分也有不同的种类。

(一)按集装箱的用途分类

1. 干货集装箱(Dry Cargo Container or Dry Van or General Purpose Container)

干货集装箱也称为普柜(杂货柜)、通用集装箱,在广东地区叫普柜,用以装运除液体货、需要调节温度的货物及特种货物以外的一般件杂货。其使用范围很广,常用的有 20ft(见图 5-3)和 40ft(见图 5-4)两种。其结构常为封闭式,一般在一端或侧面设有箱门,箱内设有一定的固货装置,使用时一般要求清洁、水密性好。其适箱货物为有适当包装的件杂货,以便充分利用集装箱的内容积。

图 5-3 20′普柜

图 5-4 40′普柜

在各种集装箱中,干货柜所占的比重最大,达 9 成以上。

2. 开顶集装箱(Open Top Container)

开顶集装箱也叫敞顶集装箱(见图 5-5、图 5-6),其箱顶可以方便地取下、装上,有硬顶和软顶两种,其他构件与干货柜类似。硬顶是用薄钢板制成的,利用起重机械进行装卸作业;软顶一般是用帆布、塑料布或涂塑布制成,开顶时只要向一端卷起即可。这种集装箱适于装载高度较高的重大件货,如钢铁、木材,尤其是像玻璃板等易碎的重货,利用吊机从顶部吊入箱内不易损坏,而且也便于在箱内固定。由于箱顶可能进水,开顶柜一般应装于舱内而不是甲板上。对 OT 柜(Open Top,开顶或敞顶柜)及 FR 柜(Flat Rack,框架),应注明货物是否超限;若超了,超多少,要注明具体数字,例如,over height 120cm,over width 40cm。

图 5-5 40′开顶柜

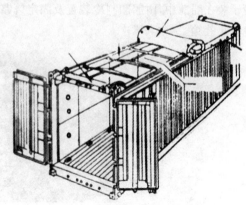

图 5-6 40′开顶柜(顶部带骨架)

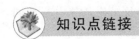

知识点链接

吊　机

吊机是起重机的俗称,在集装箱码头专门用于起吊货柜的起重机在南方通常称为吸车、吸机,分吸重柜与吸吉柜两种。吸重柜的正面吊(书面语)在广东称为"麻鹰",专用于吸吉柜的叫"吉鹰"。

3. 通风集装箱(Ventilated Container)

通风集装箱一般在其侧壁或端壁或箱门上设有4～6个供通风用的窗口(见图5-7),适用于装运不需要冷藏但需通风、防止汗湿的杂货,如原皮、水果、蔬菜等。需注意的是,使用通风柜时通常要写明通风口开启的程度,比如 Ventilation open 30%:指通风口开启30%。如果将通风窗口关闭,可作为普柜(杂货柜)使用。在急需情况下可用设有通风孔的冷藏柜代用。

图 5-7　通风柜

4. 冷藏集装箱(Reefer Container)

冷藏集装箱又称冷柜、冻柜、雪柜或冰柜(见图5-8),是专为在运输中要求保持一定温度的冷冻货或低温货(如鱼、肉、新鲜水果、蔬菜及某些药物)而特殊设计的保温集装箱。按照制冷源的不同基本上可分为两种:一种是箱内设有制冷机组的,称为内藏式机械冷藏箱;另一种箱内未设有制冷机组,而只有隔热结构,即在集装箱端壁上设有冷气吸入孔和排气孔,箱子装在船舱中,由船舶制冷装置及固定管路供应冷气,称为外置式机械冷藏集装箱或离合式冷藏集装箱。

图 5-8　冷柜

注意：冷冻柜与干货柜比，内容积小一些，拿 40′HQ 柜来说，一只冷冻柜的内容积约为 67CBM，而 40′HQ 干货柜的内容积约为 76CBM。还要注意的是，运输途中（包括在码头存放期间）应保持的冷藏柜温度范围。另外，从货物名称上通常可知道须保持的温度范围，比如货物名称含有"chilled"一词的通常应保持的温度范围为 $-1\sim8℃$，而货物名称含有"frozen"一词的通常应保持在 $-20\sim-5℃$ 的温度范围内。不过，这些只是大概数字，详细须按照单证上记录的要求为准，比如 BOOKING NOTE。

实务中须特别注意的是，经常遇到单证上表示的温度是华氏温度的情况，请记住它与摄氏温度的换算公式：

$$C = (F - 32) \times \frac{5}{9}$$

$$F = 32 + \frac{9}{5}C$$

5. 罐式集装箱（Tank Container or Liquid Bulk Container）

罐式集装箱适用于装运酒类、油类、液体食品及化学品等液体货物。它由罐体和箱体框架两部分组成，罐体用于装液体货，框架用来支撑和固定罐体（见图 5-9）。罐体的外壁采用保温材料以使罐体隔热，内壁一般要研磨抛光以避免液体残留于壁面。为了降低液体的黏度，罐体下部还设有加热器，罐体内温度可以通过安装在其上部的温度计观察到。罐顶设有装货口，罐底设有排出阀。装货时货物由液罐顶部的装货孔进入；卸货时则由排货孔靠重力自行流出或从顶部装货孔吸出。

图 5-9　集装罐（罐式集装箱）

注意：罐式柜与干货柜比，内容积小一半左右，自重却大一倍左右。拿 20′柜来说，一只罐式柜的内容积约为 20CBM，而 20′干货柜的内容积约为 33CBM；一只 20′钢质罐式柜的自重约为 5 吨，而 20′钢质干货柜的自重约为 2.3 吨。

6. 散货集装箱（Bulk Container or Solid Bulk Container）

散货集装箱用于装运大豆、大米、麦芽、面粉、玉米、各种饲料及水泥、化学制品等散装粉状或粒状货物（见图 5-10～图 5-12）。使用这种货柜可以节约不菲的包装费用、减轻粉尘对人体和环境的损害，还可提高装卸效率。散货柜的顶部设有 2～3 个装货口，底部做成漏斗形或设有卸货口。

7. 台架式（框架式、板架式）集装箱（Flat Rack Container）

台架式柜子在广东也叫"凳仔柜"，因为其形状像打倒的凳子（见图 5-13）。台架式集装箱是没有箱顶和侧壁，甚至有的连端壁也去掉而只有底板和四个角柱的集装箱。台架式集装箱有很多类型，如敞侧台架式、全骨架台架式、有完整固定端壁的台架式、无端仅有固定角柱和底板的台架式集装箱等。它们的主要特点是：为了保持其纵向强度，箱底较厚。箱底的强度比普通集装箱大，而其内部高度则比一般集装箱低。在下侧梁和角柱上设有系环，可

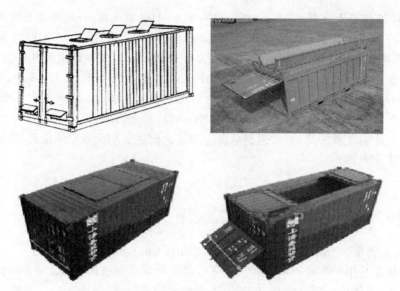

图 5-10　散货柜

图 5-11　散货柜的卸货方法——侧翻式卸货

图 5-12　散货柜的卸货方法——后翻式卸货

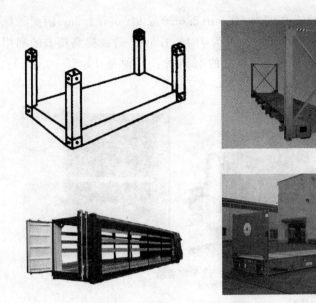

图 5-13　台架式集装箱

把装载的货物系紧。台架式集装箱没有水密性,怕水湿的货物不能装运(若用帆布遮盖货物则能部分防水),适合装载形状不一的货物。

8. 平台式集装箱(Platform Container 或 Platform Based Container)

平台式集装箱形状类似铁路平板车,是仅有底板而无上部结构的一种集装箱(见图 5-14)。平台的长度和宽度与国际标准集装箱的箱底尺寸相同,可使用与其他集装箱相同的紧固件和起吊装置。这种集装箱的采用打破了过去一直认为集装箱必须具有一定容积的概念。平台式集装箱装卸作业方便,适宜装超重超长货物,长度可达 6m 以上,宽 4m 以上,高 4.5m 左右,重量可达 40t。且两台平台集装箱可以连接起来,装 80t 的货,用这种集装箱装运汽车极为方便。

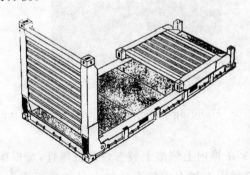

图 5-14　平台式集装箱

值得注意的是,平台式货柜比台架式货柜使用得少许多,因为大部分板架式柜都为折叠式,只要放倒板架或角柱即可变为平台式柜。

9. 汽车集装箱(Car Container or Auto Container)

汽车集装箱是专为装运小型汽车而设计制造的,其结构特点是无侧壁,仅设有框架和箱底(见图 5-15)。为了防止汽车在箱内滑动,箱底专门设有绑扎设备和防滑钢板。汽车柜有装单层的和双层的两种。对于高度为 8ft 6in(2.6m)或 9ft 6in(2.9m)的国际标准货柜而言,通常只能装一层,因为一般汽车的高度为 1.4~1.5m。若欲提高箱容的利用率则需装双层,这得用非国际标准的集装箱,常见的有两种:一种是 10.5ft(3.2m);另一种是 17ft(3.9m)。

图 5-15　汽车集装箱

10. 动物集装箱(Animal Container or Pen Container or Live Stock Container)

动物集装箱也叫牲畜集装箱。它是一种专门用来装运鸡、鸭、鹅等活家禽及猪、牛、马、羊等活家畜的集装箱(见图 5-16)。为了遮挡阳光,箱顶和侧壁是用玻璃纤维加强塑料制成的。另外,为使通风良好,侧面和端面都有用铝丝网做成的窗,以求有良好的通风。侧壁下方设有清扫口和排水口,并配有上下移动的拉门,以方便清扫垃圾。还装有喂食口。动物集装箱在船上一般应置于甲板上,因为甲板上空气流通,且便于照顾动物和清扫垃圾。

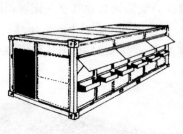

图 5-16　动物集装箱

11. 服装集装箱(Garment Container or Hanging Garment Container or Hanger Container)

服装集装箱也叫挂衣箱。其结构特点是:在箱内上侧梁上装有许多根横杆,每根横杆上垂下若干条皮带扣、尼龙带扣或绳索,成衣利用衣架上的钩直接挂在带扣或绳索上(见图 5-17)。这种装载方式属于无包装运输,它不仅节约了包装材料和包装费用,而且减少了人力成本,提高了服装的运输质量。

12. 兽皮集装箱(Hide Container)

兽皮集装箱是一种专门用来装运生皮等带汁液、有渗漏性的货物的集装箱。它备有两层底,用以贮存渗漏液体(见图 5-18)。

图 5-17　服装集装箱

图 5-18　兽皮集装箱

13. 隔热集装箱(Insulated Produce Container or Heated Container)

隔热集装箱又叫保温隔热柜、恒温集装箱,它能使货物保持鲜度,主要用于载运蔬菜、水果等,通常用干冰制冷,保温时间约为 72 小时(见图 5-19)。

注:隔热保温集装箱还有一个英文表达:porthole container。

图 5-19　隔热集装箱

14. 其他用途集装箱

(1) 侧开门集装箱(见图 5-20)。

(2) 长度为 45 英尺的超长柜。

需注意的是,这种货柜的尺寸代码是 L5,而不是 45。在箱子的左右侧及前后端均醒目地打有"45"字样,以起提醒或警示作用(见图 5-21)。

图 5-20 侧开门集装箱

图 5-21 45 英尺超长柜

对 45 英尺的超长柜,用集装箱卡车(拖车)拖带时,通常使用 40 英尺的平板车,即在前后各悬空 2.5 英尺。

(3) 20′HD 柜。

HD 的全拼是 Heavy Duty(Heavy Duty Container)。

20′HD 即是实务中说的 20 英尺重柜,它一般允许装 26~27 吨货物,需要强调的是,不要以为是重柜就可无限制地装。

注意:实务中很少有 40 英尺 HD 柜的说法。

需特别强调的是,这种重柜使用时可能受到限制,具体要看各国或各地的规定。

(4) 流动舱室集装箱、流动电站集装箱、流动办公室集装箱、住宅集装箱、战地医院等(见图 5-22)。

 知识点链接

1. 实务中 NOR 代表的柜子的类型

实务中 NOR 这个缩写若指的是柜子的类型,它代表的是一种特殊用法的柜子,此时的 NOR 全拼是 Non-operating Reefer Container,大多数人译为"冷冻代用柜",其英文字面意思为没有运转的冷冻柜、没有开启制冷装置的冷冻柜,指把冷冻柜当普通干货柜使用,即 Reefer Cntr 中装运的是无须冷藏的 Dry Cargo(干货),有人也称之为干冻柜、干货冷藏柜。出现这种情况的原因通常有两个:①码头的 Reefer Cntr 堆放太久又一直无冷货走,可能产生高昂的堆存费,倒不如把它当普柜使用;②有的干货对柜内清洁度、水密性气密性等要求

图 5-22　流动办公室集装箱、住宅集装箱

较高,需使用干冻柜。

试读此报价: USD3800/40′ RH N.O.R.

解释: RH 是指 Reefer & High Cntr 冷冻 HQ 柜,通常它能装 50~55CBM 的干货(其理论内容积约为 65~68m³,而 40′干货 HQ 柜的理论内容积约为 76m³)。此报价指 40′的 RH 柜当干货柜用时的运价为 3800 美元。

需注意的是,NOR 在别的场合还有另外的含义,当用于运价表(tarrif)中时,它的全拼是 Not Otherwise Rated,它类似于 Not Otherwise Specified(NOS), Not Otherwise Enumerated(NOE),含义是:未列名的某类货物。比如,运价表中冷冻食品的运价为:已列出冻牛肉 10 元/千克、冻鱼 15 元/千克、冻虾 18 元/千克,其他 NOR 冷冻货运价为 8 元/千克。

当 NOR 用于航次租船业务中,它是指 Notice of Readiness(缩写为 NOR 或 N/R),即准备就绪通知书(参见《远洋运输业务》)。

2. 集装箱封条

封条的英文是 Seal(它还有"海豹","印章、图章"之义),每个封条上面都有唯一的号码,叫封条号(Seal No),在提单及其他相关单证上通常有 Seal No 一栏。

按施加封条的人分类,分为厂封(出口工厂加)、关锁(海关加的。注:有的人称之为关封)、船封(船公司加)与码头临时封条。

按封条的材料及功能可分为高保封(见图 5-23)、数码防盗封、子弹封、铁皮封、钢丝塑封(见图 5-24)、塑料封、防盗铅封、普通铅封等。

这里特别强调 HSS(High Security Seal)称为"高保封",其特点是:牢固、可靠度高、安全性高、不易仿制、破坏后不能复原。通常船公司加在柜门上的子弹封即为高保封。

何时加码头临时封条:①卸船时不小心搞坏柜子后门上的封条;②柜卸船后于码头内拆柜,收货人提走第一批货时。

封条应加在后门的右半边(见图 5-25),因压门的铁片是焊接在右门上的(右压左),关门时须先关左门再关右门,而开门时则相反。

图 5-23　高保封示例

图 5-24　一种简单的封条(钢丝塑封)

图 5-25　施加封条的位置

注意:虽然有些人把封条说成关锁,但其实加在货柜上的封条跟锁完全不同,因为它没有锁孔,不能拿钥匙开启,柜子抵达收货人时需用大铁钳剪断它,这点与厢式货车不同。

3. 半挂车与牵引车分离

集装箱拖车中后面的挂车可以与牵引车分离或合并,见图 5-26～图 5-28。

4. 集装箱上下层叠放的规定

不管是集装箱堆场上,或者船舶夹板或舱内,都规定严禁在大柜上面叠放两只小柜,但可以在两只小柜上面叠放一只大柜(见图 5-29),为何呢? 因为 40 尺柜跨度太大,柜子中间又无柱子,若在上面叠放两只 20 英尺柜,则势必压塌 40 英尺柜。

图 5-26　半挂车与牵引车分离

图 5-27　半挂车与牵引车合并

图 5-28　半挂车与牵引车分离前使用摇臂把支撑架摇下

图 5-29　大、小柜上下层叠放规定

5. 招牌柜

指柜侧面打有醒目的船公司名称缩写代码及其标识的柜。例句："A 货主指定用 MAERSK-SEALAND 的招牌柜"，"B 货主要求用 COSCO 或 CHINA SHIPING 的招牌柜"。

若 Carrier 租入某租箱公司的柜后打上 Carrier 的名称代码，则也是它的招牌柜。例如：COSCO 租入 Florens（为中远控股公司）的柜后，打上 COSCO，则为 COSCO 之招牌柜。

6. 如何开关柜门

打开柜门时，应先开右半边门；关闭柜门时，应先关左半边门，切不可以反过来（见图 5-30）。

图 5-30　开关柜门的方法

原因是：在右半边门焊接有一块厚约 1cm 的铁皮，此块铁皮超过左、右门中间的缝隙，形成右压左的样式。

7. 托盘及"打托"

托盘又叫卡板、铲板、垫板、地台板、托板、货板、货盘，其英文是 pallet。打托的英文是 palletize、palletization，是指"做柜"（广东叫法，即装箱 stuffing 或 vanning）时把货物放在托盘上面再用叉车把货物叉入柜中，托盘连同货物一起运往目的地。

按材质分，卡板分为木托、铁托、塑料托（见图 5-31）。

8. 常见洗柜方式的英文表达

（1）化学洗（chemically clean floor）。

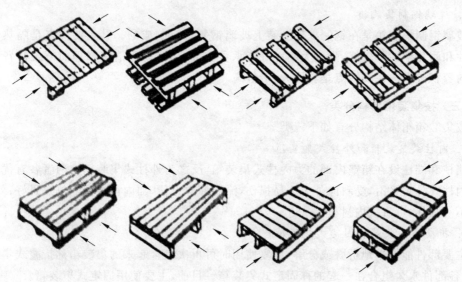

图 5-31 托盘示例

(2) 清水洗(water clean)。

(3) 蒸汽洗(steam clean)。

(4) 研磨洗(glind(研磨)or sand clean(砂洗))。

(二)按集装箱的制造材料分类

集装箱是一种用来装运货物的容器,也是一种理想的成组工具。为了充分发挥装卸机械的能力,最大限度地利用集装箱的装货能力,一般在选择材料时应满足以下要求。

(1) 材料质量轻、强度高,能承受一定的拉力与压力。

(2) 材料应坚固耐用,使用年限长,并要满足集装箱反复使用的要求。

(3) 材料便于加工成形,制造和维修保养费用低,以降低集装箱运输的成本。

从目前采用的集装箱材料看,一个集装箱往往不是由单一材料做成的,而是以某种材料为主,在箱子的不同结构处采用不同的材料。因此,按制造材料来分类,实际是按箱子的主体材料即主要结构(侧壁、端壁、箱顶)采用的材料来分的。

1. 钢制集装箱

钢制集装箱的框架和箱壁板都用钢材制成。其优点是强度大,结构牢固、焊接性好、易修理、水密性好、能反复使用、价格低廉,主要缺点是抗腐蚀能力差,自重大,相应地降低了装货能力。

钢制集装箱是使用得最普遍的集装箱。

2. 铝合金集装箱

铝合金集装箱有两种:一种是钢架铝板;另一种为框架两端用钢材,其余用铝材。其主要优点是自重轻,从而提高了集装箱的装载能力,不生锈具有较强的防腐能力,弹性好不易变形;主要缺点是造价相当高,焊接性也不如钢制集装箱,因而受碰撞时易损坏。

3. 不锈钢制集装箱

不锈钢制集装箱多见于罐式集装箱。其主要优点是不生锈、强度高、耐腐蚀性好。主要缺点是价格高,投资大。

4. 玻璃钢制集装箱

玻璃钢制集装箱是在钢制框架上装上玻璃钢复合板制成的。其主要优点是隔热性、防腐蚀性和耐化学性都较好,强度大刚性好能承受较大应力,易于清洗修理简便维修费较低,箱子内容积较大。主要缺点是自重大,造价高。

(三) 按集装箱结构分类

按集装箱箱体结构分有如下三类。

1. 内柱式集装箱和外柱式集装箱

侧柱和端柱设在箱壁内部的为内柱式集装箱,反之为外柱式集装箱。两者各有优缺点,一般内柱式外表平滑,受斜向外力不易损伤,涂刷标志方便,加内衬板后隔热效果好;外柱式外板不易损坏,可省去内衬板。

2. 折叠式集装箱和固定式集装箱

主要部件能简单地折叠或分解,反复使用时可再次组合起来的集装箱称折叠式集装箱;反之,各部件永久组合在一起的称固定式集装箱。目前,主要使用固定式集装箱。

3. 预制骨架式集装箱和薄壳式集装箱

外板用铆接或焊接方法与预制骨架连成一体的集装箱,称预制骨架式集装箱;而薄壳式集装箱则把所有构件连成一个刚体,其优点是可减轻重量,共同承受扭力而不产生永久变形。当今集装箱多按薄壳结构理论设计。

5.1.4　集装箱的标准化

集装箱标准化是指为了使作为共同运输单元的集装箱,在海、陆、空运输中具有通用性和互换性;提高集装箱运输的经济性及安全性;为集装箱的运输工具、装卸设备的选型、设计和制造提供依据,使集装箱运输成为相互衔接配套、专业化、高效率的运输系统,而为集装箱的各种基本技术条件,即尺寸、结构、试验方法等建立标准并执行的状态。

纵观集装箱运输的发展历程,集装箱规格的标准化对国际集装箱多式联运的发展起了很大的推动作用。我们知道,传统的件杂货运输方式之所以有这样那样的不足,原因之一就是没有统一的规格标准。没有统一的规格标准就无法采用高效的起重机械与运输工具,生产效率也就无法提高,件杂货整个装卸与运输过程的自动化也就无从谈起。

在集装箱运输早期,由于集装箱的规格不一,阻碍了集装箱的交换使用,因此,一些国家和组织开始进行集装箱的标准化工作。1933 年,"国际铁路联盟"(UIC)制定了集装箱标准,此标准被当时欧洲地区铁路所采用。1946 年,美国标准协会采用了 8ft×8ft×10ft(2.44m×2.44m×3.05m)、8ft×8ft×20ft(2.44m×2.44m×6.07m)、8ft×8ft×30ft(2.44m×2.44m×9.14m)、8ft×8ft×40ft(2.44m×2.44m×12.19m)型集装箱作为国家标准集装箱。1959 年,美国国际运输协会建议采用 8ft×8ft×20ft(2.44m×2.44m×6.07m)和 8ft×8ft×40ft(2.44m×2.44m×12.19m)型集装箱(注:以上规格均按高×宽×长的顺序)。

1961 年 6 月,国际标准化组织建立了 104 技术委员会以后,国际集装箱标准化就以 104 技术委员会为中心开展工作。30 多年来,104 技术委员会对制订国际集装箱标准做了很大的努力,作出了重大贡献,对推动国际集装箱运输的发展起了决定性的作用。

在我国,1978 年 8 月颁布实施了第一个集装箱国家标准 GB 1413—78,于 1980 年 3 月成立了中国集装箱标准化技术委员会,组织制定了 21 项集装箱国家标准及 11 项集装箱行业标准。

集装箱标准按使用范围分为国际标准、国家标准、地区标准和公司标准 4 种。

(1)国际集装箱标准是 ISO(国际标准化组织)第 104 技术委员会制定的集装箱标准。关于国际集装箱标准将在下节介绍。

(2)国家集装箱标准一般是各国政府按国际标准的参数,再结合本国具体条件而制定的标准。我国现行国家集装箱标准《集装箱外部尺寸和额定重量》(GB 1413—85)中各型集装箱的外部尺寸、极限偏差及额定重量,见表 5-7。

表 5-7 我国现行集装箱标准

型号	高度(H)		宽度(W)		长度(L)		额定最大总重/kg(LT)
	尺寸/mm(ft)	极限偏差/mm	尺寸/mm(ft)	极限偏差/mm	尺寸/mm(ft)	极限偏差/mm	
IAA	2591(8′6″)	0 −5	2438(8′)	0 −5	12192(40′)	0 −10	30480(30)
IA	2438(8′)	0 −5	2438(8′)	0 −5	12192(40′)	0 −10	30480(30)
IAX	<2438(8′)	0 −5	2438(8′)	0 −5	12192(40′)	0 −10	30480(30)
ICC	2591(8′6″)	0 −5	2438(8′)	0 −5	6058(20′)	0 −6	20320(20)
IC	2438(8′)	0 −5	2438(8′)	0 −5	6058(20′)	0 −6	20320(20)
ICX	<2438(8′)	0 −5	2438(8′)	0 −5	6058(20′)	0 −6	20320(20)
10D	2438(8′)	0 −5	2438(8′)	0 −5	4012(13′)	0 −5	10000
5D	2438(8′)	0 −5	2438(8′)	0 −5	1968(6.5′)	0 −5	5000

注:① 5D 与 10D 两种箱型主要用于国内运输,其他 6 种箱型主要用于国际运输。

② C 型箱额定重量为 20320kg(为 20LT 即 20 个长吨),但实际使用中已采用 24000kg。

③ 1LT＝1016kg(LT＝long ton 长吨)。

④ 1ft＝30.48cm,1in＝2.54cm,1ft＝12in(1′＝12″),8.5′＝8′6″,9.5′＝9′6″。

(3)地区集装箱标准是由地区组织根据该地区的特殊情况制定的,一般仅适用于该地区。如欧洲铁路联盟(UTC)所制定的集装箱标准适用于欧洲地区。

(4)公司集装箱标准是某些大的班轮公司根据本公司的具体情况和条件制定的集装箱标准。例如美国海陆公司(SEA-LAND)及泛大西洋船公司使用的 35ft(10.67m)长的集装箱(长、宽、高分别为 35ft×8ft×8ft);美国麦逊公司(Matson)的 24ft(7.32m)长的集装箱(长、宽、高分别为 24ft×8ft×8ft,6in,in 指 inch:英寸)。

目前世界上通用的是国际标准集装箱。集装箱的标准化促进了集装箱在国际的流通,有力地推动了集装箱运输的发展,为国际集装箱多式联运创造了有利条件。

1. 国际标准集装箱

国际标准集装箱是指根据 ISO(国际标准化组织)第 104 技术委员会制定的国际标准来制造和使用的国际通用的标准集装箱。

集装箱标准化经历了一个发展过程。国际标准化组织 ISO/TC104 技术委员会自 1961 年成立以来,对集装箱国际标准作过多次补充、增减和修改,现行的国际标准为第Ⅰ系列,一共 13 种,其宽度都一样均为 8ft(2438mm);长度有四种即 40ft(12192mm)、30ft(9125mm)、20ft(6058mm)与 10ft(2991mm);高度有四种即 9ft 6in(2896mm)、8ft 6in(2591mm)、8ft(2438mm)及低于 8ft,详见表 5-8。

表 5-8　国际标准集装箱

规　格	箱型	高度(H)	宽度(W)	长度(L)	最大总重
10ft(3m)	ID	2.44m(8ft)	2.44m(8ft)	2.99m(9ft 9.75in)	10160kg(10LT)
	IDX	<2.44m(8ft)			
20ft(6.1m)	ICC	2.59m(8ft 6in)	2.44m(8ft)	6.05m(19ft 10.25in)	24000kg(24MT)
	IC	2.44m(8ft)			
	ICX	<2.44m(8ft)			
30ft(9.1m)	IBBB	2.9m(9ft 6in)	2.44m(8ft)	9.12m(29ft 11.25in)	25400kg(25LT)
	IBB	2.59m(8ft 6in)			
	IB	2.44m(8ft)			
	IBX	<2.44m(8ft)			
40ft(12.2m)	IAAA	2.9m(9ft 6in)	2.44m(8ft)	12.2m(40ft)	30480kg(30LT)
	IAA	2.59m(8ft 6in)			
	IA	2.44m(8ft)			
	IAX	<2.44m(8ft)			

注:①表中 MT 指 metric ton(公吨),1MT=1000kg;②LT 指 long ton(长吨),1LT=1016kg。

需要说明的是,我们通常说的 40 尺柜、20 尺柜、30 尺柜及 10 尺柜中只有 40 尺货柜的长度够 40 英尺,而其他三个均不足尺。原因见下面的说明。

目前,在海上运输中,经常使用的是 IAA 和 ICC 型集装箱,在实际使用中常以货柜的不同长度作为区别的标准,如 20ft(6.1m)和 40ft(12.2m)集装箱就是指 ICC、IAA 型集装箱。

国际标准集装箱不同长度之间的关系如图 5-32 所示。

1A 型 40ft(12192mm);1B 型 30ft(9125mm);

1C 型 20ft(6058mm);1D 型 10ft(2991mm);

间距 i 为 3in(76mm)。

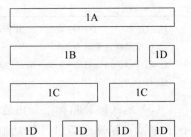

图 5-32　国际标准第一系列集装箱长度关系图

1A＝1B＋i＋1D＝9125mm＋76mm＋2991mm

　　＝12192mm

1B＝1D＋i＋1D＋i＋1D＝3×2991mm＋2×76mm

　　＝9125mm

$$1C=1D+i+1D=2×2991mm+76mm=6058mm$$

2. 非国际标准集装箱

当今世界上还有不少非国际标准集装箱,如非标准宽度集装箱有 2.5m(8.2ft)和 2.59m(8.5ft)两种宽度的集装箱;非国际高度集装箱主要有 2.74m(9ft)和 2.9m(9.5ft)两种高度的集装箱;非标准长度集装箱有 35ft、45ft、48ft、24ft 及 53ft 等。

(1) 非标准长度的集装箱

美国海陆公司(SEA-LAND)及泛大西洋船公司的 35ft(10.67m)型集装箱、麦逊海船公司(Matson)的 24ft(7.32m)型集装箱以及美国总统轮船公司(APL)的 45ft(13.72m)型、48ft(14.63m)型及 53ft(16.15m)型集装箱均为典型的非标准长度的集装箱。在这些非标准长度的集装箱中以 45ft 型为最常见。需要说明的是,45ft 与 48ft 型超长柜其高度也为超高,达 9.5ft。

45ft 型的货柜是将 40ft 柜两端延长而形成的,它可以使用普通 40ft 柜的装卸机械进行作业。制造 45ft 与 48ft 柜的原因,是因为 48ft 型集装箱的容积比 40ft 型集装箱增加 45%,承载量比 45ft 增加 29%,而内陆运费与 40ft 型集装箱相同。事实表明,集装箱的搬运次数对装卸费和搬运费的影响,要比集装箱尺寸变化而带来的影响大得多。加大集装箱的尺寸,减少集装箱的装卸和搬运次数,就可以降低装卸费和搬运费,从而提高集装箱的经营效益。

(2) 非标准宽度的集装箱

从全集装箱船舱内的箱格结构看,集装箱高度的变化对箱格结构的尺寸无多大影响,长度的改变在一定范围内也是可以的,但宽度变化通常是不允许的,所以非标准宽度的集装箱并不多见。但是在法国、瑞典等欧洲国家的铁路上,为了与卡车运输竞争,使用了宽度为 8.2ft(8ft 2.4in 合 2.5m)的集装箱,可以在滚装船上装载,但不能装在全集装箱船上。另外,近几年在澳洲国内和近海航线上也出现了宽度为 8.2ft 的货柜,此种柜子 4 个顶角件的顶孔采用特殊设计,使得这种货柜在装卸时可利用 8ft 的吊具吊起。

此外,美国总统轮船公司(APL)的长度为 48ft(14.63m)的集装箱其宽度为 9ft6in (2.9m)。

(3) 非标准高度的集装箱

非标准高度的集装箱常见的有高度为 9ft(2.74m)、10.5ft(3.2m)及 13ft(3.96m)的集装箱。高度超过 2.9m(9.5ft)的集装箱一般用来装运特种货物。例如,可以装载两层小汽车、高度为 10.5ft(3.2m)的汽车集装箱,其长度和宽度与普通的标准集装箱相同。所以非标准高度的集装箱在现实运输中也不多见。

值得注意的是,1991 年国际标准化组织 ISO/TC104 技术委员会第 16 次全体大会上通过了高度为 9.5ft 的 IAAA 与 IBBB 型集装箱后,9.5′高度的集装箱已经不再是非标准高度了。近 10 多年来,9.5′高的货柜(称作 HQ 柜)的比重逐渐增多即是一个佐证。

除了上述谈到的非国际标准尺寸的集装箱外,还有非国际标准重量的集装箱。我们知道,在国际标准中 20ft(6.1m)型集装箱的最大允许箱货总重(额定重量)为 24MT,但近几年在国外出现了额定重量达 30LT(30480kg 即 30.48 公吨)的 20ft 货柜。不过超重集装箱的数量一直很少,这是因为超重集装箱不管在装卸还是运输过程中对公路规则、装卸设备的负荷、底盘车和船舶的承载力及船舶的稳定性等都有很大的影响。

 知识点链接

集装箱部件常用英文

1. corner fitting 角配件

2. corner post 角柱

3. top/bottom end transverse member 上(下)横梁

4. top/bottom side rail 上(下)侧梁

5. roof/bottom sheet/floor 顶(底)板

6. roof bows/floor bearers or cross member 顶(底)梁

7. fork pockets 叉槽

8. side/end panel 侧(端)壁板

9. side/end posts 侧(端)柱

10. door header/door sill 门楣(槛)

11. end/side door 端(侧)门

12. door hinge 门铰链

13. door link handle 门把手

14. locking bar cams 锁杆凸轮

15. door locking handle retainer or handle lock 把手锁件

16. door lock rod bracket 门锁杆托架

17. door holder 箱门搭扣件

18. door seal gasket 箱门密封垫

19. end door 端门

20. side door 侧门

知识扩展阅读

航空集装器

航空运输中,飞机舱内应由固定集装器的设备,把集装器固定于飞机上,这使集装器成为飞机的一部分。航空运输中使用的集装器有着严格的规定。

1. 集装器按注册与非注册划分

(1)注册的飞机集装器

注册的飞机集装器是政府有关部门授权集装器生产厂家生产,适宜于飞机安全载运,在其使用过程中不会对飞机的内部结构造成损害的集装器。

(2)非注册的飞机集装器

非注册的飞机集装器是指未经政府有关部门授权生产的,未取得适航证书的集装器,非注册的飞机集装器不应看作飞机的一部分。因其与飞机货舱往往不相匹配,所以一般不允

许装入飞机的主货舱。

2. 集装器按种类划分

（1）集装板和网套

集装板是具有标准尺寸，四边带有卡锁轨或网带卡锁眼，且带有中间夹层的硬铝合金制成的平板，以便货物在其上方码放。网套是用来将货物固定在集装板上，网套是靠专门的卡锁装置来固定。

（2）结构与非结构集装棚

为了充分利用飞机内部空间，保护飞机内壁，除了板和网之外，还可增加一个非结构的棚罩，罩在货物与网套之间，这就是非结构的集装棚。结构的集装棚是指带有固定在底板上的外壳的集装设备，它形成了一个完整的箱，不需要网套固定，分为拱形和长方形两种。

（3）集装箱

航空货运集装箱类似于结构集装棚，可以分为以下几类。

① 主货舱集装箱

主货舱集装箱只能装于全货机或客机的主货舱，这种集装箱的高度一般在 163cm 以上。

② 下货舱集装箱

下货舱集装箱只能装于宽体飞机的下货舱。

③ 空陆联运集装箱

空陆联运集装箱分为 20ft 和 40ft，高和宽为 8ft。

此外，还有一些诸如保温箱等具有特殊用途的集装箱。

5.2 集装箱货物分析

5.2.1 集装箱货物分类

集装箱货物分类是根据装卸、运输和仓储的需要，将货物按照某种特性和运输组织的要求划分为不同的类型和组。集装箱货物进行分类是为了合理安排集装箱运输组织工作，合理使用各种不同的集装箱运输方式，消除和避免各种不合理运输，使运输能力得到有效、合理的使用，有计划、按比例发展，保证货物运输的安全和货物运输质量的提高。因此，有必要对集装箱货物进行科学分类。

（一）按货物是否适合装箱分

从集装箱运输货物的经济性、物理性角度分析，按货物适合集装箱运输的程度，可分为 4 大类。

1. 最适合于集装箱的货物（prime-containerizable cargoes）

最适合于集装箱的货物可简称为"最适箱货"，这类货物在物理属性方面完全适合于集装箱运输，所谓货物的物理属性是指货物的大小，以及容积与质量的关系等，而且这类货物的货价一般都很高，因此对高运价的承受能力也很强，是物流公司激烈争夺的集装箱"抢手货"。这类货物通常包括药品、酒、香烟、小型家用电器、照相机、仪器、手表、中高档纺织品、包装食品，需冷藏或冷冻装运的果蔬、肉类、乳酪等也属于此类，这类货物一般也易被盗窃或

易损坏。

2. 适合于集装箱的货物(suitable containerizable cargoes)

适合于集装箱的货物可简称为"适箱货",这类货物通常是指其物理属性与运价均可为集装箱运输所接受的货物。但与最适合于集装箱的货物相比,其价格和承受运价的能力相应要低一些,也不易受损坏和盗窃,这类货物包括屋顶板、纸浆、罐装植物油、电线、电缆、金属制品、皮革、炭精棒、黑色颜料、煤焦油等。

3. 临界于集装箱的货物(marginal containerizable cargoes)

临界于集装箱的货物可简称为"临界货",有的也称为边缘集装箱货物,简称"边缘货"。这类货物使用集装箱运输,在物理属性及形态上是可行的,但其货价较低,承受运价的能力也较低,或者在包装方面难以进行集装箱化,若采用集装箱运输在经济上利润不高,甚至亏损。通常这类货物不会受损坏或被盗窃。这类货物包括钢锭、铅锭、生铁、原木、生铁块、原木、砖瓦等。

4. 不适合于集装箱的货物(unsuitable containerizable cargoes)

不适合于集装箱的货物可简称为"不适箱货",这类货物由于物理状态和经济上的原因不能使用集装箱,如从技术上看装箱比较困难或者货价较低的大宗货、长度超过 12.2m (40ft 即 40 英尺)的金属构件、桥梁、废钢铁等,或者密度较大重量超过了集装箱最大载重量如大理石、花岗石、地砖、瓷砖、老虎钳、铁榔头、废钢铁等,又如卡车、工程车辆、食糖、矿砂、粮谷、水泥、鱼粉、原油等,虽然其物理属性与运价均适合于集装箱运输,但由于这类货物经常采用大批量运输,使用诸如散装船、滚装船、油轮、专用船之类的特种船运输,运输效率更高,分摊到单位货物上的运价也较便宜。对于桥梁、铁路、大型构件、大型发电机等设备,由于尺度大大超过国际标准集装箱中最大尺寸的集装箱,故装箱有困难,但可以装在组合式的平台箱上运载。

(二)按货运形态分

1. 拼箱货

拼箱货在广东及香港地区称为"散货"、"拼箱散货"。拼箱货通常是由承运人分别揽货并在集装箱货运站(container freight station,CFS)或内陆站(inland depot)集中,而后将两票或两票以上的货物拼装在一个集装箱内,同样要在目的地的集装箱货运站或内陆站拆箱分别交货,分别交给不同的收货人。

拼箱货的流转过程是:把货物先用吨车(即除集装箱卡车——拖车以外的货车)或其他运载工具如驳船,火车等从货主处装运到集装箱货运站进行拼箱(vanning 或 stuffing),拼箱后,将集装箱运送到码头堆场(container yard,CY)交由集装箱船装船运输。船舶到达目的港后,卸下集装箱交给码头堆场,并通过陆运工具或其他运载工具如驳船把整个集装箱运送到货运站拆箱(devanning),再用吨车把货物运送给几个不同的收货人或者由各个收货人自己派吨车到 CFS 提货。

拼箱货流的特点是货物批量少不足以装满一个整箱,而且货物来自不同起运地,但流向一致即到达同一目的地(对拼在同一个集装箱里的几票货而言),并且货主欲节省运费,不愿以整箱货的方式运输(打个比方,若一个货柜中拼装了 5 票货,若这 5 票货各自用一个货柜运输,则势必每票货均要承担一只整柜(整箱货)的运费)。

通常,拼箱货的运费分摊原则是:按照各自的方数比例即体积大小分担整只货柜的运费。

对于这种货物，承运人要负责装箱与拆箱作业，装拆箱费用仍向货方收取（通常在起运地的装箱费用向发货人收取，在到达地的拆箱费用向收货人收取）。承运人对拼箱货的责任，基本上与传统杂货运输（非集装箱运输）相同。

2. 整箱货

整箱货在广东及香港地区称为"柜货"、"整柜"。整箱货是由发货人负责装箱、计数、加封（施封），填写装箱单（packing list，P/L）。整箱货通常只有一个发货人和一个收货人。整箱货的拆箱一般由收货人办理，但也可以委托承运人拆箱。

承运人不负责箱内货物的货损、货差。除非货方能举证证明是属于承运人责任事故而造成之损害，承运人才负责赔偿。承运人对整箱货以箱（集装箱）为交接单位，货物抵达目的地时只要集装箱外表与从发货人处接箱时相似且封条完整，承运人就完成了运输责任。

整箱货提单（bill of lading，B/L）或运单（waybill）上要加上"由发货人装箱、计数并加铅封"的条款（shipper's load，count and seal）。

整箱货的流转过程：用拖车把船公司提供的吉柜（empty container）送到发货人处，直接在发货人处装箱，并在集装箱后门施加封条后，经过各种运输方式，直接送达目的地的收货人处，再行拆箱。

整箱货流的特点：货物批量大，全部货物均属于一个货主，装在一个柜里的货物到达地一致。货物从发货人处装箱后一直到收货人拆箱为止，一票到底。

（三）按货物性质分

集装箱货物按货物性质和运输要求分为：普通货物、特殊货物和轻泡货物。

1. 普通货物

普通货物可简称为普货，是指按货物性质不需要特殊方法保管和装卸的货物。其特点是货物批量不大，品种较多。包括各种车床、纺织机械、服装等。普通货物按有无污染又可分为清洁货物和污染货物两种。

普货通常装于普柜中运输，普柜就是常说的干货柜、杂货、通用柜。

（1）清洁货物

清洁货物是指货物本身清洁干燥，在保管和运输时没有特殊要求，和其他货物混装时不易损坏或污染其他货物的货物。如纺织品、棉、麻、纤维制品、玩具、橡胶制品等。

（2）污染货物

污染货物是指货物本身的性质和状态容易发热、发臭、发潮等，容易对其他货物造成严重湿损、污损或窜味的货物。如樟脑、石墨、油脂、沥青、胡椒、水泥等。

2. 特殊货物

特殊货物是指在货物形态上具有特殊性、运输时需要用特殊集装箱装载的货物。包括超长、超宽、超高、超重的货物以及液体或气体货物、散件货、散货、动植物检疫货、冷藏货、贵重货物、易腐货物等。

（1）超高、超长、超宽和超重货物

超高、超长、超宽和超重货物是指货物的尺度超过了国际标准集装箱的尺寸而装不下的货物，或单件货物重量超过了国际标准集装箱的最大载重量的货物。如动力电缆，大型、重型机械设备等。

对于只是超高而没有超长、超宽的货物,可以考虑用开顶柜(敞顶柜)装运,若是长度、宽度、高度都超过了标准集装箱但超得不多,则可以考虑平板式或台架式集装箱(即广东人说的"凳仔柜"),若是重量超限了但低于 27 吨则可考虑使用 20′HD 柜(20 尺重柜),但前提是不违反当地法律法规。若是重量超得太多或者长宽高尺寸超得太多,则只有考虑用几个集装箱合起来装运或者放弃集装箱这种方式,考虑用件杂货船或特种船运输。

(2) 液体或气体货物

液体或气体货物是指需装在桶、箱、罐、瓶等容器内进行运输的液体和气体货物。如酒精、酱油、醋、洗发水、沐浴液、食用油、葡萄糖水、汽油、柴油、煤油、胶乳、天然气等。注意,这些货物由于是先装入桶、罐等容器后再放入集装箱里运输的,因此它属于件杂货,不属于液体散货。

(3) 散件货物

散件货物一般是指货物的尺寸和重量非常大,在一个集装箱内装不下的货物,或因货物的尺寸和重量不能装在一个集装箱内,必须把几个集装箱合起来一起装才能运输的货物。

(4) 干散货

干散货也叫固体散货,是指散装在集装箱内无包装的货物,包括盐、谷物、煤炭、白糖、矿砂、麦芽、树脂、黏土等。这种货可以用散货柜装运。

(5) 动植物检疫货物

动植物检疫货物是指进出口的畜产品、活动物、植检货物。如进出口的猪肉、腊肉、羊毛、兽皮、猪、狗、牛、马等家禽家畜、树苗、苗木等。若是活动物,则可用牲畜柜装运,若是牛皮羊皮等兽皮则可用兽皮柜装运,若是猪肉、腊肉等则可用冷藏柜装运。

(6) 冷藏货物

冷藏货物是指需要保持在常温以下的货物,如肉类食品、鸡蛋、水果、蔬菜、奶类制品等。这些货物可用冷藏柜装运。

(7) 贵重货物

贵重货物是指单件货物价格比较昂贵的货物。如精密仪器、家用电器、手工艺品、珠宝首饰、出土文物等。通常这些货物需先装入木箱(wooden case)或特殊的较牢固的金属箱中,再装入集装箱里进行运输。

(8) 易腐货物

易腐货物是指在运输过程中因通风不良或遇高温、潮湿等原因容易腐败变质的货物。如肉类食品、水果、蔬菜等。对于水果蔬菜,若运输时间不长,可用通风柜装运;若运输时间较长,可用隔热保温柜装运,因为这种柜具有保鲜功能;若是途中时间要求更长,则可用冷藏柜(温度在零上几度)装运。

(9) 危险货物

危险货物是指货物本身具有剧毒性、放射性、易燃性、腐蚀性、氧化性,并可能对人体的健康和财物造成损害的那些货物。包括毒品、散装液体化学品、爆炸品、易燃液体等。

3. 轻泡货物

货物每立方米质量低于 333 千克的货物。如棉被、海绵、泡沫塑料等。

(四) 货物按包装方式分

根据货物性质和形态不同其包装方式不同,可将货物分为木箱装货、纸箱装货、波纹纸板箱货、捆包货、袋装货、鼓桶类货、滚筒货和卷盘货、长件货、托盘货、危险货物等,以适应集装箱运输装卸的需要。

1. 纸箱装货

纸箱是当今世界物流业使用最广泛的包装,其尺寸大小不一,大的如装冰箱、柜式空调机等,小的如牛奶、方便面、矿泉水等。

2. 木箱装货

木箱主要用于装运易碎、易损或比较贵重的货物,比如玻璃制品、电气制品、瓷器制品等。其尺寸大小不一,从 50kg 以下的包装货物到几吨重的大型机械都可能用木箱装运,通常采用木板箱、板条箱。

除木箱外,还有钢丝板条箱等金属箱,通常装载比较贵重的货物。

3. 波纹纸板箱货

波纹纸板箱一般用于包装比较精细的和比较轻的货物。包括水果类、酒类、办公用品、工艺品、玩具等。

4. 捆包货

捆包货是根据货物的品种形态需要捆包的货物。包括纤维制品、羊毛、棉布、棉花、纺织品、纸张等。

5. 袋装货

袋装货是指装在纸袋、塑料袋、布袋、麻袋内的货物。用纸袋装载的货物有水泥、砂糖;用塑料袋装的货物有肥料、化学药品、可可、奶粉等;用麻袋装载的货物有粮食;布袋用于装载粉状货物。

6. 鼓桶类货

鼓桶类货是指货物的包装外形是圆形或鼓形的。按包装形态有铁桶、木桶、纸板桶等。包括油类、液体和粉末化学制品、酒精、糖浆等。

7. 滚筒货和卷盘货

滚筒货和卷盘货是按货物本身形态划分的。如塑料薄膜、钢瓶属于滚筒货;电缆、卷纸、卷钢、钢丝绳等属于卷盘货。

8. 长件货

长件货是指货物的外形尺度较长的货物,主要包括原木、管子、横梁以及特别长的木箱包装货物。

9. 托盘货

托盘货是指货物本身需装在托盘上的货物,就是常说的"打托"的货物。

5.2.2　各类货物适箱情况分析

1.《国际贸易商品分类》中的 21 类商品的适箱情况分析

《国际贸易商品分类》将所有商品分为 21 类,各类货物的适箱情况如下。

(1) 动植物及其产品:如活动物可装于动物集装箱,乳品、蛋品及肉类可装于冷藏集装箱,动植物油脂可根据其包装形式和运输要求装于冷藏集装箱(冷柜、冻柜、冰柜、雪柜)、罐式集装箱(集装罐)和普柜(干货柜、杂货柜、通用柜)内运输。

(2) 食品、饮料、酒及醋、烟草:可装于冷藏集装箱、罐式集装箱、普柜(杂货柜)和散货集装箱内运输。

（3）矿产品、化工产品等：由于此类货物有许多属于危险货物，应根据货物的物理、化学性质，选用普柜（杂货柜）、冷藏集装箱、罐式集装箱和散货集装箱。

（4）塑料或橡胶及其制品、旅行用品、手提包、编织品、纸等：可装于普柜（杂货柜）等运输，而生皮、皮革、毛皮及其制品则应根据情况，装于通风集装箱或普柜（杂货柜）内运输。

（5）陶瓷产品、玻璃及其制品等：可装于普柜（杂货柜）和敞顶集装箱内运输。

（6）纺织原料及纺织制品：通常装于普柜（杂货柜），有些成衣为了使其在运输中不产生皱折，则可装于服装集装箱内运输；鞋、帽、伞、杖、鞭、羽毛制品、人造花、人发制品等都可装于杂货集装箱内运输。

（7）贵重的宝石、硬币及贵金属等：可装于普柜（杂货柜）内运输，从这类货物运费的承受能力及物理、化学性质来看，它应属于最适合于装集装箱的货物，但是，由于这类货物价值昂贵且运量较小，所以通常在运输时装于杂货船的贵重货舱或交船长、大副保管。

（8）贱金属及其制品：由于其物理性质的原因，使其中许多货物不能采用集装箱方式运输；对部分此类货物若真要采用集装箱方式运输，则可选用普柜（杂货柜）、台架式集装箱、敞顶（开顶）集装箱等。

（9）机器、机械器具、电气设备及其零件、录音机及放声机、电视图像、声音的录制和重放设备及其零件、附件：可根据其不同的物理性质及外部形状和尺度选用普柜（杂货柜）、敞顶集装箱、台架式集装箱。

（10）小轿车：可选用汽车集装箱，也可使用普柜（杂货柜）等。

（11）光学、照相、电影、计量、检验、医疗或外科用仪器及设备、精密仪器及设备、钟表、乐器，上述物品的零件、附件等：常选用普柜（杂货柜）。

（12）武器、弹药及其零件、附件：可采用集装箱方式进行运输。

（13）对玩具、游戏品、运动用品、家具等杂项制品：可选用杂货集装箱等适合于该货物的集装箱。

（14）艺术品、收藏品及古物：可装于普柜（杂货柜）内运输。

目前，《国际贸易商品分类》中还有一些商品在运输中无法或不需要采用集装箱运输方式。如航空器、大型车辆、船舶等，由于其外部形状和尺度以及运输要求等原因，不能装载于集装箱内运输。

2. 各种常见货物的适箱情况分析

集装箱运输的货物品种繁多，货物形态千差万别，因此，按货物种类选择集装箱可以充分利用集装箱容积、限重，减少货损。一般是根据货物的种类、性质、体积、重量、形状和集装箱运输过程等因素来选择合适的集装箱，达到安全、及时、方便、高效地实现集装箱货流的目的。

目前常用的集装箱有普柜（杂货柜）、开顶集装箱、台架集装箱、平台集装箱、冷藏集装箱、散货集装箱、通风集装箱、动物集装箱、罐式集装箱、汽车集装箱、贵重金属集装箱、抽屉式集装箱、隔板式集装箱等。

（1）普通货物适用的集装箱有普柜（杂货柜）、开顶集装箱、通风集装箱、台架式集装箱、散货集装箱等。

（2）难以从箱门进行装卸而需要由箱顶上进行装卸作业的货物、长宽均未超过集装箱内部尺寸仅是高度超限的货物比如玻璃板、胶合板、机械等适用开顶式集装箱。

（3）麦芽、大米等谷物类货物，干草块、原麦片等饲料，树脂、硼砂等化工原料，适用散货集装箱。

（4）肉类、蛋类、奶制品、冷冻鱼肉类、药品、水果、蔬菜适用冷藏集装箱和通风集装箱。

（5）超重、超高、超长、超宽货物适用开顶集装箱、台架式集装箱和平台集装箱。

（6）兽皮、食品类容易引起潮湿的货物适用通风集装箱。

（7）酱油、葡萄糖、食油、啤酒类、化学液体和危险液体适用罐式集装箱。

（8）猪、羊、鸡、鸭、牛、马等家禽家畜适用动物集装箱。

（9）摩托车、小轿车、小型卡车、各种叉式装卸车、小型拖拉机等适用汽车集装箱。

（10）铝、铜等较为贵重的货物适用贵重金属专用集装箱。

（11）散件货物适用台架式集装箱或平台集装箱。

（12）弹药、武器、仪器、仪表适用抽屉式集装箱。

以上按货物种类选择集装箱的方法是从货物本身的性质和特点并结合运输的要求来考虑。实际上也可从集装箱对货物的适应性角度，表明不同货物对集装箱的适用性。

5.3　集装箱货物的装箱方法

为了迅速和顺利地完成货物装箱任务，必须做好装箱前的准备，集装箱的检查，以及了解装箱时应注意的一般事项。这些因素对集装箱能否充分有效地利用，货物是否能安全可靠地运到目的地，具有十分重要的意义。

5.3.1　集装箱使用前的准备、选择和检查

（一）集装箱使用前的准备

集装箱在装货前应了解如下一些内容。

1. 明确货物的特征

（1）货物的种类和货名：为了保证集装箱运输中货物的完好无损，不仅要了解货物的种类还要明确区分货物的名称。例如：对于危险货物来说，必须了解是属于哪一类危险货物，是爆炸品、易燃品还是腐蚀性货物。还要了解具体的货名，例如：鞭炮、硫酸等，还要了解该货物对集装箱在装卸等方面有无特殊要求。

（2）货物的尺寸：了解货物的具体尺寸主要是用以计算箱内能装载的数量。特别是对于那些长大件和不规则货物，由于集装箱的角件突出在箱内，门楣的影响，从名义上看可以装进集装箱，但是实际装载时难以装载。

（3）货物的重量：任何情况下，集装箱所装货物的重量，都不得超过集装箱的载重。

（4）货物的包装：包装的种类很多，如纸箱、木箱、草包、布袋等。不同的包装具有不同的包装强度。货物的包装强度和包装材料应符合运输条件和装卸条件的要求。

（5）货物的性质：不同的货物具有不同的特性，例如危险性、易碎性、对温、湿度的敏感性，可否与其他货物混载等，货物的这些特性必须在装箱前全面了解。

2. 了解集装箱的运输全过程

集装箱运输通常是通过几种不同运输方式进行联运的，这时应了解集装箱运输的全过程。

（1）集装箱运输的路线：应了解完成运输任务需通过哪几种运输方式；运输过程中的

外界条件如何,是否通过高温、高湿地区等。

(2) 收货和交货的形式:集装箱货物的交接地点一般有三种,即集装箱场、集装箱货运站和货主仓库。

(3) 拆箱地点的设备和条件:拆箱地点采用何种装卸机械,其起重量多大。

(4) 有关各国特有的法令和规则。

3. 集装箱需用量的确定

集装箱需用量的确定要以充分利用其容积及限重为原则,一般分两种情况来考虑。

(1) 对于单位体积相同的货物(实务中 FCL 整箱货通常属于这种情况,因为整箱货通常是一个柜子中装的是一家货主的一种货物),可先计算单位集装箱(即一个集装箱)里能够装载的货物件数,然后再推算集装箱的用量。计算步骤如下。

首先计算一个集装箱能够装载的货物件数(number of packages)。

这需要分别算出按照集装箱容积及限重算出的货物件数,然后取较小者。

① 按照集装箱容积计算货物件数。

$$单位集装箱(即一个集装箱)最大可装载件数 = \frac{集装箱容积 - 弃位容积}{单位货物体积}$$

$$或 = \frac{集装箱容积 \times 箱容利用率}{单位货物体积}$$

注:

a. 单位货物体积,即 1 件货物的体积。

b. 物流行业说的"件",是一个很笼统的概念,包括箱(纸箱、木箱)、袋、桶、筐、篓、捆,以及裸装货(比如木材、钢板、钢锭、卷钢等)。

② 按照集装箱限重计算货物件数。

$$单位集装箱最大可装载件数 = 集装箱的限重 \div 单位货物毛重$$

③ 比较①和②所得数值,取较小者作为最后确定的单位货柜的最大装载货物件数。

其次计算一共需要的集装箱数量。

$$所需货柜数量 = 货物总件数 \div 单位货柜最大装载货物件数$$

注意:若计算结果不是整数,不可采取四舍五入的方法确定柜子数量,比如,结果是 3.1 或 3.2,理论上讲,柜子需求量应该是 4,但实务中又要分两种情况。

① 若计划全用小柜装载该批货物,则不管小数点后的数字是几,所需柜子数量均采取大一位取整的方法确定,比如,3.1,3.2,3.3,3.4,3.5,3.6,…都应取 4,即要装下这批货物一共需要 4 只货柜。

② 若计划用"整大零小"的方式装载这批货物,即先用大柜装,对于最后余下的零头部分再用小柜装,这样的情况可以按照"四小五大"的方法处理,比如,按照上式计算,所需大柜(40 尺柜)数量是 3.4 或 3.4 以下,则可考虑用 3 只大柜 1 只小柜装;若计算而得的大柜数量是 3.5 或 3.5 以上,则可考虑用 4 只大柜装。

注意:上述对货柜用量的计算只是一种估算,实际装载当中,对于大宗货物可能有出入。

(2) 对于单位体积不同的货物以及需要拼箱(LCL)的货物,装箱前可先在装箱图上进行规划。

规划时,在尽量使集装箱的载重量和容积都得到充分利用的前提下,应将轻、重货物进行合理搭配与堆放,以免发生货损。

4. 装箱负责人的确定

集装箱货按整箱货和拼箱货可分为两种不同的装箱方式。

(1) 发货人装箱方式。货物批量能装满一个集装箱以上的货物称为整箱货物,其装箱(stuffing)工作一般由货主完成。发货人装箱后,把集装箱运到集装箱堆场(CY),交给承运人。当然,有的发货人可能委托承运人装箱。

(2) 承运人装箱方式。对于 LCL(拼柜、散货拼箱),由于每票货物数量都不足以装满一个整箱,这种情况通常由 CFS(集装箱货运站)负责装箱,由货运站代表承运人将流向一致的不同货主的几票货物混装在同一集装箱内。当然,也有个别情况虽是大批量货物,但也有运到集装箱货运站去装箱的。

5. 集装箱规格的确定

集装箱的规格尺寸总体看有国际标准尺寸和地区(国家)标准尺寸,其中所包含的尺寸类型更是多种多样,对集装箱规格尺寸的选择需要综合考虑多种因素。

(1) 从集装箱货物的数量、批量和密度等因素考虑。一般来说,在货物数量大时,尽量选用大规格箱(货柜的规格,指的是柜子尺寸,即长、宽、高);某航线上货运数量较小时,配用的集装箱规格不宜过大;货物密度较大时,选用规格不宜过大(因为 40 尺柜跨度大中间又无立柱,因此不宜承载密度较大的货物);轻泡货物应采用规格较大的集装箱。

(2) 从经济上是否合理的角度考虑。由于集装箱运输中大多采用包箱费率(box rate),对各种规格集装箱总重的规定(单位尺度平均值)有较大差别,对于特定数量的货物选择集装箱规格和数量时,在保证能装下这些货物的前提下,对集装箱的选择存在通过规格数量的不同组合使全程总费用最小的经济合理性问题。此外,有些航线经常由于两港之间货源不平衡而造成大量集装箱回空运输,降低了集装箱运输的经济效果,为了解决空箱回运(广东人称之为"渡吉")的问题,在货源不平衡的航线上采用折叠式集装箱,可大大降低空箱回运时的舱容损失。

(3) 从集装箱多式联运的需要考虑。首先,要顾及与国外货主和船公司的合作问题,进行集装箱国际多式联运时,很有可能与国外船公司进行箱子交换、互用,因此,最好选择国际上广泛使用的集装箱。其次,集装箱多式联运应以"门到门"运输为原则,在货物运输全程中,可能涉及多种运输方式,目前海上运输各环节(装卸、船舶)可以满足各种规格集装箱货物运输需要,但内陆运输中可能存在道路、桥涵承载能力不足,装卸设备不能适应大型集装箱装卸需要,集装箱内陆货运站不能办理大型箱业务,库场运输工具不符合运输要求等问题。在选用集装箱时,为了适应公路、铁路运输条件的限制,使运量少、运输条件差的国家和地区也能实现集装箱"门到门"运输,可采用"子母箱"运输方法。

(二) 集装箱的选择

在集装箱货物装箱之前,应根据所运输的货物种类、性质、形状、包装、重量、体积以及有关的运输要求等,选择适货的集装箱。集装箱的装载量、运输路线及其通过能力以及货物密度与集装箱容重的适应程度也要考虑到。

1. 各种集装箱适于装运的货物

(1) 杂货集装箱、通风集装箱适合于普通杂货运输。

（2）敞顶集装箱、台架式集装箱、平台集装箱适合于重大件货物运输。

（3）冷藏集装箱、通风集装箱适合于冷冻、冷藏货物运输。

（4）罐式集装箱适合于散装液体货物运输。

（5）动物集装箱、通风集装箱适合于动、植物货物的运输。

另外，杂货集装箱还可用来装运贵重货物和危险货物。

2．集装箱的选择

正确选用集装箱，应考虑下述因素。

（1）货物特性对集装箱有无特殊要求。

（2）装载量、运输路线及其通过能力。

选择装载量与货物相适应的箱型，其目的在于使集装箱载重量得到充分利用。集装箱的最大载货重量等于总重量减去自重。从装载运输的安全性、集装箱本身及装载机械设备的负荷等方面考虑，集装箱实际载重量不能超过集装箱后门标注的限重数值。

根据运输道路通过能力及有关规定选择相应的运输路线或与其相对应的箱型。要了解集装箱货物运输经过的道路、桥梁、隧道的通行规定，防止运输当中出现问题。

（3）货物密度与集装箱的容重两者要相适应。

货物密度是指货物单位容积的重量，其计算式为

$$某货物的货物密度 = \frac{该批货物单位质量}{该批货物单位体积}$$

集装箱的容重是指集装箱单位容积的重量，是集装箱的最大载货重量与集装箱的容积之比，其计算式为

$$某集装箱容重 = \frac{该集装箱的最大载货重量}{该集装箱的容积}$$

由于实际中，货物装入箱内时，货物与货物之间，货物与集装箱内衬板之间、货物与集装箱箱顶板之间都会产生无法利用的空隙（称为弃位容积），故此在计算集装箱的容重与货物的货物密度时，上式集装箱的单位容重量应修正如下：

$$某集装箱容重 = \frac{该集装箱的最大载货重量}{该集装箱的容积 - 装箱弃位容积}$$

$$或 = \frac{该集装箱的最大载货重量}{该集装箱的容积 \times 箱容利用率}$$

式中集装箱的最大载货重量，首先不能超过箱子后门上标注的 PAYLOAD 一栏的数值，这栏指的是柜子结构强度允许的最大装货重量。对于 20 尺货柜（即俗称的"小柜"）而言，有的 PAYLOAD 值为 30LT，即 30 长吨 30480kg（一个长吨（LT＝long ton）为 1016kg），有的 PAYLOAD 值为 24 公吨 24000kg；对于 40 尺货柜（即俗称的"大柜"）而言，有的 PAYLOAD 值为 30480kg，有的 PAYLOAD 值为 32500kg。

其次，还要根据船东、港口（装货港、卸货港）、输往国家或地区的规定，尤其是目的港为发达国家者则最多可载货重量远小于柜子后门所标的 PAYLOAD CAPACITY（或 NET WEIGHT），比如：以星（ZIM）规定，公司的限重为每个 TEU 为 12 吨，即小柜限重 12 吨，大柜限重 24 吨。再如，有些地区规定小柜、大柜内装货物限重分别约为 17 吨与 19 吨，2007 年 COSCO 去欧洲的 20′柜限重 14 吨，MSK（马士基）限重 18 吨。

为使集装箱的容积和载重量得到充分利用，在选箱时，应选择单位容重与货物密度相接近的集装箱。

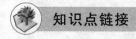 **知识点链接**

如何计算一只集装箱能够装下的同一种货物的最大数量（件数）

具体计算有两种方法。

方法一

计算原理：每个集装箱的容重是一定的，因此如箱内装载一种货物时，只要知道货物密度，就能断定是重货还是轻货（所谓的"重货"、"轻货"都是相对的）。若货物密度大于柜子容重则是重货，装载的货物最大件数以柜子的限重计算；反之若货物密度小于柜子的容重则是轻货，装载的货物最大件数以柜子有效容积计算。

【例 5-4】 一只 20 尺普柜（俗称 $20'GP$ 柜）的理论容积为 33CBM（立方米），计划装载牛奶，已知这种货物的装箱弃位容积为 3CBM（或者：箱容利用率为 91%），货柜的限重为 15 吨。这批货为纸箱装，纸箱规格（外形尺寸）为 $30cm \times 20cm \times 10.7cm$，每个纸箱里装 24 盒牛奶，每箱毛重（gross weight）为 6kg，试求：该 20 尺普柜最多可以装运多少箱牛奶？

解：

① 该货柜的容重为：$15 \div (33-3) = 0.5(t/m^3，吨/立方米)$

② 货物密度为：$0.006 \div (0.3 \times 0.2 \times 0.107) \approx 0.93(t/m^3)$

③ 由于 $0.93 > 0.5$，说明此货为重货，因此以柜子限重为准计算货物件数，即：限重÷每件货物重量＝最多允许件数，代入数据就是：$15 \div 0.006 = 2500$（cartons，箱）

【例 5-5】 其他条件同上，只是把货物改为方便面，每箱毛重 3kg，试求：该 20 尺普柜最多可以装运多少箱方便面？

解：

① 该货柜的容重为：$15 \div (33-3) = 0.5(t/m^3)$

② 货物密度为：$0.003 \div (0.3 \times 0.2 \times 0.107) \approx 0.47(t/m^3)$

③ 由于 $0.47 < 0.5$，说明此货为轻货，因此以柜子有效容积为准计算，即：有效容积÷每件货物体积＝最多允许件数，代入数据就是：$30 \div (0.3 \times 0.2 \times 0.107) = 4672$（cartons）

方法二

分别按照集装箱限重和有效容积计算出货物件数，再取较小者作为最后确定的最多装载货物件数。

上面例 5-4：

① 按照柜子限重计算出可能装下的货物件数。

限重÷每件货物重量＝最多允许件数，代入数据就是：$15 \div 0.006 = 2500$（cartons）

② 按照柜子有效容积计算出可能装下的货物件数。

$(33-3) \div (0.3 \times 0.2 \times 0.107) = 30 \div 0.00642 = 4672$（cartons）

③ 由于 $2500 < 4672$，因此该货柜最多可装载的货物件数为 2500 箱。

上面例 5-5：

① 按照柜子限重计算出可能装下的货物件数。

限重÷每件货物重量＝最多允许件数，代入数据就是：$15 \div 0.003 = 5000$（cartons）

② 按照柜子有效容积计算出可能装下的货物件数。

$$(33-3) \div (0.3 \times 0.2 \times 0.107) = 30 \div 0.00642 = 4672 \text{(cartons)}$$

③ 由于 4672<5000,因此该货柜最多可装载的货物件数为 4672 箱。

（三）集装箱的检查

在集装箱货物装箱之前,都必须经过严格检查。有缺陷的集装箱,在运输、装卸过程中,轻则会导致货损事故,重则会造成箱毁人亡事故。因此发货人、承运人、收货人以及其他有关人在相互交接时,除对箱子进行检查外,还应以设备交接等书面形式确认箱子交接时的状态。不论是由货主负责装箱,还是由承运人负责装箱,都应如此。

1. 所选择的集装箱应具备的基本条件

（1）符合 ISO 标准。

（2）四柱、六面、八角完好无损。

（3）箱子各焊接部位牢固。

（4）箱子内部清洁、干燥、无味、无尘。

（5）不漏水、不漏光。

（6）具有合格的检验证书。

（7）箱子本身的机械设备(冷冻、通风等)完好,能使用。

2. 集装箱检查的主要内容

通常对集装箱进行检查,检查内容主要有箱子内部和外部检查、箱门检查、清洁状态检查以及附属件检查等。

（1）外部检查:对箱子进行六面察看,外部是否有损伤、变形、破口等异样情况,如有,即作出修理部位标志。箱顶部分要检查有无气孔等损伤,对于已进行过修理的部分,检查时应特别注意检查其现状如何,有无漏水现象。

（2）内部检查:对箱子的内侧进行六面察看,是否漏水、漏光,有无污点、水迹等。把箱门关起来,检查箱子有无漏光处,这样就能很容易地发现箱顶和箱壁四周有无气孔,箱门能否严密关闭。检查时要注意箱壁内衬板上有无水湿痕迹。

（3）箱门检查:检查箱门是否完好,门的四周是否水密(water-tight),门锁是否完整,箱门能否重复开启,开启时能否正常旋转至 270°,关闭后是否密封,还要检查箱门把手动作是否灵活,箱门能否完全锁上。

（4）附属检查:对集装箱的加固环节状态,如板架式集装箱的支柱,平板集装箱和敞棚集装箱上部延伸结构的检查。主要检查系环、孔眼、板架集装箱和开顶集装箱上使用的布篷和索具、储液槽和放水龙、通风管、通风口等是否齐全完备。

（5）清洁状态检查:检查集装箱内有无残留物,有无垃圾、污染物、恶臭、生锈,有无脏污,是否潮湿,如不符合要求,应予以清扫,必要时应铺设衬垫或塑料膜等。

特别要注意的是,集装箱用水冲洗后,从表面上看好像已经干燥,但箱底和内衬板里面却含有大量的水分,这是造成货物湿损的重要原因之一。另外,如箱内发现麦秆、草屑、昆虫等属于动植物检疫对象的残留物时,也必须把这些残留物彻底清除。

5.3.2　集装箱货物的装箱

（一）装箱应注意的事项

不管是集装箱的公路运输、铁路运输或是海运,都很难避免震颠摇晃以及外界温度和货物内部湿度变化等易造成货损货差的风险因素。拥有明显规模经济优势的集装箱运输离不开谨慎的货物装载，其中包括纸板箱货（cartons）、木箱货（cases）和桶装货物（drums）等，由集装箱载运的这些货物一旦缺乏充分、适当的积载措施，或者没有最大化利用集装箱容积，不仅无法最大化发挥集装箱运力优势，而且还可能造成箱内货物在长途运输中发生移位、倒塌和损毁等事故；因此货物在装入集装箱的过程中必须确保货物在集装箱内的稳定，通常情况下必须注意以下事项。

（1）应根据货物的不同种类、性质、包装，选用不同规格的集装箱，选用的箱子应符合国际标准，经过严格的检查，并具有检验部门发给的合格证书。

（2）在装箱（做柜）时，任何情况下柜内所装货物的重量不能超过集装箱的限重。

（3）装载时要使箱底上的负荷平衡，箱内负荷不得偏于一端或一侧，特别是要严格禁止负荷重心偏在一端的情况。

（4）货物多层堆码时，堆码层数应根据箱底承载能力规定和货物包装强度来定，为避免下层货物被压坏，需要在各层之间垫入缓冲器材。

应避免产生集中载荷，如装载机械设备等重货时，箱底应铺上木板等衬垫材料，尽量分散其负荷。标准集装箱底面平均单位面积的安全负荷大致如下：20 英尺集装箱为 $1330 \times 9.8 \text{N/m}^2$，40 英尺集装箱为 $980 \times 9.8 \text{N/m}^2$。

（5）装载托盘货时，要确切掌握集装箱的内部尺寸和货物的外部尺寸，计算好最佳的装载件数，尽量减少弃位。托盘货物装入集装箱的时候通常采用叉车等机械工具，但更需要操作工人的谨慎操作。

通常用其他纸箱包装的货物充填配载托盘货物留下的容积，让包装货物和托盘货物相互靠紧，在货物与货物之间以及货物与集装箱板壁之间不留下空隙。

如果不用其他货物填充托盘货物之间的空隙，那么托盘货物在装入 40 英尺集装箱或者 20 英尺集装箱的时候，必须事先精确计算配载方案，充分利用集装箱内部容积。

如果一时无法用其他货物充填集装箱内部货物与货物之间或者货物与集装箱内壁之间的空隙，那么可以采用空气袋（air bag）替代，先按照配载在集装箱内的货物之间或者箱内边缘空隙大小选用不同型号的长圆形空瘪空气袋，将其塞进集装箱货物包装或者货物与集装箱内壁之间空隙，再设法为空瘪空气袋充满空气，空气袋膨胀起来之后紧紧顶住货物。

（6）货物的装载要严密整齐，货物之间不应留有空隙，这样不仅可充分利用箱内容积，也可防止货物相互碰撞而造成损坏。

货物必须做到全面紧密，充分考虑到货物包装的尺寸，精确配载，确保集装箱内部积载的货物相互稳定靠紧，一方面尽量充分利用集装箱积载因素，合理多装货物，提高集装箱运输效益，降低运输成本；另一方面则可以有效预防集装箱运输过程中发生箱内货物在震动中移位和碰撞，从而避免货物损毁等事故。

（7）在目的地掏箱（拆箱、拆吉）时，打开箱门时货堆可能会向外倒塌，箱门部位的货物应专门加以稳固，通常可利用箱门内侧上的环扣进行绑扎，也可以使用垫板、网络等装卸工属具约束可能向外倾出的货物。

（8）应使用清洁、干燥的垫料（dunnage），常见有胶合板、草席、缓冲器材、隔垫板等，如使用潮湿的垫料，就容易发生货损事故。

（9）用人力装货时要注意包装上有无"不可倒置"、"平放"、"竖放"等装卸指示标志。要正确使用装货工具,捆包货禁止使用手钩。箱内所装的货物要装载整齐、紧密堆装。容易散捆和包装脆弱的货物,要使用衬垫或在货物间插入胶合板,防止货物在箱内移动。

(10) 用叉式装卸车装箱时,将受到机械的自由提升高度和门架高度的限制。在条件允许的情况下,叉车装箱可一次装载两层,但上下应留有一定的间隙。

(11) 拼装货(LCL)在混装时应注意如下几点。

① 物理、化学性质相冲突的货物(互抵货)不能混装;

② 轻货要放在重货上面;

③ 包装强度弱的货物要放在包装强度强的货物上面,比如纸箱放在木箱上面;

④ 同形状、不同包装的货物尽可能不装在一起;

⑤ 液体货和清洁货(怕脏货)要尽量放下面;

⑥ 包装中会渗漏出灰尘、液体、潮气、臭气等的货物,最好不要与其他货混装在一起,如不得不混装时,应用帆布、塑料薄膜或其他衬垫材料隔开;

⑦ 有尖角或突出部件的货物,要把尖角或突出部件保护起来,不使它损坏其他货物。

(12) 冷藏货物的装载,必须严格按照规定要求规范操作,完善程序,并作好详细的记录。

冷藏集装箱(广东地区称为冷柜、冻柜、冰柜、雪柜)所装载的货物可分为冷却或冷藏货物(chilled cargo,也叫低温货)和冷冻货物(frozen cargo)两种。

前者是指一般选定不冻结的温度,或是货物表面有轻微结冻的温度,其温度范围在$1\sim11$℃,冷却货物的目的是维持货物的呼吸和防止箱内出汗。后者是指将货物冷冻起来运输,其温度通常较低,范围通常在$-20\sim-11$℃。

对冷藏冷冻货物在运输途中应保持的温度,货主在托运或订舱(booking)时都应有指示,承运人则应严格遵照执行。

承托双方(承运人与托运人)都应保管好有关该票货物在运输途中所需要的文件,以便发生纠纷时(例如产生温度问题的争执时)有据可依。

冷藏集装箱自身拥有绝缘保温层和冷藏机械设备,其可控温度范围通常是$-25\sim+23$℃或$-13\sim+73.4$℉,目前已经发展到电脑自动控制,还有运用先进科技的整套集装箱温度控制、稳定和检测系统,以便在运输途中有效保证货物在恶劣外界温度环境中箱内冰冻或者冷藏的质量,让客户满意放心。

冷藏集装箱运输必须根据合同规定,按照货物具体情况,分别予以处理,如装箱之前的货柜和货物预冷问题,如果货主要求货物不予装箱前预冷,必须出具书面要求,当事人的相关责任必须明确;此外冷藏集装箱地板排水孔必须按照运输合同的具体规定予以经常检查和必要的开闭;积载货物时必须为货物留有空气回旋空间等。

冷藏或冷冻货在装箱前,对集装箱和货物都应进行检查,检查的主要内容有:

① 冷冻装置的启动、运转、停止是否正常;

② 通风孔处于何种状态(开启或关闭);

③ 排水管是否堵塞;

④ 集装箱本身的气密性(water-tightness);

⑤ 货物是否达到规定的温度;

⑥ 装箱时,应注意货物不要堵塞冷气通道,天棚部分(箱顶与货物顶部之间)要留有一

定间隙,以使冷气能有效地流通;

⑦ 做柜(装箱)期间,冷冻装置应停止运转;

⑧ 关于垫料:装货前,冷藏集装箱内使用的垫木和其他衬垫材料要预冷;要选用清洁卫生的衬垫材料,不使它污染货物;不要使用纸、板等材料作衬垫,以免堵塞通风管和通风口;

⑨ 必须注意到冷藏货要比普通杂货更容易滑动,也容易破损,因此对货物要加以固定,固定货物时可以用网等作衬垫材料,因为网这种垫料不会影响冷气的循环和流通;

⑩ 严格禁止已降低鲜度或已变质发臭的货物装进箱内,以避免损坏其他正常货物。

(13) 危险货物的装载,也必须严格按照规定要求规范操作,完善程序,并作好详细的记录。

危险品集装箱运输必须从法律法规和实际操作等方面高度关注,按照国际海运危险品法规(IMDG)进行分类,危险品基本上分为九级,其内容十分详细复杂,简明扼要来讲,危险品一级为爆炸物,二级是燃气和毒气,三级是可燃液体,四级是可燃固体物,五级是氧化物和有机过氧化物,六级是有毒和感染物质,七级是放射性物质,八级是腐蚀性物质,九级是其他种类的危险品。

危险货物装箱时应注意如下事项。

① 凡是集装箱卡车运输危险品货物,所有货物均必须按照国际规范严格包装,其表面必须有明显的符合实际的危险品标记和标签;

② 货物装箱前应调查清楚该类危险货物的特性、防灾措施和发生危险后的处理方法,作业场所要选在避免日光照射、隔离热源和火源、通风良好的地点;

③ 作业场所要有足够的面积和必要的设备,以便发生事故时,能有效地处置;

④ 作业时要按有关规则的规定执行,作业人员操作时应穿防护工作衣,戴防护面具和橡皮手套;

⑤ 装货前应检查所用集装箱的强度、结构,防止使用不符合装运要求的集装箱;

⑥ 装载爆炸品、氧化性物质的危险货物时,装货前箱内要仔细清扫,防止箱内因残存灰尘、垃圾等杂物而产生着火、爆炸的危险;

⑦ 要检查危险货物的容器、包装、标志是否完整,与运输文件上所载明的内容是否一致,禁止有包装损伤、有容器泄漏的危险货物装入箱内;

⑧ 使用固定危险货物的材料时,应注意防火要求和具有足够的安全系数和强度;

⑨ 危险货物的任何部分都不允许突出于集装箱外,装货后箱门要能正常地关闭起来;

⑩ 有些用纸袋、纤维板和纤维桶包装的危险货物,遇水后会引起化学反应而发生自燃、发热或产生有毒气体,故应严格进行防水检查;

⑪ 危险货物的混载问题各国有不同的规定,但通常都规定,不能把属于不同等级的危险货物混载在同一集装箱内;

⑫ 危险货物与其他货物混载时,应尽量把危险货物装在箱门附近;

⑬ 严禁危险货物与仪器类货物混载;

⑭ 在装载时不能采用抛扔、坠落、翻倒、拖拽等方法,避免货物间的冲击和摩擦;

⑮ 对托运人来说,应在货物托运单上或单独的申报单上保证他所托运的货物已正确地加以包装、标记、标志等内容,并具有适运的条件;

⑯ 运输危险货物时,应准备与运输其他种类货物所需的同样单证,这些单证的格式应填写的具体内容,及其所承担的责任由适用于该项运输方式的国际公约和有关立法加以确定;

⑰ 负责将危险货物装入集装箱内的工作人员,应提交"集装箱装运危险货物装箱证明书";

⑱ 装有危险货物的集装箱,应有规格不少于 250mm×250mm 的《国际海上危险货物运输规则》的类别标志(标牌),应至少有四幅这种标志(标牌),并将其贴在外部明显的地方,每侧各一幅,前后各一幅;

⑲ 装载易于散发易燃气体的危险货物集装箱,不应与可能提供电源的冷藏或加热的集装箱装载同一船舱内;

⑳ 当拆柜后,一经确认集装箱已无危险性,所有危险标志应自箱上去掉或加以遮盖;

㉑ 装载危险货物的集装箱卸空后,应采取措施保证集装箱不受污染,而使集装箱不具有危险性。

(14) 干散货的装箱。用集装箱装运散装货可节省包装费用和装卸费用。散货集装箱主要用于装载小麦、麦芽、豆子、谷物、树脂、铅粉、食盐、肥料、粮食、饲料、化工品等,在欧美等发达国家通常采用移动便利的空气压力传送机械实施装卸,仅仅 15 分钟就可以往集装箱内灌装 17 吨干散货。

干散货装箱时应注意:

① 装卸机械能否适应散货的性质及货柜的结构特征,必须视货物性质、湿度、比重和配载因素等情况而定,不可千篇一律;

② 经检验合格和准备装载干散货的集装箱必须预先清洁,确保箱内干燥,无异味和异物;

③ 必须在集装箱内铺设与集装箱上下左右内壁相适应的立体式塑料布,以最大限度避免发生货物污染和损毁事故;

④ 每辆集装箱卡车的干散货装卸作业最好一次性完成,中途不要暂停;

⑤ 防止装载谷物、饲料等时因货物出汗而造成货损。

(15) 液体散装货的装箱。散装的液体货可以利用罐式集装箱(集装罐)运输,这样可以节约大量的包装费用和装卸费用。

采用罐式集装箱运输液体货物时应注意:

① 罐式集装箱本身结构、性能、箱内面的涂料是否满足货物的运输要求;

② 查明集装箱的容量和所允许的载重量的比例与货物比重是否接近,当货物比重较大装载半罐的情况下,在装卸和运输过程中有损罐的危险;

③ 查明排罐时是否有合适的设备,这些设备是否适用于箱子的阀门等;

④ 检查安全阀是否有效;

⑤ 了解货物的特性,在运输和装卸过程中是否需要加温,以及装卸地是否具有蒸汽源和电源;

⑥ 了解当地有关法规。

(16) 用集装箱装运桶装货物时需注意的事项:

① 桶装货物(drums)在运输过程中必须垂直积载并用木板条框架加以固定;

② 集装箱装运的桶装货物大多是液态或者粉尘,运输公司(承运人)和货主必须在货物进入集装箱之前认真检查其品质;

③ 检查桶罐封口和木板条框架规格是否到位;

④ 桶装货物进入集装箱后必须固定,桶体之间的空隙必须被托盘、钢丝绳等其他物体加固充填和绑扎,避免长途运输途中发生货物移位,货物与集装箱内壁碰撞或者桶撞货物倾覆等。

(17) 动植物的装箱。一般来说,动、植物的检疫应根据出口国的规定进行,同时还要注意有些国家规定动、植物的进口一定要经过检疫人员的检查并得到许可后才能进口,如得不到许可,则会强制处理,如杀死、烧毁等。

动、植物检疫的对象通常是牛、马、羊、猪和经屠宰后的皮、毛、肉、香肠等。运输该类货物的集装箱有两种:一种是密闭性的;另一种是非密闭性的。

装箱时应根据具体的动、植物情况,注意:

① 集装箱的适货性;

② 装箱时的环境;

③ 货物所需的备料;

④ 货物的装箱量等。

(18) 汽车柜的注意事项。集装箱承运整车(UPC)时须注意:

① 必须实施四角绑扎,把汽车的四个轮子都固定住;

② 集装箱地板事先必须烧制绑扎环,做柜(装箱)时通过钢丝绳把汽车四个轮子和绑扎环牢固地捆绑在一起;

③ 整车前后左右必须由软体弹性充填物隔离,确保集装箱长途运输过程中,遇到剧烈震颤的时候,箱内整车不会与箱壁碰撞,同时充填物又要方便整车装卸操作。

这里值得一提的是汽车集装箱载运的整车通常是轿车或中小型客车,至于大型建筑机械和重型车辆则需用平板式集装箱或凳仔柜(台架式集装箱)。

(19) 集装箱里装运无包装机械。用集装箱装运无包装机械的时候,承运人或者货主必须根据不同机械尺寸大小和其不同的形状,仔细考虑货物配载和具体实施绑扎等方案,不得有任何侥幸心理,一切为了运输安全考虑,做到万无一失,其中包括机械重量,绑扎钢丝的安全规格,保证货物在箱内不发生移位和震动的各种具体措施,同时确保任何固定措施不损坏机械本身。

(二) 典型货物的装载方法

以下货物都是用普柜(干货柜、杂货柜、通用柜)装载的货物。

1. 纸箱货的装载

(1) 纸箱装箱操作应注意的问题

纸箱(carton,常简写为 ctn 或 ctns(复数))是集装箱货物中最常见的一种包装。

① 如集装箱内装的是统一尺寸的大型纸箱,会产生空隙。当空隙为 10cm 左右时,一般不需要对货物进行固定,但当空隙很大时,就需要按货物具体情况加以固定;

② 如果不同尺寸的纸箱混装,应就纸箱大小合理搭配,做到紧密堆装;

③ 拼箱(LCL)的纸箱货应进行隔票。隔票时可使用纸、网、胶合板、吸塑防静电托盘等材料,也可以用粉笔、带子等作记号;

④ 纸箱货不足以装满一个集装箱时,应注意纸箱的堆垛高度,以满足使集装箱底面占满的要求。

(2) 纸箱的装载和固定操作

① 装箱要从里往外装,或从两侧往中间装;

② 在纵向产生 250～300cm 的空隙时,可以利用上层货物的重量把下层货物压住,最上层货物一定要塞满或加以固定;

③ 如所装的纸箱很重,在集装箱的中间层就需要适当的加以衬垫;

④ 箱门端留有较大的空隙时,需要利用方形木条来固定货物;

⑤ 装载小型纸箱货时,为了防止塌货,可采用纵横交叉的堆装法。

2. 箱装货件的装箱操作

这里说的箱装货件不包括纸箱,而是指木箱、框架箱、钢丝板条箱等较牢固的箱子,其种类繁多,尺寸和重量各异。箱装货装载和固定时应注意的问题有:

(1) 装载比较重的小型箱子时,可采用骑缝装载法,使上层的箱子压在下层两个箱子的接缝上,最上一层必须加以固定或塞紧。

(2) 装载小型箱子时,如箱门端留有较大的空隙,则必须利用木板或木条加以固定或撑紧。

(3) 重心较低的重、大箱子只能装一层且不能充分利用集装箱底部面积时,应装在集装箱的中央,底部横向必须用方形木条加以固定。

(4) 对于重心高的箱子,仅靠底部固定是不够的,还必须在上面用木条撑紧。

(5) 装载特别重的大型箱子时,经常会形成集中负荷或偏心负荷,故必须有专用的固定设施,不让货物与集装箱前后端壁接触。

(6) 体积较大的木箱可考虑用开顶柜装,但这种木箱货件须是不怕湿的货物,因为开顶柜即使箱顶蒙上帆布也很难保证不渗水。

装载框箱时,通常是使用钢带拉紧,或用具有弹性的尼龙带或布带来代替钢带。

3. 托盘货的装载

托盘上通常装载纸箱货和袋装货。纸箱货在上下层之间可用粘贴法固定。袋装货装板(也叫装盘,因为托盘也叫货板)后要求袋子的尺寸与托盘的尺寸一致,对于比较滑的袋装货也要用粘贴法固定。托盘在装载和固定时应注意的问题有:

(1) 托盘的尺寸如在集装箱内横向只能装一块时,则货物必须放在集装箱的中央,并用纵向垫木等加以固定。

(2) 装载两层以上的货物时,无论空隙在横向或纵向时,底部都应用档木固定,而上层托盘货还需要用跨档木条塞紧。

(3) 如横向托盘数(指横向托盘垛堆数)为奇数时,则应把最后一块托盘垛堆放在中央,并用绳索通过系环拉紧。

(4) 托盘货装载框架集装箱时,必须使集装箱前后、左右的重量平衡。装货后应用带子把货物拉紧,货物装完后集装箱上应加罩帆布或塑料薄膜。

(5) 袋装的托盘货应根据袋包的尺寸,将不同尺寸的托盘搭配起来,以充分利用集装箱的容积。

4. 捆包货的装载

捆包货包括纸浆、板纸、羊毛、棉花、面布、棉织品、纺织品、纤维制品以及废旧物料等。

其平均每件重量和容积常比纸箱货和小型木箱货大。一般捆包货都用杂货集装箱(干货柜、普柜)装载。捆包货包装形态由于货种不同会有很大的差异,装箱的捆包单位体积一般不宜超过 $0.566m^3(20ft^3)$,否则装箱及拆箱(或叫掏箱或拆吉,即把货物从箱内取出)都有一定困难。捆包的堆积不受方向限制,在箱内可做纵向或横向堆积,也可竖向堆积,堆积方式的选定以空隙最小为原则。

捆包在装载和固定时应注意以下问题。

(1) 捆包货一般可横向装载或竖向装载,此时可充分利用集装箱箱容。

(2) 捆包货装载时一般都要用厚木板等进行衬垫。

(3) 用粗布包装的捆包货,一般比较稳定而不需要加以固定。

(4) 腹部较大的捆包,在箱门处可能倒塌,所以对这种捆包在箱门内 0.3m 处要利用环扣和绳索加以绑扎。

(5) 应注意集装箱内可能有棱角、突起物(螺丝钉等)会损坏货件包装,所以这些部位应加以适当的衬垫。

(6) 若捆包是用金属钢皮带捆扎的,应注意这些钢带相互摩擦会产生热量或火花,尤其是当捆包货件为易燃性纤维材料时,或集装箱内混装有其他易燃性货件时,更易造成着火燃烧等隐患。

5. 袋装货的装载

袋包装的种类有麻袋、布袋、塑料袋、纸袋等,主要装载的货物有粮食、咖啡、可可、化肥、水泥、粉状化学品等。除某些袋装货物须使用通风集装箱等特殊集装箱外,一般都使用杂货集装箱(通用柜、普柜)。通常袋包装材料的抗潮、抗水湿能力较弱,故装箱完毕后,最好在货物顶部铺设塑料等防水遮盖物。袋装货在装载和固定时应注意的问题。

(1) 袋装货一般容易倒塌和滑动,可采用压缝方式堆积或者用粘贴剂粘固,或在袋装货中间插入衬垫板和防滑粗纸。

(2) 袋包一般在中间呈鼓凸形,常用堆装方法有砌墙法和交叉法。

(3) 为防止袋装货堆装过高发生塌货事故,需用系绑用具加以固定。

(4) 必要时可采用货板(托盘)成组方式,作业较简便,并可提高作业效率,但缺点是货板本身要占据一定的载货空间,使货物装箱数量有所减少。根据经验,将袋装货件装箱时以使用两层托盘组件为宜,因为较多的层次会使托盘占据更多箱容,会使载货数量进一步减少。另外,由于集袋箱箱容有限,托盘的尺度除应适合袋装货件的外形尺寸外,还应与集装箱的箱内尺度相协调,这样既能充分利用箱容,又能直接运用小型叉车进行装、拆箱作业。

6. 滚筒货的装载

卷纸、卷钢、钢丝绳、电缆、盘圆等卷盘货,塑料薄膜、柏油纸、钢瓶等滚筒货,以及轮胎、瓦管等均属于滚动类货物。滚动货装箱时一定要注意消除其滚动的特性,做到有效、合理地装载。

(1) 卷纸类货物的装载和固定操作

卷纸类货物原则上应竖装,并应保证卷纸两端的端面不受污损。只要把靠近箱门口的几个卷纸与内侧的几个卷纸用钢带捆在一起,并用填充物将箱门口处的空隙填满,即可将货物固定。

(2) 盘圆的装载和固定操作

盘圆是一种只能用机械装载的重货,一般在箱底只能装一层。最好使用井字形的盘圆架。大型盘圆还可以用直板系板、夹件等在集装箱箱底进行固定。

（3）电缆的装载和固定操作

电缆是绕在电缆盘上进行运输的，装载电缆盘时也应注意箱底的局部强度问题。大型电缆盘在集装箱内只能装一层，一般使用支架以防止滚动。

（4）卷钢的装载和固定操作

卷钢虽然也属于集中负荷的货物，但是热轧卷钢一般比电缆轻。装载卷钢时，一定要使货物之间互相贴紧，并装在集装箱的中央。对于重 3t 左右的卷钢，除用钢丝绳或钢带通过箱内系环将卷钢系紧外，还应在卷钢之间用钢丝绳或钢带连接起来；对于重 5t 左右的卷钢，还应再用方形木条加以固定。固定时通常使用钢丝绳，而不使用钢带，因为钢带容易断裂。

（5）轮胎的装载和固定操作

普通卡车用的小型轮胎竖装横装都可以。横装时比较稳定，不需要特别加以固定。大型轮胎一般以竖装为多，应根据轮胎的直径、厚度来研究其装载方法，并加以固定。

7. 桶装货的装载

桶装货一般包括各种油类、液体和粉末类的化学制品、酒精、糖浆等，其包装形式有铁桶、木桶、塑料桶、胶合板桶和纸板桶这 5 种。除桶口在腰部（即中间粗两头稍细）的传统鼓形木桶外，桶装货在集装箱内均以桶口向上的竖立方式堆装。由于桶体呈圆柱形，故在长方形箱体箱内堆装和加固均有一定困难，因此，在集装箱内堆装桶装货件时，在层与层之间应加设平整的铺垫木板，此外，堆装后的最上层会留出一些无法用来装载桶装货件的空间，但在此空间内可以配装一些适宜的小件包装货，以充分利用箱容。在桶装货件装箱时，应充分注意桶的外形尺寸，并根据具体尺寸决定堆装方法（使之与货箱尺度相协调）。

（1）铁质桶的装载和固定操作

集装箱运输中以 $0.25m^3$（55 加仑）的铁桶最为常见，这种铁桶在集装箱内可堆装两层，每一个 20 英尺型集装箱内一般可装 80 桶。装载时要求桶与桶之间要靠近，对于桶上有凸缘的铁桶，为了使桶与桶之间的凸缘错开，每隔一行要垫一块垫高板，装载第二层时同样要垫上垫高板，而不垫垫高板的这一行也要垫上胶合板，使上层的桶装载稳定。

（2）木质桶的装载和固定操作

木桶一般呈鼓形，两端有铁箍，由于竖装时容易脱盖，故原则上要求横向装载。横装时在木桶的两端垫上木楔，木楔的高度要使桶中央能离开箱底，不让桶的腰部受力。

（3）纸板桶的装载和固定操作

纸板桶的装载方法与铁桶相似，但其强度较弱，故在装箱时应注意不能使其翻倒而产生破损。装载时必须竖装，装载层数要根据桶的强度而定，有时要有一定限制，上下层之间一定要插入胶合板做衬垫，以分散负荷。

8. 薄板货物的装载

薄板货物主要是指纤维板、薄钢板、胶合板、玻璃板、木制或钢制的门框等。这些货物的包装形式一般是裸装或者先装入木箱。

这类货物的装载方法各有不同，有的需要横装，有的需要竖装。比如，纤维板、胶合板等一般要求横装；而玻璃板必须竖装。

考虑到装卸的便利性，对这类货物可选用开顶式集装箱装载。

用集装箱装载薄板货，其货物本身要用钢带、布带或收缩性的塑料等固定在柜子上。

这里特别说说平板玻璃的装箱。这种货物必须以竖立方式堆装，因为如果采用横装方式，因其自重或重叠堆放的原因容易发生碎裂。另外，由于竖装的玻璃板的底面积很小，但是高度较高，重量较重，因此极不稳定。所以积载时应设法堆装稳固，保证装卸搬运时货件不动摇翻倒。平板玻璃货件之间应加设立柱或其他衬垫材料，装箱时货件由箱侧向中央堆装，最后在中部必然形成一些空位，这些空位处应使用衬垫材料填塞，当空位较大时，应使用硬性的横撑，以此使空位两侧的货件不能松动。为防止木箱之间的碰撞，还应在木箱顶部或端部用木板或木条把木箱连接起来，以达到加固的目的。由于平板玻璃极易破碎，以及这种货件在箱内操作很不方便，所以作业应十分谨慎，尤其要严防货件翻倒和货件受到起吊等作业工具、属具的敲击或碰撞。

（三）特殊货物的集装箱装载

超尺度和超重货均属特殊货物，超尺度货是指货物的尺度超过了国际标准集装箱的尺寸而装载不下的货物，超重货是指货物重量超过了国际标准集装箱的最大载货重量而不能装载的货物。

集装箱船的箱格（格栅）结构和装卸集装箱的机械设备是根据集装箱标准来设计的，因此如果货物的尺寸、重量超过了这一标准规格，则对于集装箱船的装卸和集装箱自身的做柜（装箱）、拆柜（拆箱）作业都会造成一定的困难，但从另一方面来说，由于集装箱运输的不断发展，货主方面不断提出使用非标准集装箱的要求，这就迫使有关方面研究如何运输这些超尺度和超重货的方法，以满足货主的要求。

1. 超高货物的装载

超高货物是指货物的高度超过集装箱箱门高度的货物。装载超高货物不仅需要考虑装卸作业本身的可能性，而且还需考虑道路通过能力的限制、车站和码头装卸作业条件的限制、船舶装载空间的限制。

通常干货集装箱（普柜、杂货柜）箱门的有效高度，20ft 型箱为 2265～2284mm（99.9% 的 20ft 柜为平柜，即高度为 8′6″（即外形高度为 8 英尺 6 英寸）），40ft 的平柜为 2265～2284mm，40ft 的 HQ 柜（超高柜、超高箱）为 2290～2310mm，如货物超过了这一高度，则属于超高货。

超高货的运输必须用开顶集装箱，或用板架集装箱装载。超高货的装载运输，给内陆运输、车站、码头、装卸机械、船舶装载等带来许多问题。首先，影响陆上运输：超高货在陆上运输时，公路能通过的高度一般都是有限制的，这种限制高度各国规定不一，但在公路交通法规中均有具体规定。其次，影响装卸机械作业：由于集装箱码头堆场和车站使用的装卸机械设备，如装卸桥（桥吊）、正面吊、龙门吊（场桥）等都是按标准集装箱设计的，没有考虑超高货装载的特殊情况，因此无法利用专用吊具装卸超高集装箱。如对超高货进行装卸，必须在装卸机械上临时安装一定的附属工具才能进行装卸。另外，影响到船舶装载：集装箱船装载超高货箱时，只能堆装在舱内最上层或甲板上的最高层。另外，如超高量太大，整个货物的重心高度必然会提高，随之会影响船舶稳性，给海上货物运输带来不安全因素。

超高货物只能用开顶式集装箱或板架式集装箱装载。装载超高件货时，通常只能将该箱子堆放在舱内或甲板上的最高层，该箱的上部不能再配载其他集装箱，但是超高件货若超高值太大，将使整个货物的重心提高，这样会影响船舶的稳性高度，对船舶的安全航行不利，因此在装载超高货的集装箱时，要严格控制货物的重心高度。另外，由于该类集装箱的顶部是敞开的,虽然可以用篷布遮盖,但防水性较差,所以装载时应考虑到货物的防水要求。

2. 超宽货物的装载

对于超宽货物,除受到集装箱结构上的限制外,还受到装卸作业条件和集装箱船装载条件的限制。对于车站和码头的超宽限制是根据所使用的机械设备的种类而定的。

集装箱对超宽货物的限制主要由箱格结构入口导槽的形状而定。另外,堆放集装箱时,其集装箱之间的空隙大小对超宽货物也有相应的限制。通常日本集装箱船为 200mm 左右,而其他国家船舶约为 180mm。如果所装的超宽货物不超过上述范围,一般在箱格内是可以装载的,而且集装箱与箱格导柱之间有一些超宽余量(一般为 80~150mm)。

装载超宽货时,还必须充分注意货物的横向固定问题。如果超宽货物产生了横向移动,货物就会紧靠在相邻的集装箱上,严重时甚至会戳破相邻集装箱的箱壁,因此,超宽货集装箱的固定作业要比普通集装箱更为严格。

3. 超长货物的装载

超长货物一般只能用板架式集装箱装载,并利用机械进行装卸,这时如采用预扎吊索法,则在卸货地卸货时就非常快,但吊索回收有问题,因此为了便于叉车叉起和便于摘挂吊索,要适当地利用衬垫。

装载时,需将集装箱两端的插板取下,装货时,把插板铺在货物下面就可以了。超长货物的超长量有一定限制,最大不得超过 306mm。在箱格结构的集装箱船上,舱内是不能装载超长货的,因为每个箱格都有横向构件,所以只能在其甲板上装载。

长件货在长度方向容易滑动,因此对端壁和箱门要特别注意。

需要说明的是,对超长货,除了考虑用板架式集装箱装载外,还可考虑用 45 英尺或 48 英尺的超长柜装。

4. 超重货物的装载

集装箱自身的重量加上所装货物的重量的总重是有限制的,要知道货柜的限重,从柜门上标注的 PAYLOAD 一栏的数据就可得知,至于最大允许的箱货总重则从 MAX GROSS WEIGHT 一栏获知,所有的与其有关的运输工具和装卸机械也都是根据这一总重来设计的,因此绝不允许集装箱超重。一旦发现集装箱超重,应与货主协商,将超重货物适当分解,使其重量能符合运输设备和装卸设备的要求。超重货物装箱时,关键要注意重量的均匀分布,应将超重货物放在箱内的中心位置,另外,要加垫板,重心的偏差应保持在箱体或宽度的 10% 以内。

5. 散件货物的装载

对尺寸和重量较大而且必须由几个平台集装箱拼起来装载的货物称为散件货。散件货物其尺寸和重量很大,不能装在一个集装箱内,这些货物可以与普通货船一样从船侧直接装在舱内或甲板上。装载这些货物时,需把几个平台集装箱拼起来装载一件货物,其装载的尺寸和重量受船舶结构的限制。这要根据不同船舶而有所不同,如舱内不能达到所需空间,则可直接装在甲板上。装载散件货物时须考虑以下因素。

(1) 从装载地运到船边或离开船边所采用的运输方法。

(2) 能否使用岸上的集装箱装卸桥。

(3) 不能使用装卸桥时要安排好浮吊,但必须考虑浮吊的跨距和高度是否足够。

(4) 是否可以直接靠岸卸货或者需要过驳。

（5）根据货物的形状确定安装吊索的位置。

（6）确定货物的固定方法，准备好固定货物用的材料和作业人员。

（7）考虑分散负荷的方法。

6. 干散货的装载

装载散货用的集装箱有专用的散货集装箱、敞顶集装箱等。但在选择集装箱时应考虑其装卸的方法、货物的性质、集装箱的强度和有关法规的规则等事项。由于在运输中因散货的移动可能会损坏集装箱的侧壁，因此要判定货物的密度、静止角和集装箱侧壁的强度。

（1）用敞顶（开顶）集装箱装散货

装载时需注意可能侧部强度不够，故一般限于装载干草块等比较轻的散货。

（2）用散货集装箱装散货

散货集装箱的箱顶上一般都设有 2～3 个装货口，箱门的下部也设有卸货口，其内衬板根据不同种类的货物，一般用玻璃钢胶合板，或者涂油漆的内衬板。

（3）化学制品的装载

若是化学制品，则要从法规上考虑该品种是否属于危险货物，如是食品、饲料等动植物制品，则要根据有关国家的动植物检疫法规所规定的运输、储藏、检查、熏蒸的方法来处理。

（4）装载方法

一般利用圆筒仓或仓库的漏斗由箱顶装货口把货物流入箱内，也可用铲子装料器、铲斗起重机或者利用空气使化学品类货物由管道输入箱内等方法。

（5）卸载方法

一般采用将集装箱倾斜使散货产生自流的方法卸货，先通过侧翻和后翻将集装箱倾斜，然后使货物自动流出，也可以在箱顶插入吸管用真空吸出。

7. 液体散货的装载

液体货物的运输大多是通过专用船来进行的，如油轮、化学品液化船等，但有时也采用集装箱装运。用集装箱装运又分两种情况：一是直接装入罐式箱（集装罐）运输；二是液体货物装入其他容器（如桶）后再装入集装箱运输，这里讲的是前者。采用罐式集装箱装运液体散货时通常要注意以下几点。

（1）箱内的涂料能否满足货物的运输要求，如果不适合，有时可使用内衬袋。

（2）查明货物的比重与集装箱允许载重量与容积比值是否一致或接近，当货物比重较大，货物只装半罐时，不能采取罐式集装箱装载，因为半罐装会出现巨大的自由液体，从而降低船舶的稳性，另外半罐装还会出现"打水锤现象"，使得罐的结构受到巨大的损伤，给货物的装卸和运输带来危险。

（3）检查必备的管道、排空设备、安全阀是否完备有效。

（4）检查安全阀门是否有效。

（5）运输和装卸过程中应根据货物的特性考虑是否需要加温，需考虑装、卸货地点要有蒸汽源和电源。

（6）掌握有关法规和公约的规定。

8. 冷藏货物的装载

冷藏货物分为冷冻货（Frozen Cargo）和低温货（Chilled Cargo，也叫冷却货）两种。冷冻货是指货物在冻结状态下进行运输的货物，运输温度的范围一般在 −20～−10℃ 之间。

低温货是指货物在还未冻结或货物表面有一层薄薄的冻结层的状态下进行运输的货物,一般的调整范围在−1~＋16℃左右,货物要求低温运输的目的主要是保持货物的鲜度,有时为了维持货物的呼吸和防止箱内产生水滴(出汗)而需要在箱内进行通风。

冷藏货中食品类货物占的比重较大,运输质量要求较高,此外还有医药用品、化学用品等冷藏货。冷藏货必须采用冷冻柜运输。

(1) 冷藏货物装箱前的检查及准备

① 集装箱是否具有集装箱所有人出具的集装箱合格证书或文件;

② 集装箱的启动、运转、停止装置是否处于正常状态;

③ 集装箱的通风孔是否处于所要求的状态,通风孔是箱内冷却货物呼吸所需的开口,做柜(装箱)期间为了冷却货物要打开通风孔,但做柜完毕后就必须关闭通风孔以防止暖空气进入箱内造成货物腐烂变质;

④ 检查泄水管是否堵塞,因为残水排出口是装运冷却货物时所必需的,如果该处附有杂物或积尘,则会使残水难于排出,进而影响箱内货物的质量,所以应注意清理使其畅通;

⑤ 集装箱本身的气密性如何(集装箱内、外围壁和箱门等处的气密质量),以及隔热材料有无损坏等情况;

⑥ 如果装运食品,还应注意箱内的清洁条件;

⑦ 冷藏货物本身是否达到规定的温度,冷藏箱能否达到规定的温度;

⑧ 冷冻集装箱内使用的垫木和其他衬垫材料也要预冷,要选用清洁卫生的衬垫材料,不使它污染货物;

⑨ 在整个装货期间,冷冻装置应停止运转。

(2) 冷藏货物装载时的注意事项

① 冷藏货装箱时,先要对箱子进行预冷,同时还要检查货物本身的温度是否达到指定的温度;

② 为了使箱内的冷风保持循环,货物通常不能装到风管下面,也不能将冷风口的前面堵塞,装货高度不能超过箱中的货物积载线,天棚部分应留有空隙,且货物不能堵塞冷气通道和泄水通道,使冷气能有效地流通;

③ 冷藏货物要比普通杂货更容易滑动,也容易破损,因此对货物要加以固定,固定货物时可以用网等作衬垫材料,这样不会影响冷气的循环和流通。货物之间还需加冷冻垫托盘;

④ 货物装载期间,冷冻装置必须停止运转;

⑤ 温度要求不同或气味不同的冷藏货物绝不能配入同一箱内,装货完毕关门后,应立即使通风孔处于要求的位置,并按货主对温度的要求及操作要求控制好箱内温度;

⑥ 冷藏箱装船前,应由大管轮和电机员负责,按舱单(manifest,M/F)上的标注检查其设定的冷藏温度,并对制冷机械试机运行,若存在故障,则应及时修理,或临时换箱或退关(shut out)。

9. 危险货物装载

所谓危险货物是指具有引火爆炸或货物本身具有毒性、腐蚀性、氧化性并可能使人体的健康和财物遭受损害的运输对象的总称。

装运危险货的集装箱必须带有表明符合《国际集装箱安全公约》要求的"CSC 安全合格"金属标牌。装有危险货的集装箱必须持有"集装箱装运危险货物装箱证明书"。装有危险货的集装箱,其箱体两端和两侧均需粘贴符合国际危险物装载规定的危险货的主、副标牌或海洋污染物标记。有关危险货物装箱时应注意的事项请参前文叙述。

10. 检疫货物的装载

如果集装箱运输对象为活的动物或植物类货物,因其有可能带有某种害虫、细菌或病原体,所以在其进口时需要对其进行检疫。需要进行动、植物检疫的货物,必须经检查合格后方准进口。检查不合格时,应根据进口国的规定,进行熏蒸或消毒后才能进口,有的只能作焚烧处理。

(1) 动物检疫

需要进行动物检疫的货物主要有牛、马、猪、羊等活动物以及用这些动物制成的畜产品,如牛皮、羊毛、兔毛、猪肉、腊肠等。

检疫的内容主要如下。

检疫内容各国均有不同的具体规定,但其基本内容是:

① 检疫对象为装载活动物或其制成的畜产品的集装箱。如果杂货与畜产品混装时,则该集装箱在检查结束前不准打开。要求杂货与畜产品一起进行消毒处理后,才能开箱取出。

② 装载动检货物的集装箱,大致分为两类:一类是在运输途中其所带的害虫、细菌或病原体不会逸出箱外的集装箱,如板架集装箱、动物集装箱、开顶集装箱等。另一类是在运输途中内装货物产生的污物易逸出箱外的集装箱。对于第一类集装箱,在进口国是允许进行陆上运输的,其检疫地点可以在卸货港,也可以是在货物交接的指定地点。而第二类集装箱,进口国是不允许进行陆上运输的,故只能在卸货港进行检疫工作。

③ 对于活动物必须在第一个进口港内接受检疫。

④ 消毒时一般用 5% 的甲酚液进行消毒。

(2) 动检货物的装载

① 活动物。活动物一般采用动物集装箱装载,对装载的要求各国都有具体规定,其注意事项如下:在船上应装在甲板上受风浪影响较小的地方,周围最好用一些杂货集装箱遮蔽起来,减少风浪的袭击。另外,装载地要求供水方便,周围应留有通道,以便在航行中进行清扫和喂料,最好把饲料箱放在装畜箱附近。装载地点应不妨碍其他货物的装卸作业,便于进行检疫而不需重复地搬动集装箱。对于上一次已装过活动物的集装箱,如需要再次使用时,应根据有关国家动检规则的要求,进行清扫和消毒。动物集装箱装船时间应在所有集装箱装完后,最后装船,装卸作业最好选定在夜晚进行,以免动物受到刺激而惊乱。

活动物柜装船时,应注意其在甲板上的积载处所尽量少受风浪影响,并在航行中便于清扫、便于供水和提供饲料。把动物柜装上船或卸离船舶时,最好后装先卸(即装船时待动物柜装完后才装别的货物,卸船时待动物柜卸完后才卸别的货物),使动物少受惊吓。由于该类货物的特殊性使其在装箱、装船和运输保管要求等方面具有相应的特殊要求。

② 畜产品。畜产品一般采用通风集装箱装载。最典型的畜产品运输是兽皮运输。兽皮在运输中会流出液体,故应选择带有液槽的集装箱装运。

③ 装载中的注意事项。要备有足够的饮用淡水,如露天装载动物时间超过 24h 时,应有适当的遮蔽设备;运输过程中应有专业人员随船照料;为便于在运输途中进行喂料、喂水和清扫作业,在厩的前后方向应留有 1068mm 以上的通道。

（3）植物检疫

需要进行植物检疫的货物属于食品类的一般有：麦芽等谷物；柠檬、橘子等水果；土豆等蔬菜。属于非食品类的有木材、草制品等货物。如植物检疫不合格，即发现植物上有害虫或确定为有害植物时，应按检疫机关的批示进行熏蒸消毒或就地掩埋。

① 检疫的一般内容。集装箱进口检疫时，其具体情况应依据各国有关规则进行，内容大致如下。

a. 进口集装箱是指从国外运到本国港口以后，卸到码头岸壁、驳船或其他卸货地，进行开箱取货的集装箱。而对于某些密闭集装箱，如临时需要卸到陆地上，不开箱门而直接换装到其他船舶上的集装箱，不视为进口集装箱，所以不需要进行植物检疫。

b. 检疫地点原则上应在该集装箱所卸码头的指定场所进行。如该地点不能进行检疫时，则应按照检疫人员指定的地点进行。

c. 经检查后如发现有害虫或确认为是有害植物时，应遵照检疫人员的命令，按规则进行熏蒸或消毒。

d. 各种货物在检疫时使用的药剂、用药量和熏蒸的时间均有规定。

e. 如经过植物检疫后认为是不合格的货物，而该集装箱又无熏蒸装置时，则可先陆运到具有熏蒸设备的仓库或筒仓进行熏蒸后，再交付货主。

② 植检货物的装载。需要进行植物检疫的货物，在谷物中主要是麦芽，在蔬果菜类中主要是柑橘类货物，而木材中主要是胡桃木。

a. 麦芽可按散货的装载方法进行装载。

b. 柑橘类货物一般采用波纹纸板箱包装，以便于进行植物检疫。这类货物通常选用冷冻集装箱装载。

c. 木材应选用板架集装箱装载，但板架集装箱必须设有立柱，否则运输途中会产生塌货。木材也可以采用开顶集装箱装载，但装货时作业较复杂，而且容易损坏集装箱。

 **知识点链接**

1. 装箱货物的装箱常见的三种方法

（1）全部用人力装箱。

（2）用叉车搬进箱内再用人力堆装。

（3）全部用机械装箱，如先"打托"（把货物整齐地堆放在托盘上面），再用叉车在柜内堆装。

这三种方法中，第三种方法最理想，装卸率最高，发生货损事故最少，但是即使全部采用机械装箱，装载时如果忽视了货物特性和包装状态，或由于操作不当等原因，也往往会发生货损事故。

2. 集装箱汽车运输驾驶员安全操作规程

（1）集装箱运输要用专用车辆运输，车辆必须保证完好，保险扭锁必须安全可靠，装箱后检查锁销是否牢固，是否锁紧。

（2）装运重箱时，驾驶员要了解货物的性能，防止损坏、撞击而发生意外事故。

（3）装运集装箱时注意箱门是否关紧、关牢，特别是装运空箱时要防止在行驶中箱门敞开。

(4) 非集装箱专用车辆在运输集装箱时,无论空箱和重箱,距离远或近,车厢栏板不足1米高的,必须做到:

① 配备运输集装箱的专用紧固工具(葫芦、钢丝绳、紧线机)。

② 车辆栏板不足1米高的应加固。

③ 对无车厢栏板的车辆在装集装箱时,不论运距远近,未经紧固,不得运输。

(5) 集装箱车辆在行驶途中要严格遵守交通规则,在狭窄路面会车时,要注意上方的通信电线路、树木和其他障碍物。

(6) 行驶时,要根据不同的道路情况控制车速,严禁急刹车,特别是在车辆转弯时要降低速度,防止翻车事故。

(7) 铲、吊集装箱时,要配备专用工具(梯子、保险带),严禁铲吊装卸操作人员违章上下集装箱,以免发生事故。

3. 集装箱内货物的常见包装种类(中英文)

缩写	全写	中文
BAG	bag	袋
BAL	bale	大捆、大包
BAR	barrel	桶(木桶)
BDL	bundle	小捆
BOX	box	盒、箱
CAR	carboard	纸板箱
CAS	case	箱(木箱)
W/C	wooden case(常用)	木箱
COI	coil	盘卷
CRA	crate	板条箱筐
CTN	carton	纸箱
DRU	drum	桶(如鼓状)
D/S	drums	(复数)
PAL 或 PLT	pallet	货盘、托盘
SAC	sack	布袋
SET	set	组、台
TRA	tray	货盘(浅的,如茶盘、菜碟)
UNT	unit	组、套
PIE	piece	件(单数)
PCS	pieces	件(复数)

注:

(1) W/C还指 west coast(美国西海岸),也指 water closet。

(2) carton 使用得很广泛,缩写为 CTN(注意与 CTNR(货柜 container)相区别。container 一词常见的缩写有 CTNR、CNTR、CONT 三个),还要注意 carton 与 cartoon(卡通)的区别。

(3) 将 pallet 连货一起装入 cntr 称为"打托"。

（4）PCS(Port Congestion Surcharge)还指港口拥挤附加费。

（5）PKG 或 P'kgs 均指 packages，是指一切包装种类，注意与 kg（千克）区分。

5.4　集装箱货物汗湿及其防止措施

5.4.1　集装箱货物汗湿原因

集装箱货物汗湿是集装箱货物发生残损的主要原因之一。当货物使用封闭式集装箱时，甚至比装载在杂货船的货舱内更容易发生货物受汗湿而损坏。货物汗湿不仅影响货物的包装、外观，而且有时还损害货物的质量，使货物丧失使用价值。因此，我们在做好集装箱货物积载工作的同时，还要做好集装箱货物汗湿的预防工作，掌握汗湿货物的处理方法。

按照常理来说集装箱关上柜门后是处于密封状态，产生汗湿是因为温度下降剧烈，加上箱内湿度比较大，就形成汗湿了。

集装箱货物汗湿的主要原因有：

（1）港口集装箱堆场上，最上层集装箱普遍受到水泥场地辐射热的影响。

（2）由于船舶甲板上的集装箱受外界温度变化的影响较严重，所以在甲板上最上层和两侧最外部的集装箱最易发生汗湿。

（3）积载在船首部两侧的集装箱，会受到海水冲击而使箱壁急剧冷却，结果使箱内温度较高的空气因急剧冷却而出现严重的结露现象。

（4）箱内本身含有水分，在气温较高的环境下散发出来，从而增大箱内空气的绝对湿度。

（5）干货柜（通用柜、普柜）的气密性较好，它无法控制和调节箱内的温湿度，从而使箱壁或货物表面"出汗"，造成较为严重的货物汗湿现象，这跟船舶货舱不同，后者有自然通风和机械通风的条件，因此相比船舶货舱，集装箱更容易发生汗湿。

（6）除冷藏集装箱和敞开式集装箱外，其他封闭式集装箱的箱内温度都直接取决于外界温度（其影响程度受集装箱材料热传导率的高低而异）；

（7）集装箱货物汗湿的另一个重大因素是箱内本身含有水分，这类水分的来源包括：①集装箱底板未曾干透而含有水分；②箱内冲水清洗后，底板表面似乎干燥，而实际上内部尚未干透；③货物含有水分或货物包装材料含有一些水分；④货板（托盘）及垫木等曾受潮而含有一定数量的水分等。

5.4.2　集装箱货物汗湿防止措施

为了提高集装箱运输的质量，必须控制货物的汗湿现象，一般可以采取以下措施。

1. 降低箱内空气的绝对湿度

封闭式集装箱几乎是气密的，基本上可断绝与外界空气的流通，所以降低箱内空气绝对湿度可以防止结露。

（1）货物装箱要在干燥晴朗天气下进行，尽量避免在阴雨湿度大的条件下装箱。

（2）货物包装材料保持干燥，即如果货物或其包装材料较潮湿，在不得已而装箱时，应紧密堆装，使货件之间的空气不易畅顺对流。

（3）加固及衬垫材料应干燥。

（4）可在箱内放置高效吸湿剂（如硅胶等）。

2. 防止箱内壁面的温度急剧变化

集装箱顶板由单层铝合金或钢板所构成的，因其热传导率较高，对外界温度变化的反应极为敏感，极易在内壁出汗。所以，应尽可能使用内壁有隔垫材料的集装箱，如在集装箱内壁贴附一层隔热的胶合板就可以改善内壁出汗的情况。

3. 其他措施

当集装箱本身无法抑制外界温、湿度变化的影响时，可采取下列措施尽量减少货物湿损。

（1）在顶板及侧板上铺盖隔热材料或用吸水性材料覆盖顶板。

（2）货物本身使用塑料薄膜密封，在其内部再放置硅胶，或用真空包装。

（3）易生锈货物表面预先处理，以防汗湿锈蚀。

（4）成组货物尽量使货件保持坚实致密，减少货物与空气的接触面，减轻汗湿的影响。

5.5　集装箱船舶的配积载

5.5.1　集装箱船舶基础知识

1. 集装箱船舶（Container Ship）的类型

（1）按船型分

① 杂货-集装箱两用船（Conventional Ship）：这种船舶是利用普通货船的甲板或船舱来载运集装箱，而不设置装载集装箱的专用设备。

② 半集装箱船（Semi-container Ship）：这类船舶的部分船舱专门设计成用来装载集装箱，这种专用舱通常设计在船舶纵向中部位置，其他舱位则可装载一般杂货。

③ 全集装箱船（Full Container Ship）：这种船舶的所有舱位（包括甲板）都用于专门集装箱装箱，并配备各种专用设备，如永久性箱格结构等。

④ 多用途船（Multi-purpose Ship）：这种船舱的全部和部分舱位设计成既可用来装载集装箱，又可用来装载其他货物（如杂货、散货等）。

（2）按装卸方式分

① 吊装式集装箱船（Lift On/Lift Off，LO/LO）：这种船舶又称为"吊上吊下型"船舶。装卸作业通常是利用岸壁集装箱装卸桥进行。

② 滚装式集装箱船（Roll On/Roll Off，RO/RO）：这种船舶又称为"开上开下型"船舶。装卸作业不再是用起重机来进行，而是利用船舷、船首或船尾处的开口斜坡道，将集装箱连车带箱，水平方向拖进拖出，进行集装箱的装卸。

③ 滚-吊船（RO/LO）：这是上述两种船的混合型，既能进行水平装卸——滚上滚下，又能进行垂直装卸——吊上吊下。

④ 载驳船（Barge Carrier）：又称子母船。顾名思义，这种方式就是将驳船（子船）装在母船上进行运输，而集装箱就装在驳船上。这种船舶的最大好处，就在于大大加快了母船的周转，简化了港口码头的作业设施。

2. 全集装箱船的结构特点

在进行集装箱船的配载之前，须先了解集装箱船的结构特点。全集装箱船与普通杂货

船相比较具有如下特点。

（1）单层甲板，宽舱口，舱口与货舱同宽（"统舱口"）

国际标准货柜的强度设计要求达到其上能承受堆码八层满载箱的负荷，而目前集装箱船舱内最多堆码九层。因此集装箱船货舱没有必要设置多层甲板来减小上层箱对下层箱的负荷量。船舶舱口一般达船宽的 70%～90%。目前，6000TEU 集装箱的船舱内最多横向为 15 列，舱面为 17 列。集装箱船舱口与货舱同宽的设计能保证舱内装载的每一集装箱无须横移，都能被直接吊进或吊出货舱。

（2）舱内设有固定的箱格导轨，舱面设有集装箱系固设备

为方便装卸和防止船舶摇摆时集装箱发生移位，集装箱船在舱内设计了由角钢立柱、水平桁材和导箱轨组成的箱格导轨。装卸时，集装箱自动吊具可通过导箱轨顶端的喇叭口形的导槽，顺着导箱轨进出货舱。显然，装入与舱内箱格导轨角钢立柱的间距相同长度的集装箱，就无须任何系固。集装箱船舱面（甲板上）通常设有整套系固设备，如扭锁、桥锁、锥板、绑扎装置等。装载于舱面的集装箱目前通常是靠人工方法进行系固的，也有不少新型集装箱船在舱面设置了一定高度的箱格导轨，以减少舱面集装箱系固的作业量。

（3）采用双层体船壳结构，设置有大容量压载水舱

为弥补单层甲板和长大货舱开口设计对船体结构强度的不利影响，集装箱船体通常采用双层侧壁、双层横舱壁和双层底的双层体船壳结构，以增强船舶的纵强度、横强度和扭转强度；双层体船壳结构同时为船舶提供了大量的液体舱室，这些舱室除用作燃油、淡水舱外，还大量用作压载水舱（约占船舶夏季总载重量的 30%），以适应船舶空载或舱面装载大量集装箱时调整船舶重心高度的需要。

（4）采用尾机型或中后机型

这种布置主要为提高船舶的舱位利用率，即在船体形状变化较大部位布置机舱，这样就能在船体中部形状变化较小的部位安排更多的集装箱箱位。

5.5.2　集装箱船舶配积载

1. 船舶配载与积载的含义与区别

船舶配载图（Pre-stowage Plan）与积载图（Stowage Plan）是不同的。从它们的英文含义即可看出，前者字面上可译为预先配载计划，因此行业上称此图为预配图或配载计划图或计划配载图，是船公司对订舱单进行分类整理后编制而成的。后者字面上可译为积载计划（图），行业上称此图为积载图或最终积载图或主积载图，是在集装箱装上船之后码头上或理货公司根据实际装箱情况编制而成的。当实际装箱情况与预配图有出入时，二者内容是不同的，若完全无出入则内容一样。

实务中，常称配、积载图为船图。

2. 集装箱船舶配、积载图的编制过程

实配图和最终积载图都是以预配图为基础的。它们的编制过程如下。

（1）由船公司的集装箱配载中心或船上的大副，根据代理公司分类整理的订舱单，编制本航次集装箱预配图。

（2）航次集装箱预配图由船公司直接寄送给港口的集装箱装卸公司，或通过船舶代理用电报、电传、E-mail 或传真形式传给港口集装箱装卸公司。

（3）港口装卸公司收到预配图后，由码头船长（Terminal Captain）或码头集装箱配载员，根据预配图和码头实际进箱情况，编制集装箱实配图。由于实配图由码头制作，它又叫

码头配载图(Container Terminal Bay Plan)。

(4) 待集装箱船靠泊后,码头配载员持实配图上船,交由大副审查,经船方同意后由船方签字认可。

(5) 码头按大副签字认可的实配图装船。

(6) 集装箱装船完毕后,由理货公司的理货员按船舶实际装箱情况,编制最终积载图。

3. 集装箱船上集装箱的位置表示方法

通常用箱位号表示每个集装箱在全集装箱船上的准确位置,该箱位号由 6 位阿拉伯数字组成。这 6 位数反映了箱子在船上的三维空间坐标。前 2 位数字表示集装箱的排号(行号),中间 2 位表示集装箱的列号,后 2 位数字表示集装箱的层号。

需注意的是,箱位号与箱号虽一字之差但含义却大不相同,切不可混淆。后者如同一个人的姓名一样,它是称呼集装箱的代号,如第三章所述,它包括 11 个字符,即 4 个大写拉丁字母及 7 个阿拉伯数字。

(1) 行号/排号(Bay No)的表示方法

原则:20ft 货柜排位号为奇数,40ft 为偶数,详见下述。

作为箱位纵向坐标的"行号"是指集装箱在船舶纵向(首尾方向)的排列顺序号。自船首向船尾,装 20ft 箱的箱位上依次以 01,03,05,07,…奇数表示。当纵向两个连续 20ft 箱位上被用于装载 40ft 集装箱时,则该 40ft 集装箱箱位的行号以介于所占的两个 20ft 箱位的奇数行号之间的一个偶数表示。例如,在船舶的 03 行上装载某一 20ft 集装箱时,则该箱箱位的行号即为 03。若在 03 和 05 两个行上装载某一 40ft 集装箱时,则该箱箱位就以介于 03 和 05 之间的 04 这一偶数作为其行号。

这里需要特别强调的是,如上所述 40ft 货柜占用了两个 20ft 柜子的空间,对于 40ft 柜,在制作集装箱配积载图时通常在其后半部分所占的箱位小方格里打"×"。举例来说,一张配积载图中第 31 排的某小方格内打了"×",说明有只 40ft 柜的后半部分落在 Bay 31 的这个小方格内,前半部分则落在 Bay 29 中与之对应的小方格内,这只 40ft 柜的行号应为 30。

由于最常见的集装箱规格为 20ft 和 40ft,因此舱内的箱格也设计成 20ft 和 40ft 两种。根据箱格结构的不同,有的箱格导柱是可拆装的,把 20ft 的箱格导柱拆除就可装 40ft 箱。通常情况下,大多 40ft 箱格内可装 2 个 20ft 箱(注意,并非所有的 40ft 箱内均可装 2 个 20ft 箱)。如图 5-33 所示,01,03,05,07,…均为 20ft 货柜,而 02,06,10,14,…均为 40ft 箱。图示船中由于 04,08,12,16,20,…箱位间有大舱舱壁隔开,无法装 40ft 箱。

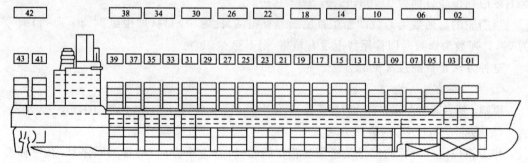

图 5-33　集装箱船舶的行号/排号编号

（2）列号（Slot or Row No）的表示方法

作为箱位横向坐标的"列号"是指集装箱在船舶横向（左右方向）的排列顺序号，有两种表示方法（见图5-34）。

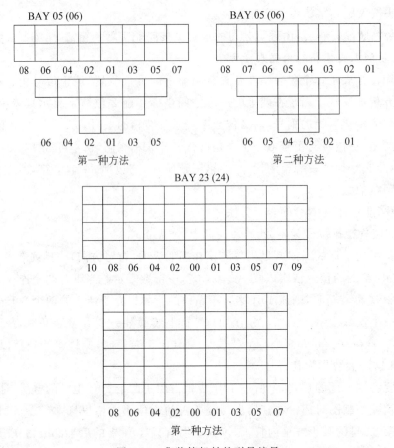

图5-34　集装箱船舶的列号编号

① 第一种方法

原则：从船舶中间列算起（即以中纵剖面为基准）分别往左右两边走，按"左偶右奇"的原则即左半部分用从小到大连续的偶数表示、右半部分用从小到大连续的奇数表示。如船舶左半部分自船中向左舷边的列位号分别为02,04,06,08,10,12,…，船舶右半部分自船中至右舷边列位号分别为01,03,05,07,09,11,…。

当船舶的总列数为奇数即船舶首尾线上有箱格，此时中间列（即中纵剖面上那列）列号为00，总列数为偶数时即首尾线上没有箱格，则不存在00列。

这种方法是目前最常见的方法。

② 第二种方法

原则：从右舷向左舷按自然数顺序排列，依次以01,02,03,04,05,06,07,08,09,10,…表示。

（3）层号（Tier No）的表示方法

作为箱位垂向坐标的层号是指集装箱在船舶竖向（上下方向）的排列顺序号，有三种表示方法。

① 第一种方法

原则：全以偶数表示层位号，甲板与舱内分开表示。

为了不使积载于甲板上的集装箱层号与舱内的装箱层号相混淆，舱内和甲板上分开编号，舱内自下而上依次用 02，04，06，08，10，12，…表示。甲板上从甲板底层算起，往上依次用数字 82，84，86，88，90，92，94，…表示，见图 5-35。

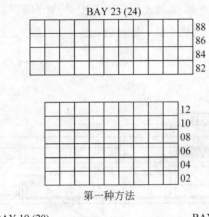

第一种方法

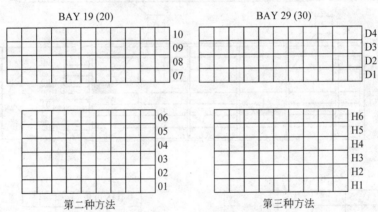

第二种方法　　　　　第三种方法

图 5-35　集装箱船舶的层号编号

之所以用偶数表示层号，是因为少数国家使用半高柜，当半高柜与国际标准高度的货柜装在一起时，用奇数表示半高柜的层号，用偶数表示标准高货柜的层号。

目前这种编号方法比较常用。

② 第二种方法

原则：全船层号用连续的自然数表示。

从舱内底层算起，一直往上数到甲板顶层，依次编号为 01，02，03，04，05，06，07，08，09，10，11，…，见图 5-35。

这种方法极少被采用。

③ 第三种方法

原则：全船层号均以一个大写英文字母加一个数字表示，但舱内和甲板上分开编号。

舱内层号数字前为"H"字头（因为船舱的英文为 Hold），从舱底算起依次为 H1，H2，H3，H4，…。甲板上层号数字前为"D"字头（因甲板的英文为 Deck），从甲板底层算起依次为 D1，D2，D3，…，见图 5-35。

这种方法较少被采用。

（4）集装箱在船上的积载位置（Stowage Location）的表示方法

原则：如前所述，用 6 位阿拉伯数字表示每个集装箱在全集装箱船上的三维空间坐标即准确的积载位置，这 6 位数字即箱位号，第 1、2 位为排号，第 3、4 位为列号，第 5、6 为层号。

图 5-36 为集装箱在船上的积载位置示意图，图中 A 箱为 20ft 柜，在船上的位置为 03

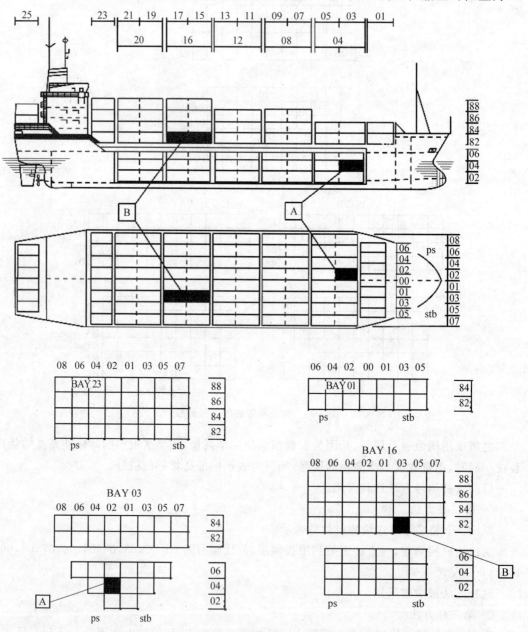

图 5-36　集装箱在船上的积载位置示意图

注：①上图中 BAY 01 总列数为 7 列，以后各行的总列数均为 8 列。②ps—左舷（portside）；stb—右舷（starboard side）。

(行)02(列)04(层),因此其箱位号为 030204,是一个装在 03 排、左舷从船中算起第一列、舱内第二层的 20ft 箱,B 箱为 40ft 柜,其位置为 16(行)03(列)82(层),因此其箱为号为 160382,是一个装在 16 排(占用 15、17 连续两个 20ft 的箱位)、右舷从船中算起第二列、甲板上最底层的 40ft 箱。

4. 集装箱船舶配、积载图的编制

制作和认识集装箱船舶配、积载图是集装箱船公司、集装箱装卸公司、船舶代理公司、理货公司及船上的船员等有关人员应掌握的一项基本技能。

集装箱船舶配积载图主要用来表示所装货物的卸港、装港、重量、性质、状态以及装载位置等,它分为预配图、实配图和最终积载图三种。

对于每一艘集装箱船,其大小、形状及舱位布置是不同的,船上所装载货物的情况也不一样,加上不同的编制人员有不同的习惯,不同的人可能采用不同的图样、符号来表示图上箱子的各个信息,因此,从外表上、形式上看,不同的人制作的配积载图可能不同,但不管怎样,每一个配积载图都是按照一定规则绘制出来的,"万变不离其宗",只要掌握了船舶配积载图的制作规则及各种信息的表示方法,即可触类旁通,以不变应万变。

下面介绍船舶配积载图时所采用的图样,均是指某一艘船的船舶配载图,不另作说明。

(1) 预配图(Pre-stowage Bay Plan)

集装箱船舶的预配图是集装箱船舶配积载中最重要、最关键的环节,它是制作集装箱船舶实配图及最终积载图的基础与依据,只有正确、合理地制作好预配图,才能顺利地制作好实配图及最终积载图,从而保证集装箱船舶的装卸作业效率,保证船舶按时起航、船舶的航行安全及营运的经济性。

集装箱船舶预配图由字母图、重量图、特殊箱图组成。

① 字母图(Letter Plan)

预配图中的字母图(见图 5-37)表示在本港装船的集装箱的卸港,字母图上待装箱的箱位(小方格)内均用 1 个英文字母(通常为该箱卸港英文名的首字母)表示该箱的卸港,字母图的名称即由此得来。如图 5-37 中 B 代表波士顿(Boston),L 代表洛杉矶(Los Angeles),M 代表迈阿密(Miami),N 代表诺福克(Norfolk),T 代表多伦多(Toronto),V 代表温哥华(Vancouver),在预配图中均有标明。

对于 40ft 货柜,其后半部分所在的箱位小方格内被"×"占据,因此只好于其前半部分所在的箱位小方格内标明其卸港字母。

从图 5-37 可看出,将在温哥华卸下的 120 只柜分别预配于 03 行舱内(24 只小柜)、07 行舱内(40 只小柜),11 行舱内(32 只小柜),30 行(占用 29、31 两个行位)舱内(24 只大柜)。第 23 行的甲板上预配有 11 只到多伦多的小柜、24 只到迈阿密的小柜。

② 重量图(Weight Plan)

重量图(见图 5-38)用来表示每个集装箱的箱货总重(箱子自重加货物重量),在图上每个箱位(小方格)内用阿拉伯数字表示,单位为公吨。

对于 40ft 货柜,其后半部分所在的箱位小方格内被"×"占据,因此只好于其前半部分所在的箱位小方格内标明其箱货总重。

从图 5-38 可见,第 07 行舱内共配有 40 只集装箱,其中总重为 7t 的集装箱有 24 个,总重为 8t 的集装箱有 16 个。第 10 行甲板上共配有 33 个 40ft 大柜,其中总重为 7t 的集装箱有 11,总重为 8t 的集装箱 22 个。

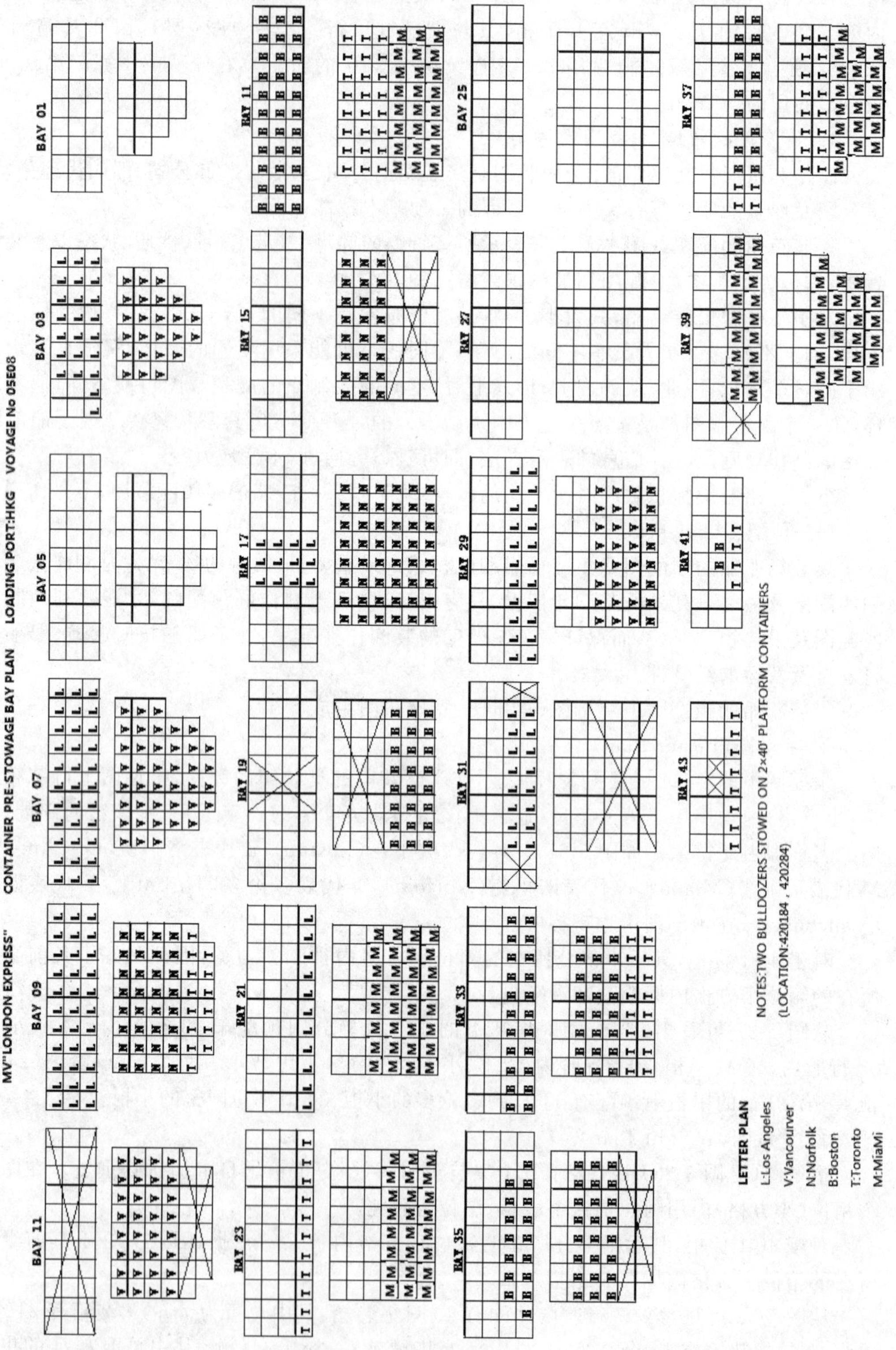

图 5-37 预配图中的字母图

MV"LONDON EXPRESS"　CONTAINER PRE-STOWAGE BAY PLAN　LOADING PORT:HKG　VOYAGE No 05E08

BAY 01
BAY 03
BAY 05
BAY 07
BAY 09
BAY 11
BAY 11
BAY 15
BAY 17
BAY 19
BAY 21
BAY 23
BAY 25
BAY 27
BAY 29
BAY 31
BAY 33
BAY 35
BAY 37
BAY 39
BAY 41
BAY 43

NOTES:TWO BULLDOZERS STOWED ON 2×40' PLATFORM CONTAINERS
(LOCATION:420184，420284)

LETTER PLAN
L:Los Angeles
V:Vancouver
N:Norfolk
B:Boston
T:Toronto
M:MiaMi

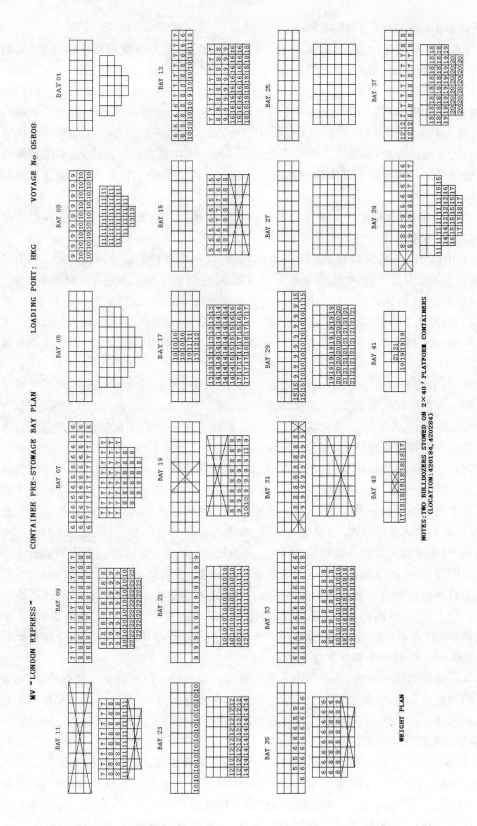

图 5-38　预配图中的重量图

③ 特殊箱图(Special Container Plan)

用于反映特殊集装箱的情况(见图 5-39),最常见的特殊箱为冷藏箱和危险品箱,其他特殊箱有空柜、平板柜、台架柜、开顶柜、通风柜、活动物柜、兽皮柜、隔热柜、45ft 超长柜等。一条船上冷藏箱与危险品箱占的比重较低,其他特殊箱更是很少。在图上属于特殊箱的箱位(小方格)内通常用"R"表示冷藏箱(因冷藏箱的英文为 Reefer Container),用"D"表示危险品箱(危险品箱的英文为 Dangerous Goods Container),或用阿拉伯数字几点几表示按国际危规规定的危险品等级,如 1.4、6.1 分别表示 1.4 级与 6.1 级的危险品箱,而其他特殊箱须用专门的符号表示并在预配图中特别标注。在装载危险品箱的箱位旁,通常须标注其箱位号。

对于 40ft 特殊箱,其后半部分所在的箱位小方格内被"×"占据,因此只好于其前半部分所在的箱位小方格内标明其特殊代号。

图 5-39 中,第 17 行舱内最顶层配有 8 个冷藏箱,这些冷藏箱的卸货港,从图 5-37 中可见是诺福克,其重量从图 5-38 中可见每箱为 13t;第 38 行甲板上左下角还有 4 只 40ft 冷柜。再看图 5-39 中第 03 行甲板上左上角配有 4 只 2.1 级的危险品箱,分别重 9t、9t、10t、10t,卸港均为洛杉矶;另有 07 行甲板上 86 层三个 3.3 级危险品箱。09 行甲板上 86 层左、右上角各一个通风柜。42 行甲板上 84 层中间 2 只板架式 40ft 集装箱,其重量均为 21t,卸港为波士顿。

多年来,由于传统的通信方式(电报、电传、传真等)在技术上很难做到配积载图中表示每个箱位的小方格里同时反映几个信息(如图 5-37、图 5-38、图 5-39 所示,不管是字母图、重量图还是特殊箱图,每个方格内只标明一个信息),要想了解一个箱子的卸港、总重、是否为特殊箱及是哪一种特殊箱等信息,须分别阅读三张图。

在现代化的国际集装箱码头,由于数据通信技术的进步,船公司或船舶代理所编制的预配图可通过 EDI(电子数据交换系统)传递给集装箱码头,并可打印出来。这种图的特点是可将前述预配图中的三张分图合并在一张图上。这种预配图除能反映传统图的三个信息外,还能反映集装箱的装船情况,包括原有装载(在本港前装上船的箱子)情况、留船(于本港不卸下的箱子)情况以及需在本港装船的待装(即预配箱)情况。集装箱码头收到通过 EDI 传送来的预配图后,可按其原装载情况重新绘制一张图纸,这份图纸主要反映留船箱情况。这种图的配载货物情况与船公司的预配图完全一样,只不过是将原来分开打印的几张预配图画在一张图上,并用不同的颜色、符号表示,比如:①不同卸货港用不同颜色表示;②R表示冷藏箱;③D表示危险品箱;④◪表示 20ft 箱;⑤⊠表示 40ft 箱的后半部分落在此箱位;⑥■表示 40ft 箱的前半部分落在此箱位。

其实这些规定都是人为的,各个制图人员均有自己的习惯。但不管使用什么符号,都要使做出来的图画面整洁、美观、清楚明了、容易识读。在实际工作中,只要了解了制作船舶配积载图的常见规定和习惯,即可看懂船舶配积载图,亦可制作船舶配积载图。

④ 编制预配图时应注意的事项

a. 要保证船舶的稳性。稳性对船舶航行安全是至关重要的。集装箱船的甲板都必须装载货物,其重心很高。集装箱船发展初期,舱内装载量都大于甲板装载量,而现代的集装箱船,甲板装载量大多超过舱内,这是集装箱船重心较高的主要原因。大部分全集装箱船的总重心高度大于横稳心高度,为了获得适当的稳性,须降低重心高度,通常都采用打入大量

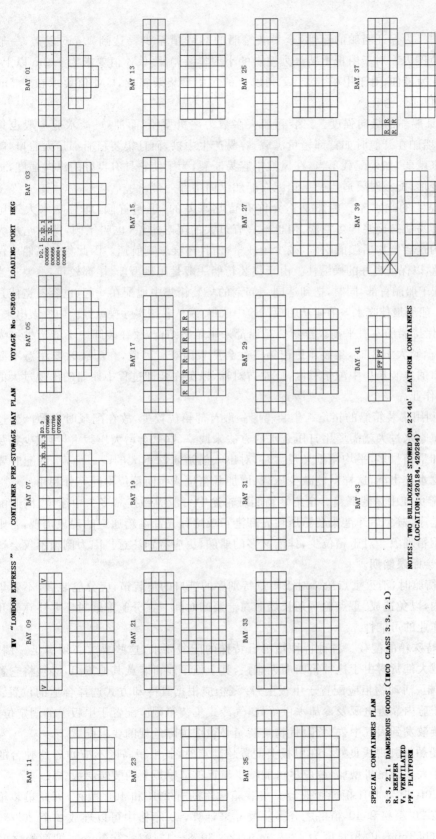

图 5-39　预配图中的特殊箱图

压载水的办法。为保证船舶的稳性,全集装箱船的 GM 值至少要达到 0.7m 以上,一般在 1.2～1.6m 范围内。对于甲板上装 8 列左右的小型集装箱船,GM 值要求为 1.2m 以上,横摇周期以 15s 为最佳;对于甲板上装 11 列以上的大中型集装箱船,GM 值要求在 1.5m 以上,横摇周期以 18s 为宜。

b. 要保证船舶的纵向强度。集装箱船大多数为尾机型船,而油舱、淡水舱一般也集中在尾部,所以船舶在开航时如首部箱量满载,容易产生中拱,而且集装箱船都是大舱口,船舶纵向强度本来就弱,如果配载不当,在风浪中容易断裂,为了使它具有良好的纵向强度,抵消船舶的中拱变形,配载时要适当把重箱配在船舶纵向中部一带。

c. 保持适当的吃水差。船舶是不允许有首吃水差的(也叫首倾,即首吃水大于尾吃水),因为那样易使螺旋桨产生空泡,但也不宜有过大的尾吃水差(也叫尾倾,即尾吃水大于首吃水),因为这会增加船舶的吃水,减少装载量,而且还会影响航速。因此集装箱船应保持适当的吃水差,以保证良好的操纵性。由于集装箱船一般是尾机型船,尾部较重,故要适当地将一些重箱配于船舶首部,同时,把到达同一卸港的集装箱集中地配在一起,也容易造成过大的尾吃水差。船舶最佳吃水差值应从船模试验中取得,或从船舶实际操纵经验中摸索出来。

d. 要能保持船舶左右平衡。全集装箱船都采用箱格结构,故在装卸中不能产生过大的横倾,一般如横倾大于 3°时,集装箱进出箱格就会产生困难。因此,在配载时要注意不要把到达同一港口的集装箱集中配于一侧,应左右对称,以免在装卸过程中使船舶出现过大的横倾,影响船舶作业。

e. 充分利用集装箱船的箱位。集装箱船一般首部箱位较少,故在配载时容易产生过大的尾吃水。尾吃水过大就需要用打压载水的方法来调整,这就会增大压载重量,减少集装箱的装载量。如果箱量多,平均箱重又很大时,对出入航道水深不大的港口而言,预配时要求船舶达到平吃水进出港,这样就能减少压载、增加载箱量从而使箱位得到充分利用。

f. 尽量避免在中途港倒箱。全集装箱船班轮途中一般需要挂靠多个中途港,因此配载时必须注意港序,避免后卸港集装箱压住先卸港箱或堵住先卸港箱通道的现象出现,否则将产生中途港倒箱现象。对于箱位少,挂港又多的船舶,更应特别注意。因为倒箱不仅会造成经济损失,还会贻误船期。

g. 在平衡舱时,消灭重点舱。对于箱量特别多的港口的集装箱,应分舱装载,不要集中装在一个舱内,以免造成"重点舱",延长船舶在港装卸时间。在分舱配载时还要注意到几台装卸桥同时作业的可能性。

h. 注意特殊箱的配载。各种特种箱都有特殊的配载要求,这些要求必须满足。例如,用平台箱装载大件货时由于这种箱四周无遮拦,其上面不能再装载其他货柜,必须将它置于最顶层;通风柜、活动物柜应配置于甲板上;冷藏柜应根据其冷却方式选择合适的位置:水冷式柜应置于舱内靠近电源及冷却水供给处,气冷式集装箱则应配置于甲板上的固定位置,以使热量直接散发到大气中去;危险货物集装箱必须按国际危规的要求配载。

i. 保证船舶驾驶视线良好。在甲板上配置超高箱时,其堆积高度不应妨碍驾驶台的视线。集装箱船大多为尾机型船,故应尽可能减少靠近首部甲板上的装箱层数。

j. 注意 20ft 柜与 40ft 柜能否兼容。集装箱常用的有 20ft 和 40ft 两种,因此集装箱船上的箱格也有 20′箱格和 40′箱格之分。从尺寸来计算,40′箱格中可以堆放 2 个 20′箱,因 20′柜长度为 6058mm,40′柜长度为 12192mm,$2 \times 6058 - 12192 = 76$(mm),即两箱之间的纵向间距为 76mm,但并非 40′箱格内都能装 2 个 20′箱子,因为每个 20′箱的 4 根角柱底部的舱底部位都必须有加强底座,对于那些中间部位无加强底座的 40′箱格就不能装 2 个 20′箱,所以在集装箱船上有的箱格内只能装 40′箱,不能装 20′箱;而有的箱格只能装 20′箱,不能装 40′箱(因有的相邻 2 个可放置 20ft 的箱格导柱是不可拆卸的),这点要特别注意。

(2) 实配图(Container Terminal Bay Plan)

如前所述,实配图是港口装卸公司收到预配图后,根据预配图和码头实际进箱情况编制而成的,因此它又叫集装箱码头配载图。

前面所讲的预配图只是对即将装入船上的集装箱的装载位置按不同卸货港作了一个初步的分配,但是,具体每个箱位上装哪个集装箱,该箱的箱主是谁,箱号是多少,它在码头堆场上的位置在哪里,箱内货种是什么等问题,预配图则没有明确规定。此外,预配图也没有考虑到船舶稳性、船舶结构、装卸工艺及可能存在的不合理配置等因素。而实配图对这些都有反映,可以说实配图是码头现场操作的指导性文件,是码头装卸作业的依据。

集装箱船的实配图由两张图组成,一张是封面图,另一张是每一行位(排位)的行箱位图。

① 封面图(Cover Plan)

封面图是一份反映集装箱船舶整体装卸计划的图纸,通常在图上标注集装箱的卸港及特殊箱代号。

封面图上的卸港的表示方法有两种:一种与预配图一样用一个英文字母表示;另一种是用不同的颜色来表示不同的卸港,两者比较起来后一种更简单明了一些。

封面图上特殊箱的表示方法与预配图一样,冷藏箱在其卸港字母的右下角标注小号字体"R",危险品箱因图上的箱格内已填了卸货港字母,故一般在该箱格内卸港代号外围画一圆圈"○",并在旁边注明危险等级,如"D2.1"、"D3.2"等 。如果用不同颜色来表示不同的卸货港 ,则可将危险品等级注明在图上箱格内,再涂上代表该卸货港的颜色。

图 5-40 为某集装箱班轮的实配封面图,该图用英文字母表示卸货港。须注意的是,原预配图中第 03 行甲板上的 4 个到洛杉矶的危险等级为 2.1 的危险货物箱,在实配图中转到第 01 行,并增加 1 个变为 5 个。第 17 行舱内及 38 行甲板上分别有 8 只、4 只冷藏箱。

须说明的是,在集装箱码头实际操作中,为方便作业、增强可操作性,各个集装箱码头在编制实配图里,大都会加上一些自己的规定,这些规定只在码头内部适用。

② 行箱位图(Bay Plan or Hatch Plan)

实配图的封面图只是集装箱船舶装卸作业的总体安排,而具体到每一个行位的装卸怎样进行,则没有说明。封面图中仅反映箱子的卸港及是否为冷藏箱或危险品箱,但就每一个箱位来说,该箱位上装载的是哪一个集装箱、该集装箱的重量以及该集装箱在码头堆场上的位置等,则都没有说明,所以需要专门绘制一份图来加以说明,此图即为行箱位图(见图 5-41)。该图反映每一行位的具体装箱情况,是码头现场作业的指导文件,也是船公司及船上工作人员的重要参考资料。每个行位都要做一张单独的行箱位图,此图中每个箱位方格比前面讲到的图都要大。通常在行箱位图中应标注如下内容。

a. 集装箱的卸港和装港。表示方法一般为卸港在前,装港在后,中间用"×"号隔开,也有的只标注卸港,不标注装港。卸港和装港均用 3 个英文字母表示,此种方法借用了国际航空港三字代码的表示方法,不另订标准。

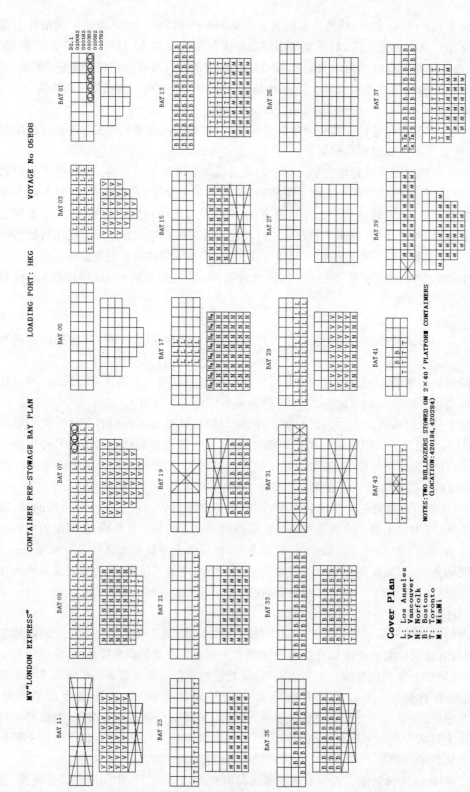

图 5-40　实配图中的封面图

BAY 39(38)

TOR 12.0 MAEU 6598723 K3001	TOR 12.0 MAEU 4568750 K3002	MIA 8.0 MAEU 6545677 K3003	MIA 8.0 MAEU 6575642 K3004	MIA 8.0 MAEU 4567723 K3005	MIA 8.0 MAEU 7404723 K3006	MIA 6.0 MAEU 4507623 K3007	MIA 6.0 MAEU 6751254 K3008	MIA 6.0 MAEU 0467448 K3009	MIA 6.0 MAEU 7064344 K3010	MIA 6.0 MAEU 0760443 K3011
TOR 12.0 APLU 0726443 E0801	TOR 12.0 APLU 3712367 E0802	MIA 8.0 APLU 3820766 E0803	MIA 9.0 APLU 6598723 E0804	MIA 9.0 APLU 4047854 E0805	MIA 9.0 APLU 6598723 E0806	MIA 8.0 APLU 0786412 E0807	MIA 8.0 APLU 4001464 E0808	MIA 7.0 APLU 6486107 E0809	MIA 7.0 APLU 7892045 E0810	MIA 7.0 APLU 1067545 E0811

MIA 11.0 CMAU 2546879 B1701	MIA 11.0 CMAU 3698754 B1702	MIA 11.0 CMAU 8754211 B1703	MIA 11.0 CMAU 1236547 B1704	MIA 11.0 CMAU 9635872 B1705	MIA 11.0 CMAU 2689632 B1706	MIA 15.0 CMAU 1236798 B1707	MIA 15.0 CMAU 9632587 B1708
MIA 14.0 TOLU 0213459 C0201	MIA 14.0 TOLU 2016450 C0202	MIA 12.0 TOLU 2689026 C0203	MIA 12.0 TOLU 2034569 C0204	MIA 12.0 TOLU 2034896 C0205	MIA 12.0 TOLU 1205978 C0206		
MIA 16.0 COSU 1597860 D2801	MIA 15.0 COSU 8963542 D2802	MIA 15.0 COSU 2034587 D2803	MIA 15.0 COSU 8602157 D2803	MIA 15.0 COSU 4567898 D2804	MIA 17.0 COSU 6457891 D2805		
MIA 17.0 ICSU 0213654 E1701	MIA 17.0 ICSU 1204576 E1702	MIA 18.0 ICSU 2147853 E1703	MIA 17.0 ICSU 0014752 E1704				

图 5-41 实配图中的行箱位图

b. 集装箱的总重(箱子自重加货物重量)。

c. 集装箱的箱号(由 11 个字符组成:箱主代号、顺序号和核对数字)。

d. 该集装箱在堆场上的箱位号。堆场箱位号表示该集装箱在堆场上的位置,实际装船时,码头理货员按照行箱位图的指示,告诉拖车司机到什么位置去取箱。

例如:图 5-41 中的"390402"箱位,该位置上集装箱的情况如下。

MIA:卸箱港迈阿密的代码。

17.0:该集装箱的总重为 17.0t。

ICSU:箱主代号。

0213654:箱子顺序号(由箱主公司制定)和核对数字。

E1701:堆场上箱位号。

MIA   17.0
ICSU
0213654
E1701

(3) 最终积载图(Stowage Bay Plan or Final Stowage Bay Plan)

最终积载图又叫主积载图,它是在集装箱装船完毕后由理货公司的理货员按船舶实际装箱情况编制而成,因此它是集装箱船舶实际装卸情况的最终结果,也是计算集装箱船舶稳性、吃水差和强度的依据。最终积载图由最终封面图、装船统计表及最终行箱位图三部分组成。

① 最终封面图(Final Cover Plan)

从图 5-42 中可见,最终封面图实际上是把实配图中的封面图(实配封面图)按照实际装箱情况改动而成。

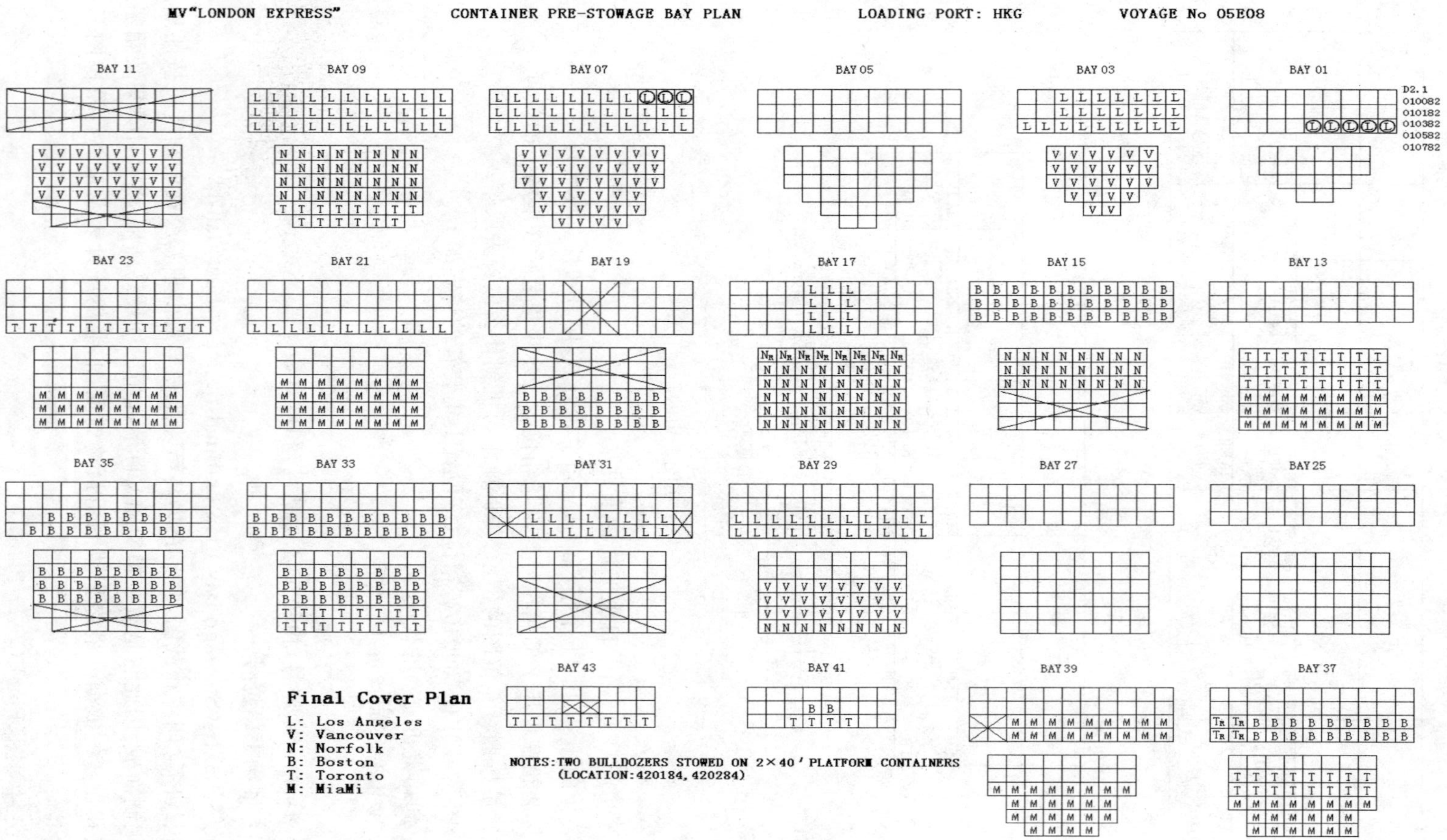
MV"LONDON EXPRESS"
CONTAINER PRE-STOWAGE BAY PLAN
LOADING PORT: HKG
VOYAGE No 05E08
BAY 11
BAY 09
BAY 07
BAY 05
BAY 03
BAY 01
D2.1
010082
010182
010382
010582
010782
BAY 23
BAY 21
BAY 19
BAY 17
BAY 15
BAY 13
BAY 35
BAY 33
BAY 31
BAY 29
BAY 27
BAY 25
BAY 43
BAY 41
BAY 39
BAY 37
Final Cover Plan
L: Los Angeles
V: Vancouver
N: Norfolk
B: Boston
T: Toronto
M: MiaMi
NOTES:TWO BULLDOZERS STOWED ON 2×40′ PLATFORM CONTAINERS
(LOCATION:420184, 420284)

图 5-42　最终积载图中的封面图

② 装船统计表(Loading Statistical Form)

表 5-9 是"伦敦快船"第 05E08 航次在香港装船完毕后集装箱的统计数字,统计表中通常包括下列内容。

　　a. 装港、卸港和选港箱(这些箱最终的卸货港尚未定,在几个挂靠港之间选择)。

　　b. 集装箱状态:分重箱、空箱、冷藏箱、危险品箱以及其他特殊箱。

　　c. 箱型:分 20ft 和 40ft。

　　d. 数量和重量的小计和总计。

表 5-9　"伦敦快船"号第 05E08 航次在香港装船统计表

MV "LONDON EXPRESS"　Voy 05E08

POL＼POD		LAX 20′	LAX 40′	VAN 20′	VAN 40′	NOR 20′	NOR 40′	BOS 20′	BOS 40′	TOR 20′	TOR 40′	MIA 20′	MIA 40′	Total
HKG	Full	94 652.0	51 571.0	96 902.0	24 436.0	80 777.0	32 466.0	163 1111.0	6 126.0	65 860.0	18 562.0	100 1430.0	24 304.0	753 8197.0
	Empty													
	Reefer					8 104.0					4 48.0			12 152.0
	Dangerous	8 66.0												8 66.0
	Platform								2 42.0					2 42.0
	Ventilated		2 14.0											2 14.0
Total		102 718.0	53 585.0	96 902.0	24 436.0	88 881.0	32 466.0	163 1111.0	8 168.0	65 860.0	22 608.0	100 1430.0	24 304.0	

注:①表中 POL 指装货港(Port of Loading),POD 指卸货港(Port of Discharging);②表中第一行为箱量(自然箱的个数),第二行为总重(单位为公吨)。

从表 5-9 中可见,由香港装船到各港的重箱,20ft 有 614TEU,重量总计 5802.0MT,40ft 有 163FEU,重量总计 2567.0MT;冷藏箱 20ft 有 8TEU,重量 104.0MT,40ft 有 4FEU,重量总计 48.0MT;危险货物箱均为 20ft,有 8TEU,重量总计 66.0MT。

③ 最终行箱位图(Final Hatch/Bay Plan)

图 5-43 是"伦敦快船"轮 05E08 航次离开香港时,第 43、41(42)行位的最终行箱位图。一般说来,最终行箱位图的每一个箱位上应标注如下内容。

　　a. 卸货港和装货港。通常,卸货港在前,装货港在后,中间用"×"或"/"隔开,也可以只标卸货港,不标装货港;另一种方法是用箭头指示范围的办法来统一表示装、卸货港,而不是逐个集装箱进行表示,图 5-43 中 420284、420184 二箱位采用了前一种方法,其他的箱位则采用了后一种方法。

　　b. 箱号。含 11 个字符,箱主代号、箱子顺序号和核对数字(也称校验码)。

　　c. 特种箱的标志。如冷藏箱用"R"(Reefer)表示;敞顶箱用"O/T"(Open Top)表示;板架箱用"F/R"(Flat Rack)表示;危险货物箱除用"IMCO"(Inter-governmental Maritime Consultative Organization 联合国政府间海事协商会议,简称"国际海协")或"D"

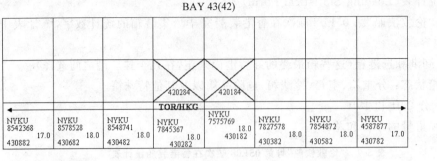

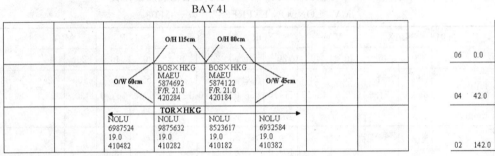

图 5-43 最终积载图中的行箱位图

(Dangerous)表示外,还要标出危险货物等级。

d. 集装箱的箱货总重。

e. 集装箱在船上的箱位号(积载位置)。

f. 40ft 箱的标志。用⊠表示 40ft 箱位,如果某个行位图上的箱位方格内出现⊠这样的符号时,表示该箱为一个 40ft 箱,占据前后相邻两个 20ft 的箱位,其后半部分落在打⊠的箱位上。

g. 超高和超宽标志。超高(O/H＝Over Height)箱应在箱上方用"∧"符号表示,并标出其超高的高度;超宽(O/W＝Over Width)箱要在箱位的左向或右向用"＜"或"＞"符号表示,并标出其超宽的宽度。

h. 每层箱子的总计重量。于图的右边标出每层的层位号及该层箱子的合计重量。

举例说明:

图 5-43 中"420284"箱位。

BOS×HKG:卸箱港为波士顿,装箱港为香港。

MAEU 5874692:箱主代号(MAEU)、顺序号(587469)及校验码(2)。

21.0:总重 21.0MT。

420284:本箱在船上的箱位号(位于 42 行 02 列甲板第二层)。

图 5-43 中 BAY 43 中两个打"×"的箱位。

表示此两箱位被两只 40ft 箱占用,就是说这 2 只 40 尺柜分别占据前后相邻两个 20ft (43、41 行)的箱位。它们的详细情况(卸港、装港、箱号、总重、箱位号)须在 BAY 41 相应的方格中读取。

图 5-43 中"420284"及"420184"二箱位。

它们是 2 个既超高，又超宽的板架集装箱(Flat Rack Container，以 F/R 表示)。

O/H 115cm 及 O/H 80cm：两只柜分别超高 115cm、80cm。

O/W 60cm：箱号为 MAEU 5874692 的货柜左侧超宽 60cm。

O/W 45cm：箱号为 MAEU 5874122 的货柜右侧超宽 45cm。

图 5-43 中右侧"02 142.0"：表示甲板最底层柜子的重量总计为 142.0MT。

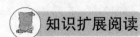 **知识扩展阅读**

推荐阅读《国际货运代理实务及集装箱运输业务》(清华大学出版社，鲁广斌主编)

 前沿理论与技术

装箱大师装箱软件介绍

装箱大师装箱软件致力于解决具有规则形状的货物在货柜集装箱、厢式货车、包装箱、托盘中的优化装箱问题，快速地设计集装箱装箱方案，达到对集装箱空间和载重能力的更高利用！装箱大师装箱软件有多个版本，欢迎免费下载试用。

优势：

(1) 装箱大师装箱软件可自动计算使用的货柜数量，选择货柜柜型，无须用户预设。

(2) 细节功能处理更深入，如塞货、交叉深度、相同物品相邻摆放，从而决定了装箱大师装载率在全球领先地位。

(3) 一步实现货物装托盘再装货柜的整合优化——罕见功能。

(4) 能自动拆分托盘填充货柜，并保证整数托——全球业内突破性技术。

(5) 计算速度快、易用性强，与用户业打托盘、装柜需求配度高。

知道纸箱尺寸和栈板尺寸，如何计算一个栈板(托盘)装多少箱？

(1) 一批货，需要用几个栈板(托盘)装完？用什么尺寸的栈板装载更合理？

(2) 不同尺寸纸箱如何在栈板装载，才能让栈板装货装得更多，从而提高栈板装载量？

(3) 如何根据货物装载计划，选择合适规格的集装箱和合适尺寸的栈板？

(4) 如何算一个货柜最多装几个栈板？

(5) 货物套装计算。

① 装箱货物种类繁多，通过 Excel 批量导入装箱货物数据。

② 装箱方案及装箱明细 Excel 表导出打印。

③ 装箱报表以打印或保存为 PDF 文件。

④ 特色功能：手动调整货物的摆放方式和摆放位置。

⑤ 在同一个集装箱内或不同集装箱之间移动货物。

⑥ 海量货物的搜索查询。

职业指导

集装箱作为一种现代物流业广泛使用的包装单元及容器，为经济全球化作出巨大贡献。

不管在仓储企业、港口企业、公路运输、铁路运输、水运、空运中都得到广泛使用并发挥了巨大作用。学完本章后,学生能够运用集装箱的标准、分类、特点及集装箱货物的分类等知识,正确掌握集装箱装箱的方法、不同货物的适箱情况、集装箱汗湿的原因及预防措施。同时,熟悉集装箱主要箱型的尺寸、选择以及装箱作业时的注意事项。学生能掌握各种货物的装箱注意事项及装箱操作方法,以及识读及编制集装箱船舶的配积载图。学生进入工作实践时,应理论联系实际,提高自己的动手能力、观察能力及高度的责任心。

实训项目

题目:①编写集装箱船舶积载图。②集装箱的检验和集装箱货物的装载。

实训要求:

(1) 分组,一组以 4~6 人为宜。

(2) 了解某一场站某一货物的装箱全过程,并分析其装箱是否得当。

(3) 根据分析结论提出改进方案。

① 货物运输过程中有何特殊要求。

② 货物装箱中应注意的问题。

③ 目前装箱中存在的问题,以及如何进行改进。

④ 教师点评。

实训课时:4 课时。

实训步骤:

(1) 分组后了解某一场站某一货物的装箱情况。

(2) 写实训报告。

(3) 小组交流。

(4) 教师总结。

练习题

1. 填空题

(1) 下图表示船上 BAY 03 排位图,设 F 所在层为船内最底层,其中 A、B、C、D 位置处为 40′柜,其余全为 20′柜。

① 若 BAY 03 中 ABCD 四个位置的方格中均打"×",则 BAY 03 中 A 至 H 的箱位号分别为:

A _____ B _____ C _____ D _____ E _____ F _____ G _____
H _____。

② 若 BAY 05 中此四位置(ABCD)均打"×"(BAY 05 的图这里没画出),其他情况同上,请写出 BAY 05 中 A 至 H 的箱位号。

A _____ B _____ C _____ D _____ E _____ F _____ G _____
H _____。

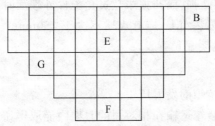

BAY 03

（2）左图为一货柜后门的一部分：① TPHU 是_____代号，其所在国是_____；② 此柜类型是_____，尺寸（指长度）是_____，高度为_____；③此柜理论上至多可装货_____磅_____立方英尺，此柜空箱重量为_____KGS；④ 此柜有无鹅颈槽：_____；⑤其核对数字与顺序号分别为_____、_____。

TPHU	324579	3
GB	22G1	
MGW	24000 KGS	
	52920 LBS	
TARE	1860 KGS	
	4100 LBS	
PAYLOAD	22140 KGS	
	48820 LBS	
CU CAP	33 CUM	

2. 单项选择题

（1）下列不适合集装箱运输的货物是（   ）。

　　A. 小型电器　　　　B. 医药品　　　　　C. 纺织品　　　　　D. 废铁

（2）（   ）表示集装箱整箱货。

　　A. FCL　　　　　　B. CFS　　　　　　C. CY　　　　　　　D. LCL

（3）按照货物是否适箱划分的货物类别中不含（   ）。

　　A. 最适箱货　　　　B. 适箱货　　　　　C. 清洁货　　　　　D. 边缘货

（4）集装箱超长货物的超长量最大不得超过（   ）mm。

　　A. 150　　　　　　B. 280　　　　　　C. 306　　　　　　D. 350

（5）集装箱装载危险货物时，不正确的做法是（   ）。

　　A. 每一票危险货物必须具备危险货物申报单

　　B. 作业人员操作时应穿防护服，戴防护面具和手套

　　C. 危险货物与其他货物混载时，应尽量把危险货物装在集装箱里面

　　D. 装有危险货物的集装箱上必须粘贴危险品标志

3. 判断题

（1）集装箱货物是指只能装在集装箱内运输的货物。　　　　　　　　　　（　　）

（2）集装箱货物对运输费用的负担能力较强。　　　　　　　　　　　　　（　　）

（3）如果箱内装载的货物总重已达到集装箱标记载重量，而还有剩余空间，可以继续装载货物至满载。　　　　　　　　　　　　　　　　　　　　　　　　　　　（　　）

（4）货物密度较大时，选用的集装箱规格不宜过大。　　　　　　　　（　　）

（5）装载危险品的集装箱卸空后，再不能用来装载其他类别的货物。　　（　　）

（6）经过检疫检验的动、植物也可以同普通货物混装在同一箱内。　　　（　　）

（7）超重货物是指总重量超过国际标准集装箱最大载货量的货物。　　　（　　）

（8）集装箱船舶装载超宽货箱时，如超宽量在 150mm 以内，则可以与普通集装箱一样装在舱内或甲板上。　　　　　　　　　　　　　　　　　　　　　　（　　）

（9）集装箱上如果出现凸损，而凸损未超过角配件外端面时，不影响其使用。　（　　）

（10）装有危险货物的集装箱上，应有规格不少于 250mm×250mm 的危险品类别标志牌贴在箱体外部 4 个侧面的明显位置。　　　　　　　　　　　　　　（　　）

4．简答题

（1）查找资料，简述集装箱的发展历史。

（2）查找资料，谈谈集装箱运输在相对短的时期内能取得如此快速发展的原因，可结合我国物流业的情况来谈。

（3）集装箱有哪些种类？

（4）翻译句子。

The undersigned Carrier hereby acknowledges receipt of the sealed container or packages or other shipping units said to contain the goods described above in apparent external good order and condition.

（5）集装箱在使用前应做哪些检查？

（6）集装箱货物装载的基本要求有哪些方面？

（7）危险货物装箱时应注意哪些问题？

（8）托盘货物的含义及其装载过程中应该注意哪些问题？

（9）冷藏货物装载时应注意哪些问题？

（10）集装箱船舶按照船型及装卸方式分类，分别有哪几种？

（11）简述全集装箱船的结构特点。

（12）集装箱在船上的位置表示方法是什么？

（13）集装箱在集装箱船上位置的表示方法中，"行（排）"号的表示方法是什么？

（14）集装箱在集装箱船上位置的表示方法中，"列"号有几种表示方法？常用的表示方法是哪一种？

（15）集装箱在集装箱船上位置的表示方法中，"层"号有几种表示方法？常用的表示方法是哪一种？

（16）请在下图上标出以下集装箱的箱位，将箱代号 A、B、C、D、E、F 填入对应位置即可。

A 箱箱位为：030282　　　B 箱箱位为：030202　　　C 箱箱位为：030406

D 箱箱位为：030584　　　E 箱箱位为：030086　　　F 箱箱位为：030404

（17）简述集装箱船舶配载图的编制过程。

（18）什么是预配图？有何作用？预配图由哪几张图组成？各有何作用？

（19）什么是实配图？有何作用？实配图由哪几张图组成？各有何作用？

（20）编制预配图应注意哪些事项？

BAY 03

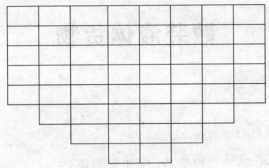

（21）实配图的封面图应反映哪些主要内容？

（22）什么是最终积载图？有何作用？

（23）实配图中的行箱位图与最终积载图中的最终行箱位图主要区别有哪些？

（24）最终积载图中，对特殊箱的标记有何习惯规定？

第6章

散装液体货物

 引导案例

"埃克森"原油泄漏事件

1989年3月24日,美国埃克森公司一艘巨型油轮在阿拉斯加州美、加交界的威廉王子湾附近触礁,原油大量泄出达800多万加仑,在海面上形成一条宽约1km、长达8km的漂油带。事故发生地点是一个原本风景如画的地方,盛产鱼类,海豚海豹成群。事故发生后,礁石上沾满一层黑乎乎的油污,不少鱼类死亡,附近海域的水产业受到很大损失,纯净的生态环境遭受巨大的破坏。这是一起人为事故,船长痛饮伏特加之后昏昏大睡,掌舵的三副未能及时转弯,致使油轮一头撞上暗礁——一处众所周知的暗礁。这是世界上代价最昂贵的海难事故。志愿者们涌向瓦尔迪兹,用温和的肥皂泡擦拭海獭和野鸭,却只能眼睁睁看着它们死去。埃克森公司动用了大量金钱来安抚小镇居民,雇用渔民清洗沙滩的油污。很快,公司便宣称这一曾经纯净原始的地区的大部分已经恢复;而事实上,这里的生物还在不断死去。科学家们估计,溢油事故发生后,短短数天,便有多达25万只的海鸟死亡。埃克森公司却无动于衷,既不彻底调查事故原因,也不及时采取有效措施清理泄漏的原油,更不向美、加当地政府道歉,致使事态进一步恶化,污染区愈来愈大。到了3月28日,原油泄漏量已达1000多万加仑。

案例解析:大规模的溢油事故对海洋生态环境和沿岸海洋产业都会有灾难性的影响。船舶发生溢油时应尽量控制和减少燃油的溢出,并尽可能防止污染的进一步扩大。

本案例涉及的主要知识点:原油的特性;原油的安全运输注意事项。

学习导航

了解原油及其产品的种类和理化常数及储存,熟悉其特性,掌握原油及其产品的安全运输;了解散装液体化学品的分类,熟悉散装液体化学品的定义和特性,掌握散装液体化学品的安全运输;了解散装液化气的分类,熟悉散装液化气的特性,掌握散装液化气的安全运输。

教学建议

本章的备课要点:原油的特性、原油及其产品的安全运输;散装液体化学品的特性及其

安全运输；散装液化气的特性及其安全运输。教学以理论为主，实训为辅，采用多媒体教学，在课件中展示散装液体货物运输的图片和视频，并进行案例讲解。建议授课学时为 6 学时。

6.1　原油及其产品

6.1.1　原油及其产品的定义

原油(Crude Oil)是指从地下开采出来的一种(油状)黏稠液体，是未经炼制加工的石油，它是成分复杂的碳氢化合物的混合物，主要是由甲烷族、环烷、多环烷族和芳香族等不同的烃类所组成。此外，它还含有微量的氧化物、硫化物和灰分。一些不同产地的原油的化学组成如表 6-1 所示。

表 6-1　原油的化学组成

产　　地	元素及含量/%				
	C	B	S	N	O
大庆(混合原油)	85.74	13.31	0.11	0.15	
大港(混合原油)	85.67	13.40	0.12	0.23	
胜利	86.26	12.20	0.80	0.10	
克拉玛依	86.10	13.30	0.04	0.25	0.28
苏联杜依玛兹	83.90	12.30	2.67	0.33	0.74
墨西哥	81.20	11.40	3.60		0.80
伊朗	85.40	12.30	1.06		0.74

石油制品(Petroleum Products)是原油经炼制加工，如分馏、裂解、重整等方法获得的各种产品，又称成品油(Products Oils)。

6.1.2　原油及其产品分类

1. 原油

原油按所含不同烃类可分为以下四种。

(1) 甲烷族原油。此种原油适于炼制固体的石蜡和优质的润滑油。

(2) 环烷与多环烷族原油。此种原油经蒸馏后残存较多沥青，亦称沥青族原油。

(3) 甲烷与环烷族原油。此种原油由上述两种原油混合而成，适于精炼润滑油和重油。

(4) 特殊族原油。如芳香族原油、甲烷与环烷芳香族、环烷芳香原油等。

2. 成品油

成品油按用途可分为以下四类。

(1) 燃料油类，如汽油、煤油、柴油等。

(2) 润滑油类，如汽缸油、车船用润滑油、车船用润滑脂等。

(3) 化工用料类，如溶剂苯、甲苯等。

(4) 建筑材料类，如沥青等。

3. 油轮可载运的油类

在《经 1978 年议定书修订的 1973 年防止船舶造成污染公约》(以下简称《MARPOL

73/78》)附则Ⅰ中列出了油轮可以载运的油类名单,共计8小类44种油品。

(1)石脑油　Naphtha

溶剂　Solvent;

石油　Petroleum;

窄馏分油　Heartcut Distillate Oil。

(2)喷气燃料类　Jet Fuels

JP-1(煤油)喷气燃料　JP-1(Kerosine);

JP-3 喷气燃料　JP-3;

JP-4 喷气燃料　JP-4;

JP-5(重质煤油)　JP-5(Kerosine,Heavy);

燃气轮机燃料　Turbo Fuel;

煤油　Kerosine;

矿物油溶剂　Mineral Spirit。

(3)汽油类　Gasolines

天然汽油　Gasinghead(natural)Gasoline;

车用汽油　Automotive Gasoline;

航空汽油　Aviation Gasoline;

直馏汽油　Straight Run Gasoline;

1 号燃料油(煤油)　Fuel Oil No.1(Kerosene);

D 号燃料油　Fuel Oil No.1-D;

2 号燃料油　Fuel Oil No.2;

2-D 号燃料油　Fuel Oil No.2-D。

(4)汽油调和料类　Gasoline Blending Stocks

烷基化燃料　Alkylates-fuel;

重整油　Reformates;

聚合物燃料　Polymer-fuel。

(5)馏分油　Distellates

直馏油　Straight Run Distellates;

闪蒸原料　Flashed Feed Stocks。

(6)轻柴油　Gas Oil

裂化油　Cracked Gas Oil。

(7)油类　Oil

澄清油　Clarified Oil;

原油　Crude Oil;

含原油的混合物　Mixtures Containing Crude Oil;

柴油　Diesel Oil;

4 号燃料油　Fuel Oil No.4;

5 号燃料油　Fuel Oil No.5;

6 号燃料油　Fuel Oil No.6;

残渣燃料油　Residual Fuel Oil；

铺路沥青　Road Oil；

变压器油　Transformer Oil；

芳烃油（不包括植物油）　Aromatic Oil(excluding vegetable oil)；

润滑油和调和油料　Lubricating Oils and Blending Stocks；

矿物油　Mineral Oil；

马达油　Motor Oil；

渗透润滑油　Penetrating Oil；

锭子油　Spindle Oil；

透平油　Turbine Oil。

（8）沥青溶液　Asphalt Solutions

调和油料　Blending Stocks；

屋顶用柏油　Roofers Flux；

直馏渣油　Straight Run Residue。

4．我国对油类的分类

目前国内石油的分类，主要按其火灾危险性分为三级。

（1）一级——闭杯闪点在 28℃以下的石油，如汽油、石脑油等。

（2）二级——闭杯闪点在 28℃及以上，60℃以下的石油，如煤油等。

（3）三级——闭杯闪点在 60℃及以上的石油，如燃料油、重柴油等。

6.1.3　原油及其产品的特性及危害性

1．原油及其产品的主要特性

（1）挥发性

大部分原油及其产品都含有易挥发的碳氢化合物，所以它们具有易挥发性。在《国际油船和油码头安全作业指南》(IOTTSG)一书中将闭杯闪点低于 60℃的油品列为挥发性油品。石油产品的挥发不但会造成其数量减少，而且由于其挥发部分多是轻质馏分会使其质量降低，同时为燃烧、爆炸提供了石油蒸汽。挥发的快慢取决于温度的高低、压力的大小、表面积的大小、气流速度的快慢以及油品密度的大小。

（2）易燃性

原油及其产品具有遇火燃烧的特性。原油及其产品的燃烧是其蒸气的燃烧，所以越易挥发的油品越易引起燃烧。它可以用闪点的高低来衡量，闭杯闪点低于 60℃的油品具有易燃的危险性，如汽油 40℃(C.C)、煤油 45℃(C.C)都是易燃的。

（3）爆炸性

原油及其产品所挥发的油气与空气混合，在一定的浓度范围，遇有火花即能发生爆炸。油气混合气能发生爆炸的下限和上限的浓度称为爆炸极限。油气的爆炸下限较低，即油气浓度低的时候特别容易引起爆炸。如汽油的爆炸极限在 1.2%～7.2%，煤油的爆炸极限在 1.4%～7.5%。

（4）易感静电性

原油及其产品在管道内以一定速度流动或在容器（包括油舱）内动荡，会因与管壁或容器壁相摩擦而带电，带电较高时，静电荷能在绝缘装备和接地物体之间放电。这时如果接触到周围的油气与空气的混合气有可能引起燃烧或爆炸。

（5）黏结性

黏结性是指原油及重油、柴油等不透明的石油产品在低温时，流动性减小而黏结成糊状或块状的特性。一般用凝固点和黏度来表示。

（6）毒害性

原油及其产品所挥发的气体对人体健康有害，尤其是含硫较多的石油气。某些产品如汽油含有四乙基铅，更具毒性。

（7）胀缩性

原油及其产品的体积随温度的变化而膨胀或收缩的性质，称为胀缩性。不同的品种和在不同的温度条件下其胀缩程度不同，可由石油的体积温度系数 f 决定。

（8）污染性

原油及其产品除大量挥发能造成空气污染外，液体的滴、漏及污水排放也能造成水域、陆域环境的污染。

2. 危害性

油类的危害性主要归纳为安全危害和对海洋的污染。

（1）安全危害

安全危害包括燃烧爆炸、易感静电和对人身健康的危害。

① 燃烧爆炸。油类能够起火燃烧，但需在一定条件下才会发生。它与其他可燃物质一样，也需具备燃烧的三要素。

a. 可燃物：货油挥发出的石油气或烃气。

b. 助燃物：货油周围的空气。

c. 热源：足以点燃石油气的火焰、电火花、静电火花、热加工等。

若缺少其中任何一个要素，就不可能引起燃烧，或燃烧的可能性不大。

如果可燃油气被点燃，火焰就很快扩展到整个混合气，将出现迅速膨胀，局部压力升高。在敞开的场所，膨胀的气体很容易消散，但是在封闭的空间里，如货油舱，膨胀的气体被限制在有限的空间内，致使压力继续升高，直到油舱的围壁崩裂，导致爆炸。

除非空气中所含的烃类气体浓度在可燃范围内，否则烃类气体和空气的混合气体是不会引起爆炸的。对于各种不同的纯烃类气体和不同的石油产品挥发出来的混合气体来说，其爆炸范围略有不同，在 1‰～10‰。只要将油气浓度控制在爆炸范围之外，就可以达到一般的防患目的。

② 易感静电。在石油装卸、运输中，货油或含油污水在管道内流动与管壁做相对运动时，用压缩空气扫清管线内存油时，装货初期、货油与舱底水掺混时，用高容量洗舱机喷射舱壁时，都会使运动中的货油或含油污水等与相对静止物分离而带电。为防止静电造成火灾事故，在装货初期应控制流速（一般不大于 1m/s），并将管线通过主液货管或船壳进行接地，以疏导电荷。

③ 对人身健康的危害。石油及石油产品对人身健康造成的危害，主要是石油及石油气中的有毒成分。人员中毒几乎全是由于接触了各种石油和石油气而发生的，接触的主要途径有吞入、皮肤直接接触和吸入。

石油气的毒性大小，主要取决于石油气中的成分。某些微量元素、芳香烃（如苯）和硫化氢的存在，能大幅度地提高其毒性。

需要强调的是,很多石油气的中毒临界值远远低于可燃下限值,如苯、硫化氢的中毒临界值(TLV)为10ppm,在进入货油舱之前,一定要彻底通风,要确保油气浓度低于中毒临界值,方可进入舱内工作。

(2)对海洋的污染

对海洋的污染包括对海洋生物资源的危害、对海滨和海岸自然环境的危害和其他一些影响。

① 对海洋生物资源的危害。进入海洋的石油,在氧化和溶解过程中能导致海水溶解,氧含量急剧下降,二氧化碳和有机物含量增高,其他某些化学性质也会产生一定变化。大面积海洋污染导致海水严重缺氧,能对海洋生物造成严重危害。

② 对海滨和海岸自然环境的危害。气候怡人的海滨和海岸自然环境通常是娱乐和疗养的圣地,也是天然的浴场。然而发生油污染后,海洋上漂浮的油类在风、浪、潮的作用下,漂上海岸或海滩,令人产生厌恶感,或失去游乐的兴趣,从而降低海滨的使用价值,恶化海岸自然景观。

如果海洋植物遭受油污染侵害,则会枯死,造成海岸带侵蚀。

③ 其他影响。其他影响包括对海洋气候的影响,对海水利用及滩涂养殖的影响等。

6.1.4 原油及其产品的理化常数

在原油及其产品的运输中,需要掌握和使用的理化常数有油品的密度、石油体积系数、石油密度温度系数、石油体积温度系数、凝固点、黏度、闪点、含水量和含蜡量等。

1. 密度

密度是指在温度 t℃时,单位体积石油的质量,以 ρ_t 表示,单位为 g/cm^3 或 kg/L。20℃时单位体积石油的质量为标准密度,以 ρ_{20} 表示,单位为 g/cm^3。用石油密度计测得温度 t℃(非20℃)时的密度称为视密度。

2. 石油体积系数 k

石油及其产品的密度随温度的升降而变化,温度升高,密度减小,体积膨胀;反之,密度增大,体积缩小。这反映原油及其产品的体积随温度的升降而变化的规律。我国规定温度为20℃时的石油体积为标准体积,以 V_{20} 表示,单位为 L 或 m^3。石油在20℃时的体积 V_{20} 与在 t℃时的体积 V_t 的比值为石油体积系数,以 k 表示。

$$k = \frac{V_{20}}{V_t}$$

3. 石油密度温度系数 r

石油温度变化1℃时,其密度的变化值为石油密度温度系数,以 r 表示,单位为 $g/cm^3/℃$。

$$r = \frac{\rho_{t1} - \rho_{t2}}{t_2 - t_1}$$

4. 石油体积温度系数 f

温度变化1℃时,石油体积变化的百分值定义为石油体积温度系数,以 f 表示,单位为 $1/℃$。

$$f = \frac{V_2 - V_1}{V_1(t_2 - t_1)}$$

r 与 f 的关系是

$$f = \frac{r}{\rho_{20}}$$

5. 凝固点

凝固点是指在一定的试验条件下,试验油品在试管内倾斜 45°时,能使油品水平面在一分钟内保持不流动的某一温度。

测定油品的凝固点是为了掌握原油(特别是暗色石油)及其产品在什么温度下将失去流动性,并由此拟定各类油品保管及装卸作业时的温度。

6. 黏度

黏度或内摩擦是液体所具有的一种性质,它表现出液体分子间因力的作用所引起的移动阻力。凡能影响分子间摩擦的因素都能影响黏度,液体分子的大小、形态和分子间力等因素是决定黏度的内因,温度、压力等环境条件是决定黏度的外因。

黏度可用相对黏度、动力黏度和运动黏度表示。

相对黏度是 200ml 温度为 t℃ 的油品,根据从黏度计流出的秒数,和 200ml 温度为 20℃ 的蒸馏水从该黏度计流出的秒数之比值。相对黏度的测定可采用恩氏黏度计。

动力黏度是指面积为 $1cm^2$ 的两液层间的阻力,其层与层间的距离为 1cm,相互移动速度为 1cm/s。国际制单位(SI)中,动力黏度的单位为帕斯卡·秒(Pa·s),原动力黏度的单位为泊(P)。

$$1P = 0.1Pa \cdot s$$

运动黏度是液体动力黏度与同温度、同压力下液体密度之比,国际单位制(SI)中,运动黏度单位为平方米每秒(m^2/s)。原运动黏度的单位为沲(cm^2/s)。

$$1cm^2/s = 10^{-4}m^2/s$$

动力黏度和运动粘度的测定一般采用毛细管黏度计。

在如何运用轨道、机泵灌注或抽卸原油及其产品方面,黏度是一个很重要的参数。

7. 闪点

我国有关石油闪点试验方法的规定有:GB 261—77 石油产品闪点测定、GB 7634—87 石油及有关产品低闪点的测定、GB 267—77 石油产品闪点及燃点测定。

闪点的高低表明油品的易燃程度、易挥发性混合物的含量以及气化程度,掌握不同种类的原油及其产品的闪点,在运输和储存过程中,可以采用相应的措施避免燃烧事故,减少挥发损耗。

8. 含水量

各种原油及其产品的含水量由标准规定。

9. 含蜡量

原油及其产品含蜡量较高时易凝固,对装卸作业有一定影响。我国主要油田原油的部分常数如表 6-2 所示。

表 6-2　我国主要油田原油的部分常数

石 油 常 数	大庆混合原油	胜利混合原油	大港混合原油	玉门原油	克拉玛依原油
密度 ρ_{20}	0.8552	0.9070	0.8896	0.8698	0.9679
50℃时的运动黏度/(m^2/s)	0.2215	0.2138	0.2064	0.1590	0.1923
凝固点/℃	25	20	20	8	3.7
含水量/%	0.21	0.8	0.8	6.5	

6.1.5　原油及其产品储存

原油及其产品除了少量注入包装容器储存外,大量的是利用大容量的油罐储存。油罐有土罐、混凝土罐、钢罐等多种,目前大量采用的是钢罐。

土油罐(油池)是由涂敷 0.5～0.7m 厚的油性黏土层所形成的土坑,贮油可达 160 吨以上。土油罐用于短期贮存原油和重油。为防止油品渗漏,罐底经常保持一层水。

钢筋混凝土油罐,可筑成矩形或圆形,其储油量在 500～7500 吨范围。钢筋混凝土油罐主要用于贮存原油、重油和柴油。

钢制油罐可供贮存原油和各种液体成品油。它有立式、卧式、球形和扁球形等多种形式,已形成标准的油罐有容量为 100～4600m³ 的焊接立式的圆筒罐;容量为 750～10000m³ 或 15000m³ 的按特别设计的焊接式圆筒钢罐,容量为 5500m³ 和 10500m³ 的铆接立式圆钢罐等。

贮存原油及其产品的油罐(以及储存桶装油品的油库)可建造在地面、半地下或地下。地面油罐的罐底和地平面在同一水平或高于地面;半地下油罐的罐底在地面下的深度应至少为油罐高度的一半,同时罐内油品的最高液面应不超出地面 2m,地下油罐内最大限度储存油品时,油品液面应至少低于地面 0.2m。利用地下油罐储存油品,油品的挥发远较地面和半地下油罐储存时要少。

储存原油及其产品的油罐,须有专门的装备。例如使空气进入和罐内混合气体排出的自动调节阀,完整有效的灭火装置,为减轻油品挥发而装备的可浮式或不透气顶盖。较先进的油罐还装有挥发油气收集器,以及设置在钢制油罐外壳上的用以防止静电积聚的接地装置等。

 知识点链接

船舶防污染需要全面良好的设备维修保养

S 轮 2004 年年初航行在荷兰北海海域,离最近的陆地大约 12 海里处的一天晚上,当地的巡航飞机呼叫该轮,并告知 S 轮正在排污,由于当时天黑,船舶没有发现海面油污,船长当时给予否认。船长随后通知机舱人员检查机舱作业和设备情况,通过对 No.2 号主机机油冷却器拆检,终于发现该冷却器一根冷却管破损,由于机油压力大于海水压力,这根破损的冷却管内的机油通过海水,把机油带出舷外。根据泄漏孔的大小,机油面和海水面的压差等情况分析,估计泄漏入海的油量为 60kg。更遗憾的是,船舶在发生这一情况后,并未马上报告船东的沿海国,船东在年底接荷兰外交照会时才知道,并进行调查。

由于我们没有获得船东最后的污染通报,从上面情况分析,引起这起事故的原因是由于船舶设备缺乏周密、严格的维修保养,船舶对《MARPOL 73/78》公约附则 I 第 26 条的要求不清楚,发现污染后故意隐瞒不报,造成船东十分被动。根据荷兰政府规定,故意污染、隐瞒不报会被处以巨额罚款,在该轮再次进入荷兰港口,将接受港口国的严格检查,甚至会被港口当局拒绝进港。荷兰、日本、美国、加拿大、澳大利亚等国家的海上污染监测十分先进,他们的海岸警备队直升机上都装备有油类探测装置,根据回波发现海洋污染,所以,任何隐瞒都是不可能的。

通过以上案例说明,防污染需要全面良好的设备维修保养,主机机油冷却器的冷却管材质都是很好的,不可能短时间就发生破损,只要对船舶进行全面良好的维修保养,按照正常的检修计划进行设备保养,就能及时发现问题,及时修理,可以避免污染事故的发生。

6.1.6　原油及其产品的安全运输

1. 油品的装卸

油船运输中,油品的装卸是在专用码头上进行的。由于油品利用管道输送,码头只需有足够的系靠船舶的墩装置(包括工作平台)和架设管道的栈桥,以及其他作业所需的(包括安全方面)装备,所以它可以伸向深水水域,以适应大型油船作业。现在多点系泊、固定单点系泊和浮筒单点系泊等设施已得到广泛采用。

油船的装卸作业须通过软管或自动输油臂使船岸连接后才能进行。装油时使用岸上的动力,将油品泵到油船各舱。如果岸上油库设在较高的位置,有时可利用重力直接装船。卸油时使用船上的动力,将油品泵到岸上油罐或其他贮油设施。如输油距离较远,岸上须另行增设动力。油品装卸在船上要涉及极为复杂的阀系统操作管理,以保证不同的油品通过管路注入计划装载的货油舱,各舱的油按计划顺序被泵出,特别要防止混油。

装卸前船岸应填写 IMO 推荐的"船岸安全检查表"中 A 部分的内容。同时双方商定装卸速度、数量、压力、联系方法等,防止产生操作性事故。

(1) 装油

油船船长、大副应充分了解合同所载油品的规格、数量、特性,以及装卸港的要求,并由大副拟制作业计划。装油计划除应保证船舶稳性外,还须注意船舶纵向强度。当装载量较少时,应避免集中装载于首、尾舱,或过多集中在中部货油舱,而可以间隔地留出空舱。当装载多种油品时,应对管路利用结合装载舱室做妥善考虑。同时对各舱的装载应提出液面空位的控制数。该空位数由当时的油温、密度及航行中可能达到的最高温度等因素决定,空档舱容 ΔV 可用下式求得:

$$\Delta V = \frac{V_{ch} \times f \times \Delta t}{1 + f \Delta t} (m^3)$$

式中: V_{ch} 为油舱(或油轮全船)的舱容(m^3); Δt 为航次中货油可能的升温(℃); f 为货油的体积温度系数(1/℃)。

装油须按计划顺序进行。由于给油速度较高(500～1000t/h),船方事先应充分了解岸上泵油速度,在作业时应与岸上保持联系,以便及时调节速度或停止泵油。装油时油舱内的气体除由呼吸通风管道排出外,也常将油舱口的舱盖螺扣旋开,以利于排气。

装油过程中,万一发生溢油事故,不应急促地关闭阀门,而应打开那些能使油通往其他有较多油面空间的油舱阀门,这样能及时分流,防止因阀门关闭(岸上仍以较高的泵压泵油)而造成软管破裂、喷油的危险。在此同时,迅速通知岸上停止输油。已出现的溢油应尽快处理。一般不应使油品流向舷外,如已造成海面污染,要努力缩小污染损害范围,同时要注意防止引起火灾危害。

在装货的后期,值班船员应密切注意各舱应留出的空档。通常在大副制定的装载计划中会明确地标明。在即将进行收尾作业之前,首先通知岸方降低装油速率,并关闭其他油舱阀门留待收尾,然后逐一油舱进行收尾作业。在一个货舱即将到达规定的空档高度时,先打开下一个预定要进行平舱作业的油舱的阀门,然后再关闭到了空档高度的满舱油舱的阀门。

在装载两种以上货油的情况下,应避免出现几种货油同时满舱而来不及处理的局面。在收尾作业阶段应尽可能把装载的油舱数降低到最小个数,并适当增加人力,以免发生油污事故。

装货结束时,配合岸上做好扫线工作。大副或指派一名船员检查所有的货油阀门,确认其全部处于关闭状态。然后同商检人员一起进行空档和油温的测量工作。测量工作应在装载完成后 30 分钟进行,并做好防止静电的措施。

（2）卸油

如装运的油品凝固点较高(约 10℃)则船舶进港卸油前应对该油品进行加温,将蒸气通到舱底的加热管,对油品加热以使油品能顺利泵出。

油船卸油也应事前拟出卸油计划,以保证各舱卸油不致出现船舶纵向受力不良的情况,同时应合理使用管路,防止发生不同油品的混杂。货油舱卸油时原则上也由通气管输入空气,以维持舱内的正常压力。由于卸油时舱内空间留存有大量油品蒸汽,它与空气的混合比在不断变化,与装油时石油混合气体相比,具有较大的危险性。此外,卸油使用船舶机泵,在此过程中泵房内极易因泵或阀等渗漏油品而滞留油气,有相当的危险,所以应始终保持良好的通风。

在卸油后期,使船体有一适当的横倾或纵倾角度,以有利于卸空舱内的油品。但在卸油的起始阶段应避免这种倾斜,以防油品从舱口开启的测油孔溢出。卸油过程中,同样应避免发生任何溢油、漏油而造成水域污染的事故。

油船卸油后应进行扫线、拆除软管等工作。在油船卸油后,接续的是压载航次,所以须向专用压载水舱注入压载水,或直接将压载水注入经水洗后的货油舱。现对压载水的排放已有严格的限制。

2. 油品的交接

油品的交接主要是质量交接和数量交接。

（1）质量交接

质量交接主要采用选样封存。船舶装油时以适当的方法选取货油样品加以封存,船舶抵达目的港卸油以前,同样要选取货油样品,并进行化验。经过化验以后,收货人对货油质量没有异议时才能开始卸油,如果收货人对货油质量提出异议,可以开启装船时封存的油样再次进行化验,以判别船方是否在航行中尽到了保管货物的责任。

① 选取油样。选取的货油样品应具有代表性,一般在装油港选取油样有以下两种方法:一是在装油过程中,从码头上管道末端的小开关处选取油样,装油一开始就取一次油样,以后每隔一两个小时取一次;二是从油舱中选取,对于一艘油轮选取油样,至少要从 25% 的油舱中选取,其中首部 5%、中部 15%、尾部 5%,每个油舱选取油样必须连续地从油舱的不同深度采集。此外,也有只从油舱中选取中层油样。船舶抵达目的港卸油前,只采用第二种方法选样。

② 油样封存。选取出来的货油样品,需搅拌均匀装入两只瓶子中,其中一瓶用船方火漆密封交给货方,作为货方发货质量的凭证;另一瓶用发货人的火漆密封后交给船方,作为船方收货的质量凭证。显然,装载时选取的货油样品具有一定的法律效力,因此不能单独由任何一方选取油样作为货油质量交接的标准样品。标准样品只能在船方、货方共同参加下,由质量检查机关人员去做。

（2）数量交接

数量交接主要是装油量的计算。石油及其产品的计量方法有多种,在大宗油运中采用的是"体积密度法"（以体积和密度计算重量）,所以首先必须准确地测量油品的体积。

① 油品体积的测量

一般油船各货油舱配置专门的容积表,该表反映油舱一定高度（或液面空档高度）时的容积,见表 6-3。因此测量液面空档高度后即可从容积表中查出油品的体积。

表 6-3　油舱容积表（部分）

高度/m	容积/m³	高度/m	容积/m³
⋮	⋮	⋮	⋮
0.80	45.227	4.80	252.184
0.90	51.092	4.90	257.308
1.00	56.957	5.00	262.432
⋮	⋮	⋮	⋮

测量液面空档高度常用的测量工具有测深卷尺和木制测空尺。前者用合金制成,下悬重锤,其长度超过所测舱深,后者仅适用于空档高度较小的情况。

② 石油及其产品的重量计算

国际上通用的油品计量方法是将密度和体积都换算成标准状况（我国为 20℃）,再考虑空气浮力的影响,通过计算所得的即为油品在空气中的重量。其计算公式为

$$m = V_{20}(\rho_{20} - 0.0011)$$

或

$$m = V_{20}\,\rho_{20}\,F$$

式中：m 为油品在空气中的重量（t）；V_{20} 为油品在 20℃时的体积（m³）；ρ_{20} 为油品在 20℃时的密度（g/cm³ 或 t/m³）；0.0011 为空气浮力修正值；F 为油品的空气浮力修正值系数（见表 6-4）。

表 6-4　空气浮力修正系数（F）

标准密度 ρ_{20}/(g/m³)	空气浮力修正系数 F	标准密度 ρ_{20}/(g/m³)	空气浮力修正系数 F
0.5000～0.5093	0.99770	0.6796～0.7195	0.99840
0.5094～0.5315	0.99780	0.7196～0.7645	0.99850
0.5316～0.5557	0.99790	0.7646～0.8157	0.99860
0.5558～0.5822	0.99800	0.8158～0.8741	0.99870
0.5823～0.6114	0.99810	0.8742～0.9416	0.99880
0.6115～0.6136	0.99820	0.9417～1.0205	0.99890
0.6137～0.6795	0.99830	1.0206～1.1000	0.99900

但由于计量时油品并非出于 20℃状态,所以需经换算,其换算方法如下。

a. 将视密度换算成标准密度。首先从货油舱（或油罐）中取出平均的油品试样,测量其温度和密度,所得密度为视密度（也称观测密度）,以 ρ_t 表示,其中 t 为油品测量温度。可以利用"视密度换算表"（见表 6-5）,并经过必要的计算,得到标准密度（ρ_{20}）。该换算表温度间

隔为 1℃,密度间隔为 0.001g/cm³,当油品温度不是整数时,需运用内插法计算。

表 6-5　视密度换算表　　　　　　　　单位:g/m³

视密度 ρ_{20} 油温/℃	0.8450	0.8460	0.8470	0.8480	0.8490
35.0	0.8546	0.8556	0.8566	0.8576	0.8586
36.0	0.8553	0.8562	0.8572	0.8582	0.8592
37.0	0.8559	0.8569	0.8578	0.8588	0.8598
38.0	0.8565	0.8575	0.8585	0.8595	0.8604
⋮	⋮	⋮	⋮	⋮	⋮

b. 将实测体积换算成标准体积。油品经实测测得的体积以 V_t 表示,利用专门的数表查得必要数据,经计算可得出标准体积(V_{20})。具体地说,有三种系数可供使用,如石油体积系数 k,石油密度温度系数 r,以及石油体积温度系数 f 等。其中

$$k = \frac{V_{20}}{V_t r} = \frac{\rho_{t1} - \rho_{t2}}{t_2 - t_1} \quad f = \frac{V_2 - V_1}{V_1(t_2 - t_1)}$$

由此得

$$V_{20} = k V_t$$

或

$$V_{20} = \frac{1 - (t - 20)r}{\rho_{20}} V_t$$

或

$$V_{20} = [1 - (t - 20)f] V_t$$

式中:t 为油品实测温度。

c. 油量计算。经上述换算后,即可计算油品在空气中的重量。各国计量方法虽有不同,但步骤类似,且结果是几乎一致的,各国油量计算的不同之处在于计量标准体积与密度不同,如,我国以 20℃ 为标准温度,计量的体积与密度标准为 V_{20} 和 ρ_{20};日本采用相对密度,以 15℃ 时的油品质量与 4℃ 时的纯水的质量的比值(d15/4℃)为标准,标准体积为 V_{15};英国和美国采用 d60/60℉ 和 $V_{60℉}$,而且单位均为英制,须经换算得到公制重量。

3. 油船的压载及洗舱

(1)油船压载

油船空船航行时必须压载以保持船舶稳性,根据航行的区域和天气条件决定压载水的数量。一般在良好天气状况下,空载的沿海油船所需压水量为总载油量的 20%~25%,远洋油船为 35%~40%,在恶劣天气情况下为 40%~50%,特殊情况下高达 50%~60%。

① 专用压载舱(SBT)。专用压载舱(Segregated Ballast Tank)是指在油船上专用于压载的舱室,并有独立的管系,与货油舱和燃油舱完全隔开。在正常情况下,其贮水量保证能满足压载航行的要求,可以不使用货油舱装压载水,其水清洁,在任何地方都可以排放。《MARPOL 73/78》1992 年修正案规定:凡载重量为 20000t 及以上的原油油船和载重量为 30000t 及以上的成品油船,均应设专用压载舱。

② 专用压载舱的保护位置(SBT/PL)。专用压载舱的保护位置 SBT/PL(Protective

Location of the SBT)是指专用压载舱合理布置在船舶易损部位,当油船发生碰撞、搁浅、触礁事故,能最大限度地防止和减少油类外流。要求专用压载舱有一定的保护面积,并有安排位置的推荐方案,它同专用压载舱是一个整体,即 SBT/PL 能有效地代替双层底。

③ 清洁压载舱(CBT)。清洁压载舱 CBT(Clean Ballast Tank)是对在《MARPOL 73/78》附则Ⅰ生效后的 2～4 年内现有油船采用的一种替代措施,指在营运中根据船型、货舱结构、航区特点、吃水要求等,将部分货油舱经过清洗,改为专门用于装载压载水,成为临时的SBT。但对船舶结构、泵、管路等方面不作改动,即泵、管路仍与货油为同一个系统,只不过降低了货油的装载容积,操作程序变得复杂,但并不能保证压载水一定符合标准。因此,必须增设油水分离器和排油监控装置。

如果油船利用货油舱装载压载水,这种压载水含有油污,须专门处理。根据《MARPOL 73/78》公约 1992 年修正案规定,不能任意地将污水排放到船外水域。规定正在航行中油船油量瞬间排放率不得超过 30L/n-mile(30 升/海里),排放总量新油船不得超过载油总量的 1/30000,现有船不得超过油总量的 1/15000。

(2) 油船洗舱

洗舱的目的是除去油渍、油垢和沉淀物,以便能装运清洁的压载水或改装其他油品。同时洗舱也是彻底清除舱内易燃、易爆性混合气体,以便能安全地进行货舱结构、设备检修,乃至整船检修所必需的。洗舱设备有移动式和固定式两种。利用水洗舱的洗舱机是移动式的,采用原油洗舱时有固定式的洗舱设备。用水洗舱是装载清洁压载水或人员下舱进行检修等作业所必需的,除此以外的情况下,就可广泛运用原油洗舱。

① 水洗舱

用水洗舱的移动式洗舱机的作业过程基本如下:根据洗舱位置,把洗舱机放入舱内所要求的高度,用软管中的水压带动洗舱机转动,依靠水流,冲刷舱壁等船舱内构件上所有的残油,使其流到舱底,过后再将油与水的混合液从油舱泵到相应的含油洗舱水接收柜。在第一位置冲刷后(时间视所载油品而定),将洗舱机往下放到第二位置,逐次下降到符合清洗要求为止。洗舱的水是经加热的,以往加热温度达 66℃(150℉),现建议不得超过 49℃(120℉),因为试验证明高压喷出的水流会产生很高的静电电位。

② 原油洗舱(COW)

《MARPOL 73/78》公约规定新船必须备有原油洗舱/惰性气体系统(COW/IGS)。原油洗舱(Crude Oil Washing),系指用固定式洗舱机将正在向岸上排放的一部分货油送回到正在卸空的油舱,并用喷出的原油射流使液面舱壁等结构得到冲洗。用于冲洗的油及构件上的残油均汇集到正在排放的货油之中,被不断泵往陆地。为防止回收的油性残留物进入循环,洗舱油应从渣滓少的其他油舱泵取。为有效地冲洗,应保持洗舱油有一定的压力(大约为 1.029MPa)。原油洗舱,如油品不含水分,则作业产生静电的电位很低,但当原油夹带较多水分时,产生的电荷比纯水洗舱时还严重,其程度视原油含水分多少而异,所以污油水舱中的油不能作为洗舱用油。

采用原油洗舱对于防止水域油污染和提高船舶营运经济效益有如下好处。

a. 减少船舶残油量,增加卸油量。

b. 减少油舱压载水的含油量,处理与排放压载水较易满足防污染的规定。

c. 减少(水洗舱)油水残油量,既有利于增加船舶装载量,又有利于缩小港口污水处理工程。

d. 舱内油脚能随货油一起卸出,可减少进一步用水洗舱的工作量(只需两天即可达到进坞检修作业的要求,比全部用水洗舱可节约 5～6 天时间)。

e. 减少水洗造成的油舱腐蚀等。

原油洗舱的缺点是在不同程度上增加了卸油作业的时间,同时船舶必须配备惰性气体系统(Inert Gas System,GS)。

(3) 洗舱时舱内油气状态

油船洗舱作业具有危险性,其危险程度由油舱内实际存在的气体组成状态所决定。一般把这些状态分为以下四类。

① 油舱状态不加控制的。油舱状态不加控制时,舱内气体可处于油气过稀、过浓或可燃爆状态。不论洗舱作业开始时处于何种状态,在作业过程的任何时候,其状态都会发生变化,所以这种不加控制是非常不安全的(任何时候都可能出现最危险状态)。为了保证安全,如在不加控制的状态下洗舱,必须注意彻底防止在作业货油舱所及相关范围内可能出现任何火种(包括火星)。

② 油气过稀状态。油气过稀状态是指舱内油气含量低于爆炸极限的下限(油气与空气混合所形成的气体,在爆炸极限的上下限范围内遇有任何火星即能发生爆炸)。它是由注入新鲜空气来实现的。油舱卸油后,舱内油气量随所卸货油油蒸气压力和当时的环境温度,以及卸油速度而定。为使舱内气体组成变化处于油气过稀状态,典型的做法是卸油后打开油舱盖,用驱气风机(在舱口处)将空气吹入油舱,此时舱内混合气体中油气的浓度急剧发生变化。被新鲜空气气流驱出的油气,将可能处于可燃爆范围,因而这一时期油船及其周围环境存在着潜在的危险,应严格控制火种。在空气吹入油舱的整个过程中,必须利用仪器监测气体的浓度,当油气浓度达到爆炸极限下限的 40% 时,方可停止驱气作业,进行洗舱作业。洗舱过程中,由于残油被冲刷和温度的影响,舱内的油气会有所增加,所以仍须对气体状态进行监测,当发现油气含量达到可燃爆下限的 60% 时,应停止洗舱作业,继续让油舱透气,直至油气含量下降到下限的 40%。

③ 惰性状态。惰性状态是指舱内含氧量低于 11%(即无法助燃,为安全起见,SOLAS 公约规定含氧量小于 8%)的状态。它是目前最安全的油舱控制方式。为获得这种状态,船舶必须配置惰性气体系统。可以利用专门的惰性气体发生装置制取惰性气体,或利用储藏在高压气瓶内的氮气。但船上实际最常用的是利用锅炉烟道气(含氮 77%,含二氧化碳 3.5%,含氧 4.2%)。由于锅炉烟道气是灼热的,而且含有腐蚀性的二氧化硫,所以使用前须经冷却和净化处理。经处理后的烟道气由鼓风机输送到与各货油舱连接的惰性气体总管。洗舱作业应在舱内含氧量低于 8% 的条件下进行,为此应不断向油舱供应惰性气体,并使舱内压力稍大于舱外,以防外界空气进入。当舱内已能维持正常的惰性状态时,洗舱作业不受可能产生火星的限制。由于在油船作业中尚无法完全控制静电的产生,以及由此而产生火星,所以油船使用惰性气体装置是非常重要的。

④ 油气过浓状态。油气过浓状态是指舱内油气含量始终保持在高于爆炸极限上限的状态,它实际上是一种难以达到的状态。为达到这种状态,必须人为的通过喷射系统将货油循环到油舱,以提高油气浓度。在这种状态下进行洗舱,其作业程序相当复杂。

4. 污水及溢油处理

(1) 污水处理

油船的正常排放操作包括压载水、洗舱水和机舱舱底水的排放。含油污水的排放是船

舶造成海洋油污染的主要原因之一。

油船正常排放操作的方法主要有:一种方法是将污油留在船上或待船舶靠岸后排入岸上接收设施;另一种方法则是控制所排放的含油污水的数量。

① 装于上部法(LOT)

装于上部法(Load On Top)是指将含油的压载水、洗舱水保留在船上的污油水舱中,而不是直接排放入海。在污油水舱中,油水混合物被静置沉降分离。静置的时间最好在 36 小时以上,实践证明,油污的压载水经过 48 小时以上的静置,大部分的油水能够得到自然重力分离,离表面 2 米以下的污水中,含油量不超过 100ppm。在污油水舱中,最初静置 1 小时后,约 85%的含油污水达到油水分离,故可以把底部分离出来的水排出,而余下的乳化水至少需要再静置 24 小时才能分离出含油量低于 100ppm 的水,然后再予排出。可见时间越长分离得越彻底,然后将符合排放规定的下层水缓慢排入大海,上层污油和油水乳浊液合并到二级、三级分离的污油水舱中继续分离,最后在污油水舱残留的污油中只含少量的水,且只占污油水舱容积的一部分。这种污油可以在抵达装货港时排放到岸上的接收设备中,也可以把新货油装在残油的上部至卸货港一起卸出。装于上部法就是选择后一种污水处理方法而得名。

② 污油水舱

目前,油船均设污油水舱,用于处理压载水和洗舱水,它可由 1~3 个舱组成。单级分离只用一个舱,它在洗舱开始前被灌水到与船外水平面相平处,洗舱后将含油污水泵入该舱,经一段时间后,自舱底排放污水,而让残油留在船上。其缺点是容量较小,为等待油水分离常使洗舱作业停顿,且仍存在将油带出船外的危险。双级式污油水舱由两个舱组成,其中一个为主分离舱,另一舱有利于进一步分离偶然流入的油分,使排放的水只含较少的油分。三级式污油水舱由中央主分离舱和两个边舱组成,其油水分离效果甚佳,是现代油船采用的有效处理污水方式。

不论是单级还是多级分离处理都应该让污油水舱中的油水混合物以尽可能长的时间进行沉淀,以便油水分离。舱内所排放的水应以缓慢的作业方式排放到船外水域,所以排放泵应以尽可能低的速度运转,而且污水排放应在白天进行。排放管应在水线以上,以便观察。

在严格控制船舶排放含油污水的情况下,一些油船不得不在港口处理含油污水,为此港口应有相应的油水分离设施。

按照《中华人民共和国防止船舶污染海域管理条例》规定,到港船舶的压舱、洗舱等含油污水,不得任意排放,应由港口油污水处理设施接收处理,港口无接收处理条件、船舶油污水又确需排放时,应事先向海事局提出书面报告,经批准后,按规定条件和指定区域排放。

经批准的船舶排放含油污水,必须符合以下各项规定(条例第二十条)。

a. 一般情况:

• 在批准的区域内;

• 在航行中,瞬时排放率不大于 60 升/海里(现在按《MARPOL 73/78》公约,应是 30 升/海里);

• 污水的含油量不大于 15 毫克/升;

• 船上油水分离设备、过滤系统和排油监控装置处于正常工作状态;

• 在退潮时进行。

b. 150 吨以上的油船和 400 总吨以上的非油船机舱油污水的排放,除满足上述 a 项之第 1、2、4、5 条之外,还应满足:

- 距最近陆地 12 海里之外;
- 污水含油量不大于 100 毫克/升。

c. 150 吨以上油船的压舱水、洗舱水的排放,除满足上述 a 项之第 2、4 条外,还应满足:

- 据最近陆地 50 海里之外;
- 每压载航次排油总量,现有船舶不得超过装油总量的 1/15000,新油船不超过装油总量的 1/30000。

（2）溢油处理

油类污染海洋的原因除了含油污水的排放外,装卸作业时意外的溢油和碰撞等海事事故产生的溢油也是一个主要的原因,而且危害严重。

按溢油的数量多少分少量和大量,下面分别介绍处理方法。

① 少量溢油

发现溢油应尽快组织船员利用船上一切可以利用的设备和物资阻止继续溢油,并对流入水中的油类进行处理,其一般原则如下。

a. 吸附和打捞

当溢油的黏度较低时,可用吸油材料或用吸油材料制成的围油栏等吸油后,再将其打捞上来;当溢油的黏度较高（在水面上结块）时,也可利用夹子、水桶和扫帚等清扫工具直接打捞。

b. 散布油处理剂

经吸附和打捞仍无法回收的溢油,使用喷洒散布油处理剂,并进行适当地搅拌使油分散。但是,油处理剂大多含有强烈毒性,它的使用会对油污染的水域造成二次污染,因此,一般不希望大量使用,若使用也必须征得所在港口或海域的主管机关同意。

c. 使用围油栏

在溢油量略多而且又有风和水流时,首先利用围油栏将溢油围起来,然后吸附和打捞溢油,最后向油污染的水域散布油处理剂。

② 大量溢油

失事船舶的溢油量很大时,应尽最大努力迅速地与有关当局联系,并报告下列情况:溢油的时间和地点、溢油的数量和特征、溢油源、溢油地点气象与海况条件、油面漂移情况及在溢油地点采取行动的可能后果,使有关当局能采取有效措施及早救援,回收处理溢油,将船舶海损事故造成的油污染降至最低限度。

在溢油量大而黏度比较低时,油的扩散相当迅速,故应尽快采用围油栏将跑油围起来,然后利用油回收船或油水吸引器、油水分离器、吸油材料等物理方法进行回收。再将回收的油作为锅炉的燃料或送入废油焚烧装置烧掉;对水面残余的溢油可用散布油处理剂等化学方法,或者化学方法与生物方法相结合,消除或减少油污染的损失及危害。

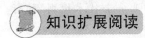　知识扩展阅读

原油及其产品运输相关的公约和法规

原油及其产品运输相关的公约和法规有:

（1）《MARPOL 73/78》附则Ⅰ：防止油污规则。附则Ⅰ是该公约的必选附则，因此与《MARPOL 73/78》同时生效，即 1983 年 10 月 2 日生效。我国于 1983 年 7 月 1 日加入《MARPOL 73/78》成为该公约的缔约国。附则Ⅰ主要针对防止和控制油污提出船舶结构、设备的要求及操作排放污水的规定。它共有四章 26 条。第一章"总则"，第二章"控制操作污染的要求"，第三章"关于将油船因船侧和船底损坏而造成污染减至最低的要求"，第四章"防止油污事故造成污染"。

（2）《中华人民共和国海洋环境保护法》。这是我国于 1982 年 8 月 23 日制定通过并实施，1999 年重新修订通过，于 2000 年 4 月 1 日实施的关于我国海洋环境保护的一个综合性法规。它根据我国海洋环境保护政策和海洋环境保护的任务，并依据有关国际防止海洋环境污染公约而制定。制定本法是为了保护海洋环境及资源，防止污染损害，保护生态平衡，保障人体健康，促进海洋事业的发展，以及保护全球的海洋环境。

本法共十章，九十八条。第一章"总则"，第二章"海洋环境监督管理"，第三章"海洋生态保护"，第四章"防治陆源污染物对海洋环境的污染损害"，第五章"防治海岸工程建设项目对海洋环境的污染损害"，第六章"防治海洋工程建设项目对海洋环境的污染损害"，第七章"防治倾倒废弃物对海洋环境的污染损害"，第八章"防治船舶及有关作业活动对海洋环境的污染损害"，第九章"法律责任"，第十章"附则"。

（3）《中华人民共和国防止船舶污染海域管理条例》。这是我国 1983 年 12 月 29 日颁布实施，并为贯彻实施 1982 年制定的《中华人民共和国海洋环境保护法》，防止船舶污染海域，维护海域生态环境而特别制定的。

《条例》共分十二章，五十六条。第一章"总则"，第二章"一般规定"，第三章"船舶防污文书及防污设备"，第四章"船舶油类作业及油污水的排放"，第五章"船舶装运危险货物"，第六章"船舶其他污水"，第七章"船舶垃圾"，第八章"使用船舶倾倒废弃物"，第九章"水上、水下船舶修造打捞和拆船工程"，第十章"船舶污染事故的损害赔偿"，第十一章"处罚与奖励"，第十二章"附则"。

（4）《船舶载运散装油类安全与防污染监督管理办法》。这是为保护油船和油码头安全，防止水域污染，依据《中华人民共和国海上交通安全法》、《中华人民共和国海洋环境保护法》、《中华人民共和国水污染防治法》、《中华人民共和国内河交通安全管理条例》等国家法律、法规和我国加入的国际公约的规定，由中华人民共和国海事局制定的，并于 1999 年 7 月 1 日起施行。

该规定共八章，三十六条。第一章"总则"，第二章"油船公司和油船"，第三章"油码头和装卸设施"，第四章"安全作业"，第五章"洗（清）舱作业及船舶修理"，第六章"油污应急反应"，第七章"监督管理"，第八章"法律责任"。

另外，为指导油船具体作业的实施，交通部还颁布了《油船安全生产管理规则》，以约束油船生产整个运作过程的作业行为。为促进油船运输生产的标准化进程，国家标准局颁布了《船舶明火作业安全技术要求》的国家标准；交通部颁布了《油船作业安全技术规则》的行业标准和《油船洗舱作业安全技术要求》的行业标准。

国际上还制定了一些操作指南，对油船的安全操作具有很好的指导意义。例如：

（1）《油船安全手册》

该手册是由 IMO 推荐的油船培训示范课程中介绍油船安全常识的一个小册子，它具有普遍的指导意义，其中向人们介绍了油船上危险性的一些知识并解释了危险是如何产生的，又如何去避免。主要内容有：油船上的生活常识和要求；船上使用工具、物料的常识和要求；船上的静电常识和对策；石油毒性的常识和防护；石油气的特性和防范；货油污染常识。最后，介绍了救援人员的应急程序和注意事项，并告诫救援人员不要成为第二个受害者。

（2）《国际油船和油码头安全作业指南》

该指南是由国际航运公会（ICS）出版的《油船安全指南》和石油公司国际海事论坛（OCISM）出版的《国际油船及码头安全手册》两书综合而成。为了确保它能反映出现代实践和法规，由上述两个组织会同国际港口协会（IAPH）对该指南作了复审。为了避免可能出现的误解，由国际海事组织就该指南所用的技术术语作了评论和注释。

该指南的目的是提供操作指导，以帮助直接从事油船和油码头作业的工作人员；它强调了船上操作人员应立足于为负责船上日常工作的船长提供有效的支持、信息和建议，而码头的管理部门应保证它对实施安全操作的关注使码头工作人员所知晓。明确该指南的建议应服从于任何国家或地区和码头的现行规定。

该指南分为两大部分：第一部分（一至十三章）包括了操作程序和关于安全操作的策划；第二部分（十五章至二十四章）包含了较详细的技术资料，阐明了第一部分所介绍的许多措施和理由。全部指南共有二十四章，八个附录。

5. 安全操作注意事项

根据石油及其产品的特性，油运存在一定的危险（主要是燃、爆和毒害的危险）。为确保安全，对于油运的各个方面均制定有详尽的规章和作业规程，有关人员应严格执行。

油运安全的主要矛盾是油气可燃，油气与空气混合，在一定的浓度范围（1%～10%）可引起爆炸，特别是在运输环境中存在各种各样的火种。其中前者是发生危险事故的内因，后者是外因。为防止油船发生燃爆事故，最关键的是控制各类火种（包括任何火星），其次是控制油气与空气混合的状态。此外，某些石油气具有毒性，也应有相应的防范措施。

油船及油码头作业场区严禁一切火种，包括能产生火星的一切机具。电气设备在危险所及范围都应禁止使用，能产生火星的任何作业都不得进行。同时，船岸应配备足够有效的消防设备，目前广泛使用的灭火剂是各类卤代烃（如 1211 等）。在控制火种方面，难以驾驭的是电暴、雷击和油运作业中存在的静电放电火花，其中尤以静电易被忽视而更具危险。在世界上的许多地区，电暴是自然现象中的一种表现，油船及作业环境极易因电暴引起带电，如附近聚集可燃爆混合气体，就相当危险。所以一旦遇有电暴，应停止一切作业，且不论停止作业的时间长短，都必须将所有油舱开口和透气桅管的旁通管全部关闭。雷击也是经常出现的自然现象，油船遇雷击最易引起透气桅管口（油气从各舱透出的总排出口）被点燃的危险，此时应保持继续作业，让油气不断透出，使火焰被阻留在桅管顶部，而绝对不应停止透气，否则火焰将沿桅管蔓延到各舱，会发生严重的燃爆事故。在透气桅管口被雷击点燃后，应将透气桅管底部的蒸汽进口阀打开，利用蒸汽扑灭火焰，或直接向该桅顶喷水灭火（此时喷泡沫是无效的）。油运中产生静电是由油品在舱内与舱壁摩擦，在管道内与管壁摩擦，以及含油污水与舱壁、管壁发生摩擦而引起的，当静电电荷蓄积到一定程度，就有放电产生火花的危险。因此，装卸油及洗舱作业应控制单位时间流程（初期流量以 1m/s 为宜）和洗舱水(或油)的温度及喷射状态。由于油舱中蓄积的静电荷在洗舱后可能要维持 5 个小时才会逐渐衰减,因此这段时间内切忌将任何金属探测用具插入油舱,因为这类"金属探头"能发生或接收足够多的静电电荷,一旦插入油舱会发生放电现象,足以使舱内混合气体燃爆。为防止静电造成危害,在可能产生静电的部位均应有导线接地。

油船的油舱以及船体周围的气体状态有可能出现正处于爆炸极限范围之内的情况,此时,任何火星都足以酿成灾难。除严防火种外,控制气体状态也是确保安全的重要方面,所以必须经常对气体状态进行监测,并确实按规定在油气浓度为一定限度时才进行有关的作业。油船作业时,气体状态不加控制是危险的,而能提供惰性状态则可基本控制危险。油船作业过程中逸出油气,会在船体周围形成可燃爆混合气体(一般有过稀、过浓和可燃爆三种混合状态,其中油气过浓状态随着气体扩散运动会转变为可燃爆状态)。如果环境风速很低,在 2.25m/s 以下时,可燃爆混合气体不易扩散,具有较大的潜在危险。即使空气流通较好,但船舶舱面存在某些封闭或半封闭处所,可能集聚可燃爆气体。甚至在风速较大时。舱面某些背风处所会由于气旋而集聚可燃爆气体,这些情况都潜伏着可能引起燃爆的危险,应严加注意。

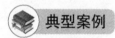 **典型案例**

作业产生的火星造成油舱爆炸和燃烧

2006 年 12 月 31 日 13 时 30 分左右,番禺石楼镇莲花山水道一艘名为"昌运 1 号"的 5000 吨级油轮发生爆炸,船上 15 名员工中,3 人重伤,6 人轻伤。当时油轮正在船厂维修,受伤员工称,可能是在船舱内用电焊修补船板的火星引燃了油箱燃油引起爆炸,幸好当时船上油罐内的油已被清空,否则后果不堪设想。

油船泵舱内的气体状态也是带有危险性的。因为油气可从甲板进入该舱,同时机泵作业过程中也会有油液渗出,挥发成油气,它们与空气混合都有燃爆的可能。为了保证有效地通风换气,保障安全,现代油船的泵舱通风系统具有在一小时内能使舱内气体完全置换 20 次的能力。

油气有毒,人体吸入少量油气会产生酒醉样的反应迟钝、头晕目眩,甚至头痛、两眼发炎等现象,吸入过多时则可致命。所以对于长期从事油运的人员应防止中毒事故,特别是须深入油舱做各种紧急检修时,一定要有足够的防毒措施。

在油运安全方面,防止水域油污已成为一个专门的问题。油船作业过程溢油、排放含油量超过标准的污水,以及油船发生海事(触礁、搁浅或碰撞)大量溢油等,不但会造成水域严重污染,而且将使船东在经济上蒙受重大的损失,所以,整个油运过程必须严格遵守国际和国内各种法规的规定,各单位要编制溢油应急计划,并报当地主管部门审批。

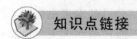 **知识点链接**

预防产生静电的措施

为了确保液原油及其相关船舶在港口作业的安全,控制静电压,使其不能发展到危险的程度,一般可以采取以下措施来预防:①限制原油和液体化学品的装卸速度;尤其是刚刚开始作业时,一般只能保持1m/s的速度,在经过一段时间后可增至2m/s;②缩短箱式管出口与舱底或已装舱液面的距离,以减少喷溅冲出产生的静电;③保持良好的接地以疏导静电,既要保持船上管道设备与船体之间的连接,又要使船体与码头之间接地;④人员应穿戴防静电工作服与工作鞋,用静电导杆消除人体静电,严禁在船上穿或脱换尼龙、化纤、混纺类的衣服;⑤船舱进行洗舱时排水量要得到限制,并用惰性气体防爆;不得使用化学药剂或含油污的再循环水洗舱;⑥随时注意对船舱进行静电检测,使用静电仪测试静电积聚情况;⑦用静电消除器消除静电;⑧化学物品中加入抗静电添加剂;使液体的电导率增大几十倍,大幅下降静电压。

6.2　散装液体化学品

6.2.1　散装液体化学品的定义

所谓散装液体化学品,是指除石油和类似易燃品外的液态的、散装的危险化学品。散装液体化学品包括具有重大火灾危险性的货品,其危险性超过石油和石油产品及类似的易燃品;还包括除具有易燃性外,另有重大危险性的货品;或非易燃性的具有剧毒性、反应性等重大危险性的货品。

具体地说,散装液体化学品是指温度为 37.8℃时其蒸气压不超过 0.28MPa 的液体石油化工品和人工合成化学品,并经过对火灾危险性、健康危险性、水污染危险性、空气污染危险性和反应危险性评价列入《国际散装运输危险化学品船舶构造和设备规则》(IBC CODE)第十七章的液体物质和按有毒液体物质的分类准则进行污染危害评估列入《MARPOL 73/78》公约附则Ⅱ中的物质。凡经审查决定不列入《国际散装运输危险化学品船舶构造和设备规则》第十七章的货品,则列入该规则的第十八章。

主要散装液体危险化学品性状见表 6-6～表 6-8。

表 6-6　主要散装液体危险化学品性状表 1

项　　目	品　　名				
	醋酸 Acetic Acid	盐酸 Hydrochloric Acid	硫酸 Sulphuric Acid	液态硫 Sulphur Liquid	磷 Phosphorus
分子式	CH_3COOH	$HCl+H_2O$	H_2SO_4	S	P_4
分子量	60.05	36.465	98.08	32.07	123.9
熔点/℃	16.7	−254[39.2]	10.35	112.8	44.1
沸点/℃	117.8	60	约290	444.4	280.5
闪点/℃	0			207.2	
燃点/℃	427			232.2	30(黄磷)
爆炸极限/%				2.0	
液比重	1.049(20)	1.2[39.1](15)	1.83(18)	1.8(130)	1.83
蒸气比重	2.1	1.3	3.4		4.3

项　　目	品　　名				
	醋酸 Acetic Acid	盐酸 Hydrochloric Acid	硫酸 Sulphuric Acid	液态硫 Sulphur Liquid	磷 Phosphorus
蒸气压/mmHg	20(29.5)	5.64[36](10)	1(145.8)	10(241.5)	1(76.6)
体积膨胀率	1.073×10^{-3}(20)	0.455×10^{-3}[33.2]			
黏度/cp	1.22(20)	1.7[30](20)	20.2(20)*	8.21(138)	0.884(60)
TLV-TWA/ppm	10	5	1(mg/m^3)	10*/5*	0.1(mg/m^3)
水溶性	任意混合	完全溶解	易溶于水	不溶于水	$1/3 \times 10^5$
静电特性	B级	B级	B级	B级	B级
与水、空气反应性	弱离子化(水)	与水相混发热	水中发热	沸腾	空气中自燃
备注		[]：内溶液%值	*：98%硫酸值	*：H_2S/SO_2值	

表 6-7　主要散装液体危险化学品性状表 2

项　　目	品　　名				
	苯 Benzene	甲苯 Toluene	乙醇 Ethyl Alcohol	丙酮 Acetone	丙烯腈 Acrylonitrile
分子式	C_6H_6	$C_6H_5CH_3$	C_2H_5OH	CH_3COCH	$CH_2=CHCN$
分子量	78.11	92.14	46.07	58.08	53.05
熔点/℃	5.5	−95	−114.5	−94.8	−83.5
沸点/℃	80.1	110.6	78.3	56.3	77.6
闪点/℃	−11	4.4	12.8	−17.8	−1
燃点/℃	580	480	363	537.8	481.1
爆炸极限/%	1.3/7.9	1.2/7.1	2.3/19	2.6/12.8	3.0/17
液比重	0.879(20)	0.866(20)	0.789(20)	0.7908(20)	0.806(20)
蒸气比重	2.73	3.18	1.59	2.0	1.83
蒸气压/mmHg	100(261)	30(26.04)	60(25.24)	200(21.65)	60(11.8)
体积膨胀率	1.257×10^{-3}(20)	1.090×10^{-3}(20)	1.12×10^{-3}(20)	1.487×10^{-3}(20)	0.806×10^{-3}(20)
黏度/cp	0.65(20)	0.586(20)	1.19(20)	0.322(20)	0.4(20)
TLV-TWA/ppm	10	100	1000	1000	20
水溶性	不溶于水	0.037%(10)	混合	可溶	7.35wt%
静电特性	A级	A级	B级	B级	B级
与水、空气反应性	无	无		无	混合同水共沸
备注					

表 6-8 主要散装液体危险化学品性状表 3

项 目	品 名			
	糖醛 Furfural	二硫化碳 Carbon disulphide	氢氧化钠溶液 Sodium HydroSulphide Solution	石脑油 Petroleum Naphtha
分子式	$C_5H_4O_2$	CS_2	NaOH	混合物
分子量	80.087	76.13	40	
熔点/℃	−38.7	−111	12*	−100～−73
沸点/℃	161.7	46.3	140*	3～170
闪点/℃	60	−30		−45.6～0
燃点/℃	316	90		232
爆炸极限/%	2.1/19.3	1/50		0.83/8.0
液比重	1.159(20)	1.26(22)	1.53*(20)	0.625～0.75
蒸气比重	3.3	2.67	1.38	2.5
蒸气压/mmHg	1(18.5)	360(25)	1～7*(20)	150(25)
体积膨胀率		$1.218×10^{-3}$(20)	$0.48×10^{-3}$	$1.53～1.08×10^{-3}$
黏度/cp	83g/100ml	0.366(20)	44.8(25)	0.2(20)
TLV-TWA/ppm	5	0.22g/100ml	2mg/m³	100
水溶性	不溶于水		有	无
静电特性	B 级	A 级	B 级	A 级
与水、空气反应性		150℃以上分解	发热	无
备注			*：50%水溶液值	

注：除有特殊记载外，均为标准气压下的值；()内数字表示温度；静电特性按 ICS 指针分级。

6.2.2 散装液体化学品的分类

在散装化学品规则和国际散装化学品规则中，列出的散装液体化学品物质均未作分类。目前从不同的角度，大致有以下几种分类方法。

1. 从运输上分

根据运输方式的不同，散装液体化学品可分为：

(1) 大宗化工产品，如硫酸、硝酸、磷酸、盐酸和氢氧化钠。

(2) 石化产品，如润滑油、溶剂、添加剂等。

(3) 煤焦油产品，如苯、二甲苯等。

(4) 糖类和醇类，如酒、啤酒等。

(5) 植物油和动物脂。

2. 从品种上分

根据品种不同，散装液体化学品可分为：

(1) 石油化工产品。包括基本有机化工原料、有机溶剂、润滑油、添加剂、三大合成材料（塑料、合成纤维和合成橡胶）、染料中间体、农药和炸药等。

(2) 非石油化工产品。包括无机酸碱等化工产品、动植物油脂和糖浆等。

3. 按反应程度分

散装化学药品船的运输常常装载很多不同品种的货物,货物除了本身固有的危险性外,货物之间的反应也会对安全运输造成极大的威胁。美国海岸警卫队(USCG)根据反应性程度将货物分为以下五类。

(1) 0 类:几乎不起反应的化学品,但在某种情况下,能与 4 类化学品反应,如饱和烃。

(2) 1 类:仅与第 4 类物质反应的化学品,如芳香烃、烯烃、醚、酯等。

(3) 2 类:不能与 0 类或 1 类化学品反应,或本类化学品不能互相反应的化学品,但能与 3 类和 4 类化学品反应,如醇、酮、聚合物等。

(4) 3 类:能与 2 类和 4 类化学品反应,且本类化学品能相互反应的化学品,如有机酸、液氨、环氧衍生物等。

(5) 4 类:可以相互反应,并能与所有其他化学品反应的化学品,如浓无机酸、强酸、磷和硫等。

4. 按相容性分

由于上述分类不能满足安全运输中积载和隔离的要求,因此,美国海岸警卫队将货物分为 1~22,30~43 共 36 类,并将 1~22 列为反应类,表明反应类与货物之间不相容和可以相邻装载的情况,并用字母 A~I 注明不相容的特殊情况。USCG 制订的货物相容性表(又称货物配装表)(见表 6-9)被世界各国广泛应用于积载和隔离散装化学品,这对保证散装液体化学品的安全运输起了重要作用。

挪威在《挪威船舶管理法规》中,将 323 种化学品分为 25 类(共 38 小类),并由 38 小类列出反应性表。只要知道两种化学品所属的小类,就可由表查出是属于几乎不反应、强烈反应,还是有例外反应的情况,使用很方便,但要掌握分类类别就较为困难了。

5. 根据对海洋污染程度分

在《MARPOL 73/78》附则Ⅱ"控制散装有毒液体物质污染规则"中,根据物质对海洋的危害程度和应采用的相应防污措施,将有毒液体物质分为以下四类。

(1) A 类:这类有毒液体物质,如从洗舱或排除压载的作业中排放入海,将对海洋资源、人类健康产生严重危害,或对海上的休憩环境和其他合法利用造成严重损害,因而有必要对它采取严格的防污措施。

(2) B 类:这类有毒液体物质,如从洗舱或排除压载的作业中排放入海,将对海洋资源、人类健康产生危害,或对海上休憩环境和其他合法利用造成损害。因而有必要对它采取特殊的防污措施。

(3) C 类:这类有毒液体物质,如从洗舱或排除压载的作业中排放入海,将对海洋资源、人类健康产生较小危害,或对海上休憩环境和其他合法利用造成较小损害。因而要求有特殊的操作条件。

(4) D 类:这类有毒液体物质,如从洗舱或排除压载的作业中排放入海,将对海洋资源、人类健康产生可察觉的危害,或对海上休憩环境和其他合法利用造成轻微损害。因而要求对其操作条件给予适当注意。

6.2.3 散装液体化学品的特性及危害性

1. 散装液体化学品的主要特性

(1) 密度范围大,有的比水轻,有的比水重 2~3 倍。如丁烷的密度为 0.5990g/cm³,硫

表 6-9　货物相容性表

反应组（列）与货物分类（行）编号对照：

1 非氧化性无机酸　2 硫酸　3 硝酸　4 有机酸　5 苛性碱　6 氨　7 脂肪胺　8 醇胺　9 芳香胺　10 酰胺　11 有机酸酐　12 异氰酸盐　13 醋酸乙烯酯　14 丙烯酸盐　15 烯丙基类取代物　16 烷撑氧化物　17 表氯代醇　18 酮　19 醛　20 醇、乙二醇　21 酚、甲酚　22 己内酰胺溶液

货物分类＼反应组	1	2	3	4	5	6	7	8	9	10	11	12	13	14	15	16	17	18	19	20	21	22
1. 非氧化性无机酸					X	X	X	X	X				X	X	X	X	X	X	A	E	X	
2. 硫酸					X	X	X	X	X				X	X	X	X	X	X	X	X	X	X
3. 硝酸					X	X	X	X	X	X			X	X	X	X	X	X	X	X	X	X
4. 有机酸						X	X	X	C			X				X	X		X	F	X	
5. 苛性碱	X	X	X								X	X	X	X	X	X	X					
6. 氨	X	X	X	X							X	X	X			X	X				X	
7. 脂肪胺	X	X	X	X							X	X	X	X	X	X	X	X	X		X	X
8. 醇胺	X	X	X	X							X	X	X			X	X	B			X	X
9. 芳香胺	X	X	X	C							X	X				X	X				X	
10. 酰胺			X									X					X					
11. 有机酸酐					X	X	X	X	X							X	X					
12. 异氰酸盐				X	X	X	X	X	X	X						D	X			X		X
13. 醋酸乙烯酯	X	X	X		X	X	X	X									X					
14. 丙烯酸盐	X	X	X		X		X										X					
15. 烯丙基类取代物	X	X	X		X		X									D	X					
16. 烷撑氧化物	X	X	X	X	X	X	X	X	X		X	D			D		X	X	X	X	X	X
17. 表氯代醇	X	X	X	X	X	X	X	X	X	X	X	X	X	X	X	X		X	X	X	X	X
18. 酮	X	X	X				X	B								X	X					
19. 醛	A	X	X	X			X									X	X					
20. 醇、乙二醇	E	X	X	F								X				X	X					
21. 酚、甲酚	X	X	X	X		X	X	X	X							X	X					
22. 己内酰胺溶液		X	X				X	X				X				X	X					

续表

货物分类 ＼ 反应组	1 非氧化性无机酸	2 硫酸	3 硝酸	4 有机酸	5 苛性碱	6 氨	7 脂肪胺	8 醇胺	9 芳香胺	10 酰胺	11 有机酸酐	12 异氰酸盐	13 醋酸乙烯酯	14 丙烯酸盐	15 烯丙基类取代物	16 撑烷氧化物	17 表氯代醇	18 酮	19 醛	20 醇、乙二醇	21 酚、甲酚	22 己内酰胺溶液
30. 烯烃		X	X																			
31. 链烯烃			X																			
32. 芳香烃			X																			
33. 其他烃类混合物		X	X																			
34. 酯			X																			
35. 卤代乙烯			X																			X
36. 卤代烃		G	X		H		I															
37. 腈		X																				
38. 二硫化碳							X	X														
39. 硫醚、二硫化物		X										X										
40. 乙二醇醚		X	X			X	X	X	X													
41. 醚																						
42. 硝基化合物					X	X	X															
43. 其他水溶液		X										X										

注：①"X"为两者不相容。
②空格为两者可以相邻装载。
③以下为反应性有偏差的注解。
"A"：丙烯醛（19）和2-乙基-3-丙基丙烯醛（19）与第1类非氧化性无机酸不相容；
"B"：异佛尔酮（19）、丁烯醛（18）和甲基异丁烯基酮（18）与第8类胺基醇不相容；
"C"：丙烯酸（4）与第9类芳香胺不相容；
"D"：烯丙基甲醇（20）与第12类异氰酸酯不相容；
"E"：呋喃甲醇（20）与第1类非氧化性无机酸不相容；
"F"：呋喃甲醇（20）与第4类有机酸不相容；
"G"：二氯乙烯（36）与第2类硫酸不相容；
"H"：三氯乙烯（36）与第5类苛性碱不相容；
"I"：乙二胺（7）与二氯乙烯（36）不相容。

酸的密度为 1.84g/cm^3。

（2）蒸气的相对密度大，高达 2.4g/cm^3。

（3）黏度大，流动性能差，装卸时需要加热。如润滑油、动植物油脂等。

（4）腐蚀性。强酸、碱类中的很多货物，不仅对皮肤（接触）会造成严重损伤，而且对货舱的结构、材料和仪器、仪表也会有严重的腐蚀。

（5）毒性大。化学品液体和蒸气一般都具有刺激性，液体接触皮肤会造成刺激和脱脂等作用，如醋酸异丁酯会刺激皮肤，并具有强烈的脱脂作用；石脑油不仅会强烈脱脂，还会穿透皮层。蒸气吸入情况更严重，如氨、二丁胺、邻二氯苯多有强烈的刺激作用；四氯化碳、二硫化碳、甲苯二异氰酸盐等都是剧毒物质，能置人于死地；氯乙烯、三氯甲烷有麻醉性；乙醚、氯乙烷等能使人麻醉，甚至丧失知觉。

（6）容易燃烧。很多货物闪点低于 $23℃$，爆炸范围大于 20%，属于易燃液体，且比一般石油产品具有更大的易燃性。例如：乙醚的闪点为 $-40℃$，爆炸范围为 $1.85\%\sim36.5\%$；环氧乙烷的闪点为 $-20℃$，爆炸范围为 $3\%\sim100\%$。有些货物的自燃点很低，低于 $200℃$，对这些货物应采取特殊要求。

（7）反应性。有些货物与货物之间会发生化学反应；有些货物与水或空气会发生反应。因此，采取隔离措施是至关重要的。

（8）自身反应性。有些货物会发生分解、结晶、自偶氧化还原和聚合反应。自身反应常常与温度条件密切相关，因此，必须对这些货物的温度严加控制，或加阻聚剂防止发生聚合反应。

（9）蒸气压力高、沸点低。一般液体定义为在 $37.8℃$ 时的蒸汽压不大于 0.28MPa，而有些化学品的表压可达 $0.06\sim0.098\text{MPa}$，可看作"半气体"，它们的挥发性强，沸点低，如环氧丙烷、异戊二烯、乙醚的沸点都在 $34℃$ 左右，海上运输时必须采取冷却降温措施。

（10）热敏感性。有些石油化学品因受热会发生氧化、老化等反应而遭受破坏，如干性油、鱼油等。

（11）对杂质极其敏感。液体化学品根据使用要求对纯度有严格的规定，一旦被杂质玷污，就会丧失使用价值。例如：润滑油、食用动植物油脂、碱溶液、特制化学品以及大多数石油化学品都具有对杂质的敏感性。

（12）对海洋的污染性。散装化学品运输对海洋的污染源有：从舱内排出的压载水和洗舱水；舱底水井内积聚的舱底水；用于清除船上渗漏的各种材料（锯末、擦布）；货物的应急排放等。

散装液体化学品具有上述的一项或几项特性。这些特性对化学品专用船的设计制造，以及安全运输和装卸都十分重要。需要时，必须对此了解得十分清楚。

2. 危害性

散装液体化学品危害性主要有以下几个方面。

（1）火灾危险性。化学品的火灾危险性，可由其闪点、燃点、自燃点和爆炸范围来表示和确定。

（2）对健康的危险性。对健康的危险性，是通过对皮肤或器官的刺激、吸收或摄入的有毒作用来确定的。有下述三种中毒途径。

① 有毒气体或蒸汽对皮肤、眼、鼻、喉和肺的粘膜产生刺激或毒害作用。

② 有毒液体物质对皮肤的刺激。

③ 通过皮肤吸收或口腔摄入,常用半致死量(LD_{50})或半致死浓度(LC_{50})来确定。

(3) 对水污染的危险性。对水的污染性,由对人的毒害性、水溶性、挥发性、气味或味觉,以及比重来确定。

(4) 对空气污染的危险性。

对空气污染的危险性,由下述指标确定。

① 紧急情况暴露限度(E.E.L.)或半致死浓度(LC_{50})。

② 蒸气压力。

③ 在水中的可溶性。

④ 液体或蒸气的比重。

(5) 反应危险性。反应危险性是指它与水反应,与其他化学品反应,以及包括聚合、分解、结晶、自身氧化还原等自身反应来确定。

6.2.4　散装液体化学品的安全运输

1. 运输、装卸前的准备

(1) 船岸联系。货物作业前船岸之间应做好联络、交换信息资料。船方在抵达装卸港前,应将有关事项通告港方,例如:

① 船舶抵港时的吃水和纵倾状况;

② 是否需要拖轮协助靠泊;

③ 岸连接用的软管和法兰的尺寸;

④ 船体、舱壁、阀门和管线是否有泄漏现象;

⑤ 是否有设备需要修理而要延迟装卸作业等情况。

港方也应将有关情况通告船方,例如:

① 拖轮和系缆艇的有关情况;

② 突堤码头泊位或系泊浮筒应特别注意的情况;

③ 泊位水深和港口气象资料;

④ 装货港待装货物和卸货港储罐的详细情况等。

装卸前,船岸双方应填写 IMO 推荐的"船岸安全检查表"的 A 部分和 B 部分的内容,并商定装卸的流速、流量及停止作业的信号等。

(2) 货物资料。货物承运前,货主应提供所托运货物的完整资料,包括货物的正确技术名称、理化特性说明书、医疗急救和消防措施等内容,对于易于分解的货物应提供稳定剂的内容,对于易放出无法察觉的剧毒蒸气的货物应加入能察觉的添加剂,否则应拒绝装运。

(3) 装载计划。船舶装运货物前必须制订装载计划,制订装载计划首先应考虑船舶的强度、稳性和吃水差。在现代的船舶上有计算机控制程序,能进行自动调节和控制。

同时,要根据货物的特性选择适用的液货舱,一般比重大、腐蚀性强的货物要选择强度较大的不锈钢液舱,或考虑相适应的涂层液舱;对于易氧化或易燃货物,应考虑液舱需要充填氮气的要求等;对于热敏感的货物,必须进行温度控制,并要考虑相邻货舱的影响;对于各种易挥发或能产生有毒蒸汽的货物,必须考虑透气系统的独立性,以免损及货物质量,甚至造成危险反应。

另外,最重要的应考虑多品种货物之间的反应性和相容性,对货物作适当的隔离。具体可参阅"货物相容性表",对不相容的不可以相邻装载。隔离的目的除了防止货物之间引起危险反应外,还包括有害的货物危及船员生命、船舶设备以及在意外的情况下对环境的危害。

2. 运输、装卸作业

(1) 装货。装货前对货舱应做好清舱准备,并根据"船岸安全检查表"的内容进行检查和做好准备。装货时严格按照装载计划程序进行,与岸方随时保持联络,并要由专职人员负责监装,船岸双方必须步调一致。建立检查制度,使操作绝对不发生失误。出于对安全和货物质量的考虑,装货前应对液货舱进行环境控制,其方法有:惰化法、干燥法、隔绝法和通风法。各种货物对液货舱环境控制的具体要求可查阅《IBC Code》的第十七章或《BCH Code》第六章的相关内容,在"液货舱环境控制"栏目中"Inert"表示惰性法、"Dry"表示干燥法,"Vent"表示通风法。

(2) 航行中。装货完毕后,船舶在航行中应定期检查货物的温度,以及液舱空挡的压力控制情况。对吸湿性和反应性货物,应检查充填的干燥空气或氮气的压力,防止因货舱温度下降时,湿气和空气进入货舱。应定时对管路接头、阀门、货舱开口等有代表性的地点进行蒸气检测,防止燃烧和中毒事故的隐患。对加稳定剂、抑制剂的货物,若货主提供检测箱,应定期进行检测,必要时应采取措施进行调节。

(3) 卸货。卸货工作只能在确定了卸货量,并在检查确认货物取样中无任何异常后方可进行。货泵及有关阀门应根据卸货计划和收货方的指示进行操作,卸货中船方和码头应保持密切联系。货泵应以低速启动,同时应密切注意其出口压力表,经检查确认货物已驳至码头方贮罐,且泵、液货管路和软管内无异常后,方可逐渐加大卸货量至规定压力。卸货过程应注意泵和管路上是否有化学品渗漏现象,轴封是否有发热现象,特别是应使用检测仪器检查泵舱内气体浓度,以保安全。卸货进行到一定程度(液位降至 30～50cm 时),应开始扫舱作业,使用有效扫舱系统将残余货卸到满足《MARPOL 73/78》附则Ⅱ的要求。

3. 计量和取样

散装液体化学品的计量和取样方法与油品的方法基本相同。

4. 压载水

现代化学品船大多数不具备足够容积的专用压载舱,多数只是满载排水量的 12%～15%,所以船舶在卸货离港之前需要对货舱注入压载水。

为了保护海洋环境,应遵守《MARPOL 73/78》附则Ⅱ对船舶卸货、扫舱、预洗操作控制的要求,使货舱残余物质的数量满足公约允许的范围后方可注入压载水。除特别许可和专用压载舱的压载水可直接排舷外,其他形式的压载水都需排入岸上接收装置。在向岸上排泄之前,必须取得港方同意,并且港方应明确表示岸上系统为接收压载水已做好一切准备。

5. 污水排放

在《MARPOL 73/78》附则Ⅱ——控制散装有毒液体物质污染规则中,对有毒液体物质的残余物、洗涤水等的排放作了明确的规定。

(1) A 类物质原则上不准许排放,必须进行预洗,并送往岸上接收设施,随后引入舱内的洗涤水。只有在距离海岸 12 海里以外,水深达 25m 以上,航速在 7 节以上的条件下,方允许从水下排出口排放。

(2) B 类和 C 类物质都需要用高效扫舱系统使残余量限定在指定值内,B 类物质每舱残余物不得超过 1m³ 或舱容的 1/3000,两者取大者;C 类物质每舱残余物不得超过 3m³ 或舱容的 1/1000,两者取大者。如果达不到这一标准,必须排往岸上接收设施。如果符合以上标准,在卸载后引入的洗涤水和压载水才允许排放。排放还应遵守在距离海岸 12 海里以外,水深达 25m 以上,航速在 7 节以上的条件下从水下排出口排放的规定。并且对 B 类物质,在航迹中的最大允许浓度为 1ppm;对于 C 类物质,在特殊区域内应小于 1ppm,在特殊区域外应小于 10ppm。

(3) D 类物质只要将残余物用水稀释 10 倍,即船舶尾流中混合物浓度小于 10%,船舶航速达 7 节以上,离岸 12 海里以外便可排放。

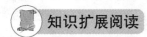　**知识扩展阅读**

<h2 align="center">散装化学品运输相关的公约和法规</h2>

(1)《MARPOL 73/78》附则 Ⅱ——控制散装有毒液体物质污染规则。《MARPOL 73/78》附则 Ⅱ由 IMO 的 MEPC(海上环保会)于 1973 年 11 月 2 日制定,1985 年 12 月 6 日修正,于 1987 年 4 月 6 日生效,同时对我国生效。

该规则对载运散装有毒液体物质的船舶规定了排放标准、排放程序、管路布置标准、货物操作及其记录等内容。

(2)《散化规则》和《国际散化规则》。《散化规则》和《国际散化规则》的产生,是认识到海上散装有毒液体货物的运输和发展,需要有一个国际准则,来保证船舶及这类货物的安全,并减少给船员及周围环境所带来的危险。

①《散装运输危险化学品船舶构造和设备规则》(《BCH Code》)。1971 年 10 月 12 日,国际海事组织制定并通过《散装运输危险化学品船舶构造和设备规则》,简称《散化规则》或《BCH Code》。该规则于 1972 年 4 月生效,共有七章,对散装化学品船的结构和设备提出了要求。其中第六章列出对船舶结构和设备有最低要求的散装液体化学品货物 68 种;第七章则列出了可散装运输,但对船舶结构和设备无最低要求(即不受《BCH Code》约束)的货物 40 种。尽管《BCH Code》开始并非强制性的,但是,由于人们认识到遵守该规则的确对保证散化运输的航行安全有益,所以,1972 年以后建造的散化船,在结构和设备上基本上符合《BCH Code》的要求。

②《国际散装运输危险化学品船舶构造和设备规则》(《IBC Code》)。1972 年以后,陆续出现了一些既可装运散化,又可装运液化气的化学品船。为了协调两者的关系,综合《BCH Code》制定以来的实践,国际海事组织于 1983 年制订并通过了《国际散装运输危险化学品船舶构造和设备规则》,简称《国际散化规则》或《IBC Code》。该规则于 1986 年 7 月 1 日生效,共有十九章和一个附录,对船舶结构和设备提出了新的要求。其中第十七章列出了对船舶结构和设备有最低要求的散装液体化学品物质清单;第十八章则列出了可散装运输,但对船舶结构和设备无最低要求的液体货物清单。

由此可见,散装运输某一液体危险化学品,需要选择什么船型、舱型以及设备等,均可在《BCH Code》的第六章或《IBC Code》的第十七章中的最低要求一览表中获得。反过来,若不遵守该一览表中规定的要求,则违背了规则,这不仅是不安全的,也是不允许的。这两个规则对保证散装液体化学品运输的安全,防止散装有毒液体物质污染海洋,都起了重要作用。所以,经 1985 年修改的《MARPOL 73/78》附则Ⅱ规定,散装化学品船必须符合《BCH Code》(现有船,即 1986 年 7 月 1 日以前建造的)和《IBC Code》(新船,即 1986 年 7 月 1 日或其后建造的)的要求,并作为强制性要求。

6. 安全操作注意事项

(1) 危险性的防止,包括以下方面。

① 防燃、爆:主要控制火种和采用惰性气体系统等。

② 防止货物间的危险性反应:利用货物相容性表,正确地积载和隔离货物。

③ 防止与水反应:采用双层舱结构,与水隔离。

④ 防止货物自身的反应:利用控制温度或加入抑制剂的方法。

⑤ 防止与空气反应:用惰性气体覆盖或用惰性气体取代法卸货。

(2) 安全操作。安全操作包括装卸货物、航行中的管理、洗舱、排气、船舶及设备维修等,都必须严格遵守有关的操作规定。

(3) 防止散装有毒液体物质污染。防止散装有毒液体物质污染包括防止有毒液体物质对水和空气的污染两个方面。为防止水污染,散装化学品船舶在运营时必须遵守《MARPOL 73/78》附则Ⅱ中规定;为防止对空气的污染,对某些蒸气毒性很大的物质,船、岸必须设置蒸气回收处理装置。

6.3　散装液化气

6.3.1　散装液化气的定义

通常,液化气是指一类在常温下是气体,经降温或在临界温度以下被压缩成为液体的物质。国际海事组织制定的《国际散装运输液化气体船舶构造和设备规则》(《IGC Code》)将液化气定义为,在 37.8℃时蒸气压力大于 0.28MPa 的液体及理化性质与这些液化气体相近的货品。

目前在《IGC Code》第十九章最低要求一览表中共列出 32 种常见液化气。主要散装液化气性状见表 6-10～表 6-12。

表 6-10　主要液化气货物性状表 1

项目　　　品名	氨 Ammonia	氯 Chlorine	氮 Nitrogen	甲烷 Methane	乙烷 Ethane
分子式	NH_3	CL_2	N_2	CH_4	C_2H_6
分子量	17.03	70.91	28.01	16.04	30.07
熔点/℃	−78	−101	−210	−182	−183.6
沸点/℃	−33.4	−34.6	−195.8	−161.5	−89
闪点/℃	—	—	—	−187	−130
燃点/℃	651	—	—	537	515
爆炸极限/%	15/28	—	—	5.0/15	3.0/15.5

续表

项目＼品名	氨 Ammonia	氯 Chlorine	氮 Nitrogen	甲烷 Methane	乙烷 Ethane
临界温度/℃	132	14	−147	−82.6	32.4
临界压力/atm	115.5	76.1	33.5	45.4	48.3
临界密度/(kg/m³)	235	573	313	162	203
液密度(kg/m³)	681(34)	1.557(−34)	815(−194)	425(−161)	546.7
液黏度/cp	0.263	0.604(−34)	0.15	0.118	0.155
气体比重	0.597	2.49	0.967	0.544	1.035
450℃蒸气压/atm	17.0	13.0	31(−148)	41.3(−86)	48(30)
定压比热容/[kcal/(kg·℃)]	0.498	0.098	0.248	0.533	0.419
液比热容/[kcal/(kg·℃)]	1.037	0.224(−27)	0.391(213)	0.816(−162)	0.581(−87)
蒸发潜热/(kcal/kg)	301.8	66.1	47.8	122.7	117.4
总发热量/(kcal/kg)	5.380	—	—	13260	12400
TLV-TWA/ppm	25	1	单纯窒息剂	单纯窒息剂	单纯窒息剂

表 6-11   主要液化气货物性状表 2

项目＼品名	丙烷 Propane	正丁烷 n-Butne	异丁烷 i-Butane	乙烯 Ethylene	氯乙烯基 Vinyl Chloride
分子式	$CH_3CH_2CH_3$	$CH_3(CH_2)CH_3$	$(CH_3)_3CH_3$	C_2H_4	$CH_2{=}CHCl$
分子量	44.10	58.12	58.12	28.05	62.50
熔点/℃	−188	−138	−160	−169	−159.7
沸点/℃	−42.1	−0.5	−11.7	−103.7	−13.7
闪点/℃	−104	−72	−81	−77	−78
燃点/℃	466	450	160	450	472
爆炸极限/%	2.1/9.5	1.5/8.4	1.8/8.8	2.7/36	3.4/33
临界温度/℃	96.1	152	135	9.21	158.4
临界压力/atm	42	37.5	36	49.7	52.7
临界密度/(kg/m³)	217	228	221	218	370
液密度/(kg/m³)	583	601	595	569.9	910
液黏度/cp	0.208	0.21	0.134(37.8)	0.16	0.248(−10)
气体比重	1.52	2.05	2.05	0.97	2.15
450℃蒸气压/atm	15.4	4.41	6.05	41.6(0)	7.28
定压比热容/[kcal/(kg·℃)]	0.398	0.406	0.398	0.3715	0.205
液比热容/[(kcal/(kg·℃)]	0.53	0.564	0.57	0.625	0.333(20)
蒸发潜热/(kcal/kg)	102	92.1	87.5	115.4	71.2
总发热量/(kcal/kg)	12030	11840	11800	12020	4870
TLV-TWA/ppm	单纯窒息剂	1600	600	单纯窒息剂	促溃疡剂

表 6-12　主要液化气货物性状表 3

项目	品名	丙烯 Propylene	丙烯氧化物 Propylene Oxide	丁二烯 Butadiene	乙醛 Acetaldehyde	空气 Air
分子式		$CH_3CH=CH_2$	CH_3CHCH_2O	$CH_2=C_2H_2=CH_2$	CH_3CHO	混合物
分子量		42.08	58.08	54.09	44.05	28.966
熔点/℃		−185	−104.4	−109	−123	
沸点/℃		−47	34.2	−4.4	20	−194
闪点/℃		−108	−37.2	<−18	−35	
燃点/℃		497	465	450	185	
爆炸极限/%		2.0/10.3	2.1/37	1.1/12	4.0/60	
临界温度/℃		92	209.1	152	188	−140.7
临界压力/atm		45.6	48.6	42.7	55	37.2
临界密度/(kg/m³)		233	312	245	263	350
液密度/(kg/m³)		605.5	859(0)	650(−4)	780	
液黏度/cp		0.15	0.41(20)	0.149(20)	0.222	
气体比重		149	2.0	1.87	1.52	1
450℃蒸气压/atm		18.A	1.50	5.07	2.46	
定压比热容/[kcal/(kg·℃)]		0.363	0.314	0.351	0.296	0.249
液比热容/[kcal/(kg·℃)]		0.57(−47.7)	0.47(20)	0.549(−23)	0.522(0)	
蒸发潜热/(kcal/kg)		10.6	89	108.4	301.8	51.38
总发热量		11690	7760	11210	5380	
TLV-TWA/ppm		单纯窒息剂	100	1000	25	

注：①除特殊标记以外的值，指在常温下（液体时为饱和液体）的值。②（）内指在该温度的泡和液体或过冷液体（大气压下）的值。

6.3.2　散装液化气的分类

在气体规则和国际气体规则中，列出的散装液化气货品均未做出分类。目前从不同的角度，大致有以下几种分类方法。

1. 根据液化气运量

海上运输的液化气，从运量上看，主要是液化石油气和液化天然气，逐渐发展用液化的办法运载其他的气态化学品，如出现乙烯专用船。因此将海上运输的液化气分成三类，即液化石油气、液化天然气和液化化学品气。

（1）液化石油气（Liquefied Petroleum Gas，LPG）主要成分是丙烯、正丁烯、异丁烯和丁二烯在内的含 3～4 个碳原子的烃类化合物。

（2）液化天然气（Liquefied Natural Gas，LNG）主要成分是甲烷，并含有少量氮气和其他烃类（如乙烷、丙烷、丁烷等）的化合物。

（3）液化化学品气（Liquefied Chemical Gas，LCG）是指除上述两类液化气外，凡是在常温下为气态，经冷冻或加压的方法以液体形式进行运输的化学物质，包括无机化合物或单质以及各类有机化合物。

2. 根据组成和性质

（1）烃类液化气。包括甲烷、乙烷、丙烷、丁烷以及丙烯和丁烯。这样分类的目的是兼顾石油气和天然气,它们都是混合气体,在液化气运输中占首要地位。

(2) 卤代烷。主要有氯甲烷、溴甲烷、氯乙烷和制冷剂气体——氟氯烷(俗称氟利昂)。

(3) 烯烃类。除了石油气中的丙烯和丁烯外,所有带双键的化合物归为此类,包括乙烯、丁二烯、异戊二烯、丙炔、氯乙烯、偏氯乙烯、乙烯基醚。

(4) 含氧化合物。这类物质含氧,但不带双键,如环氧乙烷、环氧丙烷、乙醛和乙醚。

(5) 胺类。包括乙胺、双甲基胺和异丙胺三种。

(6) 无机物。包括单质氯、氮、化合物氨和二氧化硫四种。

6.3.3 散装液化气的特性

1. 液化和气化

绝大多数液化气在常温常压下都是气体,需加压或降温使其液化后再运输贮存。如液化了的气体吸收热量温度升高时,液化气会大量气化,如液化了的气体压力降低,液化气也会大量气化。因此,当液化气货品泄露时,由于外界压力低于它在容器内的饱和蒸气压力,或者外界环境温度高于它原来的温度,泄露出来的液化气会马上蒸发气化。

2. 外观和气味

除了氯和二氧化硫等少数货物外,其他绝大多数液化气货物都是无色的。氯是淡黄色的液体,蒸气是绿色或黄色;二氧化硫则是淡棕色透明液体。

纯净的甲烷、乙烷、丙烷、丁烷、丁烯、戊烯、氮和制冷剂气体等液化气货物是无色无味的,为了便于察觉泄漏,对于民用燃料 LNG、LPG 需增添加臭剂。

3. 比重和相对密度

除了氯、溴甲烷、二氧化硫、二氯乙烯外,《IGC Code》所列的其他液化气货物液体的比重均小于1,比水轻,一旦泄漏,在它们气化前会漂浮起来。对比水轻的液化气液体在地面或甲板面流淌着火时,不能用水柱直接喷向着火液体,以免水将着火液化气液体托起向四周蔓延。

绝大多数的液化气货物的蒸气都比空气重,只有甲烷和氨的蒸气比空气轻,乙烯和液氮等的蒸气虽然也比空气轻但密度接近空气。因此,绝大多数的液化气货物泄漏时,易沉积在处所的底部或低洼地带,不易扩散,容易使人吸入中毒窒息或发生可燃气体爆炸事故,当发生火灾时蔓延迅速,较难扑救,并且火焰集中底部,对人员的伤害要比轻的可燃气体严重。

4. 水溶性和水合物

在液化气货物中,乙醛、氨和环氧乙烷是全溶于水的,二甲基胺和氧化丙烯易溶于水,氯、乙醚、异丙胺、溴甲烷、氯甲烷、二氧化硫和氯乙烷是可溶或微溶于水,其他货物都不溶于水。

一些烃类化合物在一定温度压力下会与水结合生成结晶状水合物,水合物类似碎冰或半溶状的雪,它会卡住货泵,破坏轴承或密封,影响阀门、滤网、仪表和管路,所以应小心防止生成水合物,尽可能不让货物含有水分。如货物含有水分,可加入少量防冻剂(甲醇、乙醇等),但应注意防冻剂对货物质量的影响和对人的危害。

5. 自身聚合反应

自身聚合反应是同一种物质分子(单体)间相互反应结合形成同分子聚合物。聚合过程通常是放热的,热会促使聚合反应加速进行。货物在整个聚合过程中,会变得更加黏稠,直到变成坚硬的聚合物为止。聚合反应使货物损坏,还会破坏设备,引起危险。在液化气货物中,有丁二烯、异戊二烯、氧乙烯、氯乙烯单体、二氯乙烯等在运输条件下可能会发生自身聚合反应。凡是可能发生聚合反应的货物,应在运输前加入适当的抑制剂。

6. 与空气反应

有些液化气货物会与空气生成不稳定的过氧化物,并会导致爆炸。这些过氧化物不稳定,会引起货物自身聚合反应。为了避免过氧化物的生成,必须利用抗氧化剂等对这些货物进行抑制,或在惰性气体覆盖下载运。另外,只要过氧化物是潮湿的,它们就不会爆炸,因此,在修理其中可能存在过氧化物的货物系统前应进行冲水,装货运营时为避免形成过氧化物,应对货物系统高度除氧和清除氧化物。会与空气发生反应的液化气货物主要是非饱和的碳氢化合物,它们包括乙醛、丁二烯、乙醚、环氧乙烷、异戊间二烯、氯乙烯和乙氧基乙烯等货物。

7. 化学相容性

某些货物之间会发生剧烈的危险反应,因此,不能将不相容的货物混装。如果同时要载运两种或多种不相容的货物,每种货物必须分别采用独立的管系、液货舱、再液化设备和透气系统等。对于常见的液化气货物,如甲烷、乙烷、丙烷、丁烷、乙烯、丁二烯、异戊间二烯、氨、氯乙烯单体等,它们之间是化学相容的货物,互相之间在运输条件下不会起化学反应,但上述货物都与氯(干燥的)不相容,会有危险反应。另外氨与氧乙烯、氧丙烯、二氧化硫等液化气货物化学不相容。

8. 与材料及其他物质的相容性

必须小心确保货物系统使用的材料与所载运货物在化学上是相容的。对于甲烷、乙烷、丙烷、丁烷、乙烯、丁烯等常见的液化气货物,与一般常规的金属材料及常见物质在化学上是相容的,只是与聚乙烯不相容(乙烯、丙烯与聚乙烯相容)。另外,甲烷和乙烯对软钢是不相容的。另丁二烯、异戊间二烯与镁、汞、铜、铝不相容,氨与汞、锌、铜、氯、聚四氟乙烯、聚氯乙烯等不相容。氯乙烯与氯不相容。此外,氨会与惰性气体中的二氧化碳起反应,压缩机润滑油也会和某些货物起反应造成堵塞和损坏。

9. 与水反应及其腐蚀性

除了部分液化气会与水起反应生成水合物或导致结冰外,大多数液化气货物都不会与水有危险反应,但是以下这些液化气货物会与水起反应,如氨、氯、氯甲烷、氯乙烷、二氧化硫等,还有些液化气货物有腐蚀性,但在干燥时腐蚀性不大,只是与水接触后,会明显增加腐蚀性。应确保装载上述这些货物的系统无湿气和水分。装货前货物应干燥,惰化用的惰性气体或货舱内的空气必须具有较低的露点。氨与水反应生成氢氧化铵并发热;氯与水或水蒸气反应生成有毒并有高度腐蚀性的酸溶液或酸烟气;氯甲烷与湿气接触会分解;氯乙烷会慢慢水解形成有毒和有腐蚀性的氯化氢气体;二氧化硫与水化合生成亚硫酸和硫酸等腐蚀性酸,并产生危险的烟雾。

10. 易燃性

在《IGC Code》所列的 32 种液化气货物中,氯、氮、二氧化硫和制冷剂气体(如 R-12、R-22)等是完全不可燃物质,溴甲烷的引燃能量比甲烷高 100～1000 倍,实际上可看作是不可燃的,除此之外,其他都是可燃的物质,泄漏出的液化气蒸气与空气混合后,在爆炸极限浓度范围内遇到火源或热源都会引起燃烧和爆炸。

11. 毒性

在《IGC Code》所列的 32 种液化气货物中,有 17 种是有毒的。常见且运输量较大的 LNG、LPG、丙烯、丁二烯等是无毒的。

6.3.4 散装液化气的安全运输

国际规则《散装运输液化气体船舶构造和设备规则》,简称《气体运输规则》或《GC 规则》、《现有散装运输液化气体船舶规则》和《国际散装运输液化气体船舶构造和设备规则》对新造和已建造船舶制定了安全标准等方面进行了规定。实践中散装液化气的安全运输需注意以下事项。

1. 液化气的运输与装卸

装卸前,船岸双方应填写 IMO 推荐的“船岸安全检查表”的 A 部分和 C 部分的内容,并商定装卸的流速、流量及停止作业的信号等。

(1)装货

装货前应获得货主提供的托运货物的完整资料;制订装载计划;对货舱进行气体环境控制,如干燥处理、惰性化、除气、和预冷等;大副亲自指挥,按预定装货计划执行;一开始进液舱流速控制在不超过 1m/s,并巡视检查,检查正常后可通知岸方提高装货速率;在基准温度下,任何货舱的装货数量不得超过液货舱容积的 98% 并考虑管系内的残液。

(2)卸货

液化气船卸货方法取决于船舶类型、货物种类和岸上贮罐要求等,常见有 3 种基本方法。

① 用货物压缩机卸货(仅适用于压力式货舱);

② 用货舱内的深井泵或潜水泵卸货(现代大型液化气船普遍采用此种方法);

③ 用货物压缩机与甲板上的增压泵联合卸货。

刚开始卸货时,岸方应请求船舶用低速卸货,一切正常后再提高卸货速度。在卸货结束阶段,应注意关小货泵排出阀,减少货泵排量,从而最大限度地卸完货舱内的液货。对于压力式液化气船,卸货时一般是将所有的液货都卸完,货物系统内只剩货物蒸气。对于全冷式液化气船,如果下航次装载同类货物,通常在卸货后保留部分液货在液货舱内以维持货舱在适装的低温状态。

卸货完毕后,必须进行扫线作业,即将甲板管路,岸上管路和装卸软管或装卸臂中的液货用货物蒸气吹入岸罐。

(3)航行中

在航行中,应对船舱空间的气体进行不断地检测,万一货舱发生轻微泄漏,应利用排气装置,使气体的浓度控制在爆炸下限以下。冷冻式液化气船使再液化装置处于运行之中,以便保持一定的压力和温度。必须按规定记录货物的温度、压力和液面,如发现异常情况,应立即调查原因,妥善处理。

(4)压载

液化气船的液货舱是不准作压载舱的,船舶设有专用的压载水舱。

2. 安全运输注意事项

散装液化气有七大危险特性,从安全运输角度考虑,除了遵守有关的国际规则,主要注意以下三个方面的安全。

（1）防火、防爆

严格控制船上火源,对预防火灾、爆炸是非常重要的。常见的船舶火源有明火、电火花、静电放电火花、雷电、机械撞击火花及自燃等。

（2）防止对人体健康的危害

液化气船载运的液化气体大都具有刺激性、腐蚀性、麻醉性、毒性和窒息性。它们可对人体造成各种不同的危害,轻则危害人体健康,重则使人丧失生命。液化气体主要通过与皮肤接触和被人吸入的途径对人体造成危害。液化气体对人体健康的危害可以分为化学烧伤、冻伤和中毒。

（3）防止对环境的污染

液化气船在操作排放或意外泄漏时,对环境造成的污染主要是大气污染和海洋污染,在载运有毒货物时尤其严重。

职业指导

随着石油化学工业的迅猛发展,海上石油化学品的运输整体呈逐年上升趋势。散装液体化学品运输是目前海运发展的热点。从事散货运输业务的企业迫切需要更多熟悉散装液体货物运输知识的人才。本章知识在工作中的应用要点:原油及其产品的性质;原油及其产品的安全运输;散装液体化学品的性质;散装液体化学品的安全运输;散装液化气的性质;散装液化气的安全运输。通过本章知识的学习,学生应具备主要散装液体货物安全运输的知识,熟悉散装液体货物安全运输中应注意的事项,在发生运输事故时知道如何处理。

实训项目

将同学分组,一组以 4～6 人为宜。选择某种散装液体货物运输事故的一个案例。深入了解该货物的性质,以及安全运输需要注意的事项。深入研究该运输事故发生时的情况及起因。为避免事故发生需要采取的措施。分析发生事故后,应如何处理。

练习题

1. 单项选择题

（1）石油温度变化 1℃时,其体积变化的百分值为（　　）。

    A. 油体积系数　　　　　　　　　　B. 石油密度温度系数

    C. 石油体积温度系数　　　　　　　D. 密度

（2）下列散装液体危险货物品中,闪点最低的是（　　）。

    A. 苯　　　　　　B. 甲苯　　　　　　C. 乙醇　　　　　　D. 丙酮

（3）下列物品中,不属于液体化学品的是（　　）。

    A. 醋酸　　　　　B. 硫酸　　　　　　C. 液态酸　　　　　D. 液化石油气

（4）下列物品中,可与硫酸相邻装载的是（　　）。

    A. 硫酸　　　　　B. 有机酸　　　　　C. 醇胺　　　　　　D. 异氰酸盐

（5）下列物品中,其液化气为淡黄色液体的是（　　）。

A. 氯　　　　　　B. 甲烷　　　　　　C. 丙烷　　　　　　D. 氮

2. 多项选择题

(1) 下列物质中,是剧毒物质的是(　　　)。

　　A. 四氯化碳　　　　　　　　　　B. 二硫化碳

　　C. 醋酸异丁酯　　　　　　　　　D. 甲苯二异氰酸盐

(2) 少量溢油时,处理方法有(　　　)。

　　A. 吸附　　　　　　　　　　　　B. 打捞

　　C. 散布油处理剂　　　　　　　　D. 使用油围栏

(3) 散装化学品运输对海洋的污染源有(　　　)。

　　A. 从舱内排出的压载水和洗舱水　　B. 舱底水井内积聚的舱底水

　　C. 用于清除船上渗漏的锯末　　　D. 货物的应急排放

(4) 散装液体化学品的安全运输中应防止的事项有(　　　)。

　　A. 防燃　　　　　　　　　　　　B. 防止与水反应

　　C. 防止与空气反应　　　　　　　D. 防爆

(5) 液化石油气的成分是(　　　)。

　　A. 丙烷　　　　　　B. 甲烷　　　　　　C. 丙烯　　　　　　D. 异丁烯

3. 判断题

(1) 船舶卸油时舱内空间留存有大量的油品蒸气,与空气的混合比在不断变化,与装油时的混合气体相比,具有较大的危险性。　　　　　　　　　　　　　　　　　(　　　)

(2) 装油过程中,万一发生溢油事故,应紧急关闭阀门。　　　　　　　　　(　　　)

(3) 液体化学品黏度大,流动性能好。　　　　　　　　　　　　　　　　(　　　)

(4) 醋酸异丁酯会刺激皮肤,并具有强烈的脱脂作用。　　　　　　　　　(　　　)

(5) 绝大多数的液化气货物的蒸汽都比空气重,只有甲烷和氨的蒸汽比空气轻。

(　　　)

4. 简答题

(1) 简述原油及其产品的特性。

(2) 简述为控制静电火种,油船及其油码头作业场区应采取的措施。

(3) 装油过程中发生溢油事故该如何处理?

(4) 为保证安全和货物质量,散装液体化学品装卸前,应对液货舱进行环境控制,控制的方法有哪些?

(5) 简述散装液化气安全运输的注意事项。

散装固体货物

引导案例

1998 年 7 月 9 日新晟会社所有的"永安"轮抵黄埔港装载硫铁矿 4498t。在抵装货港前,船长已知将在黄埔港装载 4000~5000t、最大含水率在 12% 的散装硫铁矿。装船后,船长看货物状况坚固和干燥,表面看不到水分。为了保证货舱的水密性,舱口处盖上了防水帆布。船舶开航后,根据广东进口商品检验局出具的商检证书表明货物在装货港的含水率为 10.49%。

7 月 11 日 11:00,"永安"轮装载 4498t 散装硫铁矿驶离黄埔港,12 日,该轮船行至汕头港外附近海域发生沉没。根据"永安"轮航海日志记载船舶沉没前的天气情况为和风,多雨,中浪,沉没当日的 12:10 发现船舶左倾 2.5°;12:30 向右舷二号压载水仓压水,使船舶恢复平稳并停止向 2 号压载水仓压水。

泵出货仓里的积水。船长决定驶往汕头附近避难,全速前进,然而在 15:40,当船舶加速到前进三十,船舶开始进一步向右横斜。在 16:30 时,船舶倾斜大于 25°,下令船员乘救生艇离开船舶。大约在 16:35 时,船舶倾斜达 28°,最后决定弃船。

案例解析:硫铁矿石是一种特殊的货物,它表面呈干燥颗粒状,其实含有相当比例的水分,在航行中由于沉积和振动作用,水分会浮上表层,形成流态化,随船舶横摇流向一边,造成船舶倾斜。本案例的沉船事故是托运人和承运人各自违反应尽的法定义务所造成。托运人没有将货物的危险性和预防方法告知船方,造成沉船。船长没有及时请求救助,以及操纵船舶失误,错失避免事故发生的时机,对沉船事故责任更大。

本案例涉及的主要知识点:矿石的特性;矿石的运输与保管。

学习导航

通过本章内容的学习,学生应了解谷物的种类和成分,熟悉谷物与运输有关的特性,掌握谷物的运输与保管;了解矿石的种类和成分,熟悉矿石与运输有关的特性,掌握矿石的运输与保管;了解煤炭的种类和成分,熟悉煤炭与运输有关的特性,掌握煤炭的运输与保管。

教学建议

本章的备课要点:谷物的特性、谷物的运输与保管;矿石的特性、矿石的运输与保管;煤炭的特性、煤炭的运输与保管。教学以理论为主,实训为辅,采用多媒体教学,在课件中展示散装固体货物运输的图片和视频,并进行案例讲解。建议授课学时为 6 学时。

7.1 谷　　物

　　谷物是水上运输的大宗货物之一。谷物的水上运输有些采用袋装形式,有些采用散装集装箱形式,但大量的还是采用散装运输的形式。

7.1.1 谷物的种类与成分

　　1. 谷物的种类

　　谷物种类繁多,但基本上可以分为谷类、豆类和油料类。谷类的主要品种有:稻谷、小麦、大麦、元麦、黑麦、荞麦、玉米、高粱和粟米等。豆类的主要品种有:大豆、蚕豆、豌豆、绿豆和赤豆等。油料类的主要品种有:芝麻、花生、油菜籽、棉籽、向日葵等。水运中运量较大的有稻谷、小麦、玉米以及成品粮中的大米等。

　　2. 谷物的成分

　　谷物的品种很多,化学成分也很复杂,主要是由淀粉、糖分、蛋白质、脂肪、水分、纤维素和矿物质组成,另外还含少量的酶、维生素、色素等物质。当然,不同的品种其各种成分的含量是有差异的。几种主要谷物的化学成分的含量见表 7-1。

表 7-1 谷物的化学成分

种类	成分 含量/%	水分	淀粉及糖分	蛋白质	脂肪	纤维素	矿物质
谷类	稻谷	13.00	68.20	8.00	40	6.70	2.70
	粳米	14.03	77.64	6.42	01	26	64
	籼米	13.21	77.50	6.47	76	20	86
	糯米	14.62	76.25	6.69	44	21	79
	小麦	13.84	68.74	9.42	47	4.43	2.07
	大麦	13.95	68.04	9.87	68	3.78	2.68
	荞麦	13.07	71.85	6.48	2.55	2.20	3.85
	玉米	13.17	72.40	5.22	6.13	1.11	1.67
	高粱	10.90	70.80	10.20	3.00	3.40	1.70
豆类	大豆	10.00	26.00	36.30	17.5	4.50	5.50
	蚕豆	12.55	56.67	24.51	1.55	1.86	2.86
	豌豆	11.81	54.70	22.78	1.35	2.00	7.36
	绿豆	15.06	56.02	22.25	1.08	1.61	3.98
	赤豆	14.57	55.85	21.44	0.58	4.65	2.91
油料类	花生仁	8.00	22.00	26.20	39.20	2.00	2.50
	油菜籽	5.80	17.59	26.34	40.33	4.55	5.37
	芝麻	5.40	12.40	20.30	53.60	3.30	5.00
	棉籽	6.40	14.80	39.00	33.20	2.20	4.40

由表 7-1 可见,谷类的化学成分以淀粉为主,豆类含有丰富的蛋白质,油料类以脂肪为多。含淀粉多的可作为主食,含蛋白质多的一般作为副食品,含脂肪多的可作为油料。大豆因同时含有大量蛋白质和脂肪,所以也可作为油料。

7.1.2　谷物的性质

1. 一般特性

谷物无论以何种方式运输,都应注意以下特性。

(1) 吸附性。谷物有吸收外界异味和有害气体的特性,而且一经感染异味后就很难散失,会影响食用,甚至不能食用。

(2) 吸收和散发水分。谷物在舱内有吸收水分与散发水分的能力,因为谷物是多孔性胶体物质,从内到外分布着许多毛细管,连接谷物颗粒内的细胞和组织。另外,成分中的糖类和蛋白质等亲水物质与水有很强的亲和力。当外界湿度大时,谷物会吸收水分使本身含水量、重量增加,会增强呼吸强度,有利于微生物的生长繁殖,引起谷物发霉变质;当外界湿度小时,谷物向四周散发水分。

典型案例

大豆吸湿性导致船舶沉没

希腊籍货轮在巴西装载大豆后,驶回远东目的港——日本横滨。途经好望角遇大风浪,2 号货舱空气管打坏进水,货舱盖水密不良,造成进水。过了好望角后近十天航行,海况好转,未遇较大风浪,木匠仍每天量水。2 号货舱污水沟水深从 5.6m,逐渐减小。途径中国南海,最后只量到 0.3m 时,第二天突然发现舱盖鼓起,2 号进水量加大,而相邻 1 号、3 号舱也均进水,船舶最终沉没在南海西沙群岛附近。打捞后发现:2 号左右船壳破了个大洞。经分析,2 号货舱船壳被吸足水的豆芽顶破而造成船舶沉没。

(3) 微生物危害。谷物中含有很多微生物,如 1kg 谷粒中含有数万个到数百万个微生物。微生物的种类主要有细菌、霉菌和酵母菌。谷物含有丰富的营养物质,在适宜的温度和含水量条件下,由于霉菌繁殖分泌有大量的酶,可为细菌和酵母菌的生长创造条件,以致造成谷物发霉变质。微生物一般以谷物超过安全水分,温度为 25~35℃时生长最快,低温、干燥环境对微生物有抑制作用。

(4) 粮虫危害。谷物很容易感染粮虫。粮虫不仅蛀食谷物,引起重量损失和品质降低,而且粮虫在取食、呼吸、排泄和变态等生命活动中,散发热量和水分,促使结露、生芽、霉变,所产生的分泌物、粪便、尸体和皮屑等还会污染谷物。粮虫的种类很多,我国已发现的粮虫有五十多种,如米象、谷象等。粮虫的繁殖与温度(适宜温度为 18~32℃,某些粮虫可在低于 15℃或高于 40℃条件下活动)、水(潮湿条件)、空气成分(因其呼吸需氧)以及粮谷谷粒完整度(组织完整者不易受侵害)等因素有关。

(5) 呼吸特性。谷物是处于休眠状态的活的有机体,靠呼吸作用获得能量以维持生命。这种呼吸过程极为复杂,在有氧和缺氧条件下都能进行,前者为有氧呼吸,后者为缺氧呼吸。这些反应的过程如下。

① 淀粉$(C_6H_{12}O_6)_n$在淀粉酶作用下,先转化为麦芽糖,再转化为葡萄糖,并由葡萄糖氧

化放出热维持生命活动的需要,其反应方程式为

$$C_6H_{12}O_6+6O_6=6CO_6+6H_2O+热量$$

② 脂肪氧化。脂肪氧化的反应式为

$$(C_{15}H_{31}COO)_3C_3H_3+72.5O_2=51CO_2+49H_2O+热量$$

③ 缺氧条件下呼吸。缺氧条件下呼吸的反应式为

$$C_6H_{12}O_6=2C_2H_5OH+2CO_2+热量$$

谷物的呼吸反应过程中产生热量和水分,除了有利于微生物生长外,反应本身也会消耗和破坏谷物的有机成分(特别是缺氧条件下的呼吸),使谷物品质降低,甚至变质。谷物的呼吸作用越强,营养成分消耗越多,谷物的含水量和温度是决定其呼吸强度的主要因素。在一定范围内,呼吸强度随含水量的增大和温度的升高而增大,其中,含水量对任何谷物来说都是最主要的因素。也就是说,任何谷物最终发生变质事故的主要原因是由于含水量超过了一定限度。我国外贸部门专门规定了谷物的含水量标准,见表 7-2。凡含水量不超过表中的限定值,在运输途中又能采取正确的通风措施,即可确保谷物的运输质量。

表 7-2　部分谷物含水量标准

谷物种类	含水量	谷物种类	含水量
大米	15%以下	赤豆	16%以下
小麦	14%以下	蚕豆	15%以下
玉米	16%以下	花生	8.5%以下
大豆	15%以下	花生果	10%以下

(6) 发热性。谷物在储运中,货堆温度不正常上升的现象,称为谷物发热。谷物发热的主要原因是谷物内生物体(包括谷物本身、微生物、害虫)进行呼吸作用产生热量积聚的结果。如果谷物货堆内热量产生比散失快时,货堆温度就会升高,同时,温度的增高又为生物体的旺盛呼吸创造了条件,这样就会产生谷物货堆自身促进发热的现象。谷物发热的最高温度可达 65℃。

(7) 陈化性。谷物随着储存期的延长,由于酶的活性减弱,呼吸降低,原生质胶体结构松弛,物理化学性质改变,品质变劣,这种由新到陈、由旺盛到衰老的现象,称为谷物的陈化。谷物陈化,既是谷物本身生理变化,又是其生化变化的自然现象。谷物陈化的深度与保管时间成正比。高温高湿、杂质多,虫、霉滋生,易加速谷物的陈化。

2. 散堆特性

谷物散运时,除了应注意上述特性可能造成的质量事故外,还应特别注意两个与船舶稳性相关的特性。

(1) 散落性。散落性是指块粒状物质在外力影响下能松散流动的性质。由于谷物颗粒间内聚力小,易流散成圆锥体。散落性的大小与块粒形状、表面状态、含水量、夹杂物和所受外力等因素有关。谷物属于散落性较大的货物。谷物的这一特性使它在散运时能有很高的装卸效率,也是判断货运安全(储运稳定性,如散落性小,说明水分多,易生霉结块等),确定自流设备角度,了解粮堆与舱壁的压力大小(散落性大,对舱壁的压力则大)的依据。但对于航运安全却有所危害,如粮面滑动会导致船舶倾侧等。

散落性的大小常用不受任何限制和外力时静止自然坡度角,即静堆积角的大小加以判

断。谷物由高处自然散落,在平面上会形成圆锥体,该锥体的圆锥面与底面的夹角(α)即为静堆积角,堆积角大,则散落性小,反之则散落性大。主要几种谷物的静堆积角见表7-3。

表 7-3　几种谷物的静堆积角

品　　名	静堆积角/(°)	品　　名	静堆积角/(°)
小麦	23～28	绿豆	29
玉米	30～40	大豆	24～32
稻谷	34～35	蚕豆	33～43
大米	23～35	油菜籽	20～28
面粉	45	蓖麻籽	34～46

当散堆的块粒状物体受到震动时,它的堆积角会发生变化。一般动堆积角约为静堆积角的一半。谷物在船舱内散装,由于航行中受外力影响,货堆经受震动,所以它原来的堆积角就会发生变化。这样,当谷物(未满舱)经平舱后,在船舶横摇角达到$\alpha/2$时(α为谷物静堆积角),其表面部分就会发生移动,这会严重影响船舶稳性。

(2)沉积性。指块粒状物质在外力影响下,能将其堆装体积缩小(在堆装高度上表现为下沉)的性质。影响沉积性的因素有:颗粒的大小,表面光滑程度、杂质含量、粮堆高度及入舱方式等。

谷物具有这一特性的根本原因是块粒状物体之间存在着一定的空隙。物体间空隙的大小常用空隙率(度)表示,其计算公式为

$$C = \frac{V - V_1}{V} \times 100\%$$

式中:C为空隙率;V为块粒物体散堆的体积;V_1为散堆块粒物体的实际体积。

对谷物而言,其空隙率(度)又可用下式计算:

$$空隙率(度) = \left(1 - \frac{容重}{比重}\right) \times 100\% = 100\% - 密度 \times 100\%$$

谷物空隙率(度)的大小与运储关系十分密切,空隙率大,谷物的温、湿度受舱内温、湿度影响大,即易散湿热,反之影响小,难散发湿热,空隙率大,熏蒸时的毒气易透过,也易散发,反之则难透过,也难散发。采用机械通风时,要用空隙率来计算气体的交换次数,在同样的呼吸强度下,空隙率小的缺氧速度快。表7-4是几种主要谷物的容重及空隙率。

表 7-4　几种谷物容重及空隙率

品名	容重/(kg/m³)	空隙率/%
小麦	约750	40
玉米	约740	41
籼稻	约590	52
大米	约800	40
面粉	约594	54
大豆	约735	39
蚕豆	约710	40

散堆谷物具有沉积性,对于船舶装运时的航行安全有一定的影响。如满舱装载的谷物,

在船舶航行时货物会下沉,结果会在谷物表面出现相当大的空间(散堆谷物下沉约能产生原货堆体积 2%的空间),为谷物表面滑动创造了条件,对航行有一定的危险。

7.1.3　谷物的运输与保管

1. 船舶散装谷物的稳性要求

散装货物的下沉和移动对船舶稳性有相当大的影响。装运散装谷物的船舶,不论是满载或部分装载,经过一段时间航行后,舱内由于谷物下沉,必定存在空舱容积和出现谷物自由流动面。在这种情况下,当船舶横摇时,散装谷物的表面就会随之发生滑动,从而产生与自由液面相类似的"自由谷面"、对船舶稳性的严重影响。

为了保障船舶航行安全,针对船舶装运散装谷物的特点,《1974 年国际海上人命安全公约》(《SOLAS 1974》)对一切装运散装谷物的船舶(包括专用船和普通杂货舱)提出了完整稳性要求。其要求具体如下。

(1) 由于谷物移动而产生的横倾角不大于 12°。但准予船舶装运散粮的主管机关可根据稳性资料要求较小的横倾角(如允许的横倾角可以限制为当露天甲板的边缘在静水中被浸没时的横倾角)。

(2) 在静稳性曲线图上,到达倾侧力臂曲线与复原力臂曲线的纵坐标最大差值的横倾角或 40°角或"进水角"时(取其小者),该两曲线之间的净面积或剩余面积在一切装载情况下应不小于 0.075m/rad。

(3) 经修正各舱内自由液面影响后的初稳性应不小于 0.3m。

以上要求的目的是将谷物移动所产生的倾侧力矩减少到保证航行安全的程度。此外,船舶装载散粮,根据装货港缔约国政府的要求,船长应根据有关的认可资料,证明该船在任何航程的各阶段,均能满足上述要求的稳性标准,因此,装载后应确保船舶在起航前处于正浮状态。

2. 散装谷物在货舱内的几种装载方案

散装谷物在货舱内采用何种装载方案,将直接影响舱内谷物移动对船舶稳性的影响程度。

(1) 满载舱:是指在任何舱内,经装载或平舱(使谷物自由面整成水平,并使谷物移动的影响减至最小)之后,散装谷物达到其可能的最高水平(即使其最大可能的填满甲板下方及舱口盖下方的一切空间)。在此种情况下,谷物移动对船舶稳性的影响最小。

(2) 部分装载舱:又称松散舱,是指在任何舱内,散装谷物未装载到满载舱所规定的状态。在此种情况下,谷物移动对船舶稳性的影响随货舱结构形状及谷物装舱深度而变化,但比"满载舱"情况影响大得多。

(3) 共通装载舱:是指普通杂货船上装载谷物时,在底层货舱舱盖不关闭的情况下,将底层货舱及其上面的甲板间舱作为一个舱进行装载的货舱。谷物移动面只有一个,此时对稳性的影响,要较底舱舱口关闭时为小。

3. 散装谷物船舶的主要防移装置及止移措施

现在,散装谷物海上运输大多采用专用散粮船,此外仍利用普通杂货船。不论采用何种船舶装运散粮,船舶在整个航程中都应满足《SOLAS 1974》规定的完整稳性要求。如果船舶装载散装谷物后不能符合完整稳性要求,则可以在装载谷物的一个或几个舱内设置相应的防移装置,或采取一定的止移措施,达到减少或消除舱内谷物移动产生危险,以满足

《SOLAS 1974》规定的确保船舶安全航行所必需的稳性要求。若装运散装谷物的船舶在整个航程中均能满足完整稳性要求，就没有必要增加有关谷物防移措施。所以，并不是每艘装载散装谷物的船舶都要采取专门的止移措施。通常，专用船的舱口围板较高，且因设有翼舱而使货舱上部宽度减小，所以经常能满足完整稳性要求。

（1）船舶散装谷物的防移装置。船舶散装谷物的防移装置主要包括散装谷物的补给装置、谷物的止移装置、谷面的固定装置以及舱口盖的固定装置等。

① 谷物补给装置。装运散装谷物的船舶货舱，由于装载时受条件限制，以及船舶航行颠簸、摇摆时谷物下沉，总会存在一定的空当。为了使主要货舱内形成的空当能不断地由散装谷物填满，散装谷物的船舶可以设置必要的补给装置，它包括添注漏斗和围井。添注漏斗安装在船舶间舱甲板的两舷侧，由纵向隔壁构成，延伸到该舱甲板的全长，漏斗之间有适当间隔。每一添注漏斗的容积应等于舱口边桁材及其延伸部分外侧的甲板下空当。间舱甲板下方出现的空当将被从两侧添注漏斗中流出的谷物填满。围井是在主舱口由纵向隔壁及横向隔壁构成四周封闭的空间。由于设置围井，谷物在甲板间舱内的移动被限制，围井内的谷物除补给下舱外，本身的移动被限制在围井范围内，使谷物移动的横倾力矩减少。

② 谷物止移装置。除少数船舶在货舱纵中线的舱口以外部位设置固定的纵向隔壁外，大多数装运散粮的止移装置是可拆卸的。主要的谷物止移装置是止移（动）板。止移板就是在舱内纵向垂直放置的木质或钢质板壁。为了在舱内架设止移板，舱底设有专门的立柱插座。立柱是垂直设置、用以支持止移板的重要构件。止移板是由众多板材插入支柱拼成，板壁强度应符合规定要求，其中木质板材的厚度不应小于 50mm。板壁安装后应能防止谷物由板壁一侧透穿到另一侧。由于船舱内的散装谷物在船舶横向倾侧时对止移板有很大的压力，所以，需利用钢丝索或木撑柱加固止移板。

③ 谷物表面的固定装置。谷物表面的固定装置一般有两种：一种是利用粗帆布、木板、钢丝绳及花篮螺丝等用具作覆盖及绑扎处理，以此固定谷物表面；另一种是利用袋装谷物或其他适宜的货物压在散装谷物货堆的表面，以此固定谷物表面。

④ 舱口盖的固定装置。当船舶底舱内装满散装谷物，而上面的甲板间舱没有装载散装谷物或其他货物时，为防止货舱内的谷物在航行过程中通过舱口盖移到甲板间舱内，必须采取相应的措施。通常，应根据主管机关同意的方式，在舱盖口上加压一定的重量或装设某种固定装置，使舱口盖得以固定。

（2）船舶在不同装载状况的止移措施。船舶装载散装谷物，在不同的情况下所采取的止移措施有所不同。通常，根据船舶类型特点以及船舶具有的设备条件，以满足完整稳性要求为前提，在各种情况下，灵活地采用不同的止移措施。

① 满载舱止移措施。满载舱时的止移措施包括设置纵向隔壁、设置托盘和设置散装谷物捆包三种方法。

a. 设置纵向隔壁。为了减少谷物移动所产生的横倾力矩，可以在满载舱内设置纵向隔壁。这时，间舱内的纵向隔壁必须从甲板延伸到甲板；底层货舱内的纵向隔壁必须从甲板或舱口盖向下延伸到纵桁材以下 0.6m。

b. 设置托盘。除装运亚麻籽或性质类似的其他种子时不能使用托盘外，装运其他谷物时可用设置托盘代替舱口下面的纵向隔壁。所谓托盘，是在散装谷物表面紧实地铺垫帆布片等物，并在其上堆装袋装货物（似散谷堆上有一托盘）。托盘是设在底舱的，它的顶部应在舱口范围,托盘和上层舱面都应装满袋装谷物或其他适宜的货物。这些货物应紧密堆放在隔垫用的布上。在舱顶甲板、边桁材或围板,舱口端梁及活动舱口梁等部位的构件处,它更应紧密堆装。根据船舶型宽的大小,自托盘底部至舱顶甲板线的深度应为:对于型宽为9.1m及9.1m以下的船舶,不小于1.2m;对于型宽为18.3m及18.3m以上的船舶,不小于1.8m;对于型宽在9.1~18.3m之间的船舶,其托盘最小深度应以插入法计算。

c. 设置散装谷物捆包。作为上述方式的变通,可以在相应部位加以捆包的散装谷物来代替袋装谷物或其他适宜货物,形成由散装谷物本身构成的托盘。该托盘的大小范围及深度与上述所列相同。

② 部分装载舱止移措施。散装谷物非装满整个货舱时,即为部分装载舱,止移措施主要是固定散装谷物表面。具体可采用下列两种方法。

a. 散装谷物表面堆装货物。采取这种措施时,要将散装谷物表面整成水平,并在谷物表面覆盖垫隔用布或某种适宜的木制平面,平面应由放置间距不大于1.2m的垫木及放置在上面、间距不大于100mm、厚25mm的木板组成,在垫隔布或木制平台上面应紧密堆放装满的谷物包袋,且包袋要求牢固,或紧密堆装积载因数相当的其他适宜货物,其堆装高度应不小于谷物自由表面最大宽度的1/6或1.2m(取其中较大者)。

b. 谷物表面捆扎或绑缚。采用这种措施时,也应在散装谷物表面覆盖垫隔用的粗帆布或舱盖布。垫隔用布的接头处至少应重叠1.8m,在覆盖布上面先横向满铺一层厚25mm、宽度150~300mm的木板,再将纵向铺设的木板钉于下层横向木板上,形成一块整体铺板(作为变通方法,可改为用一层厚25mm纵向铺置的满铺木板,钉于厚50mm、宽度不小于150mm、间隔距离不超过2.4m的横向铺置的底垫木上,这些垫木应延伸到货舱的全宽度)。最后,在铺板上用横向系固的钢丝绳紧压。这些绑绳紧压在铺板上,在船体倾侧时,能承受散装谷物对铺板所施加的静压力和动压力,有效地控制谷物表面滑动。对于这些绑绳,应使用32mm的花兰螺丝连接并张紧,在航程中须经常检查其松紧情况。

在某些情况下可以免除止移装置与补给装置,如当舱内装载的谷物不超过舱容约1/3,或底舱有轴道分隔而装载量不超过舱容的1/2时,可以免除止移装置,原构造为装载液体货物的深舱,在装满散谷、且舱盖紧密时可免设添注漏斗。

特殊船舶装载散装谷物的情况与上面的叙述有所不同。如油轮散运谷物(油舱必须清扫干净),因油轮货舱结构本身具有纵向隔舱,它能防止谷物表面滑动所造成的危险;专门设计的散装船,在构造上已考虑到《SOLAS 1974》的具体要求,所以无须另行设置止移装置,但装载时仍应符合装满铺平的原则和不致使船舶在航行中产生大于5°倾斜角的要求。

4. 谷物的运输与保管注意事项

(1) 装货前应全面检查货舱及设备并使之处于适用状态。货舱和衬垫必须保证清洁、干燥、无虫害、无异味、严密,若货舱装运过有毒、有害、有异味和扬尘性货物或被虫害感染的谷物,必须清扫洗舱干净或经药剂熏蒸,向装货港有关部门申请验舱,只有当检验合格并取得验舱证书后,才允许装运。疏通舱内污水沟,以保持其畅通,对货舱污水泵和通风设备作全面检查并试运行,保证其运行状况良好。

(2) 合理编制积载计划,备妥止移装置(如必要时),填写散装谷物稳性计算表,只有满足《SOLAS 1974》的稳性要求后,才准许装货。

(3) 非整船装运谷物时,严禁与易散发水分货物、易散发热量货物、有异味货物、污秽货物、有毒货物以及影响谷物质量的其他货物混装。

（4）承运前，加强对谷物质量的检查，防止接受含水量超标、发热、霉变、有虫害的谷物，以免扩大损失。

（5）航行途中应定时测量谷物的温度，并根据外界条件进行正确通风散发热量和防止出汗。

（6）谷物原则上应堆放在仓库内，仓库的条件与货舱基本相同，做好垫垛。港口短期存放可利用仓库或露天堆场，露天堆存应有较高的底部垫板和良好的铺盖，防止雨湿。

7.2　矿　石

7.2.1　矿石的种类及成分

矿石是地层天然存在，可提取工农业所需物质的岩石、粉、粒等物质的总称，是由一种或多种元素组成的无机化合物。地藏矿产丰富，种类繁多，分类方法也有很多种。有的将矿石分为：黑色金属（钢铁工业）矿石，如铁、锰矿石等；有色金属矿石，如铜、锌矿石等；稀有金属矿石，如金、银矿石等；分散元素矿石，如锗、镓矿石等；放射性矿石，如铀矿石、钍矿石等。有的将矿石分为金属矿石和非金属矿石，金属矿石大部分是散装运输，只有少数贵重矿砂及矿石（如钨矿、锡矿等）采用包装运输；非金属矿石多为散装运输。

1. 金属矿石

常运的金属矿石有以下几种。

（1）铁矿石。铁矿石是生产钢铁的原材料，主要品种有以下五种。

① 赤铁矿：主要成分是三氧化二铁（Fe_2O_3），含铁在 70% 左右，比重为 4.2～5.3g/cm³，呈暗红色，质软而脆，含磷极少，适于炼铁。

② 磁铁矿：主要成分是四氧化三铁（Fe_3O_4，即 $Fe_3O_4 + FeO$），含铁 69% 左右，比重 4.6～5.2g/cm³，色黑，有金属光泽，磁性强，能吸铁，又名吸铁石，不含硫和铜等杂质，但含磷较多。

③ 黄铁矿：主要成分是二硫化铁（FeS_2），含铁 46.6%，比重 4.9～5.2g/cm³。黄铁矿因含硫较多，易自燃。

④ 褐铁矿：是带结晶水的三氧化二铁（$Fe_2O_3 \cdot nH_2O$），褐铁矿含铁量为 30%～60%，比重 3.0～4.0g/cm³，一般属于贫矿，质软而脆，含水较多，低温下会冻结。

⑤ 菱铁矿：主要成分是碳酸亚铁（$FeCO_3$），含铁量 30%～50%，比重 3.7～1.9g/cm³，一般属于贫矿，因带有泥土，久存会变硬。

（2）锰矿石。锰矿石的主要成分有以下三种。

① 软锰矿：主要成分为二氧化锰（MnO_2），含锰 63.2%。

② 硬锰矿：主要成分是氧化锰、二氧化锰以及结晶水（$MnO \cdot MnO_2 \cdot nH_2O$）。

③ 菱锰矿：主要成分是碳酸锰（$MnCO_3$），含氧化锰 61.11%。

（3）铬矿物。铬矿物主要是铬铁矿（$FeCr_2O_4$）。

（4）钛矿物。钛矿物主要是钛铁矿（$FeTiO_3$）。

（5）铜矿物。铜矿物的主要品种有以下六种。

① 黄铜矿($CuFeS_2$)。

② 斑铜矿(Cu_5FeS_4)。

③ 兰铜矿(CuS)。

④ 辉铜矿(Cu_2S)。

⑤ 孔雀石$[(Cu_2CO_3)(OH)_2]$。

⑥ 自然铜(Cu)。

(6) 铅矿物。铅矿物的主要品种有以下两种。

① 方铅矿(PbS)。

② 白铅矿($PbCO_3$)。

(7) 锌矿物。锌矿物的主要品种有以下两种。

① 闪锌矿(ZnS)。

② 菱锌矿($ZnCO_3$)。

(8) 钨矿物。钨矿物的主要品种有以下两种。

① 黑钨矿$[(MnFe)WO_4]$。

② 白钨矿$[Ca(WO_4)]$。

(9) 锡矿物。锡矿物的主要品种是锡石(SnO_2)。

(10) 钼矿物。钼矿物的主要品种是辉钼矿(MOS_2)。

(11) 铋矿物。铋矿物的主要品种有以下两种。

① 自然铋(Bi)。

② 辉铋矿(Bi_2S_3)。

(12) 锑矿物。锑矿物的主要品种是辉锑矿(Sb_2S_3)。

(13) 汞矿物。汞矿物的主要品种是辰砂(HgS)。

(14) 镍矿物。镍矿物的主要品种是镍黄铁矿$[(Ni,Fe)_9S_8]$。

(15) 稀有及贵重金属矿物。稀有及贵重金属矿物的主要品种有以下四种。

① 绿柱石$[Be_3A_{12}(Si_8O_{19})]$。

② 铌铁矿—钽铁矿$[(Fe,Mn)(Nb,Ta)_2O_6]$。

③ 细晶石$[(Na,Ca)_2Ta_2O_6(O,OH,F)]$。

④ 自然金(Au)。

(16) 放射性矿物。放射性矿物主要品种有以下两种。

① 铀矿：包括沥青铀矿、晶质铀矿等。

② 钍矿：包括方钍石、钍石、独居石等。

2. 非金属矿石

(1) 磷灰石：主要组成$[Ca_5(PO_4)_3(F,Cl,OH)]$。

(2) 重晶石：主要成分是硫酸钡($BaSO_4$)，并含铬(Cr)、钙(Ca)等混合物。

(3) 萤石：主要成分是氟化钙(CaF_2)，还有蛇皮石棉石、黄铁矿、白铁矿、硫黄铁矿、自然硫等均作为化工原料的非金属矿物。

(4) 白云石：主要成分是$[CaMg(CO_3)_2]$。

(5) 方解石又叫石灰石：主要成分是碳酸钙($CaCO_3$)。还有耐火黏土等,是作为冶金辅助原料的非金属矿物。

（6）石膏：主要成分是（$CaSO_4 \cdot 2H_2O$）。

（7）石英：主要成分是二氧化硅（SiO_2），还有石棉、铝矾土等，主要作建筑材料或其他用途的非金属矿物。

（8）特种非金属矿物：如金刚石（C）、电石（CaC_2）、白云母［$KAl_2(AlSi_3O_{10})(OH)_2$］、水晶和玛瑙等。

（9）其他非金属矿石：如长石、高岭石，橄榄石和辉石等。

7.2.2 矿石的性质

矿石的性质主要有以下几种。

1. 比重大

无论哪一种矿石的比重都大于 $1g/cm^3$，因而其积载因数都比较小。若按比重将矿物分级，则可分为轻矿石，比重在 $2.5g/cm^3$ 以下，中等矿石，比重在 $2.5\sim4.0g/cm^3$ 之间，重矿石，比重 $4.0g/cm^3$ 以上。部分矿石的比重见表 7-5。

表 7-5 部分矿石比重

矿石名称	比重/（g/cm³）	矿石名称	比重/（g/cm³）
锰矿	3.3～5.0	硬石膏	2.8～3.0
铁矿	3.6～5.5	石膏	2.3
铬矿	2.9～6.1	重晶石	3.0～4.7
锌矿	3.4～5.7	萤石	3.18
镍矿	5.3～7.7	白云石	1.8～2.9
铜矿	3.7～5.8	滑石	2.7～2.8
磷灰石	3.10～3.21	锆石	3.3～3.5
橄榄石	3.3～3.5		

运输中把矿石称为重货，当利用杂货船装运矿石时，若各舱所装重量分配不当，容易破坏船体强度，对航行不利。若是少量运输，在积载时常用做压舱货。

2. 自然倾角较大

矿石的自然倾角比较大，一般为 $30°\sim50°$，说明矿石的流动性（散落性）较小，在一定的底面积上可以堆得较高。整船或大量装运矿石时，常利用这一特性，堆装成锥形，以提高船舶重心。

3. 易蒸发水分

开采出来的矿石中含有不同程度的水分，经精选的矿石含的水分更多。因此，在空气的相对湿度较低时，这些水分易蒸发。所以，矿石不能与怕湿货混装在一舱。

4. 易扬尘污染

在运输中，矿石常保存着开采时带有的泥土杂质，随着水分的蒸发，泥土和杂质常破裂脱落，在装卸过程中极易飞扬。所以，运输中矿石被列为污染性粗劣货物，不能与清洁怕污染的货物混装一舱。

5. 渗水性

一些经加工的精选矿粉（水洗矿粉）中含有较多的水分，航行中受外力作用（如船舶摇摆），矿粉中的水分会渗离出来，在舱内形成水泥浆。这些水泥浆能随船舶倾侧而流动，有可

能造成翻船事故,严重威胁着航行安全。当矿物中含水量达到 9% 时,所渗出的水就有移动的可能,含水量达 12% 时就会造成大量泥浆水的移动。

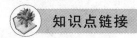 知识点链接

精选矿粉及运输风险

　　精选矿粉是利用物理或化学的选矿方法从原矿中分离出不需要的成分后所得到的品质和纯度较高的物质。选矿方法的不同,导致矿粉含水量不同,通常为干精矿和湿精矿。以水选方法选矿所得含水量在 8% 以上者,通常称为湿精矿;而以机器碾压的方法所得的含水量较低的矿粉则称为干精矿粉。

　　精矿粉运输中的主要危险为:因天气恶劣在运输途中货物在舱内发生位移,或舱内货物发生流态化,造成船舶稳性减少甚至丧失而发生倾覆;货物发生化学反应,产生有毒、可燃、易爆气体而造成事故。

　　6. 冻结性

　　含水量较多的矿石或矿粉,在低温(如冬季)下易冻结,给装卸带来困难。

　　7. 自燃和自热性

　　自燃性是指矿石受热后可燃烧的性质。自然界中具有自燃性的矿物不多,其中如自然硫、有机碳(如煤炭)等一般具有自燃性。自热性是指矿物被氧化后发生化学变化产生自热的现象。自然界中具有自热性的矿物则较多,如黄铁矿、硫黄铁矿、白铁矿、黄铜矿等硫化物矿物以及部分氧化物矿物均具有自热性。如含水量在 4%~5% 的精选铜矿粉等易发热,温度可达 80℃。

　　8. 瓦斯危害

　　金属矿石能散发它所吸附的挥发性气体(较常见的是甲烷、乙烷、一氧化碳、二氧化碳和二氧化硫的混合物,具有毒性,并可燃烧)。运输中,货舱内积聚这些气体危害性很大。

　　9. 放射性

　　有些矿物,如铀矿、钍矿石等具有放射性,因而对人体有害。运输时要按规定作危险货物处理或作必要防护。

7.2.3　矿石的运输与保管

　　装运矿石,除有专门的船舶外,一般也经常大量地使用普通杂货船。通常准许运输矿石的船舶,要有特别坚固的结构,有足够的双层底空间,有保证安全运输的技术设备。

　　1. 矿石积载不当所造成的影响

　　矿石比重大,如果积载不当,对船体及航行有较大的影响,主要表现在以下三个方面。

　　(1)影响船舶稳性。利用普通杂货船大量装运矿石往往会使船舶重心位置过低,产生过大的 GM 值,使船舶在风浪中急剧频繁地摇摆,严重影响船体结构、船舶机械、船员工作和整个航行的安全。

　　(2)影响船体强度。若各舱所载重量分配不当,如矿石过分集中于船体某些部位,容易破坏船体总纵强度和局部强度,其结果能引起船舶弯曲变形,如中垂、中拱等。它不但影响船体结构强度,在波浪作用下还会使船体裂损折断、发生沉没等严重事故。

（3）影响航行抗浪。船舶应当有较好的抗浪性能，常使首部稍为抬高，但如矿石积载不当、船首部装载较多，常会引起艏部潜水，影响抗浪并增大航行阻力。这是由于首舱装载的货物数量较多时，会使船舶纵摇中具有较大的转动惯量，因而艏部入水后有继续下沉的趋势。

综合上述情况，矿石在船上必须妥善积载，其具体积载要求又随船舶类型以及货物装载量的不同而不同。

2. 矿石积载

（1）矿石整船装运。使用普通杂货船整船装运矿石时，凡有两层舱的船舶，为使其有正常适宜的稳性，应在二层舱内装载 1/5～1/4 的航次载货量，底舱的舱口盖上，最好不装或少装，以防止舱盖受压下塌和卸货时卸货机损伤舱盖。装载时，应尽量将矿石堆向两舷和前后舱壁，其中堆向两舷能减缓摇摆强度。如果由于某种原因，不能将矿石堆向两舷和前后舱壁时，则必须把所有装在两层舱内的矿石铺平，底舱装载的矿石要整成截面角锥形，其截面不小于甲板舱口的面积。

凡无二层舱的单甲板船，应在舱内设置一个锥形架或铺加内底，以提高矿石货堆重心。这样做虽然装卸时费工较多，但对远航船舶仍然必要。

各舱装载数量应按舱容大小比例分配，不能过于集中于某个部位。由于矿石积载因数小，杂货船舱容富裕较大，对装入各舱的货物重量较难准确掌握。所以，杂货船全船装载矿石时，除了严密注意各舱均衡装载外，通常规定全船减载 20% 左右，以减轻船体负荷。

装卸矿石时，必须注意船体受力情况，各舱位基本上同时开始作业（一般先从中舱开始，其他各舱相继同时开始作业），使各舱均衡地同时加载或卸载，逐步装载或卸毕，绝不允许单一地进行某一货舱的作业。若受装卸机械限制时应采用各舱轮流作业的方式，逐渐紧接着装满或卸毕。

为了保证船舶有较好的抗浪性能，船舶首、尾舱装载时应尽可能使矿堆重心移向船中部，如首舱矿石应适当地堆向后舱壁，尾舱矿石应适当地堆向前舱壁，以利船舶各部位重力与浮力的均衡，并减少转动惯量，使船首顶浪时不致潜入水中，船尾不致过久地下倾，影响推进。

图 7-1 是矿石的各种装载形式。其中图 7-1（a）装载方便快速，但船体横向中央部分受力过大，船体会产生严重的变形；图 7-1（b）装载时两层舱需进行平堆，但船体受力情况比较好；图 7-1（c）装载受力良好，但装载费工。在实际工作中通常采用图 7-1（b）所示的方式。

（2）矿石部分装载。在杂货船部分装载矿石时，应考虑其他货载中途港卸下或矿石在中途港卸下时船体的受力情况是否会使船舶出现严重变形。当舱内矿石上面须配装其他货物时，矿石应平堆（扒平）以适合其上堆装货物的要求，并用垫板、防水布或席子等妥善隔离。同时应考虑在平堆重心较低时对船舶稳性的影响。

部分装载矿石，除应确保船体安全及航行安全外，针对矿石的具体性质尚有如下具体的要求。

① 矿石应与怕潮货、怕扬尘货分舱装运，其他一切能够混合或掺杂到矿石货堆中去的散装货物，也不可与矿石同装一舱。

② 不同种类的矿石不可同装一舱，甚至也不许用衬垫物隔离装载，而应分舱装运。有资料显示，混杂会产生不良后果，如铁矿石中含杂质增加 1%，则熔炼燃料要增加 2%，高炉

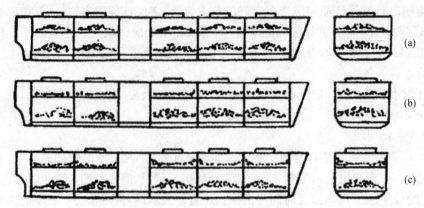

图 7-1　杂货船装载矿石方法形式

生产率会降低 3％。所以运输时应防止矿石之间的混杂。

③ 装运易自热的矿石时,在运送过程中要定时测量温度。当舱内发热且温度较高时,应及时采取措施。装运的精选铜矿粉的含水量在 5％以下,易自热的矿石应与其他易燃货物、怕热货物分舱装载。

④ 装载散发蒸气和有害气体的矿石时,在航行中需经常进行通风(表面通风)换气工作,以疏散气体。

(3) 矿石专用船装载矿石。由于矿石专用船充分考虑矿石装运上的特性,所以具有较高的技术和经济性能。目前较为典型的矿石专用船如图 7-2 所示。它具有双层船底结构、舱容系数较小,舱形符合矿石成堆的自然倾斜,同时利用隔舱部位上方难于装货的场所增设小型辅助货舱,以此达到充分利用空间和提高整船重心的目的,货舱上部斜面成翼舱,用于压载调节整船重心位置。此外,船舶一般不配置起货装备。除专用矿石船外,20 世纪 70 年代在国际上出现一支相当可观的矿油兼用船队,这种兼用船的构造如图 7-3 所示,它较好地解决了矿石单向运输对船舶经营的不良影响。但也出现过多起船舶爆炸的事故,所以尚待进一步研究完善。不论专用矿石船或矿油兼用船,为提高卸货效率以加速船舶周转,曾出现采用自卸方式或配备垂直连续提升装置等船舶类型。

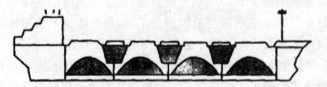

图 7-2　典型矿石专用船

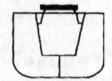

图 7-3　典型矿油兼用船截面图

上述这类船舶装运矿石,在积载处理上较为简便,但当载运量较小时,应充分注意船体总纵向受力是否均匀和如何将整船重心提高到适当位置的问题。

3. 矿石运输中的具体注意事项

(1) 在装矿石以前,应仔细检查和清扫船舶的污水沟、排水系统,应把污水沟盖堵严,以防止矿砂落入沟内。

(2) 散运含水量在 8％以上的精选矿粉时,针对渗水性(含水层),装舱时应安装纵向止移板以减少渗水后自由液面对船舶稳性的影响,当装运量较大时,更不能忽视渗水移动所造成的严重后果。一些国家制定有专门关于运输含水矿粉的运输规则,我国交通部规定一般货船装运精选矿粉和矿产品的含水率不得超过 8%。对于海运含水精选矿粉的船舶,在海上保险时,有专门的条款加以规定。在装运这类矿石时,船方应申请公证机构作监装等检验,并取得证明,具有重要意义。

(3) 矿石运输应注意选定航线,要时刻注意海洋上的气象变化,避免在恶劣气象条件下航行,一旦面临较大的横向波浪或恶浪冲击船体,要避免较长时间在同一方向受波浪的打击,航行中应避免由于燃料、淡水不断消耗而出现船体发生倾斜的现象,同时要分析船体出现倾斜现象的原因以期及早恢复正浮。绝对禁止在船体明显倾斜状态下继续航行。航行途中应尽力在条件许可条件下进行舱内通风,同时应经常注意污水沟的变化,当污水增加时,应立即进行排水,查清污水增加的原因并采取措施。装运矿石后,其货堆在 24 小时内易发生变化,要特别加以注意,万一发生货堆倒塌或有移动现象,应及时采取安全措施。

7.3　煤　　炭

煤炭是重要的能源之一,主要是用于工业或民用燃料及供给动力,也是冶金、化工等部门的重要原料。

7.3.1　煤炭的种类及成分

1. 煤的种类

煤的分类方法很多,有按煤的作用、成煤过程、岩相组成等多种分类方法,但与运输有关的分类方法主要有以下几种。

(1) 根据碳化程度分类。这是最普通的分类法。随含碳程度不同,形成各种不同的煤,如泥煤、褐煤、烟煤和无烟煤。各种煤的区别及相互关系如表 7-6 所示。

表 7-6　各种煤的含量、煤质及发热量区别

煤　种	固定碳含量	挥发成分含量	煤质	发热量/(J/kg)
泥煤	26%～31%	70%～75%	疏松	10460～14640
褐煤	最高含量75%	52%以下	渐密	16740～30120
烟煤	75%～95%	5%～25%	较密	27600～35980
无烟煤	93%～98%	2%～7%	密实	33470～36400

(2) 根据自燃倾向分类。煤具有自燃性,但不同煤种的自燃程度不同。按自燃倾向分类,对运输储存时控制自燃事故具有实用意义。煤按自燃倾向分类如表 7-7 所示。

表 7-7　煤按自燃倾向分类

类　别	名　　称	煤　种
1	不自燃(稳定)煤	无烟煤、烟煤
2	半自燃(中等稳定)煤	无烟煤、烟煤
3	自燃(不稳定)煤	烟煤、褐煤
4	易自燃煤	褐煤
5	自燃特别迅速的煤	褐煤(含硫多者)

 典型案例

货主提供的煤炭所属类别不当造成爆炸

船长必须在开航前找出船上货物的资料。一艘美国船舶装了一船煤炭,据发货人说是第一类,也就是最常见的安全煤炭。但事实上是属于第二类,在运输中途需要充分的通风。由于船长没有被告知真相,所以没有对货物进行通风。结果导致了易燃气体的集聚和爆炸,造成了 5 名船员包括船长在内死亡。

(3) 按用途分类。按用途不同,煤可分为以下几种。

① 动力用煤:如发电、工业燃料、民用燃料等,一般为发热较大的烟煤或无烟煤。

② 制煤气用煤:主要是含挥发成分较多的褐煤。

③ 炼焦用煤:是一种具有较好的黏结性,且固定碳与挥发物有一定比例的烟煤。

2. 煤的成分

煤是由植物在地下经隔绝空气并在细菌的作用下先后经过泥炭化阶段和由泥炭转变为褐煤、烟煤、无烟煤阶段而形成的。

煤大体上由两部分物质构成,一部分能够燃烧,一部分不能燃烧。用工业分析法对煤的成分与含量进行分析,其主要成分为固定碳、挥发物、灰分和水分等,除此之外还有一些矿物质和岩石砂土等杂质。固定碳和挥发物两者构成煤的可燃部分,这两种成分的总和叫煤的可燃体。其中,固定碳主要是碳素,是主要可燃物,发热量由它决定,一般含量达 $26\%\sim98\%$(随着碳化程度而变化)。挥发物是煤中易挥发的物质,主要成分是氢、硫化氢、一氧化碳、二氧化碳、甲烷、乙烯和其他碳氢化合物。当煤受强热时,煤内部分解生成挥发物,它可在气态或蒸气状态下燃烧,其含量随煤碳化程度的增大而减少。灰分和水分等为煤中的不可燃成分。其中,灰分是指煤质燃烧后的剩余部分——无机矿物,它又分为外在灰分和内在灰分,灰分的含量对燃烧有直接影响。水分包括外在水、内在水和化合(结晶水)水。

发热量是煤的综合性质量指标,它随着固定碳、挥发物、灰分和水分的含量不同而不同。一般地说,碳化程度高者发热量较高,但当挥发物含量过低时,则发热量有降低的倾向。我国主要煤种成分含量如表 7-8 所示。

表 7-8　我国主要煤种成分

煤 产 地	固定碳/%	挥发物/%	灰分/%	水分/%
大同保晋	74.00	17.94	4.52	3.54
井陉	68.66	23.19	7.66	0.49
开滦	45.15	32.05	21.60	1.20
北票	54.25	30.50	12.00	3.20
抚顺	49.32	38.69	0.38	7.11
河南中原	71.16	5.66	20.30	20.87
山东淄川	86.49	9.58	3.76	0.19

由煤的成分可见,煤主要是由有机物部分和无机物部分共同构成的,但决定煤性质的主要因素还是它的有机物部分。到目前为止,还没有关于煤结构的精确理论,但一般的看法

是：煤的有机物部分是由许多结构单元组成的，每一个结构单元，又是由一叠苯环组成的平面网，或说是芳香族的缩合体的核及核周围的各种侧链官能团所共同组成的。这些侧链官能团又称为无定型有机物，实为各种活性基、不饱和化合物、酚及杂环化合物，如—COOH、X═O、—OCH$_3$、—OH 及一些还不清楚的含氧基团。单元与单元之间以—CH$_2$、—O—桥连接成大分子化合物。煤分子中，除含有 C、H、O 外，还含有少量的 N、S、P 等元素。

7.3.2　煤炭的性质

根据 IMO 制定的《固体散装货物安全操作规则》(《BC Code》)，煤炭是属于"仅在散装运输时具有危险的物质"，因此，在运输时必须遵守该规则。

在煤炭运输中，虽然在正常情况下不会有明显的货运质量问题，但是，在船舶运送和港口装卸堆存过程中，如不掌握它的有关特性，也会发生事故甚至是严重事故。此外，由于性质上的原因，还会造成装卸作业困难或散落、飞扬等造成减量损失，污染环境，甚至引起可燃粉尘爆炸事故。有时还会发生表面上几乎发现不了什么问题，而实际上对其品质(发热量、黏结性等)已有所影响。归结起来，煤炭与运输有关的性质有以下几点。

1. 冻结性

含有吸附水(内在水)和外在水(受潮水)超过 5% 的湿煤，在冬季条件下，远距离运送或储存时会冻结在一起，多孔的煤和小块的煤最易冻结。冻结的煤严重影响港口的装卸作业，为解决冻结煤的装卸要花费巨大的人力和物力。

2. 风化性

风化是各种岩石(包括煤)崩溃和变化的一种过程，风化分物理风化和化学风化两种。物理风化仅仅引起岩石的松散和破碎，而其组成未发生变化。温度的剧烈变化，是造成物理风化的原因，在岩石和煤的热传导性很差的条件下，物理风化就是因为它们外部体积很快地发生变化，从而使它们分裂而遭到破坏。在寒冷气候的条件下，物理风化是由于水的作用而发生的。水深入岩石或煤的裂缝中，在冻结时，它的体积大约要增大 10% 左右，并且有 900kg/m^2 的压力来挤压煤体，使煤块分裂和破碎，同时使煤的光泽和颜色发生变化。硫含量超过 15% 的煤会更加强烈地遭受风化而变为粉末。化学风化是岩石和矿物成分的分解。化学风化主要是由空气中的氧气作用而引起的，特别是在被氧气、二氧化碳和其他气体所饱和的那种矿物水的作用下更易发生。因此可以说，氧化作用和水化作用(吸收水分)就是化学风化的一种过程。由于这两种作用的结果，煤体中所含的有机物质会发生很大的化学变化。煤经过化学变化，不但会减少挥发成分，对于褐煤和某些无烟煤，还会减少可燃物质的含量，对于炼焦煤，则显著地降低其黏结性。

由此可见，煤的风化是指煤在空气中或在地表面上的煤层受大气因素(包括氧气、地下水和地面温度等)影响引起物理化学作用，使其物理、化学工艺性质发生一系列变化(主要是煤中有机物和矿物质被氧化而引起的)。

由于风化使煤炭形成碎渣和煤末，使装卸工作过程中增加煤的损失量，特别是在有风时，当空气中含有一定比例的煤粉时，会有爆炸的危险。因此，必须注意防火，特别是在船舱内进行装卸时更应如此。这种爆炸的火源，可以是火柴点燃、金属物品撞击火花、电线短路等。同时，空气中煤粉含量大，会给装卸人员的健康带来危害。

煤的风化倾向与自燃倾向一样，与煤的种类、岩相组成、储运时间、煤的筛分组成、黄铁矿及水分含量、环境的温湿度以及季节等因素有关。这些也是确定煤是否能经受得住远距离运输和换装,以及是否在保管期间不会发生显著质量变化和相伴产生损失的因素。在较长时间储存煤,以及托运煤时,就必须考虑风化倾向。

3. 自燃性

煤的自燃是指当煤与空气中的氧发生氧化反应,释放出热量,其热量散发不出来,造成温度升高,使煤的氧化反应愈加激烈,达到煤的自燃点时,引起燃烧的现象。影响煤的自燃因素与风化类似。当煤中混有如泥炭、干草、棉屑等易腐烂发酵的有机物质时,由于喜热和耐高温衍生物的活动的结果,能发生自热,这种热量也会影响煤的自燃。但自热和自燃是有区别的,自热(80℃以内)有与衍生物活动有关的方面,而煤的自燃是煤氧化所发生的结果。许多煤在常温下易缓慢氧化,当煤炭中若有水和含硫矿物存在时,会促进煤的氧化,积热不散,会引起自燃。煤堆自燃的过程,一般经过以下三个阶段。

(1) 潜伏阶段。煤的氧化进程很慢,放出来的热量能够向堆外散发出去,这个阶段的特征是温度稳定。潜伏期的长短,依据煤的性质、温度、湿度、空气流通状态以及成堆前客观条件的影响等而不同。

(2) 升温阶段。这个阶段煤的氧化进程因其本身结构的变化而开始变快,产生的热量增多,当产生的热量大于向外散发出的热量时,就发生了热量的积累,当热量积累到一定程度时(一般为60℃左右),氧化反应速度加快,温度急剧上升。

(3) 自燃阶段。煤由缓慢氧化到剧烈氧化,直至发生自燃。

经验资料证明,煤的自燃倾向取决于可燃物中挥发物的含量。由无烟煤起至长烟煤和褐烟煤止,是逐渐增大的。新开采出的煤和新制出的煤砖尤易发生自燃。外界因素,如季节、气候条件、天气状况和外来热源等对煤的自燃有直接影响。多次观察表明煤炭发生自燃常在春季融雪时期或初秋热雨以后。

4. 易燃易爆性

从煤中挥发出来的煤气易燃,当煤气与空气混合达到一定比例时,遇火就会引起爆炸。装卸时若煤粉飞扬过多,当$1m^3$空气中含有$10\sim32g$煤粉时,遇火就会发生爆炸。煤气不仅易燃易爆,而且有毒性,吸入较多会引起人的窒息。

 知识点链接

粉 尘 爆 炸

自2010年以来,中国各地粉尘爆炸开始频频发生。2011年4月初,浙江一家摩托车厂的零件抛光车间发生了粉尘爆炸,4月底,该省另外一家木材厂,也发生粉尘爆炸;而在2010年河北秦皇岛市的一个淀粉车间的粉尘爆炸,最终造成了19人死亡。在这些案例被报道后,不少人发出如此惊呼:"原来铝粉,甚至面粉也会爆炸!"

粉尘为什么会发生爆炸呢?原来是由于悬浮在空气中的粉尘燃烧而形成的高气压所造成的。专家指出,粉尘的表面积与同量的块状物质相比要大得多,故容易着火。如果它悬浮在空气中,并达到一定的浓度,便形成爆炸性混合物。一旦遇到火星,就可能引起燃烧。燃烧时,气压和气压上升率越高,其爆炸率也就越大。

而粉尘的燃烧率又是与粉尘粒子的大小、易燃性和燃烧时所释放出的热量以及粉尘在

空气中的浓度等因素有关。根据科学试验测定,粉尘爆炸的条件有三点:一是烧料,干燥的微细粉尘、浮游粉尘的浓度每立方米达到煤粉 $30\sim40$ 克、铝粉 40 克、铁粉 100 克、木粉 $12.6\sim25$ 克、小麦粉 9.7 克;二是氧气,空气中的氧气含量达到 21%;三是热能,40 毫焦耳的火源。

最常见的可燃粉尘有煤粉尘、玉米粉尘、土豆粉尘、铝粉尘、锌粉尘、镁粉尘、硫黄粉尘等。比如电子产品如果普遍使用铝材,在生产过程中产生的粉尘,就属于典型的可燃粉尘。

专家指出,不为大家所知的是,如果糖的浓度达到每立方米 10.3 克,也是会产生爆炸的。在日常生活中,一场雷暴、甚至工人身上的皮带,以及化纤类的工作服摩擦产生的静电,都有可能变成足以引起粉尘爆炸的热能源。

5. 污染性

煤炭装卸作业不可避免地产生煤尘逸散,特别是非专用码头的机械设备、工艺过程及堆场设施均缺少防尘手段和措施,煤尘飞扬存在难免。煤尘不仅导致类风湿尘肺、职业性支气管炎、尘肺发生,同时煤炭中含有国际公认的强致癌物质,如芪、联苯胺、苯并芘等。近年研究表明煤尘可能也遗传毒害物质,造成细胞染色体的损害,使后代致畸。所以必须对煤尘污染进行防治。

7.3.3 煤炭的运输与保管

1. 船舶装运煤炭的安全要求

(1) 一般具有双层底的船舶才准予载运煤炭。凡无双层底的船舶,必须具有坚固的舱底板才能用于运煤。运煤船舶必须设有符合规定要求的蒸气灭火或二氧化碳灭火设备。凡煤舱的有害气体能够通到舱房和起居室的船舶不准运煤,港口卫生机关可对此进行检查。另外,所有与装煤货舱接触的舱室及隔壁均应是气密的。

(2) 船舶在装煤之前,须对污水沟及水管网罩等处作彻底检查,应清扫并检查污水沟盖和舱底板是否完整,以防煤块落入污水沟内堵塞网罩。

(3) 远距离运送煤炭船舶要严格防止煤炭自燃,其主要措施有以下几个方面。

① 载煤船的每一个煤舱均应有测温管,此管再通上甲板,借此可测得舱内任何深处之温度。在舱内煤堆中间处或角落处,均须通以此管。目的是多用硬质塑料管,既可散热又可测温,并对装卸作业影响较小。

② 装运煤炭须进行表面通风,但货舱的通风装置和其他透气处所均必须有严密的盖子,以防止新鲜空气不断地流入,加速煤炭的氧化。

③ 定时测定煤温。船员在每一岗都要测量舱内煤的温度。其方法是把标度由 $20\sim150℃$ 的实验型水银温度计放入各测温管中。驾驶员应把测量结果记入航海日志。当煤温达到 $40\sim45℃$ 时,必须增加每日测温观察的次数,当温度升高到 $60℃$ 或更高时,船长必须设法控制温度进一步上升。控制发热的措施有:翻舱,阻止空气进入舱内,注入二氧化碳等。如控制发热的措施无效,煤炭已经开始自燃(温度非常高,还有硫黄和松脂的气味,或者有烟),此时,应利用冷水灌舱,并不停地从舱内抽水带出热量,制止自燃,降低温度。

(4) 防止煤炭发生燃烧和爆炸事故,其措施包括以下几个方面。

① $35℃$ 以上为热煤,无论如何禁止装船,该温度应在煤堆 1 米深处测得。

② 防止空气通过钢桅孔板进入装煤货舱。

③ 货舱内不应有木块、麻屑、布条、纸条(片)、麻袋、谷草及其他易燃物。在装载时必须加以监视。防止这类易燃物落入舱内与煤混在一起。

④ 在任何情况下,装煤船的通风筒口附近,以及可能聚积爆炸性气体的舱间,均不得有任何火种。这一规定无论在船舶航行或停泊时均须遵守。此外,非指定的地方绝对禁止吸烟。为防止装煤处所发生混合气体爆炸,进入这些处所应使用矿工用的安全灯或不会引起爆炸的干电池灯,或光源严闭于灯内而插头在舱外的电灯,绝对禁止使用其他任何灯火。

⑤ 凡通过煤舱的蒸汽管道均须加以绝热隔离。装煤货舱与机舱、锅炉舱或其他发热场所的隔舱壁必须用石棉或其他绝热材料予以阻隔。

⑥ 绝对禁止将易燃物和爆炸物与煤同装在一舱运输。在必须同时运输这些货物时,它们只能装在有绝热隔堵的金属舱壁与煤舱隔开的另外舱室。

(5) 装煤时应尽量防止煤块破碎,以保证其质量。可以使用一些能减少冲击和缩短投下距离的装备,防止煤块破碎。

(6) 进入煤舱作业,必须保证安全,应有必要的预防措施。如应遵章报告船长,在经批准后方可进行作业,同时应将有关事项记入航海日志,进入煤舱作业的人员须戴上防毒面具等。

2. 港口堆存煤炭时的安全要求

此时主要是防止煤炭发生严重的风化损失和自燃。

(1) 堆场的要求。港口一般利用露天场地堆存煤炭,但堆场要符合下列条件:场地必须有一定的排水坡度,且较高而干燥,不会积水;场地应不受地下热源(电缆、油管、蒸汽管等)的影响;应另有相当于煤堆所占面积的 1/6 的场地,以供捣堆处理时使用;应有足够的消防设备;电器照明应有安全设备;煤堆之间以及煤堆与周围建筑物之间应有足够的安全距离。此距离如表 7-9 所示。

表 7-9　煤炭堆场安全距离

堆　场　环　境	安全距离/m
煤堆之间(防火间隔)	6
煤堆与半防火可燃建筑物之间	15
煤堆与可燃物建筑物之间	20
煤堆油料、杂货、木材等库场之间	60

(2) 煤堆高度控制。为防止煤炭发生严重的风化损失和自燃,应根据不同的煤种和堆存期决定安全的煤堆高度,通常煤炭在港口的堆存期不会太长,但也有较长期堆存的情况,不应忽视。表 7-10 为煤堆高度的限制。如对煤堆采取特殊措施,则堆高可适当提高,但如煤种的含硫量较大时,则应降低堆高标准。

表 7-10　煤堆高度限制表

堆　存　期	煤种类别(按自燃倾向)				
	1	2	3	4	5
10 昼夜之间	不限制	10m 以内	5m 以内	2.5m 以内	2m 以内
超过 10 昼夜	不限制	5m 以内	3m 以内	2.5m 以内	2m 以内

(3) 防止煤堆自燃的措施。一方面要使空气与煤隔绝,抑制其氧化;另一方面是使空气流通,利用空气流通带走热量。具体方法有以下几种。

① 打眼法。用打眼机或人工打眼。人工打眼是用空心铁管(光滑竹竿也可)一根(口径6cm,长 3~4m),且有把手,从煤堆顶面垂直打到底部。边打孔边向孔眼中灌水。铁管抽出后,孔周围用黏土涂敷,并稍高出煤面。防止落煤、泥土阻塞孔眼。每孔间隔 50cm。

② 压实法。用 200kg 或 100kg 的石滚分层压实,每层煤厚 50cm 压到 42cm 左右。最上面最好撒一层 10cm 的煤粉再压实,有条件的可用推土机或汽车压。

③ 灌水法。有水源和皮带输送机的可用灌水法。采用灌水法可使煤堆空隙中经常保持一定水分,借以隔绝和减少空气,抑制氧化发热。具体做法是:建堆后在顶面上挖出若干个小方坑(面积可大可小,深 40cm),向坑内灌水,徐徐放入,直到底部有水渗出为止。灌水量约占煤堆重的 20%,灌水要快速均匀。此法适合煤末占 70% 的煤堆,否则水不易保持,太小又不易渗水。

④ 化学覆盖法。用界面活性剂,此类活性剂又分:浸透型,其作用是加大与水的亲和力,防止水蒸发;涂料型,其作用是形成弹性膜起到隔绝空气的作用。

⑤ 物理覆盖法。用黄土、塑料布等,特别是在压实的煤堆面上撒上石灰,既可隔绝空气,又对阳光有反射作用。

⑥ 定期测温法。数量大长期储存的煤堆可以用外部征状和定时测温来判断自燃程度。由于凭外部征状难于早期发现,所以实践中主要采用测温方法来掌握变化情况。一般用热电偶测温计;有的用电子测温器测温;普通情况下用带螺旋的空心铁钎钻入煤堆(铁钎上有一定密度的孔眼),再用线绳拴上温度计放入钎内测温。有的打上孔在孔内测温。有的将直径为 5cm 的直立式金属检测管下端插入煤堆测温。测温时要注意以下几点。

a. 温度计在堆中至少停留 10 分钟,最好 30 分钟,取出后马上读数。

b. 要分别测堆中的上、中、下层和不同部位。

c. 测温次数除无烟煤定期测试外,烟煤、褐煤原则上每个煤堆每天测一次,温度稳定的可每两天一次,每当温度有上升趋势,测温次数要增加。根据不同煤种,检测温度的时间间隔和检测时各测点的间距可参考表 7-11。

表 7-11　检测温度的时间间隔及测点间距

按自燃倾向分类	检测时间间隔	测点距离/m
1	10 昼夜	20~25
2	5 昼夜	12~15
3	2 昼夜	6~8
4 及 5	每日进行	4~6

d. 根据测温制度的一般规定,温度达 50℃ 是危险界限,达 60℃ 一定要采取措施。

e. 测温登记表要记录建堆日期、煤种、数量、性质、堆的长、宽、高、建堆时的温度,以及以后采取的一切措施,均要随时登记。

(4) 煤堆的降温措施。当煤温达到 40℃ 时,无论属于何种类,每昼夜测温次数不得少于两次。当煤温达到或超过 60℃ 时,或每昼夜温度上升 5℃ 时,应采取以下措施。

① 挖沟。在煤堆高温区,挖出几道纵横的沟渠,达到散热降温的目的。

②　松堆。降低煤堆高度,分成若干小堆,使温度下降。

③　倒堆。将堆全部或部分转移,搬移中使之散热。

④　灌水。在高温部位的堆顶上,挖出若干个浅坑,然后大量灌水,水渗出后带出热量。对已有局部自燃的煤堆,应将自燃部分挖开再灌水,防止因灌水不均匀挥发物和油类分解而遇火复燃,甚至积热不散,蔓延助长了自燃。若将燃煤挖出,离开高温区,散热后可不必灌水。

(5)　防风化损失措施。防风化损失措施主要有:推陈出新,缩短堆存时间;减少碰击,用洒水压实来防风蚀;防雨风,挖排水沟,防流失。

3. 防煤冻结,以免影响装卸作业

(1)　为了避免煤冻结,最好的办法是在发送时,只装运水分不超过 5% 的标准湿度煤。

(2)　对已冻结的煤,则先用凿煤机、空气压缩锤或其他简单的工具如撬杠、锄头、丁字镐等把冻煤敲碎。为了改善卸载工具,而把煤炭加热时,则需采用蒸汽、电力或其他装置。目前世界上已有专门设计制造的解冻设备可利用。

(3)　采用防冻剂可防止煤冻结。如生石灰、食盐、氯化钙、石墨和白土等,可分层撒在煤的中间或与煤混在一起。锯末、碎谷草、泥煤渣和其他类似物可铺垫在煤的底层,但采用上述物质不但产生额外费用,增大煤的运费,降低了煤的质量,有些杂质的混入更能使煤发生自热和自燃。我国唐山煤炭研究所研制的 IMA 型号的 901、902 防冻剂,一般每吨湿煤加 3kg 可起到在冬季既可防冻又可防尘的目的。该防冻剂当然还有一些缺点,还要继续改进。

4. 防止煤尘污染,保障环境卫生和人员健康

(1)　我国防煤尘和煤污水污染物的设计标准

①　《工业企业设施卫生标准》。

②　《工业"三废"排放标准》。

③　《港口装卸作业煤粉尘控制指标》。

(2)　主要防治设施

①　干式除尘系统。系统的除尘设备主要布置在翻车机房和各转接点处。在该处安装的设备为自动高风速反吹空气型编袋集尘器,还有皮带挡风板、罩等。

②　湿式除尘系统。主要是指喷洒水,设备包括:水源、储水池、泵、喷洒装置,以及回流污水处理系统。

③　化学除尘剂。主要适用于缺水和冰冻地区。实际上有实践并有商品出售,如日本在防尘水中加入亲油亲水性表面活性剂;苏联采用泡沫除尘法,近年制成一种由 50% 重油和 50% 水混合乳化而成的化学除尘剂。

④　加强有关人群和个人的防护,如设置空调、戴口罩、定期体检等。

▣ 职业指导

本章知识在工作中的应用要点:谷物的性质、谷物的运输与保管;矿石的性质、矿石的运输与保管;煤炭的性质、煤炭的运输与保管。通过本章知识的学习,学生应具备相应散装固体货物的知识,熟悉运输与保管中应注意的事项,并能诊断相应货物运输中存在的问题。

实训项目

将同学分组,每组以 4~6 人为宜。选择一种散装固体货物,并深入了解该货物的性质及运输安全需要注意的事项。选择某种散装固体货物运输事故的一个案例,深入研究该运输事故发生时的情况及起因。为避免事故发生需要采取的措施。分析发生事故后,应如何处理。

练习题

1. 单项选择题

(1) 谷类的主要化学成分是(　　)。

　　A. 水分　　　　　　　B. 淀粉　　　　　　　C. 蛋白质　　　　　　D. 脂肪

(2) 谷物的下列特性,与船舶稳性有关的是(　　)。

　　A. 呼吸特性　　　　　B. 发热性　　　　　　C. 吸附性　　　　　　D. 散落性

(3) 下列矿石中,属于非金属矿石的是(　　)。

　　A. 铁矿石　　　　　　B. 褐铁矿　　　　　　C. 绿柱石　　　　　　D. 石英

(4) 下列措施中,不属于堆煤的降温措施有(　　)。

　　A. 挖沟　　　　　　　B. 松堆　　　　　　　C. 化学覆盖　　　　　D. 灌水

(5) 煤的自燃倾向决定于化学成分中的(　　)。

　　A. 固定碳　　　　　　B. 挥发物　　　　　　C. 灰分　　　　　　　D. 水分

2. 多项选择题

(1) 谷物种类繁多,但基本上可以分为(　　)。

　　A. 谷类　　　　　　　B. 豆类　　　　　　　C. 油料类　　　　　　D. 麦类

(2) 谷物与运输有关的散装特性是指(　　)。

　　A. 呼吸特性　　　　　B. 沉积性　　　　　　C. 吸附性　　　　　　D. 散落性

(3) 船舶散装谷物的防移装置有(　　)。

　　A. 谷物补给装置　　　　　　　　　　　　　B. 谷物止移装置

　　C. 谷物表面的固定装置　　　　　　　　　　D. 舱口盖的固定装置

(4) 铁矿石的主要品种有(　　)。

　　A. 赤铁矿　　　　　　B. 磁铁矿　　　　　　C. 黄铁矿　　　　　　D. 褐铁矿

　　E. 菱铁矿

(5) 防止煤堆自燃的措施有(　　)。

　　A. 打眼法　　　　　　B. 压实发　　　　　　C. 灌水法　　　　　　D. 化学覆盖法

　　E. 物理覆盖法　　　　F. 定期测温法

3. 判断题

(1)《SOLAS 1974》对一切装运散装谷物的船舶要求:由于谷物移动而产生的横斜角不大于 15°。　　　　　　　　　　　　　　　　　　　　　　　　　　　　　　(　　)

(2) 如果船舶装载散运货物后不能符合《SOLAS 1974》规定完整性的要求,可以在装载

谷物的一个或多个舱内设置相应的防移装置,或采取一定的止移措施,以满足规定的确保船舶安全航行所必需的稳性要求。 （　　）

（3）矿石的自然倾角比较大,一般为 30°～50°,说明矿石的流动性比较大。 （　　）

（4）为保证船舶有较良好的抗浪性能,船舶首、尾舱装载,应尽可能使矿堆在中心。 （　　）

（5）煤炭的自热和自燃是一样的,都是煤炭氧化所发生的结果。 （　　）

4. 简答题

（1）简述船舶满载装载散装谷物的止移措施。

（2）简述如何使装货前货舱处于适运谷物和设备处于适用状态。

（3）简述矿石的渗水性如何影响航运安全。

（4）部分装载矿石,除应确保船体安全及航行安全外,针对矿石的性质有何具体要求?

（5）简述远距离运输煤炭时,船舶如何防止煤炭自燃发生火灾。

CHAPTER

第 **8** 章

特 殊 货 物

 **引导案例**

箱内温度过高单冻鳕鱼片解冻

2003 年 8 月 1 日,某外运公司接受一客户委托,出口单冻鳕鱼片。该批货物由长锦青岛轮承运,提单号为 PCLU329ER9511 HR40X1,设定温度要求为－18℃。货到目的港后,发现设定温度－1℃,而不是要求的－18℃,货物已经基本解冻。8 月 4 日,外运公司某场站接到货损通知后进行自查,查明原因为外运公司业务员在录入纸质下货单信息时,由于疏忽,错将要求温度－18℃,输成－1℃,从而导致了此事件的发生。船公司称,8 月 2 日收货人拆箱后采取了紧急处理,已将货物移至冷库进行冷冻保存。8 月 14 日,外运公司经与发货人协商最终将 4 万美元的货值商定为 1.6 万美元予以赔付。事后,外运公司从工作流程方面做了整改,增加了审核单据环节,以防止类似事件再次发生。

(资料来源:http://www.maritime-china.com/hysw/221241.htm)

案例解析:冷藏货物运输最重要的质量保证条件是要严格保持货物所要求的冷藏温度,防止温度波动。本案例中因工作人员疏忽大意,致使集装箱温度设定有误,箱内温度过高而导致单冻鳕鱼片解冻。

本案例涉及的主要知识点:冷藏货物运输。

学习导航

本章学习要点:通过本章知识学习,使学生能够了解重大件货物的适货条件;了解木材的种类以及木材的特征;了解冷藏货物的腐败原因,运输和保管的注意事项;掌握重大件货物装卸、保管的注意事项;掌握木材的运输和保管的注意事项。

教学建议

本章主要学习特殊货物的运输,任课教师应尽可能在网络上搜索相关资料或深入货物运输企业拍摄相关作业照片及作业视频,制作精良的课件,尽可能以生动的讲解提高学生的兴趣。建议授课学时为 4 学时。

8.1　重大件货物

8.1.1　重大件的概念

在我国物流领域,货物单件重量或某一尺度超过规定限值的被称为重大件货物,一般情况下大件货物都是超重的,超重货物中有部分是超大的,所以有时我们也将这类重大件货物称为长大笨重货物。

我国 2001 年 1 月 1 日起实施的《国内水路货物运输规则》第 51 条规定:单件货物重量或长度超过下列标准的,应当按照长大、笨重货物标准运输。

(1) 沿海:重量 5t,长度 12m。

(2) 长江、黑龙江干线:重量 3t,长度 10m。

(3) 各省(自治区、直辖市)交通主管部门对本省内运输的长大、笨重货物标准可以另行规定,并报国务院交通主管部门备案。

在物流领域将货物分长大、笨重货类,有两个方面的意义。

(1) 用于和普通货物进行区分,采用不同的计费标准,来抵偿额外的劳务费用。

(2) 其在装载方面有特殊的要求,可以给予专门的注意,确保船、货的安全。

随着工业技术的不断发展,重大件货物的单件重量与尺寸均有明显的增长,运输这类货物的运输工具技术也有了顺应发展。现除利用普通运输工具装运的传统方式外,已出现专门用于装运重大件货物的车辆和船舶,适应大批重件货物和大型组合设备、构件的运输。

在物流运输领域中,重大件运输业务基本由水运来承担,此节主要讨论水路运输长大笨重货物的相关问题。

普通杂货船一般配备 20～75t 范围的重型起货船吊;专门用于装运重大件货物的船舶除了配备 200～300t 重型起货船吊外,还具有较宽敞的甲板面积、较大的甲板强度,以及较大的船口尺寸等特点。此外,相应的装卸港口还备有超大起重量的浮吊。

8.1.2　重大件的分类

1. 按在运输中有无包装分类

在运输中按有无包装,重大件货物可分为包装重件和裸装重件。

(1) 包装重件。包装重件是指加有包装、外形整齐的重件货物,如机床和大多数机械设备等。包装重件常采用木板围框型包装,包装底部有厚实的粗方木,其坚固的底部保证了货件具有足够强度,在货物装卸搬运作业中,应确保这些部位着力,否则会造成包装破损、货件摔落等事故。包装重件示例如图 8-1 所示。

(2) 裸装重件。裸装重件是指不加包装,畸形的重件货物,如机车、舟艇、重型机械、重炮、坦克和工厂装备组合构件等。裸装重件外形很不规

图 8-1　包装重件

则,装运时常需拆除部分外部构件,以避免这些构件受损和提高装载舱容或空间的利用率。这些所拆卸的构件应另加包装,妥善保管。

2. 按货物本身的实际特点分类

按货物本身的实际特点,重大件货物通常分为以下几种。

(1) 钢铁制品类。如钢板、型钢和卷钢等钢材。这类货物一般单件重量大多在 20t 以下,少数可达 35t 左右,这类货物基本无包装,通常在库外场地堆存,也可装载在船舱内。

(2) 运输机械类。如机车车头、车厢和大型平板车等机械。这类货物外形各式各样,单件平均重量达 20～30t,长度一般在 20m 左右,最大者为重 120t 的机车头,这类货物也基本无包装,通常也安排在库外场地存放,也可装载在船舱内,庞大者只限舱面积载。

(3) 成套设备类。如炼钢用炉、发电机和蒸馏塔等成套设备。这类货物单件重量大多在 10t 以下,也有少数重量极大的,可超过 200t 以上,多数用大木箱包装,有条件应安排在库内存放,体积较大者在库外场地存放,需妥善加盖帆布。有的设备可以装配在船舱内,有的只限舱面积载。

(4) 其他货物。如桥梁、驳船、高速快艇和集装箱等。集装箱在普通杂货船装运时也算重大件货物。由于此类货件大多形状不规则,单件重量、长度和体积较大,一般只能在库外场地存放或在舱面积载。

8.1.3　重大件货物的性质

重大件货物的特征主要有笨重性、完整的成套性和局部的脆弱性等。

1. 笨重性

绝大多数重大件货物由金属构成,其重要特性就是笨重,不仅重量大,而且体积庞大,运输装卸困难大,稍有不慎,就会危及船、货,甚至人身的安全。重大件还具有惯性大的特点,操作时要特别注意在起吊、加速和使用刹车过程中货物所产生的动负荷,以及装卸过程中货物的颤抖、摆动所引起的巨大冲击负荷。

2. 完整的成套性

相当多的重大件货物属于成套装备的一部分,一般有主构件和装配件之分,这些货物(包括裸装时拆下另加包装的部分与裸装整体)都具有成套性。运输、装卸中应严防这种成套装备中的个别货件损坏或丢失。

3. 局部的脆弱性

重大件货物作业时,要特别注意货物局部部位的脆弱性,如重型汽车的车灯、驾驶室,设备中的电脑部件、仪表部位等。重大件的这些部位或附件较为脆弱,极容易因装卸、积载不慎而造成破碎损坏事故。在重大件货物装卸作业前,必须认真查看"重大件货物清单"(list of heavy cargo),弄清实际货物的重量、尺寸和特性,以便做好充分的准备工作,谨慎作业。

此外,货物的重心位置往往都不在体积中心位置,起吊作业前必须查明货件重心位置(按规定,货物上应有关于重心位置的指示标志),切忌随意起吊。

8.1.4　重大件的积载与装卸

(一) 重大件货物的积载

利用船舶载运重大件货物,应根据货载特点选择适宜的船舶。所谓"适宜",即利用该船载运时能保证船、货安全,同时能较好地发挥该船的载货能力。在具体的载运中,重大件装载确定以后,由船舶大副(船长的主要助手,主要负责舱面甲板的头部,是有证书的船舶驾驶员)作出细致的积载计划(该计划交船长审核),同时应根据计划,发动船员拟定具体的装载

操作方案。

1. 制订积载计划的程序

杂货船载运较多重大货物时,制订积载计划的程序基本如下。

(1) 根据本船舱位及起重设备配置情况,将装货清单所列的重件货物按重量及尺寸进行处理。如有些船舱的最大起重能力为10t,另一些货舱的最大起重能力为60t,则应以10t以下和10t以上的分类标准加以分别归并,如有60t以上的货件,则还须剔出。

(2) 将本船起重能力所及,且舱容条件也许可的载货安置在相应的舱室或舱面甲板,将一些须利用港口岸吊装船的货载安置在便于操作的舱室或舱面。

(3) 对于拟整舱装载的重大件货物或某些外形奇特、积载比较困难的货物,应作出更细致精确的堆装安排,一般应画出这些货物的积载详图。为了做好这一工作,大副需常深入港区堆场,实地测量这类货物的外形尺寸,并充分了解货载特点及装载、堆积、卸载应予注意的问题。这一项工作对制订重件货的积载计划是很重要的,比如拟将大批量载重卡车整舱装载,在货舱长、宽、高尺度一定的条件下,掌握车辆外形尺寸后可以最大限度地利用货舱底面积和合理利用舱高,增加底部装车数量和解决多层叠装增加整舱装车数量。

(4) 一些重大件货物(如机车、舟艇、重炮和大型成套设备等)拟装载在舱面甲板时,应先征得货主的同意,并在制订积载计划过程中明确加固方法和需要货主提供的物料或其他配合等事项。

(5) 根据积载计划,有时候需在货舱底面或舱面甲板画出明显的货位记号,以保证装船作业时货件能按计划安放在指定位置,否则会出现货件无法如数装船或作业混乱引起事故等情况。

2. 制订积载计划的注意事项

船舶承运重大件货物,大副在制订积载计划时还应全面考虑以下各方面的问题。

(1) 若重大件货物数量较多,制订积载计划时还应考虑集中装载与分散装载的问题,即集中装载在几个货舱,或分散装载在各舱的问题。前者往往使船体受力不均,后者往往要增加租用港口起重设备的费用。

(2) 在选定货件积载位置和具体装载方法时,应考虑到装卸时的安全性与便捷性。

(3) 要将货件积载在一定位置时,应考虑甲板强度是否能承受。一般应进行计算,并加以有效的铺垫。

(4) 为充分利用装载面积,应将货件紧密排列在舱内,但在做此计算安排时,应考虑货件之间留有一定的间隙,以便于货件加固和卸载时吊货索具穿孔。

(5) 在整舱装载重件货物时,应考虑货件在舱内的搬移方法和货件的装卸顺序。

(6) 根据货件的特点及货件所需位置的加固条件,考虑货件的有效加固,或根据货件特点及其必须以某种方式加固的要求,考虑适当的装载货位以提供必要的加固条件。

(7) 舱面甲板装载重大件时,除应注意甲板强度外,还应充分考虑加固条件、是否需要拆除甲板部分设备以及装载后是否会影响舱面正常作业的问题。

(8) 当有一部分重大货件须在中途港口卸下时,应考虑以下情况:如果这些货装载在舱面,则须均匀对称地积载在左右两侧;如装在舱内,则应置于舱口部位,同时该舱的舱面甲板不得装载后到港的重大件货物。

(9) 为整舱装载裸装重大件时,应根据货载特点,考虑是否能配装合适的轻泡物,以充分利用舱容。

（10）对于上百吨的货件，在选择货位时应考虑起吊（装或卸）到位或离位时船舶横倾的严重性（离船舶纵中剖面远者情况更为严重），同时应考虑本船调整压载水的可能程度。

（二）重大件货物的装卸

重大件货物装船必须根据制订的方案进行，大副应亲临现场指挥。整个作业除由有经验的装卸工作（包括熟练的起重司机和起重工人）承担外，通常应使船员给予密切配合，并由他们负责绑扎等加固工作。在货种特殊、作业难度较大时，货主也须派员到作业现场。相对而言，重大件货物卸船较为容易，但通常也须上述人员参加。

重大件货物装卸主要包括准备工作和装卸操作两个方面。

1. 装卸前的准备工作

（1）装卸重大件货物时为避免船舶发生过大的横倾，应事先计算重大件货物吊起时船舶的横倾角（一般不允许超过 10 度），尤其应注意的是，船舶经长途航行后（消耗大量燃油）重心位置有所提高，所以卸货前更应考虑船侧部位货件吊起时船舶的横倾程度。如果计算结果横倾角过大，要做出运用压载水或其他方法进行调整的安排，如必须按重大件起吊顺序作出压载调整的相应计划（指定所用压载舱及确定压载量）。

（2）装配好船舶的重吊机件，如严格检查重吊的所有索具、安装吊货卸扣（不用一般吊货钩）和调节大木梁间距等，使它处于可供正常使用的状态。该起重设备所用电力必须绝对可靠、稳定。同时须准备好所需工具、索具、铺垫材料、绑扎材料以及必要的加固构件（如加固用环扣、张紧器，焊接的各种撑架、座构等）。

（3）舱面甲板装载重大件货物，除应清理甲板上妨碍装卸、加固作业的杂物外（如货件搬移可能撞击桅侧支索或吊杆或有关装备时，应暂时卸下或移开这类装备），还应对船舶甲板的局部强度进行校核，根据事先计算的铺垫面积，做铺垫工作，或在甲板下增设支柱。

（4）开始装、卸货前，应使船舶保持正浮状态，同时应尽可能注满双重底的压载水舱，以降低船舶重心，并减小船舶与岸面的高度差，有利于重大件货物安全操作。

2. 装卸操作

（1）重大件货物装卸工作应安排在白天进行。当船舶横向有较大倾斜或遇到大风浪时应停止作业。在任何情况下，严禁将重大件货物从船体上的上层建筑上越过，严禁起重机快速作业和突然停顿。

（2）在装卸作业时，正确起吊（包括挂钩和货件着力）是极为重要的。重大件货物起吊的基本要求是：当吊货索收紧时，货钩与货物重心应在同一垂直线上，否则货种将发生侧翻；或者当有两条钢丝索从货件底部承托货重时，其着力部位的选择应使这条钢丝索承受基本相同的拉力，否则其中一根可能因超载而崩断，这也是极其危险的。此外，货件的起吊尚有一次试吊要求，具体操作步骤如下：先收紧货索，并详细检查所有钢丝索与货件相接触部位的状况（不论包装重大件或裸装重大件，这些部位均须有适当的金属包角等衬垫，以防货件被钢丝索勒紧而损坏），当认为吊货索及货件情况良好时，可以进行试吊，即将货件稍微吊起，使起重装备有关部分处于受力状态，并详细检查千斤索和稳索的状况，以及货件起吊移动过程是否会发生意外危险（如货件滑移、牵索难于控制吊杆按预定角度旋转等）。在确认试吊正常情况后，即可继续操作；当认为情况不正常，应放下货件，做必要的调整，直至正常后才能正式起吊。

（3）重大件货物装船后应及时加以绑扎加固，一些装载在舱面甲板的重大件货物还需用大幅油布覆盖，重大件货物卸船时应谨慎地解除原来的绑扎，当货件在航行中发生松动时，必须注意松绑时可能发生的危险。

（4）重大件货物在舱内搬移是比较困难的作业，一般都采用在舱内安装定向滑轮，并利用船吊的卷扬机解决货件拖拽搬移的问题。对于车辆等本身有动力可使之移动的重件，有一些可直接启动行驶到指定位置。

（5）如果重大件货物在舱内要多层叠装，或重大件货物上部装配其他货物，为了不致压损下部货物和为上部货载提供堆装条件，常需在舱内铺设临时的"二层甲板"。

（6）此外，重大件货物装卸时，船方应注意一些大型货件所拆下的部件的存放和交接问题；对于可启动行驶的货件，在装船时船方应充分了解它们的启动方法，以便在到港装卸时能作出必要的交代，从而不耽误作业时间。

（三）重大件货物的捆绑加固

船舶在航行中因受风浪影响而剧烈摇晃，重大件货物也因受外力作用而随船摇摆，如加固绑扎不牢，极易发生货件移位，轻者货物与船舶相互撞击受损，重者会导致船舶倾覆危险。

因此，重大件货物捆绑加固是一项不可忽视的重要工作。重大件货物加固的目的是防止货件在船上的水平移动。货物移动分纵向和横向，危险最大的是发生横向移动。

加固捆绑的方式有垫、堵、支撑、系扎和焊接等多种，通常是综合使用，加固必须留有较大的安全系数。

在捆绑加固时应注意以下事项。

（1）要正确选择绑扎索具。用于绑扎的索具有纤维绳、钢索和钢链等，并配合张紧器、卸扣等一起使用。其中钢索具有高强度、耐磨损、弹性大和易收紧等优点，故使用较普遍，其他索具可视货件情况选取。

（2）货件捆绑加固时，既要做到不松动，又要做到容易解开，万一发生紧急危险时，能立即松绑。

（3）货件在绑扎时加绑角应尽量减少，以增加绑索拉力，可节省绑索和提高绑扎拉力。绑扎应使各绑索尽量受力均衡。

（4）在绑索与货件接触时要加辅衬垫材料，以防止磨损、压损。怕湿的甲板货必须先加盖油布再进行绑扎。易腐蚀的部分应涂上防护油。

（5）除单件货本身绑扎外，必要时各货件之间也要相互连接加固，尤其是当舱内装载多种重大件货物时，更应采取此种措施，以防货件位移和相互碰撞。

8.1.5　重大件的运输

重大件工程物流的运输主要采用铁路、公路、水运和航空四种运输方式。一般而言，只要有可能，对于远距离的运输应尽量首选铁路和水路，近距离则采用公路。

事实上，重大件货物的生产地一般在工业发达地区，而需求地则是人迹罕至的大山深处，有时还可能是涉及进出口的国际运输，因此，单一的运输方式往往难以满足要求，多式联运应运而生。

虽然重大件货物在货运总量中所占比重不大，但由于这类货物在体积、重量上超过普通车辆的载重量或容积，甚至超过公路、桥梁的极限及通过能力，因此，运输中的安全、质量、效率问题尤为突出。

1. 运输过程技术条件

运输重大件货物时，通常要采取相应的技术措施和管理措施。鉴于大件货物的特点，对于装运车辆的性能和结构、牵引车和轴线板车的选择都有特殊要求，为保证货物和车辆的完好及运行安全，必须满足下列技术条件。

(1) 尽可能选用大型平板车等专用车辆。

(2) 承重面不大的笨重货物，为使其重量均匀分布，需将货物安置在纵横垫木上或相当于起垫木作用的设备上。

(3) 货物的重心应尽量置于车底板纵、横中心线的垂直线上。

(4) 重车的重心高度应有一定限制，如果重心偏高，除应进行装载加固外，还应采取配重措施以降低重心高度，并明显标注重心位置。

(5) 运输过程中货物的受力情况复杂，包括纵向惯性力、横向离心力、铅重冲击力、其他作用力(重大件货物承受的坡道阻力、迎风阻力、倒风阻力)等。

2. 运输过程中的要求

(1) 挂车及设备的四周要放置明显的标志，白天悬挂三角旗，夜间不允许车辆在道路上停放。

(2) 车组通过交叉口或繁华路段，安全人员要配合当地交警进行疏导。

(3) 穿越大城市应夜间行驶，经过无轨电车线路的路段，要选择在夜间电车停运时通过。

(4) 沿途更换轮胎等需要停车时，特别是在高速公路上，应在车尾放置安全标志(大型停车牌)，并派安全人员在车后疏导过往车辆。

(5) 由于大型运载车组行驶速度较慢，在高速公路行驶时，车组后方护卫车要打开警告灯，防止追尾事故发生。

(6) 大型运输车时速为：平坦道路 30km；车辆交会时，时速限制在 8km；普通行驶时速 20km，整个运输过程中严禁急刹车、急加速。通过桥梁时，时速限制为 5km，配有开道联络车随时监测道路情况，山路不允许停车，监护人员做好前后防护。

(7) 大型车组通过跨度较大的桥梁时，要断路通过，不准其他车辆同时在桥上行驶，车组在桥上要匀速慢行，不准停车，以减少对桥梁的冲击载荷。

(8) 通过坡道及弯道前，运行车辆必须进行全面检查，尤其要保证制动系统良好，其他随车人员必须随车跟进，随时做好掩车准备。此外，开道人员必须做好道路封闭工作。

(9) 沿途每隔 50km，安全技术人员需对行驶车辆进行检查。

(10) 运输过程中要请当地公安交警和路政部门派警车护送，特别是在上、下高速公路时，以及经过人口密集地区时。

(11) 为保证运输车辆及货物的安全，必须为设备办理足额货物运输安全险；视货物考虑是否需要在运输前将货物用防水篷布包住，以防遇到雨、雪天气对货物造成损坏；高紧密设备需在设备尾部安装三维冲击记录仪，以监测运输途中设备垂直、水平和侧向的速度。

3. 重心要求

大件、笨重货物的重车重心高度一般距地面不超过 1.8m。

8.2 木 材

木材是一种具有多种用途的物质,它和它的加工制品具有抗压、抗拉和抗弯曲变形等多种可贵的特性,因而被广泛应用于工农业生产和人们日常生活领域中,如用于建筑、采矿、铁路、车辆、船舶和制造农具、家庭生活用品、包装箱及乐器等。

一般而言,普通木材都是就地就近供销的,但也存在长距离的木材运输。在国际贸易物流运输中,木材也是一种大宗货物,其中数量较多的是高贵材种的原木和各种经过初加工的成材(方木、板材等)。

由于木材在国民经济中占有重要的地位,所以保证木材安全运输,满足社会需要有非常重要的意义。

8.2.1 木材的种类

木材种类较多,根据运输的要求,木材可以按以下几种情况进行分类。

1. 按木材的树种分类

按木材的树种分类可分为松木、杉木、柏木、桦木、杨木、橡木等。

2. 按木材的形式和加工程度分类

按木材的形式和加工程度分类主要可分为圆木和成材两大类。

(1)圆木分为长圆木和短圆木两种。长度为 4~9m 及超过 9m 的圆木称为长圆木。这类圆木主要用于建筑业,如梁、木船的龙骨、电杆木、木桩等。长度在 4m 以下的圆木为短圆木。这类圆木常用于做坑木,我国东北的榆、桦木、杨木等都是短圆木的木材品种。短圆木还可用作造纸工业和民用的薪材。

(2)成材是经过加工或初步加工的木材。成材分为方木和板材两种。厚宽比小于 3 的成材称为方木;厚宽比大于 3 的成材称为板材。

除上述两大类木材外,海船经常运输的还有枕木、制箱板及胶合板等。木材装卸原本属于件杂货装卸工艺,由于木材运输保管要求的独特性,在木材运输量增加的情况下,港口木材装卸泊位和木材装卸工艺逐渐形成。近年来,随着人类对森林自然资源的保护和木材替代品的发展,原木的采伐量逐步减少,木材专用泊位新建速度放慢,木材的装卸作业已出现在通用码头上。尽管如此,木材在装卸运输和保管方面仍有独特要求,需要在运输和港口装卸和保管中予以重视。

3. 按木材的含水率分类

按木材的含水率分类即按木材中的水分的重量占木材干质重量的百分数来分类,可分为以下几种。

(1)湿材。经过水上拖运或长期储存在水中的木材,这种木材吸入大量水分,其含水率大于生材。

(2)生材。又称新伐材,是刚砍伐的木材,它仅有树木生长时所含的水分,其含水率为 $70\%\sim140\%$。

(3)半干材。含水率为 $26\%\sim50\%$ 的木材。

(4)气干材。不论生材或湿材,长期存放在空气中,它们的水分会逐渐蒸发,一直到含水率只有 $12\%\sim18\%$ 时,就不再继续减少,这种含水状态的木材称为气干材,又称为风干材。

（5）窑炉干材。把木材放入窑炉里,干燥到气干材以下的水分,其含水率约为 4%～12%,称为窑炉干材。

（6）全干材。把木材中的水分全部去掉,其含水率接近于零,称为全干材。

4. 按木材（气干状态下）的单位体积重量（t/m^3 或 g/cm^3）的比值分类

（1）很重：0.8 以上,如黄杨、乌木、辽东桦、黄连木等。

（2）重：0.8～0.71,如洋槐、梨树、铁树、橡木等。

（3）略重：0.70～0.61,如山楂树、桦木、榆树等。

（4）略轻：0.60～0.52,如桧树、榆树、栗树等。

（5）轻：0.50～0.40,如柳树、杨树、柏树等。

（6）很轻：小于 0.4,如软木。

5. 按木材的产地分类

同样的木材,因产地不同,其品质也有所不同,所以在其名称前常冠以产地名,如美松、挪威松等。

8.2.2　木材的特性

木材的特征可以从多方面加以研究,这里仅就它在运输中应引起注意的一些方面加以研究。归纳而言,木材具有以下特性。

1. 吸湿性

木材具有在空气中或水中吸收水分的特性,它就是吸湿性材料。

每一种木材的含水率都不是固定的,它们都会随外界条件（周围空气的温度与相对湿度）的改变而改变。当木材长时间暴露在一定温度与一定相对湿度的环境中时,它的含水率会呈现出几乎完全恒定的状态,这时的含水率叫做木材在一定环境条件下的平衡含水率。如果木材的实际含水率小于平衡含水率,就会出现进一步吸湿的现象（吸湿作用）;如果木材的实际含水率大于平衡含水率,就会出现散发水分的现象（解吸作用）。

木材散发的水分逐渐干燥时,其尺度与体积相应缩小,这种现象称为干缩;反之,吸收水分时的尺度与体积增大称为湿胀。木材因水分减少而逐渐收缩,这种现象直至水分全部消除（即为干质）时为止,这时木材因吸湿使体积逐渐膨胀,到一定程度（即饱和）时不再膨胀,这时,它的体积为最大。即使该木材的水分还可以增加,但其尺寸、体积不再变化,只是改变它的重量而已。木材吸湿和由此而引起的湿胀及干缩,是原木和各种成材发生干裂和变形的根本原因。

木材浸在水中时能充分吸收水分。木材吸水的速度起初很快,后来变慢。如果要把木材全部浸透,则需要很长时间。通常,木材较易纵向吸水,而沿横向吸水比较困难。经过人工干燥的木材（窑干木）的吸湿性显著减弱。

2. 体积长大,积载因数较大

水运木材大多数为原木,形体长大,一般为 6～8m。不论在船舱内或甲板上积载,均影响货位选择。大多数木材的积载因数较大,对船舶的稳定性及仓容利用率都有不利的影响。

3. 散发异味

湿材、新伐木材及某些木材（如樟、柏、楠、花梨木等）有特殊的奇香异味。那些木材刚锯开时异味更重,有的清香,有的辛辣刺鼻。

木材由细胞内所含挥发油类散发气味,因各种木材含有不同的挥发物质,所以有不同的气味。例如,松木有松脂气味,香樟木有樟脑气味,檀香木有芳香气味,等等。

一些木材具有特殊气味,使它们具有重要的用途,但在运输中,木材的任何气味对食用性货物都有不良影响。所以,当船舶货仓载有具特殊香味的木材时,绝对不能同舱配送粮食、茶叶等货物。

4.易翘裂性

原木或成材在干燥过程中,会因各部位收缩不均匀而发生翘曲和开裂现象,其中,板材在干燥过程或受外力影响时最容易翘曲。开裂则又可分为纵裂和环裂两种情况,前者沿木材纵向结构开裂,后者沿树木年轮成圈或弧状开裂。木材作为一种重要原料,无论出现翘曲或裂痕,都直接影响它的加工利用,造成较大的浪费。因此,运输中,应尽可能避免木材发生翘裂。

5.表面受污性

木材表面会出现青斑或腐朽迹象,这种污迹被称为木疵。木材表面产生污迹的主要原因是细菌活动,其次是受环境大气中污染粉尘(如煤粉、其他腐蚀性粉尘)影响。生长期的树木或采伐后的原木,或已加工成半制品的成材,如果它们处在污染性粉尘较多的环境下,则它们的表面会发生沾染性污损。木材,尤其是名贵木材,无论遭受何类污损,都会影响加工制品的质量。

6.可燃性

木材主要由有机物构成,含有 C、H、O、N 四种元素,木质约有 50% 为纤维素。所以,它是一种可燃性材料,其中,已进行干燥处理的成材和含树脂较多的木材更容易燃烧。

7.呼吸性

木材,尤其是新采伐的原木,仍具有生命特征,保持有较强的呼吸作用。

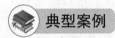 典型案例

装卸工外轮舱内窒息

2004 年 11 月 6 日,停靠在上海港南浦港务公司 1 号泊位的巴拿马籍货轮 PEONY 号,在卸载木材时发生意外。上海港南浦港务公司两名装卸工双双坠舱昏迷。3 时 30 分许,两人被身背氧气瓶的消防队员从舱底救起,但在送往医院的途中死亡。有关部门经过紧急检测,查明 1 号舱内空气含氧量几乎为零,且含有毒气体,事故因此发生。有关人员推测,舱内的空气大多被木材所吸收,而有毒气体的具体成分则需要进一步分析。上海港南浦港务公司一位工作人员表示,在用龙门吊卸载木材前,必须先打开船舱盖板,在机械卸载的过程中,舱内空气一般会得到充分流通。等到舱内剩下不多的木材时,工人才开始下舱协助卸载。而两名装卸工当时误入了没有打开舱盖的 1 号舱扶梯口。1 号舱的扶梯口应该上锁并设置明显的禁入标志,但 PEONY 号并没有这样做。

8.2.3   木材的运输与保管

在国际物流中,木材主要通过船舶进行运输,专用船或普通杂货船可以用于木材的装运,木材可以整船装运,也可与其他货物共装一船。

木材专用船的基本特点是：单层甲板结构，舱容和舱口较大，舱内支柱极少，以利于舱内多装载木材和舱内作业。

木材的积载因数在 $1.7\sim2.5\mathrm{m}^3/\mathrm{t}$ 范围内，属于单位体积重量较轻而需多占舱容的货物，所以，专用船整船装运木材时，各货舱满载的重量只占船舶载货量的 $60\%\sim70\%$，为充分利用船舶载重能力，要在舱面甲板上装载。为此，木材专用船设有较大的压载舱容，保证船舶符合稳性方面的要求。为此，木材专用船还具有坚固的舷墙和三岛式的上层建筑，以利于固定甲板上的木材。

木材专用船一般是指在干舷甲板或上层建筑甲板的露天部分可以较大量地装载木材的船舶。凡结构及设备满足规范要求的木材专用船，除勘绘有普通船的载重线外，还专门勘绘载运木材时应用的载重线。木材载重线的位置在船中部舷侧的后面（向尾），在木材载重线除一般货船载重线规定的字母外，另加上"木"字的汉语拼音字母"M"（英文以"L：lumber"表示）。

利用普通杂货船装运木材时，因受货舱结构、船舶稳性、甲板强度和驾驶台视野要求等方面的限制，舱内及舱面装载量都相对较小，因而载重能力的利用化较差。

借助船舶载运木材，应谨慎处理以下方面的问题。

1. 装货前的准备工作

装货前要组织船员认真做好清仓工作，清洁污水井，检查舱底水吸口滤网，使之保持清洁、有效，防止碎片进入污水排放系统，机舱人员要确认污水泵处于随时可用状态，为防止污水管系堵塞，船上必须配备足够功率和扬程的移动式排水泵。大副要仔细检查货舱相关设备，以查明舱内构件、骨架、货舱通风和消防等设备的情况是否影响货物的安全运输，如有损坏，应以适当方式修复。对货舱舷侧护板、管道护罩等用于保护内壳的设施，应在其原有的位置上，如缺损应安排船员修复。对装卸设施，绑扎系固索具和立柱要进行全面检查，加油活络，对状况不佳损坏超标的要及时换新。

收到航次指令后，要与发货人进行良好的沟通，充分了解待装原木的特点，如原木的长度、体积、直径、积载因数等，根据船舶和货物的具体情况，合理制订装载计划，在制订配载计划时要考虑以下原则：①甲板货不应超过舱内货物总量的 30%；②根据 IMO 及我国对木材运输的稳性要求，各种装载情况下经自由液面修正后的初稳性高度均为正值，但出港情况的 GM 值不应小于 0.3m；③到港情况及航线中途情况应考虑木材吸水会增加 10% 的甲板货量；④配载通常以舱容比的方式进行，但由于舱型不同应考虑增加 5% 的亏舱率；⑤如有多票货物，要用钢丝或油漆等隔票，不能混票；⑥沉木、体积大的原木要先装在舱底，避免"头重脚轻"而导致稳性丧失。

2. 装载过程中的监控

装货时，船方要安排有经验的船员看舱，监督装卸工人正确吊装，舱内要堆码平整，减少亏舱，舱内两舷要尽量塞满。舱内尽量装满装实，并且按照上轻下重的原则将最重的原木首先入舱。要制止工人野蛮作业，防止工人野蛮作业造成对船体的损坏。驳船来靠时，值班驾驶员要亲临现场监督，防止驳船碰撞。在开敞锚地作业时，如果受涌浪作用致使船舶摇摆幅度较大时，一定要跟货主取得联系，要用拖轮拖住船头，使船首顶浪，必要时要通知货主停止作业。同时要求挂靠在两舷的驳船拖离，防止意外事故的发生。对于装载时驳船的停靠，要合理分配在两舷，不能使所有船吊同时摆向一舷，尤其是在装载甲板货物时，避免船舶稳性不足造成原木滑落。装货过程中,要经常巡视检查吊货索具的情况,发现问题要通知相关人员及时处理,不留后患。舱内完货后,大副要观察六面水尺,建议看小,以策安全。对PONTOON 式舱盖要按要求铺盖两层以上的帆布,并用铁压条、木楔压固,保证货舱的水密,在装载舱盖第一层甲板货时,要提醒工人尽量避免损坏帆布。装完甲板货物以后,应按照系固要求认真做好甲板原木的绑扎工作。装货过程中如发现稳性不足或者船舶倾斜严重等情况,要立即停止装货,查明原因,消除隐患后再继续装货。

3. 航行途中的货物管理

航行途中每天要对甲板货物进行全面检查,包括立柱是否变形或继续向外倾斜,链条及绑扎钢丝的受力情况,发现松动及时收紧,安排水手长定期测量舱底污水情况,及时通知机舱打排舱底污水。备妥移动泵放在易取处。如果遭遇恶劣天气的影响,应增加货物检查和货舱污水测量的频率,发现问题及时解决。在甲板原木上行走要谨记做好防滑措施,无树皮的原木受潮后很滑,容易发生滑倒等事故,为安全起见,应该从船首至生活区拉起安全绳索,夜间更应配置足够亮的照明,保障工作时在木材上的行走安全。航行中遇恶劣天气,更要利用良好的船艺防止船体受到正面冲击,要选择好有利的角度,减少船体受力,同时适当降速,减少主机的负荷,减少风浪的冲击力。并应根据天气的变化和海况,结合船舶实际适时做出判断,提早采取避风措施。船舶航行一段时间后,由于油水的消耗,其 GM 值会有所变化,为确保 GM 值的合理性,如需要调整压载水,千万要谨慎操作。如果需要进入货舱,下舱前,应先通风后测定不同高度处的氧气含量,如怀疑通风不足,则需要佩戴自给式呼吸器。

4. 船舶装运木材发生事故的主要原因

对于木材运输,虽有以上规定,但事故仍有发生,其主要原因如下。

(1) 舱面甲板堆装木材的重量超过甲板的负荷能力,造成船体损坏和整船重心偏高。

(2) 舱面木材绑扎加固不良,发生货物移动,影响稳定状态,并造成船货损失。

(3) 舱面堆装木材时损坏舱盖,使货舱无法保证水密,造成舱内木材大量浸水或湿损。

(4) 舱内货物积载处理不当。

(5) 大风大浪中所采取的安全措施不力或不当。

(6) 船舶不适航等。

8.2.4　木材装卸注意事项

木材码头装卸圆木和成材的船舶、驳船的机械与件杂货码头相似,有岸用起重机和船机两大类。木材码头装卸船机械的选型应根据船型、木材的运量、木材的种类和工艺布置等因素经比较后选定。采用船舶起货机的特点是,装卸工艺系统简单,码头可不专门设置装卸船舶机械,因而可节省系统的投资;但船舶起货机的装卸效率低,起货高度受码头水位的限制,特别是在码头水位较低时,不利于木材的装卸作业。

几种常见的木材装卸船机械如图 8-2～图 8-4 所示。

8.2.5　保管木材的注意事项

除了胶合板等制材库存外,木材一般都在露天堆场存放,场地要求地势高、干燥、通风,为防止木材干裂或翘曲,干燥木材必须防雨湿、水湿,湿度大的木材必须放曝晒。木材发生色变生青斑时,应进行翻垛、通风晾晒。防止木材菌蚀腐朽可涂木焦油、煤焦油,而防止裂痕则可以在木材截断面涂石灰水、食盐或木胶混合液。叠堆时,应注意衬垫,货件堆放平整,可

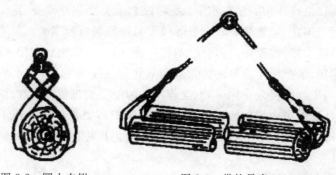

图 8-2　圆木夹钳　　　　　　　图 8-3　带钩吊索

图 8-4　木材压紧式夹具

选用井字垛或三角垛，细小圆木采取两面立支柱的方法围堆成垛。

原木还可以在水上储木场存放，即在用浮动的防护木栅围成的浅水区域中保管。其优点是节省场地，木材易于移动，方便船舶装卸，并可以避免木材变形。

8.3　冷藏货物

8.3.1　易腐货物的腐败原因

1. 引起易腐货物的腐败原因

（1）微生物作用

微生物对食品的破坏，是它分泌出有害的物质水解酶破坏食品的细胞壁，投入细胞内部，将细胞中复杂的有机物（如蛋白质、脂肪、糖类、维生素及酶等）水解，供其生活、滋长、繁殖。例如，食品中的蛋白质经微生物的分解而产生硫化氢及氨等各种难闻气体和有毒物质，以致不能使用；食品中的蛋白质经微生物作用可分解为甘油和脂酸，脂酸再被氧化为醛类、酮类和酸类，发出难闻的气味，失去食用价值。

（2）呼吸作用

水果、蔬菜采摘下来后，虽然不再生长，但仍有生命活动，其象征就是呼吸作用。水果、蔬菜的呼吸其实质是由酶介入的一种缓慢的氧化过程，它使复杂的有机物分解为比较简单的物质，消耗体内养分，并放出能量，致使食物腐败。

生物呼吸有两种，当氧气充足时，称为有氧呼吸；当氧气减少，二氧化碳浓度达 15% 以上时称为缺氧呼吸。缺氧呼吸所产生的能量仅为正常有氧呼吸的 1/24 左右，在此情况下水果、蔬菜要获得维持生命活动所必需的足够能量，就必须分解更多的有机物质，同时，缺氧呼吸的中间产物乙醛和最终产物酒精在水果、蔬菜中过多时,将引起水果、蔬菜细胞的中毒,影响保管和运输期限。因此,缺氧呼吸较有氧呼吸更易使易腐货物腐败。

呼吸作用有消耗水果、蔬菜体内养分的消极一面,但也有抵抗病菌侵入的积极一面。呼吸过程中的氧化作用,能把微生物分泌的水解酶氧化变成无害物质,使水果、蔬菜的细胞不受毒害,从而阻止微生物的侵入。同时,氧化作用还能使受到机械损伤和已被微生物侵入的组织形成木栓层,从而保护内层的健康组织。因此,我们需要保护呼吸作用的积极方面,限制它的消极方面,即应该降低它的呼吸作用,而不能停止其呼吸作用。

(3) 化学作用

食物碰伤后,内部组织即暴露于空气中,使食物中的某些成分被氧化,致使变色、变味、腐败;同时,由于碰伤使呼吸强度加强,将加速食品的腐烂。例如,当水果、蔬菜受伤、破碎或切开后,与果品的滋味、色泽有密切关系的单宁物质被空气中的氧所氧化而生成黑色物质,苹果、马铃薯切开后变色就是这个原因。

以上分析表明,动物性食品腐败的主要原因是微生物作用,而植物性食品腐败的主要原因则是呼吸作用。

上述三点原因各有特点,并且相互影响,有时同时进行。例如,水果碰伤后伤口迅速氧化、变色,呼吸强度加大;同时,天然的免疫能力开始减弱甚至丧失,微生物就乘机侵入繁殖,使水果腐败。所以,为防止食品腐败,必须对这三种腐败原因联系起来加以研究。

2. 影响微生物活动及呼吸作用的因素

(1) 影响微生物活动的因素

细菌、霉菌、酵母菌等各种微生物广泛地存在于自然界的土、水和空气中,在条件适宜的情况下繁殖很迅速。影响微生物活动的主要原因是温度、含水量、食品的酸碱度及光线作用等。

温度对微生物的生存和发育影响很大,最适宜细菌繁殖的温度为 $25\sim35℃$,低于 $25℃$,繁殖速度就逐渐减慢,$-5\sim0℃$时,微生物繁殖相当缓慢,到 $-12\sim-8℃$时,繁殖基本停止,待温度降到 $-18℃$以下时,细菌繁殖完全停止。此时,食品内部的绝大部分水已冻结成冰,在细菌周围形成"铜墙铁壁",使它无法摄取营养物质。同时,低温条件使细菌内部液汁冻结,破坏了它的细胞壁和原生质之间的关系,使其生理过程失常而逐渐死亡。但是,低温并不能完全杀死细菌,只是停止其繁殖,一旦温度回升,存活的细菌仍会急速地繁殖,所以,环境温度忽高忽低对保藏食品是极为有害的。

食品的含水量影响细菌摄取营养的条件,如细菌周围的液汁浓度大于细菌原生质的浓度,它就不能通过渗透得到营养,从而就无法繁殖,干制食品能持久保藏就是此原因。

微生物都要求适宜的酸碱度,大部分微生物都害怕阳光直射和紫外线照射,因此,不具备一定的酸碱环境及经常受阳光直射,微生物也就不能繁殖。

(2) 影响呼吸作用的因素

呼吸作用的强弱是用呼吸强度来表示的。影响呼吸强度的内因有水果、蔬菜的种类和品种、生长天数等。属于外因的有外界温度的高低、空气成分、机械创伤、微生物侵染等。

在相同条件下,不同种类的水果或蔬菜的呼吸强度的差异很大。一般是绿叶类蔬菜呼吸强度最大;番茄、含水分多的水果次之;苹果、柑橘较小。同种类不同品种的水果、蔬菜的呼吸强度也不同,一般是早熟品种比晚熟品种大。

温度对呼吸强度的影响极为显著。一般情况下,外界环境温度增高,水果和蔬菜的呼吸强度也随之增高。另外,温度高低波动,也能引起呼吸强度的增高。

此外,空气中的氧和二氧化碳的浓度对呼吸强度也有一定的影响。二氧化碳浓度的增高能抑制水果、蔬菜的呼吸强度;反之,氧的浓度增高,能增强呼吸强度。

水果、蔬菜遭受机械创伤后,因内部组织暴露于空气中,氧的浓度增大,也会促使呼吸强度增高。

由上述分析可知,微生物活动和呼吸作用都与温度有关。因此,通过调节温度,既可以控制微生物活动又能控制呼吸作用,这就是通常采用冷藏方法保藏易腐货物的主要原因。

对微生物活动来说,降低温度会使微生物细胞的原生质收缩发生质壁分离,使细胞壁的类脂类变硬、减弱渗透能力,从而减弱微生物的生活和繁殖能力。如温度进一步降低,则会使微生物停止繁殖以致死亡。

对呼吸作用来说,降低温度会使酶的活动减弱、呼吸减弱,食品成分的分解减慢,从而延缓水果、蔬菜的继续生长成熟,使之长时间保持新鲜。

此外,采用冷藏方法保藏食品较之其他保藏方法(如腌制、晒干、加防腐剂等)还具有一系列其他优点,如:能很好地保持食品的色、味、香、营养物质和维生素,而且冷源廉价,又适于储运批量较大的易腐货物。

8.3.2 冷藏货物的保管条件

采用冷藏方法保藏易腐货物时,温度是主要条件,但不是唯一条件。事实上,除温度外,保管环境湿度的高低、通风情况和卫生条件的好坏,也都和食品的质量的保存直接相关。以下分别讨论各项保藏条件对易腐货物质量的影响程度。

1. 温度

就限制微生物繁殖角度考虑,冷藏温度越低越好,但是,冷冻会使某些食品的细胞膜遭到破坏,且不能再恢复至原状,因此,温度并不是越低越好。例如,果、菜的保藏温度过低时,会因冻结破坏其呼吸机能,失去抗病性;会因冻结使其组织结构遭到破坏,降低其耐藏性;会使色、香、味起变化,当解冻时就会迅速腐烂。又如,鲜蛋的保藏温度过低会导致蛋壳破裂而造成货损,也易使微生物侵入。因此,不同的食物品种有不同的适宜低温,对不同的食品应分别采取"冷却"、"冷冻"和"速冻"等不同的冷处理方法。

冷却,就是把食品的温度降到尚不致使细胞膜结冰的程度,通常是在 0~5℃ 之间。鲜蛋、乳品、水果、蔬菜等常采用"冷却"运输。"冷却"处理不影响食品组织,微生物仍有一定的繁殖能力,故"冷却"的食品不能久藏。

冷冻,就是把食品的温度降到 0℃ 以下使之冻结。冻肉、冻鸡、冻鱼、冰蛋等均常采用"冷冻"运输。由于冷冻时积累大量冷量,故当外界温度波动时或在装卸过程中,也不会使食品的温度很快升高,但是,冻结速度较慢,细胞膜的内层会形成较大的冰晶,使细胞膜破裂、细胞汁遭受损失,这会使食品失去或减少原有的营养价值。为了消除这个缺点,可采用"速冻"。

速冻,就是在很短的时间内使食品冻结。速冻过程中所形成的冰晶颗粒比较均匀、细小,不致造成细胞膜的破裂,因而能保持食品原有的鲜味和营养价值。由于在食品内部含有各种盐类的水溶液,故随着冷冻温度的降低,溶液中的水分将会不断析出,浓度不断增大,食品的冰点也就不断降低,因此,若要使食品内的液体全部冻结,就需将温度降到约−60℃。

但当降到 $-20℃$ 时,仅有 10% 左右的未冻结水。所以一般情况下,食品的冷冻温度大多不低于 $-20℃$。

除要求一定的保藏环境温度外,还要求保持温度的稳定,因为温度忽高忽低,不但使微生物有隙可乘,还会引起冻结食品内部重新结晶或冰晶进一步扩大,导致食品失去原有的鲜味和营养价值。

2. 湿度

冷藏空间内空气湿度对食品质量影响很大。湿度过小会增加食品的干耗,破坏果、菜的正常呼吸,破坏维生素和其他营养物质,削弱食品的抗病能力。湿度过大,又有利于微生物的迅速繁殖。因此,湿度过大或过小都不利于保持食品的质量。

在冷藏技术上常用的是相对湿度。空气的相对湿度是指湿空气的绝对湿度与同温同压时湿空气在饱和状态下的绝对湿度之比,可利用仪器测定。最普通的办法是利用干湿球温度计,根据所示的干球温度和湿球温度,查阅图或表,即可得相对湿度。

3. 通风

有些"冷却"的食品如水果和蔬菜,在储运过程中会不断挥发出水分和一氧化碳等气体。为了保持舱内适宜的相对湿度和 CO_2 含量(果、菜的 CO_2 最高含量为 2%,这个限度也可保证工作人员进舱操作的安全),在储运"冷却"的食品时,还需要用通风机对舱室进行循环通风和换气通风。但是,通风对温、湿度都有直接影响,如外界气温较高,则通风后的舱、库内温、湿度也会提高。因此,果、菜食品在夜间通风方能起到降温作用,而且通风时还要掌握适当的时间,过短不起作用,过长又会对舱、库内的温、湿度及货物质量产生不利的影响。通风换气量常以 24h 内通风换气次数 n 来表示。

当储运已经"冷冻"的食品时,因温度很低,微生物活动已受到很大的抑制,因此也可不必换气。

8.3.3　冷藏货物的运输与保管

运输冷藏货物时,发货人应向运输经营人提出有关冷藏空间的冷藏温度、湿度、装载方法及其他运输条件等方面的书面要求,经营人在确认运输工具具备相应的冷藏能力,并有相关检验部门发给的冷藏设备入级合格证书和商品检验部门发给的适货证书后,方可承运。

如果利用一般货船运输易腐货物,在与发货人商定运输期限和其他运输条件后,才可承运。一经接受承运,运输经营人应调配适载的船舶,并按优先原则组织运输,力争做到随到随靠、随卸随提,以确保运输期限,适应易腐货物要求快运的特点。对批量较大的货物运输,货主可派人员随船、车押运,协同运输经营人做好运输途中的货物安全质量监理工作。

船舶运输冷藏货物要遵循以下原则。

1. 装舱准备工作

装载冷藏货前必须进行检查、清扫和必要的修复工作。货舱要求清洁、无异味,舱内污染严重时,必须用清水冲洗,并进行换气通风,使其干燥,必要时,还需进行脱臭消毒。脱臭可用臭氧(O_3)、粗茶熏蒸,洒醋酸水以及其他脱臭剂除味。在装载冷藏货前,必须对制冷机进行试车、检验,对冷藏空间、衬垫物料及隔票物等进行预冷。预冷达到的温度根据发货人的书面要求而确定,一般与保藏温度相同或稍低于保藏温度。如冷冻货为 $-18℃$ 以下,冷却货为 $0℃$ 左右。预冷时,对冷藏空间的排水孔进行认真检查,清除垃圾,以防堵塞。

2. 装舱

（1）装舱时间

冷藏货物应尽量在气温较低的早晚或夜间进行装舱，避免在炎热的中午或雨天进行，但夜间作业会对货物质量的鉴别带来困难。装货前，应及时与货主、船方联系，互相配合尽快完成装船作业。

（2）验收货物

冷藏货损往往是由于冷藏货在装舱时新鲜度已降低，包装不符合要求而造成的。因此，在装货时谨慎检查货物质量极为重要。商品检验部门提供的质量证书是货物质量的主要凭证。如发现不符合质量要求或包装有缺陷的货物，应由发货人进行调换、修理，否则，应加以批注，甚至予以拒装。为了保证装舱时的货物质量，应要求发货人在码头附近设置冷库货用冷藏车装运。除船上监装外，还应会同商品检验部门一起监装，事后应取得监装证书。

（3）积载货物

① 冷藏空间预冷要充分，使冷气能浸透舱内所有设备和衬垫物料，并使舱内各温度均匀一致。

② 冷藏货与舱壁间应留出适当的供冷风流通用的孔道，货物堆码应整齐、稳固，货件间应以木条衬隔，衬垫木条或方木的方向需要与气流一致，以确保冷气畅通。

③ 冷藏货物与蒸发器、进排气孔应离开适当的距离，以避免堵死冷气通路或致使部分货物发生过冷而干缩。

④ 积载冷藏货由于需要留出通风孔道，所以亏舱率较大，通常比一般货物大 10％～20％，制订积载计划时，应予以充分注意。

⑤ 同舱装载不同的冷藏货物时，应注意鱼腥类与肉类分舱积载，如蛋类不与肉类、鱼类、蔬果类同舱，以避免串味；冷藏温度要求不同的蔬果品种也不能同舱积载。

⑥ 装货过程中，应停止往舱内打冷气，避免产生结霜。

⑦ 理货人员在绘制实际积载图时，冷藏空间应划实线或双实线，以区别于其他杂货和有利于正常收费。

运输途中保管和卸货时应注意：运输途中，应严格保持所要求的冷藏温度，防止温度波动。当装运蔬果、鸡蛋等能进行呼吸的食品时，要求按需要有计划地进行通风换气，并定时观测和记录冷藏空间内的温度、相对湿度以及二氧化碳含量，以便采取适当的措施，保证运货质量。卸货时也应进行快卸作业。开舱选择在低温时间进行，肉类、水果等必须经检疫检查，并做好货物包装、质量验收工作。

船舶运输冷藏货物时应该遵循的原则也是其他运输方式下运输冷藏货物时应该遵循的主要原则。

 前沿理论与技术

物联网技术在冷链物流中的应用

将物联网技术应用于冷链物流的原材料采购、产品储存、运输、销售等各个环节，能够对整个过程实施智能化监控。

产品在原材料的采购过程中很少采取预冷措施，对操作的规范性要求不高。在生产过程依照生产厂商的规定进行操作,操作过程的透明度不高,不能确定是具体的哪方面出了问题,更不能确定相应的当事人。物联网的采用,能够解决这个问题。在采购原材料的时候就对其进行电子标记编码,建立数据库,通过电子标签,能够对产品在整个生产加工的过程进行连续的监控,包括当前的温度、湿度以及相应的操作人员,全部录入数据库,很容易就清楚了是哪些因素造成的问题。能够立刻进行改善,也能够确定事故的责任归属。

在产品生产完成以后,不是直接进入市场,而是要进行储存,再根据需求进行物流配送到物流中心或者是销售点。储存水平相对于以前来说,已经有了很大的改善和提高,但是在这个过程中仍然存在着一些问题,比如:不能保证所有的产品都是按照先进先出的原则储存,这样可能造成部分产品在仓库的储存时间过长、后面的销售时间很短的情况,特别是冷藏的产品的保质期短,更容易出现这类问题。物联网技术运用之后,储存管理变得更加的简便、快捷、高效。在生产加工时使用电子标签,在储存的时候运用其自动识别功能,在入库的时候通过读写器就能很快地记录产品的入库时间和相应的数量等信息。仓库的管理过程中不再需要人员逐个进行清点盘查,通过读写器进行快速的读取或者通过数据库查询相应的数据就能清楚仓库库存的详细情况。产品出库的时候,利用数据库能够快速确定产品,从而避免了先进后出现象的发生。产品上的电子标签还能够对周围的环境进行监测,并把数据反馈给物联网,物联网通过智能处理,调节仓库的环境,提高储存质量。

移动设备上制冷的成本高,效果差。其运输过程是冷链物流中最薄弱的环节。运输车辆多种方式并存,特别是长距离的冷藏效果不好,造成大部分的产品质量下降,甚至使产品失去使用功能。通过产品上的电子标签,把在运输途中的信息反馈给予系统的控制中心,控制中心根据反馈的信息进行智能处理,及时控制调查节制冷设备,可以保证在运输的过程中产品的质量。

由于销售点分散,销售量小,销售次数多,销售过程复杂多变。同样的商品在同时间可能面临不同的温度。通过物联网的电子标签,可以清楚地知道具体情况,根据冷链物流的控制中心,控制其制冷设备,销售人员根据数据的提示,快捷地找到相应生产日期在前的产品。以确保先生产先消费,避免出现产品超过保质期还未出售的情况。

在冷链物流中利用物联网技术,给企业带来了很多的好处,如保证产品的安全和质量,提高生产效率和顾客满意度,降低生产成本,划分冷链上相关的责任。同时,也便于政府部门对冷链上产品的监测。

冷链物流大多是以生产端结合市场的情况进行生产和配送,由于信息获取的不及时、准确性低以及高成本,生产和配送无法达到最优化。在生产和用户之间存在着大量的库存,造成生产厂家的资金积压,影响其资金的流动周期。因此,在冷链物流中运用物联网技术,能够以较低的成本控制从生产到销售以及到用户的全部信息,在销售端也能够很迅速地把销售的情况反馈给生产厂家。生产厂家获得了信息后,能够根据市场的具体变化来安排生产,在减少库存的同时也减少了企业生产风险。从生产到销售的全过程变得更加智能化,更加可控,必定是未来冷链物流的发展方向。

▨ 职业指导

特殊货物运输是交通运输中的薄弱环节。运输企业需要熟悉特殊货物运输、仓储、装卸搬运、包装、物流信息处理等流程的专业人才。本章知识点在企业的应用要点是:重大件货物的性质;重大件货物的运输、装卸和积载;木材的性质;木材的运输和保管;冷藏货物的性质;冷藏货物的运输与保管。学生应具备的基本素养和专业技能:具备正确分析特殊货物积载、保管和装卸等环节中存在问题的能力;具备在特殊货物运输各环节能采取相应措施以保证货物安全的能力;具备策划特殊货物运输的能力。

实训项目

将学生分组(4~6人一组),选择一种特殊货物,深入了解该货物的性质以及运输、装卸、保管的注意事项,模拟该货物的运输全过程,分析各环节中可能存在的问题。

练习题

1. 填空题

(1)《国内水路货物运输规则》规定:沿海地区单件货物重量超过或者长度超过的_____,应当按照笨重、长大货物运输。

(2)重大件货物按运输中有无包装可分为_____和_____。

(3)木材按照含水率不同,可分为_____、_____、_____、_____。

(4)重大件货物的特征主要有_____、_____和_____等。

2. 选择题

(1)木材的堆垛方法主要有( )。

    A. 散堆法   B. 水存法   C. 平方法   D. 干存法

    E. 立码法

(2)重大件货物的特征有( )。

    A. 笨重性   B. 巨大性   C. 完整性   D. 局部脆弱性

    E. 裂痕性

(3)以体积作为计量单位的货物有( )。

    A. 车辆   B. 煤炭   C. 木材   D. 小麦

3. 判断题

(1)运输鲜活易腐货物时,托运人应在货运单的"特约事项"中写明最长允许运输时间。

                                          ( )

(2)鲜花和蔬菜不能同舱运输。   ( )

(3)货物积载因数大于船舶舱容系数,称为重货。   ( )

(4)水路运输的货物包装在保护货物运输过程中的正常装卸、积载和堆码中,还要考虑到正确选择包装货物的舱位。   ( )

4. 简答题

(1)木材的特性主要有哪些?

(2)木材应当如何进行保管?

(3)运输机械类重大件货物如何进行运输?

（4）在运输的货物中分长大、笨重货类，主要有哪些方面的意义？

（5）冷藏易腐货物的装卸过程中应注意哪些事项？

5．案例分析题

2007 年 2 月 7 日，新中国第一家中外合资企业——中波轮船股份有限公司宣布，将建造 6 艘重吊新船，总投资 23 亿元人民币，目标是打造成为世界最强重大件货运船队。据悉，中国、波兰两国交通部门同意该公司转向主营利润丰厚的重大件装备运输公司，航线重心同时从欧亚转向美亚。

中波轮船公司此次打造 6 艘新船均为载重 3 万吨、配备 640 吨重吊的重大件设备货运船舶，总投资 23 亿元人民币，合同交货期为 2008 年年底至 2010 年年底，预计第一艘可以比合同交货期提前，但最后一艘船可能推迟到 2011 年。中波轮船公司现有 14 艘各式船舶，6 艘重大件新船投用后将组成总共 18 艘装备 300 吨以上重吊的专业船队，基本能够胜任重大件远洋运输需求，中波轮船公司有望成为世界上最为强大的重大件设备远洋货运公司。

据中波轮船公司分析，全球制造业向中国转移的过程产生了众多设备的移动，重大件设备货物运输市场空间巨大，该公司自 3 年前从传统的杂货、散货运输转向重大件专业化经营后，主营业务收入丰厚，2005 年重大件运输比例占该公司总运量 40％，2006 年上升到 45％，2007 年超过 50％。据说重大件运输效益显著，杂货每吨平均运费在 40～50 美元区间，重大件 2006 年的平均运费为 103 美元，两者存在巨大差距。

据悉，远东至美国航线的运输量已经占到全球运量的 40％，以欧亚航运起家的中波轮船公司面临主营方向的调整，该公司今后将依靠新船更大规模地进入日本、韩国、美洲、波斯湾市场。

问题：

（1）重大件运输专业化经营有哪些好处？

（2）结合所学重大件货物的知识，谈谈你对本案例的看法。

危 险 货 物

📚 引导案例

2000 年 12 月，"月牙泉"轮在马来西亚的帕西古当港（PASIR GUDANG）装载 6000 吨散装棕榈仁粕。在"月牙泉"轮北上航行至中国香港水域附近时，由于受到寒潮大风的影响，"月牙泉"轮在桂山锚地抛锚避风。20 日早晨 6：30，在每日的例行测水时，发现白色的浓烟从 2 号货舱的右前通风筒冒出，货物已经发生自燃。船方立即密封 2 号货舱的所有通风口、入孔盖，阻止新鲜空气进入货舱。"月牙泉"轮临时改港到汕头港，开舱卸货检查货物自燃情况。汕头港得知自燃情况后十分重视，派出 4 辆港口消防车在码头上应急待命。开舱后看到经过几天的封舱，冒烟的情况得到一定的控制，但从货物表面看不出具体发生自燃的位置。卸了 800 吨左右的货物后，在 2 号舱的右前方 2 层舱附近发现自燃点，货物已呈黑色的焦糊状。

货损原因分析：在未装货前货物含水分过多，已存在了潜伏的致损因素；装货中，货物受到雨水的淋湿，船方没有要求装货方将损坏的货物清理出来；装船后和航行途中，船方没有按照要求对货舱进行通风。

案例解析：棕榈仁粕属于 4.2 类的危险品，该种货物的危险特性是：易发生氧化，缓慢自热，在一定条件下可引发自燃。对该类货物的运输，积载处所要保持清洁、干燥和凉爽。在本案例中，船方对 4.2 类危险品的性质不熟悉，在运输中未能尽到妥善保护货物的职责。

本案例涉及的主要知识点：危险品的性质；自燃。

➡ 学习导航

熟悉各类危险货物的定义和分类，掌握各类危险货物的特性，掌握危险货物的运输、装卸和保管注意事项。

📌 教学建议

本章主要介绍九大类危险品的性质及其运输、装卸、保管注意事项，内容稍显枯燥，需要借助生动的多媒体课件来形象展示危险品运输图片及业务视频。可以通过案例教学来分析危险品事故发生的原因及应采取的措施。建议授课学时为 6 学时。

9.1　危险货物的分类与性质

　　危险货物是指具有燃烧、爆炸、腐蚀、毒害、放射射线、污染等性质,在运输、装卸和储存过程中,容易造成人身伤亡和财产毁损而需要特别防护的货物。据统计,目前通过海上运输的货物中有 50% 以上是危险货物,常运的危险货物达 3000 多种。危险货物一旦发生事故,将给人身、财产及环境造成严重的损害。

　　危险货物根据运输形式的不同分为包装危险货物和散装危险货物。本章主要介绍包装危险货物,散装危险货物则在本书的散装货物相应章节中讨论。国际海上危险货物运输中,包装危险货物根据《国际海运危险货物运输规则》(《IMDG Code》,以下简称《国家危规》),按照它们所呈现的危险性或主要的危险性分为如下 9 大类。

9.1.1　第 1 类　爆炸品

　　爆炸品(Explosives)是指爆炸性物质、烟火物质和爆炸性物品。爆炸性物质系指固体或液体物质(或几种物质的混合物),能通过本身的化学反应产生气体,其温度、压力和速度会对周围环境造成破坏,甚至包括不放出气体的烟火物质。烟火物质系指一种或几种物质的混合物,设计上通过产生热、光、声、气体或所有这一切的结合达到一种效果,这些效果是通过非爆燃性的、自续地放热等一些化学反应产生的。爆炸性物品系指含有一种或多种爆炸性物质的物品。

　　1. 爆炸品的分类

　　(1) 按危险性分类

　　第 1.1 类　具有整体爆炸危险的物质和物品(指实际上瞬间影响到几乎全部装药量的爆炸)。

　　第 1.2 类　具有抛射危险,但没有整体爆炸危险的物质或物品。

　　第 1.3 类　具有燃烧危险、较小爆炸或较小抛射危险,或兼有两种危险,但无整体爆炸危险的物质或物品。

　　第 1.4 类　无重大危险的物质和物品。

　　第 1.5 类　有整体爆炸的危险但极不敏感的物质。

　　第 1.6 类　无整体爆炸危险的极不敏感物品。

　　(2) 按配装类分类

　　第 1 类爆炸品由于性质上的差异,考虑到如果彼此在一起能安全积载或运输而不会明显地增加事故的概率或在一定量的情况下不会明显提高事故后果的等级,可视其为"相容的"或"可配装的"。根据这一原则,爆炸品被分成若干配装类,用英文字母从 A～L(不包括 I),再加上 N 和 S 表示。表 9-1 为配装类和类别符号。

表 9-1　爆炸品的配装类和类别符号

物质和物品配装类说明	配装类	类别符号
初级爆炸物质	A	1.1A
含初级爆炸物质的物品,且不含两个或两个以上有效的保护装置	B	1.1B,1.2B,1.4B
抛射爆炸物质或其他爆燃物质或含有这些物质的物品	C	1.1C,1.2C,1.3C,1.4C

续表

物质和物品配装类说明	配装类	类 别 符 号
次级爆炸物质、黑火药或含有次级爆炸物质的物品,无引发装置和发射火药,或含有初级爆炸物质和两个或两个以上有效保护装置的物品	D	1.1D,1.2D,1.4D,1.5D
含有次级爆炸物质的物品,无引发装置,有发射火药(含易燃液体或胶体、自燃液体除外)	E	1.1E,1.2E,1.4E
含有次级爆炸物质的物品,自带引发装置,有推进火药(含易燃液体或胶体、自燃液体除外)	F	1.1F,1.2F,1.3F,1.4F
自燃物质或含自燃物质的物品,或同时含有一种爆炸物质和一种照明、燃烧、催泪或发烟物质的物品(水激活物品或含白磷、磷化物、自燃物质、易燃液体或胶体、自燃液体除外)	G	1.1G,1.2G,1.3G,1.4G
同时含一种爆炸物质和白磷的物品	H	1.2H,1.3H
同时含一种爆炸物质和一种易燃液体或胶体的物质	J	1.1J,1.2J,1.3J
同时含有一种爆炸物质和一种有毒化学制剂的物品	K	1.2K,1.3K
爆炸物质或含有一种爆炸物质的物品,呈现出特殊危险(例如:由于水激活,或存在自燃液体、磷化物或一种自燃物质),需要彼此隔离的物品	L	1.1L,1.2L,1.3L
只含极不敏感爆炸物质的物品	N	1.6N
经如此包装或设计的物质或物品,因事故引起的危险作用仅限于包件内部,当包件被烧坏时,一切爆炸和抛射效应不会严重影响和阻碍在包件附近救火或采取其他措施	S	1.4S

2. 爆炸品的特性

(1) 爆炸性

爆炸性是爆炸品的主要危险特性。爆炸是物质非常迅速的物理或化学变化而形成压力急剧上升的一种现象。爆炸反应主要是分解反应和燃烧反应。爆炸品发生爆炸原因主要有两个:一是通过本身化学反应产生气体、温度、压力和速度的变化(即不需接触火源)引起爆炸;二是接触火焰、受热或受震动、摩擦、撞击等外力作用或受其他物质激发时引起爆炸。

衡量爆炸性的重要指标是爆速和敏感度。爆速是指爆炸品在进行爆炸反应时的传播速度,它是决定爆炸品威力大小的重要因素,爆速越快,其威力越大。敏感度是指爆炸品能进行反应所需要的最小起爆能。所需能量越小,其敏感度越高。敏感度对运输装卸安全影响极大。《国际危规》规定,极其敏感或会引起自发反应的爆炸性物质禁止运输。

(2) 吸湿性

多数爆炸品,都具有较强的吸湿性,其爆炸的危险性能随着吸水量的增加而降低,甚至失去爆炸性,如黑火药在含水量为 2% 时,就不易引爆。但也应注意在水分蒸发后,爆炸品一般仍可恢复其原来的爆炸性能。有些爆炸物质在受潮后会引起反应使它更加危险,在运输中应确保其干燥。

(3) 不稳定性

爆炸品性质活泼,遇酸、碱分解,受日光照射分解,与某些金属接触会产生不稳定的盐类。如雷汞遇浓硫酸会发生猛烈分解而爆炸;三硝基甲苯遇碱生成不安全的爆炸物,受日光照射会增高敏感度,更易引起爆炸;胶质硝化甘油(爆胶)炸药低温冻结后敏感度会大增,当再熔化时危险性极大,易引起爆炸。有些爆炸品装有对外部能源极为敏感的电气起爆装置,如无线电发信机、雷达发射机、电磁辐射机等能产生外部能源,在运输装卸过程中应加以防护。

知识点链接

黑 索 金

环三次甲基三硝胺,也称黑索金、RDX,是无色结晶,不溶于水,微溶于乙醚和乙醇;化学性质比较稳定,遇明火、高温、震动、撞击、摩擦能引起燃烧爆炸;是一种爆炸力极强大的烈性炸药,比 TNT 猛烈 1.5 倍。

9.1.2　第2类　气体

气体(Gases)是物质的一种状态,它是指:在 50℃ 时,其蒸气压力大于 300kPa;或在标准大气压 101.3kPa,温度 20℃ 时,完全处于气态。本类物品包括压缩气体、液化气体、溶解气体、冷冻液化气体、一种或多种气体与其他种类的一种或多种物质的蒸气的混合物,充注了气体的物品和烟雾剂。气体在运输中的主要状态有压缩气体、液化气体、冷冻液化气体、压缩溶解气体四种状态。

1. 分类

根据气体的主要危险性,将第 2 类气体分为 3 小类。

(1) 第 2.1 类易燃气体,如氢气、乙炔等。

(2) 第 2.2 类非易燃、无毒气体,如氧气、空气等。

(3) 第 2.3 类有毒气体,如液氯、氰化氢等。

2. 特性

(1) 爆炸性

压缩、液化或加压溶解的气体具有因受热、撞击、震动等影响,会引起钢瓶内气体压力增大,使容器炸裂或爆炸,这属于物理爆炸。据测一个普通氧气钢瓶爆炸相当于 5t TNT 炸药爆炸的威力。

此外,易燃气体扩散到空气中,与空气形成混合气体,当达到爆炸或燃烧极限(范围)时,遇明火会发生燃烧和爆炸。气体燃烧或爆炸极限(范围)是指一种可燃性气体或蒸气和空气形成的混合物遇火花能发生燃烧、爆炸的浓度范围。一般用该气体在混合物中占的体积百分比表示,其最低浓度称为燃烧或爆炸下限,最高浓度称为燃烧或爆炸上限。燃烧或爆炸极限越大,燃烧或爆炸下限越低,气体危险性就越大。

(2) 可压缩和液化性

气体内各分子间的距离相当大,庞大的体积给生产和运输带来很多问题,如果对气体施加压力,则气体可以压缩。处于压缩状态的气体叫做压缩气体。如果再对压缩气体继续施加压力,并降低温度,压缩了的气体就会转化为液体。经过加压和降温而液化为液体的气体叫液化气体。气体经降温压缩能否液化为液体,与临界温度、临界压力这两个重要数据有密切的关系。经加压能使气体液化的最高温度称为临界温度。在临界温度时使气体液化所需要的最低压力称为临界压力。通常临界温度低于常温的气体,多数处于压缩状态,如氢气、

氧气、氮气等。而临界温度比常温高的气体,则处于液化状态,如氨气、氯气、乙烷气等。在安全运输方面,液化气体比压缩气体更危险。溶解气体是经加压后溶解在溶剂中的气体,使用多孔材料吸收。如乙炔,它单纯地在高压下压缩时,有发生分解或聚合性爆炸的危险,因此以丙酮为溶剂,使乙炔呈溶解状态装入容器中。此外,还有冷冻液化气,它是在极低温下加压液化的气体,如液氧、液氢等。部分气体的临界温度和临界压力见表9-2。

表 9-2　几种气体的临界温度、临界压力

气体名称	临界温度/℃	临界压力/MPa	气体名称	临界温度/℃	临界压力/MPa
氦气(He)	−267.9	0.23	乙烯(C_2H_4)	9.7	5.14
氢气(H_2)	−239.9	1.30	二氧化碳(CO_2)	31	7.39
氖气(Ne)	−228.7	2.62	乙烷(C_2H_6)	32.1	4.86
氮气(N_2)	−147.1	3.39	氨气(NH_3)	132.4	11.28
氧气(O_2)	−118.8	5.04	氯气(Cl_2)	143.9	7.71
甲烷(CH_4)	−82.1	4.69	二氧化硫(SO_2)	157.2	7.87
一氧化碳(CO)	−138.7	3.51	三氧化硫(SO_3)	218.3	8.41

(3) 气体泄漏与扩散性

气体是物质三态中分子之间距离最大的,相应的分子之间吸引力最小,其分子所具有的动能较大。所以,气体要用压力容器装载。而且万一容器破裂,气体就会泄漏扩散到环境中去。一切比空气轻的气体都会蓄留在空间的封闭顶部,一切比空气重的气体会沉积在低洼处或船舱底部,如任其蓄积,都有潜在危险。气体泄漏后,会产生毒害性(氯化氢气体)、窒息性(二氧化碳气体、氮气)、刺激性、腐蚀性、助燃性、燃爆性等危险性质。

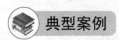

"3·29" 液氯泄漏事故

2005 年 3 月 29 日,山东济宁科迪化学危险品货运中心驾驶员驾驶鲁 H00099 号罐装车载运 29.44t 液氯由山东济宁前往南京金陵石化公司,行至京沪高速公路江苏淮安段上行线103km+300m 处,由于左前轮爆裂,撞上护栏,侧翻至高速公路另一侧,与迎面驶来的鲁QA0398 大货车相撞,致液氯泄漏,造成 28 人死亡、350 人中毒、万名群众紧急疏散的惨重后果,经济损失达 2900 多万元。

9.1.3　第 3 类　易燃液体

凡闭杯试验闪点在 61℃(相当于开杯试验 65.6℃)或 61℃ 以下,易散发出易燃蒸气的液体,或者液体混合物,或含有处于溶解或悬浮状态固体的液体(如油漆、清漆)均属易燃液体(Flammable Liquids)。闪点(Flash Point)是衡量易燃液体危险性的主要数据,一般来说,闪点越低,易燃性越强。所谓闪点,是指该液体的蒸气与空气形成的混合物,遇明火出现瞬间闪光时的最低温度。当易燃液体温度高于闪点时,则随时都有被点燃的危险。闪点数据通过标准仪器测定,有开杯式(即使用敞开的容器测定,用 O.C 表示)和闭杯式(即使用关闭的容器测定,用 C.C 表示),同一物质用闭杯式比用开杯式测得的闪点数据值要稍低

几度。

1. 分类

(1)《IMDG Code》在本类中不分小类。

(2) 我国《水路危险货物运输规则》(以下简称《水路危规》)根据闪点的高低即危险性的大小将第 3 类易燃液体分为 3 小项。

第 3.1 类闪点为低于−18℃(C.C)的低闪点类液体。

第 3.2 类闪点为−18~23℃(C.C)(不包括 23℃)的中闪点类液体。

第 3.3 类闪点为 23~61℃(C.C)(包括 61℃)的高闪点类液体。

《水路危规》又把闪点在 23℃(C.C)以下(不包括 23℃)的易燃液体列为一级危险货物,闪点为 23~61℃(C.C)(包括 61℃)的易燃液体列为二级危险货物。

(3) 根据易燃危险性划分为如表 9-3 所示的三个包装类。

表 9-3　确定易燃液体包袋类的标准

包装类	闪点/℃(C.C)	初沸点/℃
Ⅰ	—	≤35
Ⅱ	<23	>35
Ⅲ	23~61	>35

2. 特性

易燃液体的危险性质如下。

(1) 挥发性

易燃液体大都沸点低,闪点也较低,具有较强的挥发性。易燃液体的挥发一方面可能造成物质的减量;另一方面也容易形成易燃、易爆、有毒的蒸气。

(2) 易燃性

液体本身并不能燃烧,但其挥发的蒸气与空气的混合物一旦接触火种就易于着火燃烧。绝大部分液体的燃烧形式都是蒸发燃烧,由于易燃液体的沸点都较低,略高于常温,如乙醚(34.5℃),二硫化碳(46℃),丙酮(56.1℃),在常温下就易挥发,在液面上形成较高的蒸气压,液面附近的蒸气浓度很高,易于形成可燃性气体,且易燃液体闪点低、点燃所需的能量又极小,一般只需要 0.2mJ,只要极小的火星即可点燃;甚至与火焰相隔一定的距离仍可发生"返闪"现象,将货物点燃而引起燃烧。

(3) 蒸气的易爆性

易燃液体挥发出来的蒸气,一旦从容器中泄露出来,和空气混合达到一定的浓度,遇明火会发生爆炸。易燃液体的爆炸性也用爆炸范围(极限)来表示。易燃液体的爆炸下限比较低,且爆炸范围比较宽。如二硫化碳的爆炸极限是 1%~44%,乙醚的爆炸极限是 1.85%~48%,乙醇的爆炸极限是 3.3%~19%。

(4) 有毒性

大多数易燃液体有不同程度的毒性,对人体的内脏器官具有较强的毒害作用,如石油、二硫化碳等。尤其是较空气重的易燃液体的有毒蒸气,会沉积在货舱底部或库房低洼处,引起潜在的危险。

（5）热胀冷缩性

易燃液体的容器一旦受热，容器内的体积会急剧膨胀，受热后蒸气压迅速提高，使密封容器内的压力升高，从而致使容器渗漏、变形或爆裂。因此，易燃液体应在阴凉场所存放，同时注意凡是液体货物，不论用什么形式的包装容器，在充装时，在包装容器内必须留有一定的剩余空间，以适应温度变化所造成的货物体积的膨胀。这个剩余空间，就叫包装的膨胀余位，如铁桶灌装时一般应留有 5％的膨胀余位。

（6）流动扩散性

易燃液体由于黏度很小，极易流淌，同时又有较强的挥发性和渗透性，即使容器只有细微裂纹，易燃液体也会渗出容器壁外，扩大其表面积并不断地挥发蒸气，增加了燃烧爆炸的危险性。易燃液体大多数比重比水轻且不溶于水，故发生燃烧时不宜用水扑救，否则，浮在水面上的易燃液体会向低洼处流动继续燃烧，扩大火灾区域。

（7）易积聚静电

大部分易燃液体的绝缘性能都很高，如醚类、酮类、脂类、芳香烃、石油及其产品等，都是电的不良导体，在装卸、运输过程中易积聚静电，当静电荷积聚到一定程度时，就会产生放电而出现电火花，引起可燃性蒸气混合物的燃烧爆炸。

9.1.4　第 4 类　易燃固体、易自燃物质和遇水放出易燃气体的物质

易燃固体、易自燃物质和遇水放出易燃气体的物质（Flammable Solids；Substances Liable to Spontaneous Combustion；Substances Which in Contact with Water，Emit Flammable Gases）涉及除划分为爆炸品以外在运输条件下易燃或可能引起或导致起火的物质。

1. 分类

（1）第 4.1 类易燃固体

易燃固体是指易于点燃、易于燃烧或因摩擦而引燃或助燃的物质，该类包括：易燃固体、自反应物质和固体退敏爆炸品。

（2）第 4.2 类易自燃物质

易自燃物质是指具有易于自燃发热或与空气接触即升温、易于着火的物质。该类包括：引火性物质、自热物质。

（3）第 4.3 类遇水放出易燃气体的物质

遇水放出易燃气体的物质是指具有与水或水汽相互作用易于变成自燃物质或放出危险数量的易燃气体的物质。

2. 特性

（1）燃烧性

易燃固体燃点低，燃烧速度快。在遇火、受热、撞击、摩擦以及与空气（或氧化剂）接触后，会引起强烈连续的燃烧甚至爆炸。易自燃物质的自燃点较低，易于被氧化分解，尤其是受潮、受热后放出热量，这些热量又加剧氧化反应，产生的热量越来越多，很容易达到自燃点引起自燃。遇水放出易燃气体的物质化学特性极其活泼，遇水（湿）、酸、氧化剂等能发生剧烈的化学反应，放出易燃性气体，并产生一定的热量，当产生的热量达到其自燃点时或遇到明火会立即引起燃烧甚至爆炸。

（2）爆炸性

易燃固体中的退敏爆炸品在运输时处于水或其他液体浸湿状态下才较为稳定，当其处于干燥状态时，又可恢复其爆炸性能；自反应物质及有关物质，是容易在常温和高温下由于运输温度太高而容易产生激烈的放热分解的物质，应视为具有爆炸性；有些易燃固体与氧化性强的酸接触会产生剧烈反应引起爆炸；在物质燃烧中产生大量气体，使体积迅速膨胀而引起爆炸；遇水放出易燃气体的物质，如放出的易燃气体与空气混合浓度达到爆炸极限，遇明火即引起混合气体的爆炸；易燃固体中有许多物质都是粉末状的，飞散到空气中在一定条件下会引起粉尘爆炸。

（3）毒性和腐蚀性

某些物质本身有毒性，如黄磷，误吞服量至 0.15g 时，即可致人死亡；或者在燃烧时产生有毒或腐蚀性气体，如碱金属汞齐、钠汞齐、硫黄等；一些遇水放出易燃气体的物质具有较强的吸水性，和水反应后生成强碱或有毒气体，使人的皮肤干裂、腐蚀，引起中毒。

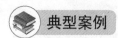 典型案例

铝银粉自燃事故

我国远洋轮"龙溪口"载货航行至印度洋时，第二舱突然爆炸起火，之后危及其他舱口。由于来势凶猛已经无法施救，船长不得已下令弃船，该轮于第二天沉没。

事后展开调查，根据货运报表及积载图分析，最大的可能是第二舱二层柜上装载的四十余桶铝银粉自燃所致。

9.1.5　第 5 类　氧化物质和有机过氧化物

氧化物质和有机过氧化物（Oxidizing Substances and Organic Peroxides）所涉及的物质因在运输过程中会放出氧气并产生大量的热，从而引起燃烧。

1. 分类

第 5 类分为 2 小类。

（1）第 5.1 类氧化物质

第 5.1 类物质本身未必燃烧，但通常因放出氧气能引起或促使其他物质燃烧，这些物质可能包含在一个物品中。

（2）第 5.2 类有机过氧化物

第 5.2 类物质属于有机物，在分子结构上含有两价的—O—O—（可以认为是过氧化氢其中的一个或两个氢原子被烃基取代的衍生物）。

2. 特性

（1）强氧化性

第 5 类物质表现出了强烈的氧化性，遇到还原剂、易燃物或有机物会引起激烈的化学反应，产生燃烧或爆炸。例如：过氧化钠、高锰酸钾等遇硫酸反应剧烈，会立即发生爆炸；金属过氧化物遇水放出氧气和大量热量，可以燃烧甚至爆炸。

（2）遇热分解

氧化剂都有遇热分解产生氧（或具有氧化性的气体）和高热的特性。如硝酸盐类（硝酸铵、硝酸钾等）遇热能放出氧化氮气体和氧气。氯化盐、高锰酸盐、过氧化钠等遇热都能加速分解出氧。当分解激烈时会引起燃烧或爆炸。大多数有机过氧化物对热敏感，极易燃烧和

爆炸,在运输中需要控制温度。为降低其敏感性,不少是呈溶液状、糊状、用水浸湿或与惰性固体混合来运输,当受热失水干燥会发生危险。如糊状的过氧化苯甲酰等。

（3）爆炸性

氧化剂的爆炸性也较突出,一些氯酸盐类、硝酸盐类,尤其是有机过氧化物,当其中混有可燃杂质(尤其是粉末状的物质)或经摩擦、震动、受热等作用后这种爆炸性更加明显。如硝酸铵在吸湿结块后,用铁质或硬质工具猛烈敲击会迅速分解而发生爆炸;氯酸钾在堆码时铁桶之间发生撞击、摩擦也能引起爆炸;过氧化钠在受热情况下,遇到棉花、碳、铝粉等会引起爆炸,有机过氧化物与金属氧化物、铵类接触亦会引起爆炸。

（4）毒性和腐蚀性

氧化剂大都具有不同程度的腐蚀性,有的氧化剂还具有一定的毒性。例如:铬酸酐既有毒,又会烧伤皮肤。所以,在操作时要做好个人的防护措施。

9.1.6 第 6 类 有毒和感染性物质

有毒的(毒性的)物质(Toxic Substances)是指如误被吞咽、吸入或与皮肤接触易于造成人或动物死亡或严重损害人体健康的物质。感染性物质(Infectious Substances)系指含有会引起或可能引起人或动物疾病的活性微生物的物质,这类微生物包括细菌、病毒、寄生虫、真菌等。

1. 分类

第 6 类分为 2 小类。

（1）第 6.1 类有毒物质

有毒物质的确认指标及危险等级标准见表 9-4。

表 9-4 经口吞咽、皮肤接触和吸入粉尘、烟雾或蒸气的分类标准

包装类	危险等级	经口吞咽毒性 $LD_{50}/(mg/kg)$	皮肤接触毒性 $LD_{50}/(mg/kg)$	粉尘、烟雾吸入毒性 LC_{50}（1 小时）$/(mg/L)$
Ⅰ	大	$\leqslant 5$	$\leqslant 40$	$\leqslant 0.5$
Ⅱ	中	$>5 \sim 50$	$>40 \sim 200$	$>0.5 \sim 2$
Ⅲ	小	固体$>50 \sim 200$ 液体$>50 \sim 500$	$>200 \sim 1000$ $>200 \sim 1000$	$>2 \sim 10$ $>2 \sim 10$

注:毒性数据相当于包装类Ⅲ的催泪性毒性物质,应将其列入包装类Ⅱ。

（2）第 6.2 类感染性物质

本类物质具体包括感染性物质、生物制品、诊断样品和基因重组的生物和微生物。

2. 特性

（1）毒害性

有毒物质的物理形态是固体或液体,或它们散发、挥发出来的气体、蒸气、雾、烟雾和粉尘。有毒物质少量进入人、畜体内或接触皮肤,即可引起中毒和死亡事故。不同的有毒物质,其毒性各不相同,它们的物理性质对毒性的大小有较大的影响。影响毒物毒性大小的主要因素有:毒物的化学组成和结构、溶解性(水溶性还是脂溶性)、溶解度、颗粒大小、沸点高低、蒸气密度、环境温度等。

量度毒性大小的指标一般以物质引起实验动物某种毒性反应所需的剂量表示,所需剂

量(浓度)愈小,表示毒性愈大。通常使用的指标有半数致死剂量(LD_{50})、半数致死浓度(LC_{50})、最高容许浓度(MAC)、阈限值(TLV)等。LD_{50}是指使试验动物一次染毒后,在14天内有半数试验动物死亡所施用的毒物剂量。LC_{50}是指使试验动物一次染毒后(连续吸入1h),在14天内有半数试验动物死亡所施用的蒸气、烟雾或粉尘的浓度。MAC是指工作场所空气中有害物质规定的最高浓度限值。TLV是指一个健康成人一整天内反复经受毒物浓度的上限。

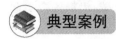 典型案例

洛阳"11·1"氰化钠泄漏事故

氰化钠系剧毒物品,常人误食0.3克即可致命。然而,在2001年11月1日下午2时,在一场交通事故中,11吨氰化钠顺涧河径直流入洛河,洛河河水氰化钠超标达300倍,受污染的水以每秒钟3000立方米的流量顺流而下,严重威胁着洛河沿岸和古都洛阳的数百万人民群众的生命财产安全!

事故发生后,洛阳市委、市政府紧急动员,共出动驻军、基干民兵、干部群众数千人连夜赶赴现场,3小时之内在洛河中下游设立了11个定量检测点,在洛河宜阳县甘棠村段和洛宁长水乡长水大桥建起两道堤坝,分3个点向洛河播撒石灰、漂白粉,以防止被污染的河水进入市区。到11月4日,洛阳市发布公告称:灾情已基本得到控制,除发现少量家畜中毒死亡、一名村民中毒外,没有发现人员因中毒死亡。

(2)遇热、酸、水等分解性

几乎所有的有毒物质遇火或受热分解散发有毒气体。有些毒物遇酸会发生剧烈反应,产生剧毒气体,如氰化钠、氰化钾等。有些毒物遇水发生分解反应,产生剧毒、腐蚀性气体,如磷化铝、氰化钾、氯化砷等。此外,有些毒物遇碱类、与金属接触也会产生反应放出有毒气体。

(3)易燃性

有毒物质除了强烈的毒害性外,还有一些物质遇酸会发生剧烈反应产生剧毒、易燃的气体,如磷化锌、乙基苯胺。有些物质与氧化剂会发生剧烈反应,如磷化铝、磷化锌等。

9.1.7 第7类 放射性物质

放射性物质(Radioactive)是指所托运的货物中放射性比活度和总活度都超过《IMDG Code》所规定的数值的任何含有放射性核素的物质。第7类不分小类。其特性如下。

1. 放射性

由物质自发地(即不受外界温度、压力影响)、不断地向周围放出人的感觉器官察觉不到的,但用仪器可测量到的具有很强穿透力的射线就叫放射线,具有放射这种射线的性质,叫作放射性。这种射线剂量过大时会对人体组织造成伤害,使人体产生急性或慢性放射性疾病。

放射性物质放出的射线有α、β、γ和中子流等,同一种放射性物质能放射出一种或多种射线。

（1）α 射线

α 射线是一种带正电的粒子流,具有很强的电离作用,其射程短,穿透力弱,一般用两张纸、一层金属片、普通衣服、木板或一定厚度的空气层就能将 α 射线挡住。但由于它的电离作用强,一旦进入人体,能造成较大的伤害,并引起放射性疾病。α 射线内照射危害大,外照射危害不大。

（2）β 射线

β 射线是一种带负电的电子流,电离作用弱,约为 α 射线的 1/100,但 β 射线质量小,运动速度快,故穿透能力强,射程比 α 射线大。所以,β 射线内照射危害较小,外照射危害较大。一般用 9mm 厚的铝片、塑料板、木板或多层厚纸等也足以将它挡住。

（3）γ 射线

γ 射线是一种波长很短的电磁波,即光子流,不带电,能以 30 万 km/s 的速度运动,能量大,穿透能力强,比 β 射线强 50～100 倍,比 α 射线强 1 万倍。γ 射线电离能力最弱,只有 α 射线的 1‰,β 射线的 1/10。因此 γ 射线外照射危害很大,内照射危害很小。一般用原子序数较高的金属,如铁、铅能起到一定的屏蔽作用。

（4）中子流

中子流不带电,不能直接产生电离,但是它的穿透能力也是很强的。中子对人体的危害主要是外照射,一般认为,中子引起人体损伤的有效性是 γ 射线的 2.5～10 倍。中子最容易被氢原子或含有氢原子的化合物吸收,有机纤维、水、石蜡、水泥等都是很好的中子吸收剂或遮蔽材料。

2. 其他特性

有些放射性物质还具有爆炸性、易燃性、腐蚀性、毒性等。如:金属钍粉末遇热、火焰或氧化剂发生剧烈反应,引起燃烧或爆炸;氟化铀具有强腐蚀性和毒性。

9.1.8　第 8 类　腐蚀性物质

腐蚀性物质(Corrosives)指通过化学反应能严重地伤害与之接触的生物组织的物质,或从其包件中撒漏亦能导致对其他货物或船舶损坏的物质。

1. 分类

（1）《IMDG Code》在本类中不分小类。

（2）我国《水路危规》将第 8 类分为 3 小项:第 8.1 类酸性腐蚀品;第 8.2 类碱性腐蚀品;第 8.3 类其他腐蚀品。

2. 特性

（1）腐蚀性

腐蚀是物质表面与周围某些介质或接触物之间发生化学反应,并引起物质受破坏的现象。所进行的反应称腐蚀反应。造成腐蚀的基本原因是由于腐蚀性物质的酸性、碱性、氧化性和吸水性所致。主要是强酸、强碱或和水作用后能形成强酸、强碱的物质。腐蚀性物质对无机物、有机物或人体都能产生不同程度的腐蚀作用。对人体的伤害通常称为化学灼伤。有些腐蚀性物质对人体有特别严重的伤害,在接触到人体的皮肤、眼睛及粘膜后,能立即和表皮细胞组织发生反应,使细胞组织受到破坏而造成严重的烧伤,如氨水、氟化氢胺、硝基盐酸(王水)等。

（2）毒性

许多腐蚀品具有不同程度的毒性，如铜乙二胺、肼、发烟硝酸等。有少数腐蚀性物质遇高温会分解产生易燃、有毒、腐蚀性气体，如氢氟酸、三聚氰酰氯、四氯化硅等。

（3）易燃性

有些腐蚀性液体其闪点低于 61℃，从定义上说也是易燃液体，当接触火源时具有易燃性，如丙酰氯闪点 12℃(C.C)、三甲基乙酰氯闪点 19℃(C.C)等。具有强还原性的肼与多孔材料接触，如木、土、布等，易于燃烧并会在空气中自发着火。

此外，有些腐蚀性物质具有强氧化性，当与可燃物接触时可引起燃烧。如硝酸、浓硫酸、高氯酸等与松节油、食糖、纸张、炭粉等接触后即可引起燃烧甚至爆炸。有些腐蚀性物质遇水时会放出大量的热，如氯磺酸、三氧化硫、发烟硫酸等。

9.1.9　第 9 类　杂类危险物质和物品

杂类危险物质和物品（Miscellaneous Dangerous Substances and Articles）是指除以上八类以外的其他危险货物，包括凡经验已经证明或可以证明，按其危险性质必须应用本类规定的任何其他物质。此类物质由于具有其他类别的规定不能恰当包括的特有危险，或相对地只有较低的运输危险，因而不能恰当地归入任何有较精确定义的类别之内。如喷雾器、石棉、硝酸铵肥料、鱼粉（低度危险的）、火柴（安全型的）、农药（低度危险的）、次氯酸钙（干的混合物，含有效氯为 39％以下，但超过 10％的）等。

在《水路危规》中第九类只列明了二氧化碳（固体的）这一种货物。

二氧化碳，固体的（干冰），GB 92001，包装类Ⅲ，积载类 C。

9.2　危险货物的运输、装卸与安全储存

9.2.1　危险货物运输的注意事项

（1）装运危险货物应选派技术条件良好的适载运输工具。船舶的舱室应为钢质机构，电气设备、通风设备、避雷防护、消防设备等技术条件应符合要求，并持有有效的船舶检验证书。

500 总吨以下的船舶以及乡镇运输船舶、水泥船、木质船装运危险货物由当地主管机关批准并采取相应的安全措施。

（2）在国内航线上，客货船和客滚船载客时，原则上不得装运危险货物。确需装运时，船舶所有人（经营人）应根据船舶条件和危险货物的性能制定限额要求，报交通主管部门和海事管理机构备案，并严格按限额要求装载。

（3）船舶装运危险货物前，承运人或其代理人向托运人收取有关单证。

（4）载运危险货物的船舶，在航行中要严格遵守避碰规则。停泊、装卸时应按规定白天悬挂国际通用语信号"B"字旗，或长方形红旗，夜间悬挂一盏红色环照灯。除指定地点外，严禁吸烟。

（5）装运爆炸品、一级易燃液体和有机过氧化物的船、驳，原则上不得与其他驳船混合编队、拖带。如必须混合编队、拖带时，船舶所有人（经营人）要制定切实可行的安全措施，经海事管理机构批准后，报交通部备案。

（6）装载易燃、易爆危险货物的船舶,不得进行明火、烧焊等易产生火花的修理作业。如有特殊情况,应采取相应的安全措施。在港时,应经海事管理机构批准并向港口公安消防监督机关备案;在航时应经船长批准。

（7）除客货船外,装运危险货物的船舶不准搭乘旅客和无关人员。需搭乘押运人员时,需经海事管理机构批准。

（8）船舶装载危险货物应严格按照《水路危规》规定正确合理地积载与隔离。积载处所应清洁、阴凉、通风良好。积载要确保其安全和应急消防设备的正常使用及过道的畅通。

（9）发生危险货物落入水中或包装破损溢漏等事故时,船舶应立即采取有效措施并向就近的海事管理机构报告详情并做好记录。

（10）危险货物装船后,应编制危险货物清单,并在货物积载图上标明所装危险货物的品名、编号、分类、数量和积载位置。

（11）承运人及其代理人应按规定做好船舶的预确报工作,并向港口经营人提供卸货所需的有关资料。

（12）船舶载运危险货物进、出港口,或者在港口过境停留,应当在进、出港口之前24小时,直接或者通过代理人向海事管理机构办理申报手续,经海事管理机构批准后,方可进、出港口。

9.2.2　危险货物装卸注意事项

1. 一般装卸注意事项

（1）危险货物的品种和数量、装卸危险货物的泊位、危险货物集装箱在港区内拆、装箱,均应经港口管理机构批准。港口作业部门根据危险货物装卸作业通知单安排作业。

（2）装卸危险货物宜选派具有一定专业知识的装卸人员(班组)担任。作业人员和管理人员应根据有关规定持证上岗。装卸前应详细了解所装危险货物的性质、危险程度、安全和医疗急救等措施,并严格按照有关操作规程作业。

（3）装卸危险货物,应根据货物性质选用合适的装卸机具。用于危险货物装卸的各种装卸机械、工属具的安全系数要比用于普通货物的大1倍以上。装卸易燃、易爆货物,装卸机械应安装火星熄火装置,禁止使用非防爆型电器设备和会摩擦产生火星的工属具。装卸前应对装卸机械进行检查。装卸爆炸品、有机过氧化物、一级毒害品、放射性物品,装卸机械应按额定负荷降低25％使用。

（4）进行危险货物装卸作业时,现场应备有相应的消防、应急器材。必须严格遵守各类货物的装卸操作规程。轻装、轻卸,防止货物撞击、重压、倒置,严禁摔甩翻滚。使用的工具不得沾有与所装货物性质相抵触的污染物,不得损伤货物包袋。操作过程中,有关人员不得擅自离开岗位。按危险货物的危险性强弱,尽量做到最危险的货物最后装货、最先卸货。

（5）夜间装卸危险货物,应有良好的照明,装卸易燃、易爆货物应使用防爆型的安全照明设备。

（6）船方应向港口经营人提供安全的在船作业环境。如货舱受到污染,船方应说明情况。对已被毒害品、放射性物品污染的货舱,船方应申请卫生防疫部门检测,采取有效措施后方可作业。起卸包装破损的危险货物和能放出易燃、易爆气体的危险货物前,应对作业处所进行通风,必要时应进行检测。如船舶确实不具备作业环境,港口经营人有权停止作业,并书面通知海事管理机构。

（7）船舶装卸易燃易爆危险货物期间，不得进行加油、加水（岸上管道加水除外）、拷铲等作业；装卸爆炸品（第1.4类除外）时，不得使用和检修雷达、无线电电报发射机。所使用的通信设备应符合有关规定。

（8）装卸易燃、易爆危险货物，距装卸地点50m范围内为禁火区。内河码头、泊位装卸上述货物应划定合适的禁火区，在确保安全的前提下，方可作业。作业人员不得携带火种或穿铁掌鞋进入作业现场，无关人员不得进入。

（9）没有危险货物库场的港口，一级危险货物原则上以直接换装方式作业。特殊情况，需经港口管理机构批准，采取妥善的安全防护措施并在批准的时间内装上船或提离港口。

（10）装卸危险货物时，遇有雷鸣、电闪或附近发生火情，应立即停止作业，并将危险货物妥善处理。雨雪天气禁止装卸遇湿易燃物品。

（11）装卸危险货物，装卸人员应严格按照计划积载图装卸，不得随意变更。装卸时应稳拿轻放，严禁撞击、滑跌、摔落等不安全作业。堆码要整齐、稳固。桶盖、瓶口朝上，禁止倒放。包袋破损、渗漏或受到污染的危险货物不得装船，理货部门应做好检查工作。

（12）爆炸品、有机过氧化物、一级易燃液体、一级毒害品、放射性物品，原则上应最后装最先卸。装有爆炸品的舱室内，在中途港不应加载其他货物，确需加载时，应经海事管理机构批准并按爆炸品的有关规定作业。

（13）对温度较为敏感的危险货物，在高温季节，港口应根据所在地区气候条件确定作业时间；并不得在阳光直射处存放。

（14）装卸可移动罐柜，应防止罐柜在搬运过程中因内装液体晃动而产生静电等不安全因素。

2. 各类危险货物装卸注意事项

（1）装卸爆炸品，应备好消防水龙，水带要有足够长度，总水管保持压力。对不能用水扑救的爆炸品应备好相应的消防器材，同时在货舱内备有便携式消防器材。在船—岸、船—船之间设置双层双幅安全网。装卸人员应穿戴相应的防护用品，搬运时应轻拿轻放，绝对禁止翻滚、肩扛、就地拖拉，避免摩擦，防止滑跌。装卸工属具应能防止产生静电和火花。照明装置应使用安全型或防爆式灯具。装卸对电磁辐射敏感的爆炸品，无线电和雷达发射机应断开电源总开关，并挂上标示牌。

（2）装卸气瓶时，气瓶的防护帽必须齐全紧固。装卸气瓶不得肩扛、背负、冲击和溜坡滚动，钢瓶气阀应避免对准人身。开舱卸货时应进行通风，并进行气体含量的检测。装卸有毒气体时，应穿戴相应的防护用品，必要时使用自给式呼吸器。

（3）装卸易燃液体，装卸作业现场必须远离火种、热源，操作人员不准携带火种、穿着有铁钉的鞋和易产生静电的工作服。装卸时，不得撞击、摩擦、拖拉，封口向上，不得倒置。装卸工具应使用铜质或镀铜、镀锌等工属具，禁止使用铁质等易产生火花的工具，装卸机械需设置火星熄灭器。

（4）装卸第4类货物时如有撒落，应及时清除，妥善处理，禁止在撒落物上堆存物品，以免摩擦起火。装卸应防止撞击、摩擦、翻滚、拖拉，不得使用易产生火花的工具，装卸机械需设置火星熄灭器。雨雪天禁止装卸遇水反应的危险货物，茶水汤桶不得带入作业现场。

（5）装卸氧化物质时，应防止撞击、摩擦、翻滚、拖拉和包装破损，装卸过程中防止带入杂质。装卸工具应清洁，不得沾有其他物质，装卸机械应设有火星熄灭器。装卸控温货物的集装箱应尽量缩短装卸时间,防止箱内温度升高发生危险。

(6)装卸毒害品,装货前应认真检查包袋件,发现泄露、破损拒绝装运。卸货前应开舱通风,排除有毒蒸气,必要时应进行检测。作业时应穿戴必要的防护用品,防止误食、吸入或皮肤接触而造成中毒。作业前不得饮酒,作业期间严禁吸烟和进食。作业量大、时间长时,应轮换或间隙作业。工作完毕后,应立即进行全身冲洗,穿过的工作服应及时洗刷,装卸时船一岸之间应挂安全网,并加油布或帆布。用过的工属具应单独保管。作业现场应备有必要的急救药品,禁止皮肤有破裂、伤口的人员参加作业。

(7)装卸放射性物品前,要先进行通风,装卸作业时,不得撞击、翻滚、摔落,严禁肩扛、背负或坐靠在包件上。作业时间应严格按照"放射性包件允许作业时间表"的规定进行。装卸放射性矿石、矿砂时,作业场所应经常喷洒雾状水,防止粉尘飞扬,作业人员应穿戴防护服、口罩、手套等防护用品。装卸过程中严禁吸烟、饮水、进食。作业完毕后,应立即进行冲洗,换装后方可进食。受污染的工作服、手套等应单独保管和清洗,不得混用、混放。禁止皮肤有破裂、伤口的人员参加作业。

(8)装卸腐蚀性物品前,应认真检查包装件,发现有泄漏、破损应拒绝装运。卸货前应开舱通风,排除有毒蒸气,必要时应进行检测。作业时装卸人员应穿戴合适的防护用品,选用合适的工属具,工属具上不得沾有氧化剂、易燃物等性质相抵触的物质。现场应备有清水、苏打水或稀醋酸、食醋(中和用)等急救用品,严禁火种接近现场并备有相应的防火设备。

 **典型案例**

2014 年 9 月 16 日凌晨 1 时,从化街口赤草村的煤气站内,一辆东莞的液化气槽车在进行液化气卸载时发生燃烧爆炸。冲击波摧毁了液化气槽车、煤气站卸车区设施,引发煤气站周边山林火灾,造成直接经济损失约 60 余万元,幸无人员伤亡。该事故主要原因是煤气站卸车操作员在卸载时擅自离岗,导致司机误以为已经卸车完毕,开车离场时扯断了正在输气的软管,引发爆炸。

9.2.3　危险货物保管注意事项

1. 一般保管注意事项

(1)各类危险货物库场堆存隔离先查"危险货物隔离表",查到隔离代码,然后再根据港口储存危险货物的隔离要求进行隔离。

(2)经常装卸危险货物的港口,应建有存放危险货物的专用库场;建立健全管理制度,配备经过专业培训的管理人员及安全保卫和消防人员,配有相应的消防器材。严禁无关人员进入库场区域。

(3)非危险货物专用库场存放危险货物,应经港口管理机构批准,并根据货物性质安装电气照明设备,并备消防器材和必要的通风、报警设备。库场应保持干燥、阴凉。

(4)危险货物入库场前,应严格验收。性质不明或出口货物包装、标志不符合规定的有权拒收。进口的货物包装破损、撒漏、外包装有异状、受潮或沾染其他货物的危险货物应单独存放,及时妥善处理。

(5)危险货物堆码要整齐,稳固,垛顶距灯的距离不少于 1.5m;垛距墙的距离不少于0.5m、垛距不少于 1m,性质不相容的危险货物、消防方法不同的危险货物不得同库场存放,确需存放时应符合相关的隔离要求。消防器材、配电箱周围 1.5m 内禁止存放任何物品。堆场内消防通道宽度不少于 6m。

(6) 存放危险货物的库场应经常进行检查,并做好检查记录,发现异常情况迅速处理。

(7) 危险货物出运后,库场应清扫干净,对存放危险货物而受到污染的库场应进行洗刷,必要时应联系有关部门处理。

(8) 对无票、无货主或经催提后收货人仍未提取的货物,港口可依据国家"关于港口、车站无法交付货物的处理办法"的规定处理。对危及港口安全的危险货物,港口管理机构有权及时处理。

2. 各类危险货物的保管注意事项

(1) 爆炸品一般应直接提装,如临时存放应使用专用仓库,由专人保管。仓库、场地应设置必要的通风、降温、防汛、避雷、消防等安全设施,并采取有效的防火隔离措施,所使用的电器均应是防爆型的。在库、场保管期间不得打开包装件检查,确需检查时,应移至安全处所,严格遵守各项安全操作规程。存放爆炸品的仓库,必须加强库温的控制,每日定时观测,做好记录。根据需要做好降温或防冻工作。禁止与氧化剂、酸、碱、盐类以及易燃物和金属粉末等同库存放。铁路运输和海运相同,在承运爆炸品时取消了仓储环节,采用直装直提的方法。航空运输对时间要求精度高,运送飞行时应变能力差,所以各种空运危规都规定航空运输禁运爆炸品。

(2) 存放气体的场所应远离火源、热源,库场应保持阴凉通风,防止日光曝晒。存放易燃气体的仓库照明应采用绝缘良好的防爆型灯具,禁止使用明火灯具。容器应平放,加楔垫以防滚动,如采用框架可立放,但不得倒置。且需保持容器稳固。性质相抵触的气体,如易燃气体与助燃气体不得同库存放,氧气钢瓶与油脂不得同库存放。禁止与爆炸品、氧化剂、易燃物品、自燃物品和腐蚀品同库存放。在保管期间,除定时检查外,应随时查看有无漏气和堆垛不稳的情况。

(3) 存放易燃液体的场所应保持阴凉、通风良好,避免日晒,隔绝热源和火种。库场照明设备应采用防爆型灯具。高温季节应采取降温措施。禁止与氧化剂、强酸和自燃物品同库存放。

(4) 第 4 类货物应存放在阴凉、通风、干燥处所。禁止与氧化剂、强酸同库存放。与水发生反应的货物禁止露天存放,易产生热量的货物堆码不宜过高,垛底应用清洁干燥的木板铺垫,以利于通风散热。对温度有控制的货物,库温应始终保持在规定的温度之内。堆存黄磷应注意防止黄磷桶漏水而引起燃烧。

(5) 第 5 类货物应存放在阴凉、通风良好的处所,防止日晒、受潮,不得与酸类和可燃物同库存放,注意通风散热。破损的包件禁止入库,撒漏地脚应及时收集,妥善处理。不得在库内或库房附近处理残损的包件。

(6) 毒害品必须单独存放在专用库场内,专人保管。存放处所应阴凉,通风良好,并备有相应的防护用品和急救药品。货物地脚应及时清扫,交货主处理。

(7) 放射性货物应专库存放,如无专库存放时,应组织车船直取。特殊情况也可选择干燥通风的普通仓库存放,但应划定专用货位,远离其他危险货物,派专人看管,禁止无关人员接近,严防失窃。包装件要合理摆放,辐射水平低的包装件应摆放在辐射水平高的包装件周围。存放低比度放射性物质(LSA)或表面污染物体(SCO)以及 I 级白色标志包装件的数量可不受限制,存放Ⅱ、Ⅲ级黄色标志的包装件或罐柜或集装箱的数量,一间库房应视同船舶的一个货舱,其运输指数不得超过 50,整个仓库运输指数不得超过 200。其他运输方式下,一辆车或一架飞机同时摆放所有放射性货包的运输指数之和不得超过 50。装有运输指数 50 的放射性货包的飞机或车辆前后左右 6m 范围内,不得有其他放射性物品。

（8）腐蚀品应存放在清洁、通风、阴凉、干燥的处所,防止日晒、雨淋。堆放场所不得有稻草、木屑、油脂等有机物或可燃物,不得与有机物、氧化剂、金属粉末等同库存放。同类货物中性质相抵触的不得同库存放。

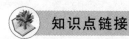　知识点链接

危险货物运输相关的公约和法规

1. 国际公约和法规

（1）危险货物运输建议书（橙皮书）（联合国）

（2）《1974 年国际海上人命安全公约》（《SOLAS 1974》）（IMO）

（3）《经 1978 年议定书修订的 1973 年防止船舶造成污染公约》（《MARPOL 73/78》）（IMO）

（4）《国际海运危险货物规则》（《IMDG Code》）

（5）《固体散装货物安全操作规则》（《BC Code》）

（6）《国际散装运输危险化学品船舶构造和设备规则》（《IBC Code》）/《散装运输危险化学品船舶构造和设备规则》（《BCH Code》）

（7）《国际散装运输液化气体船舶构造和设备规则》（《IGC Code》）/《散装运输液化气体船舶构造和设备规则》（《GC Code》）

2. 国内主要法规

（1）《中华人民共和国海上交通安全法》

（2）《中华人民共和国海洋环境保护法》

（3）《危险化学品安全管理条例》

（4）《中华人民共和国内河交通安全管理条例》

（5）《水路危险货物运输规则》

（6）《船舶装载危险货物监督管理规则》

（7）《港口危险货物管理规定》

职业指导

危险货物运输需求和运输量逐年增长,而危险品事故数量和危害也在不断上升。危险品运输要保障安全,其中就要求从事危险品运输业务的人员要熟悉危险品的性质及运输、装卸、保管事项。本章知识点在企业的应用要点是:危险货物的类别及其性质;危险货物运输、储存、装卸注意事项。学生应具备的基本素养和专业技能:学生应具备危险货物的基本知识,熟悉危险货物运输、装卸和保管中应注意的事项,并能诊断危险货物运输中存在的问题。

 实训项目

　　将同学分组,每组以 4~6 个人为宜。选择一类危险货物,深入了解该类货物的性质及运输安全需要注意的事项。选择危险运输事故的一个案例,深入研究该运输事故发生时的情况及起因,为避免事故发生需要采取的措施。分析发生事故后应采取哪些措施进行处理。

📖 练习题

1. 单项选择题

(1) 气体是物质的一种状态,它具体是指:在 50℃时,其蒸气压力大于(　　)kPa。

    A. 101.3　　　　　B. 300　　　　　C. 280　　　　　D. 200

(2) 闭杯闪点<23℃,初沸点>35℃的易燃液体应采用那种包装类(　　)。

    A. Ⅰ　　　　　　B. Ⅱ　　　　　　C. Ⅲ　　　　　　D. 以上都不是

(3) 氧气、氮气、二氧化碳、空气这四种气体中,属于第 2.2 类的共有(　　)种。

    A. 1　　　　　　　B. 2　　　　　　　C. 3　　　　　　　D. 4

(4) 影响有毒物质毒性的诸多因素中起决定性作用的是(　　)。

    A. 化学组成和结构　　　　　　　　B. 溶解度

    C. 沸点　　　　　　　　　　　　　D. 颗粒大小

(5) 放射性物质所放出的射线通常有三种,其中电离作用最大的射线为(　　)。

    A. α 射线　　　　　B. β 射线　　　　　C. γ 射线　　　　　D. 中子流

(6) 有些物质仅在散装时具有一定的化学危险性,这类物质简称(　　)。

    A. MHB　　　　　B. NLS　　　　　C. LSA　　　　　D. SCO

2. 判断题

(1) 爆炸品的敏感度是衡量爆炸品爆炸(即发生反应)剧烈程度的术语。　　　　(　　)

(2) 对于易燃液体而言,闪点高的液体,燃点就高,同样自燃点也高。　　　　　(　　)

(3) 必须降低温度同时施加压力,气体才能液化。　　　　　　　　　　　　　(　　)

3. 简答题

(1) 危险品可分为哪几个大类?

(2) 危险品运输的注意事项有哪些?

(3) 爆炸品保管的注意事项有哪些?

附录一 货物忌装表

序号	货物名称	忌装货物名称		混装后果及说明
		类别	常见货种	
1	盐、糖、肉类、鱼、蛋、粮食、谷物、面粉、蜂蜜、茶叶、香烟等食品及饲料 注：它们之间也要注意互抵性	有毒货物	三聚氰胺、半夏（中药）、锑粉、工业用明矾、兽皮、破布、松节油、石油制品、化妆品、药品等	三聚氰胺在 20℃便会放出有毒气体氰化氢；鲜半夏有毒，能使口腔麻痹；锑粉也有毒，工业用明矾含有锑的成分；兽皮、破布不仅有恶臭，且有毒菌；松节油、石油制品、化妆品及药品等都有激烈气味，甚至有毒。混入食品影响食用
		异味货物	骨粉、鱼粉、烟叶、生姜、洋葱、香皂、氯化铵、硫酸铵、樟脑、咸鱼、猪鬃等	骨粉、鱼粉有恶臭，还易发热与散发水分；铵盐能放出氨气，且扬粉尘；烟叶等都有刺激气味。食品等极易吸收异味和沾染异味，影响食用；特别是鲜蛋、茶叶等尤须注意
		水湿货物	湿矿石、木材、麻、羊毛、水果、蔬菜等	谷物易吸湿发热；水果蔬菜等受热易散发水分枯萎、坏烂，影响谷物等食品；其他货物散发水分太多，也会使食品、谷物等湿损或霉变
		其他	水泥、纯碱、尼龙丝、玻璃纤维等	掺入这些物质，极难剔除。纯碱容易发热，易使食品变质、水果腐烂
2	水泥	糖类	食糖	水泥中掺入 0.001% 糖，便失去凝固性；食糖中混入水泥，则影响食用
		铵盐	硫酸铵、氯化铵、硝酸铵、石灰氮等化肥	铵盐能分解出氨气，水泥受氨气作用会加速凝固，影响使用；化肥混入水泥，在使用中会结块，降低肥效和土质
		散发水分货物		水泥受潮结块，影响使用
		其他	氧化镁	水泥混有氧化镁，在使用时氧化镁会慢慢与水化合，体积膨胀，使已凝固硬化的水泥产生裂缝

序号	货物名称	忌装货物名称		混装后果及说明
		类别	常见货种	
3	镁砂、焦宝石、黏土、矾石等耐火材料	非耐火材料	铁、煤、木屑、氧化镁、氧化钙等	耐火材料石高炉炉壁涂黏物,及制造耐火砖之用,耐火点在1580℃以上。若混入上述杂质,则会大大降低耐火点,甚至会使炉壁耐火砖产生空洞而报废
		碱类	纯碱等	耐火材料是酸性,与碱会发生作用而降低使用年限
4	铝锭及铅块	硬质货	生铁、锌块、矿石、煤等及其残留	铝锭直接拉丝,为铜丝电线代用品,若掺入铁屑等杂质,拉时易断丝,甚至在安装高压电线后,因铁电阻大受热过高而熔断铝丝;同时,铝锭表面若受硬质货撞击,易成凹形,其深度大于2mm时,拉丝易成空心;铝块为浇注铝锭及制造铝制品的原料,故有同样要求
		酸、碱类		腐蚀、溶解、破坏氧化层
5	黄石(氧化钙,也称沸石)、白云石、方解石等	酸类		黄石遇酸能产生极毒的腐蚀性气体氟化氢;白云石、方解石遇酸会溶解,且起分解作用
6	过磷酸钙、硫酸铵、氯化钙等	碱类		过磷酸钙掺入碱类会变成不溶于水而失去肥效;铵盐遇碱会放出氨而失去氮素,影响肥效
7	煤		锰砂	煤掺入锰砂,燃烧时会破坏炉膛
			硫化铁、铵盐、氯化钾	煤混入这些杂质,燃烧时可能产生爆炸性混合物
8	焦炭	含硫货物	硫化铁等	焦炭混入含硫物质,影响冶炼钢铁质量
9	棉花、棉纱、棉布及其他棉织制品	酸、碱类	硫酸、盐酸、硝酸、醋酸、草酸、氢氧化钠、纯碱等	棉类遇酸、碱会被分解、腐蚀甚至碳化
		油性货物	油桶、豆饼、亚麻籽、五金机械零件、火腿肉类、各种植物油等	棉类油污后易自热到自燃,且影响棉织品质量
		水湿货物	木材、羊毛、麻、湿矿石等	棉类吸湿性强,吸水过多易自燃自热,且会霉烂变质,失去光泽,降低质量
		污染性货	颜料、炭黑、红根、火腿、肉类、油脂等	颜料在装卸时经常发生喷粉或破漏;炭黑系麻袋包装易粉末飞扬;红根(中药)易褪色污染其他货物;火腿肉类受热会流油
10	玻璃	碱类	纯碱等	玻璃沾黏纯碱,会使玻璃表面受蚀发花

序号	货物名称	忌装货物名称		混装后果及说明
		类别	常见货种	
11	尼龙及其制品		樟脑	两者有亲和力,樟脑气化易进入尼龙纤维内部,引起膨胀,影响尼龙的强度和染色坚牢度
12	橡胶、胶鞋及其他橡胶制品	酸、碱、油类	各种酸、碱、肥皂粉;脂肪、植物油、石油制品	橡胶及其制品遇石油产品会被溶解;遇油脂及植物油易玷污胶面,产生花斑;遇酸碱易受腐蚀,使表面产生裂纹,失去弹性
13	纸	油性及酸碱类	油脂、石油、纯碱及各种酸	纸受玷污或腐蚀,表面起皱纹,生斑点,降低质量
14	纸浆、木浆及苇浆等造纸原料	硬质货、油性货及酸碱	生铁、矿石等,其他同上	掺入后,除受玷污、腐蚀外,还会损坏造纸机滚筒
15	钢铁、生铁	酸、碱、盐类	盐类如氯化铵及其他铵盐肥料、食盐等	腐蚀、生锈
16	白铁皮、黑铁皮	酸、碱、盐类		镀锌铁皮(白铁皮)、镀锡铁皮遇酸、碱、盐溶解而去锌退锡,使里面铁皮腐蚀、生锈而坏掉
17	铝制器具	酸、碱类	酸碱及腐蚀性化学原料	首先使铝制品表面层氧化铝溶解,继而使铝腐蚀
18	铝块	硬质货	生铁、锌块、铝锭、煤、矿砂石及其他硬质地脚	铝块质软,硬质残屑易嵌入铝块中不易剔出;当铝块熔化做电缆外层的保护层时,该保护品会出现小孔隙或裂缝,影响电缆质量
19	精锌块		各种矿砂、煤	锌是各种精密工业产品原料,混入杂质影响质量
20	铁矿粉		生铁、锌块、铝锭、其他矿砂、煤、石等	铁矿粉是炼优质钢原材料,怕掺杂
21	石墨	氧化剂	氧化铁、黄铁矿、碳酸盐类	石墨一般用麻袋或草袋包装,石墨与黏土可用来制造各种冶金坩埚,若混有氧化铁等会降低坩埚熔点;黄铁矿及碳酸盐等在高温下会分解,能破坏坩埚锅壁
22	滑石、膨润土	其他散货或粉粒状货物	生铁、矿砂、煤、纯碱及其他散货和粉粒状货物	滑石粉用于造纸、医药、化妆品,怕混杂;膨润土系白色块状矿物质,做翻砂模型用,含杂质使模型有空隙,影响翻砂质量
23	干电池、皮箱、皮鞋及其他皮革制品、塑料、胶木、电料等	酸、碱及溶剂	酸、碱、酒精等	干电池遇酸、碱会起铜绿作用,使电池走电、发烂;皮革制品在酸、碱作用下,表面易产生裂纹、断裂,降低韧性和强度;塑料制品遇酸、碱及溶剂会变色、损坏、发毛、溶解,降低商品价值

续表

序号	货物名称	忌装货物名称		混装后果及说明
		类别	常见货种	
24	工艺品	散发水分货	山芋、大米、种子、水果及其他散发水分的货物	工艺品为精制商品,忌潮;若受湿,表面会起皱,影响美观,甚至失去商品使用价值,更不能与有污染性、扬尘性、腐蚀性、发热性等货物混装
25	硬化油及其他低熔点货物	发热性货物	骨粉等	硬化油熔点为56℃;骨粉等在货舱通风不良情况下易发热,使硬化油熔化,故不能装在机舱附近
26	硬脂酸	碱类		硬脂酸用来制造蜡、包装用麻袋或木箱;遇碱生成硬脂酸钠或硬脂酸钾(即钠或钾的肥皂)而失去原用途

附录二 货物积载因数参考表

货物积载因数（农产品类）

货 名	包装	积 载 因 数	
		m³/t	ft³/t
大豆	散	1.359～1.416	48～50
大豆	麻包	1.636～2.086	58～73
小豆	麻包	1.530～1.558	54～55
小豆	草袋	1.925～1.982	68～70
绿豆	麻包	1.501～1.530	53～54
蚕豆	麻袋	1.864	66
赤豆	麻袋	1.791	63
红小豆	麻袋	1.673	59
小麦	麻袋	2.039	72
小麦	散	1.359～1.416	48～50
元麦	麻包	1.548～1.614	54～57
燕麦	麻包	1.926	68～70
裸麦	麻包	1.586	53～55
大麦	麻袋	2.039～2.095	72～74
元麦	散	1.530～1.558	54～55
大米	麻包	1.501～1.530	53～54
大米	散	1.331～1.359	47～48
苞米	草袋	2.067～2.124	73～75
苞米	散	1.387～1.501	49～53

货物积载因数(食品类)

货　名	包装	积载因数	
		m³/t	ft³/t
奶粉	箱	2.435～2.463	86～87
炼乳	箱	1.189	42
糖果	箱	1.756～1.841	62～65
咖啡	箱	2.265～2.294	80～81
纸烟(上海)	箱	3.681～3.965	130～140
纸烟(朝鲜)	箱	4.814～4.842	170～171
砂糖	麻袋	1.472～1.501	52～53
古巴糖	麻袋	1.277	45
冰糖	布袋	1.274～1.331	45～47
冰糖	木箱	1.514～1.653	53～58
方糖	木箱	1.982～2.080	70～73
白糖	布袋	1.359～1.416	48～50
白糖	草包	1.227	45
黄糖	麻包	1.197	42.3
砂糖(东北)	布袋	1.558	55
虾糖	箱	2.775～2.889	98～102
糖稀	桶	1.218～1.274	43～45
糖球	纸盒	2.520～2.663	89～93
混合糖	麻包	2.662～2.690	94～95
花生糖	麻包	3.512～3.540	124～125
糖鱼松	箱	2.039～2.069	72～73
烧酒	箱	1.558～1.586	55～56
烧酒	纸箱	1.699～1.756	60～62
啤酒(4打)	箱	1.642～1.699	58～60
啤酒(2打)	箱	1.812～1.841	64～65
果酒	箱	1.784～1.841	63～65
虎骨酒	箱	3.370～3.398	119～120

货物积载因数(水产类)

货　名	包　装	积载因数	
		m³/t	ft³/t
海蜒鱼干	箱	3.663～3.681	129～130
蜒巴鱼干	箱	2.860～3.002	101～106
鳊口鱼干	箱	4.531～4.673	160～165
盐鱼	箱	1.416～1.699	50～60
盐鱼	木箱	2.095～2.124	74～75

续表

货　名	包　装	积　载　因　数	
		m³/t	ft³/t
干海参	箱	2.945～2.974	104～105
盐刺巴鱼	箱	1.756～1.841	62～65
台巴鱼干	箱	2.860～3.002	101～106
银鱼干	箱	4.390～4.588	155～162
鱼干	人力捆	2.718～2.832	96～100
鱼干	土包	6.032～6.089	213～215
鱼干	篓	5.041～5.097	178～180
盐鱼干	土包	4.331～4.673	160～165
盐鱼干	篓	3.455～3.540	122～125
洛汗鱼	篓	5.607～5.664	198～200
盐鱼干	草袋	5.041～5.097	178～180
安康鱼干	草袋	3.427～3.597	121～127
淡鱼干	革袋	6.372～6.429	225～227

货物积载因数（杂品类）

货　名	包　装	积　载　因　数	
		m³/t	ft³/t
麻丝	捆	7.448～7.505	203～205
榨丝球	人力捆	4.508～4.531	159～160
破布	人力捆	4.248～4.304	150～152
破布	土包	4.871～4.927	172～174
大蚕茧	麻袋	10.761	380
废茧	人力捆	6.315～6.372	223～225
废茧	土包	25.204～25.346	890～895
皮茧	土包	9.742～9.770	344～345
人造羊皮	机捆	5.041～5.097	178～180
衣服	箱	4.333～4.390	153～155
丝绵球	箱	4.418～4.446	156～157
羽毛	包	11.328	400
鹅毛、鸡毛	包	7.986	282
毛绒头	袋	7.363～7.505	260～265
猪毛	麻袋	7.080～7.278	250～257
雪花膏	箱	2.974	105
肥皂	箱	1.416	50
香皂、药皂	箱	1.558	50
铅笔	箱	2.775	98
玻璃花瓶	箱	5.806	205

货物积载因数（木材类）

货　名	包装	积　载　因　数	
		m^3/t	ft^3/t
圆木	根	2.690～3.172	95～112
黄波萝	根	3.115～3.398	110～120
椴木	根	2.690～2.832	95～100
柞木	根	2.548～2.690	90～95
曲木	根	2.492～2.548	88～90
松木	根	2.492～2.548	88～90
木杆	根	3.398～3.681	120～130
铁犁木	根	1.189～1.246	42～44
杉木	根	2.105～2.124	74～75
马尾松	根	1.513～1.530	53～54
红松	根	1.812～1.818	64～65
白松	根	1.638～1.841	64～65
落叶松	根	1.274	45
椴木	根	1.614	57
桦木	根	1.218	43
杨木	根	2.067	73
核桃楸	根	1.53	54
榆木	根	1.416	50
水曲柳	根	1.165	41
车轴白木	根	1.189	42
杂木	根	1.246	44
杂木	根	1.246～1.472	44～52
方木	根	2.407～2.548	85～90
树条	根	5.097～5.664	180～200
坑木	根	3.540～4.531	120～160
越南杂木	根	1.246	44

货物积载因数（纸张类）

货　名	包　装	积　载　因　数	
		m^3/t	ft^3/t
打字纸	箱	3.115～3.143	110～111
滤纸	箱	2.889～3.257	102～115
胶板纸	箱	1.444～1.501	51～53
纸伞	箱	5.041～5.267	178～186
青红纸	箱	3.597～3.908	127～138
皮面日记簿	箱	2.662～2.775	94～98

续表

货　名	包　装	积 载 因 数	
		m³/t	ft³/t
描图纸	箱	2.322～2.407	82～85
信封	箱	3.625～3.766	128～133
绝缘纸	箱	2.010～2.095	71～74
复写纸	箱	4.106～4.276	145～151
平网纸	箱	2.370～2.467	84～85
粘蝇纸	箱	3.370～3.512	119～124
黑纸	卷	3.087～3.115	109～110
门表油用纸	卷	1.954～1.982	69～70
卷筒铁皮纸	卷	2.492～2.548	88～90
浸渍绝缘纸	卷	2.435～2.492	86～88
电缆纸	卷	2.435～2.492	86～88
油毛毡原纸	卷	3.002～3.115	106～110
川连纸	人力捆	4.474～4.531	158～160
漂白木浆	人力捆	1.727～1.756	61～62

货物积载因数（中西药品类）

货　名	包装	积 载 因 数	
		m³/t	ft³/t
西药	箱	2.690～3.115	95～110
西药（针剂）	箱	4.100～4.750	145～177
西药（片剂）	箱	2.039～2.265	72～80
西药（流质）	箱	2.265～4.531	80～160
防风	麻袋	6.303	223
甘草	土包	6.797～6.938	240～245
益母草	土包	12.404～12.461	438～440
半夏	麻袋	2.237	79
橘皮	麻袋	5.891	208
厚朴	竹篓	5.126	181
通草	麻袋	29.085	1027
桔梗	麻袋	4.701	166
丹参	麻袋	6.117	216
夏枯草	麻袋	13.698	484
桑枝片	麻袋	5.409	191
丝瓜络	绳捆	27.240	962
桑叶	蒲包	7.558	267
桑寄生	芦包	6.612	234

续表

货　名	包装	积 载 因 数	
		m³/t	ft³/t
杏仁	麻袋	1.897	67
黄芩	包	5.324	188
桂皮	篓	4.242	150
沙参	木箱	2.889	102
忍冬藤	包	8.340	295

货物积载因数（化工品类）

货　名	包　装	积 载 因 数	
		m³/t	ft³/t
氧化锌	纸包	1.925～1.982	68～70
石墨粉	纸包	1.444～1.472	51～52
石墨粉	麻包	1.530～1.558	54～55
666（可湿性）	纸包	1.189～1.274	42～45
白石灰	纸包	1.359～1.416	48～50
钛白粉	纸包	3.002～3.143	106～111
进口尿素	编织袋	1.554	55
尿素	纸包	3.342～3.427	118～121
硝酸铵	纸包	0.934～0.991	33～35
炭黑	麻包	4.701～4.757	166～168
炭黑	纸包	4.474～4.531	158～160
精萘片	纸包	1.897～1.925	67～68
666 粉剂	布包	1.274～1.331	45～47
碳酸镁	布包	5.635～5.664	199～200
氯化铵	布包	2.067～2.124	73～75
氯化铵	袋	1.530～1.586	54～56
碳酸亚钠	布包	1.133～1.161	40～41
碳酸钡	布包	0.963～0.991	34～35
红橡烤胶	布包	1.530～1.558	54～55
硝酸钠	布包	0.963～0.991	34～35
膨润土	散	1.218～1.246	43～44
蛇纹土	散	0.991～1.076	35～38
硼石	散	0.708～0.765	25～27
石灰石	散	0.849～0.906	30～32
球石	散	0.849～0.906	30～32
镁石	散	0.765～0.793	27～28
化石	散	0.849～0.906	30～32

续表

货　名	包　装	积　载　因　数	
		m³/t	ft³/t
化石	草包	1.359～1.444	48～51
矿石	散	0.708～0.765	25～27
镁砂	纸袋	0.793～0.849	28～30
镁砂	草包	0.892	32
白云砂	纸袋	1.416	50
苦土粉	纸袋	1.189	42
岩板	箱	1.133	40
铅砂	纸袋	1.076～1.104	38～39
黏土	散	0.849～0.906	30～32
盐化石	散	0.875～0.963	31～34
化石粉	布包	1.048～1.076	37～38
化石粉	草袋	1.246～1.274	44～45
制砖砂	散	0.793～0.849	28～30
朝鲜镁砂	散	0.793～0.849	28～30
化石块	烟台麻袋	0.729	26
化石块	散	0.875～0.963	31～34
蜡石	篓	1.076	38

货物积载因数（五金钢铁类）

货　名	包装	积　载　因　数	
		m³/t	ft³/t
生铁	块	0.252～0.425	9～15
矽铁	草包	1.586～1.614	56～57
锰铁	箱	0.623～0.708	22～25
马口铁	箱	0.481～0.566	17～20
硅素铁	草袋	1.925～1.982	68～70
杂铁	草袋	1.614	57
铸管(618×63)	根	3.766	133
铸管(618×74)	根	3.483	123
铸管(413×25)	根	1.982	70
铸管(515×30)	根	2.350	83
铸管(316×26)	根	1.925	68
铸管(512×30)	根	2.832	100
铸管(414×107)	根	4.050	143
钢管	根	0.991～1.133	35～40
铅管	箱	4.899～4.956	173～175

货　名	包装	积 载 因 数	
		m^3/t	ft^3/t
铅板	箱	1.896～1.982	67～70
钢板边	块	0.765～0.878	27～31
钢板	块	0.708～0.849	25～30
复铜钢板	箱	0.425～0.566	15～20
铜板	箱	1.019～1.133	36～40
铝板	箱	1.982	70
矽钢片	箱	0.481～0.566	17～20
钢板头	散	0.623～0.765	22～27

参 考 文 献

[1] 鲁广斌.国际货运代理实务及集装箱运输业务[M].北京：清华大学出版社,2010.

[2] 武德春,鲁广斌.集装箱运输管理[M].北京：机械工业出版社,2006.

[3] 王学锋,周晶洁,殷明,等.货物学[M].上海：同济大学出版社,2006.

[4] 王学峰,汪爱娇,周晶洁,等.货物学[M].2 版.上海：同济大学出版社,2009.

[5] 朱强.货物学[M].2 版.北京：机械工业出版社,2011.

[6] 周晶洁,周在青.货物学[M].北京：电子工业出版社,2006.

[7] 贺顺保.货物学[M].大连：大连海事大学出版社,1997.

[8] 腾连爽.货物学基础[M].北京：中国水利水电出版社,2013.

[9] 孙守成,陶红英.货物学[M].武汉：武汉大学出版社,2008.

[10] 赵颖.货物学[M].北京：北京理工大学出版社,2010.

[11] 于军.货物学[M].北京：化学工业出版社,2009.

[12] 万融.商品学概论[M].北京：中国财政经济出版社,2004.

[13] 霍红.货物学基础[M].北京：中国物资出版社,2006.

[14] 王学峰.水运货物学[M].上海：百家出版社,1994.

[15] 张硕慧.水上危险品安全运输管理[M].大连：大连海事大学出版社,2003.

[16] 谢东建.集装箱运输管理[M].北京：中国物资出版社,2007.